ORIGINAL EN COULEUR
NF Z 43-120-8

G. LENOTRE

Paris révolutionnaire

OUVRAGE ILLUSTRÉ

DE 60 DESSINS ET PLANS INÉDITS

D'APRÈS DES DOCUMENTS ORIGINAUX

FIRMIN-DIDOT ET Cie

IMPRIMEURS DE L'INSTITUT, RUE JACOB, 56

PARIS

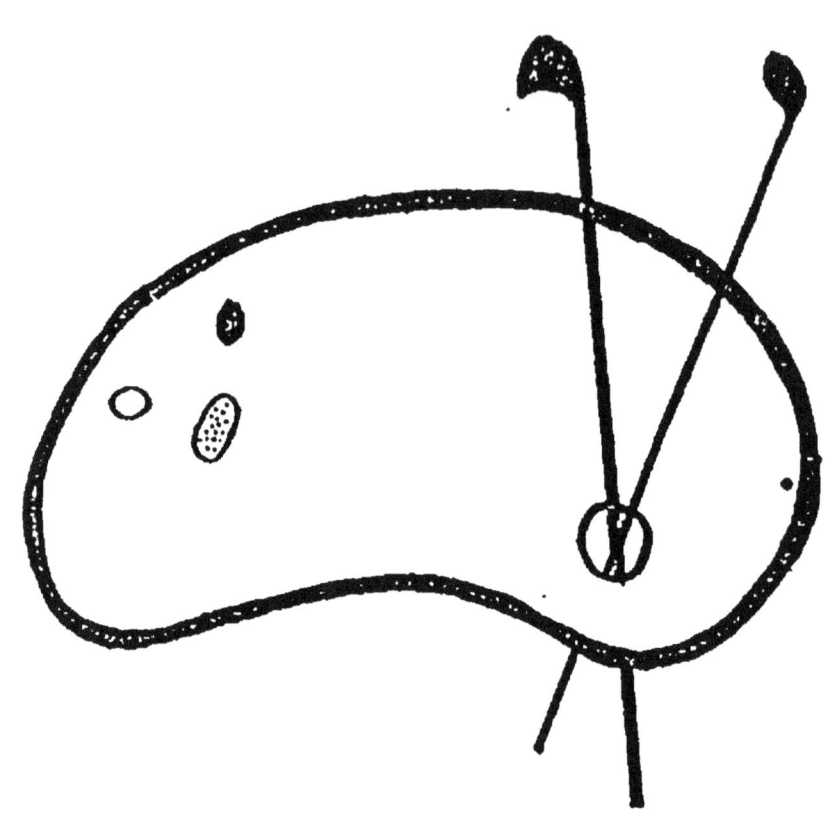

ORIGINAL EN COULEUR
NF Z 43-120-8

PARIS
RÉVOLUTIONNAIRE

DU MÊME AUTEUR :

La Guillotine et les Exécuteurs des arrêts criminels à Paris et dans les départements, pendant la Révolution, d'après des documents inédits tirés des Archives de l'État. Un vol. in-8º.

Le Vrai Chevalier de Maison Rouge (A. D. J. Gonzze de Rougeville 1761-1814), d'après des documents inédits. Un vol. in-12.

TYPOGRAPHIE FIRMIN-DIDOT ET Cⁱᵉ. — MESNIL (EURE).

La cour des femmes, à la Conciergerie.
Dessin inédit, pris sur nature en 1861. Collection de M. Victorien Sardou.

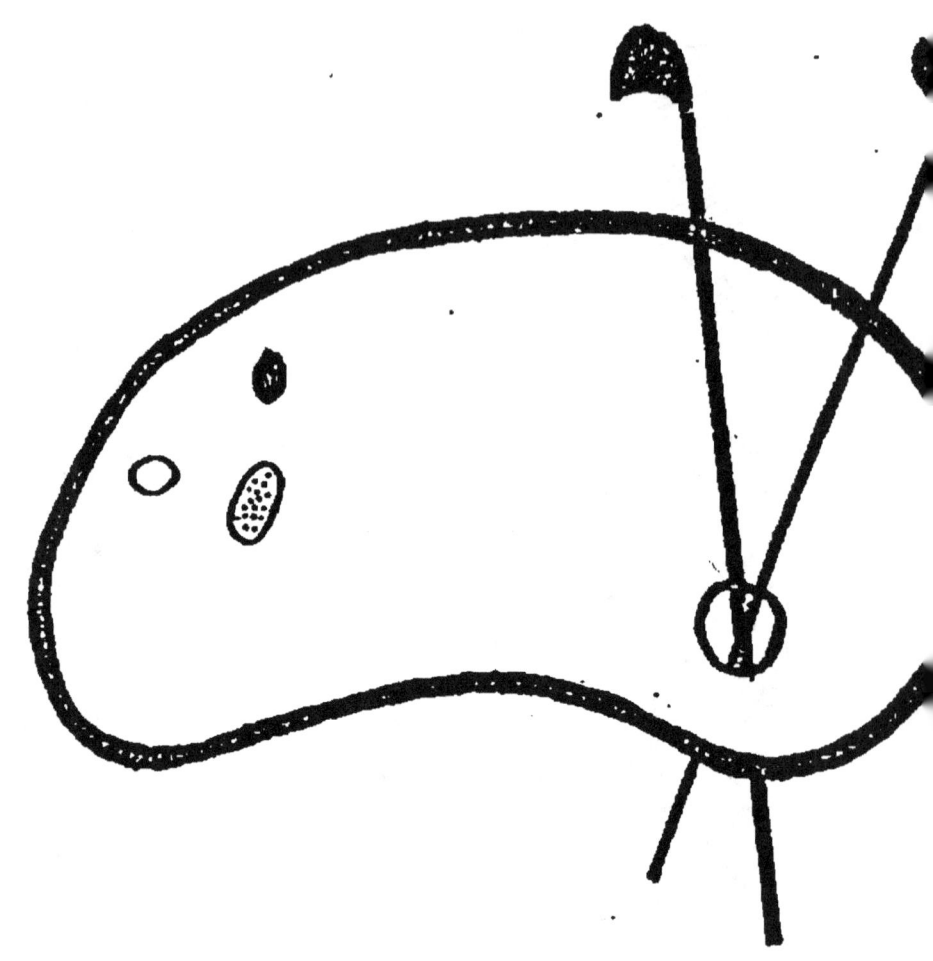

ORIGINAL EN COULEUR
NF Z 43-120-8

G. LENOTRE

PARIS
RÉVOLUTIONNAIRE

OUVRAGE ILLUSTRÉ

DE 60 DESSINS ET PLANS INÉDITS

D'APRÈS DES DOCUMENTS ORIGINAUX

FIRMIN-DIDOT ET Cie

IMPRIMEURS DE L'INSTITUT, RUE JACOB, 56

PARIS

1895

A

Monsieur VICTORIEN SARDOU

qui après m'avoir conseillé ce livre m'a guidé dans mes recherches,

Hommage reconnaissant,

G. Lenotre.

AVANT-PROPOS

J'ai toujours aimé la méthode qu'employaient nos pères : lorsqu'ils présentaient un livre aux lecteurs, ils ne manquaient jamais de dire, en manière d'*avant-propos* ou d'*avertissement* ce qu'ils avaient voulu faire : et si je leur emprunte ici ce procédé dénué de prétention, c'est parce que je crains qu'on me soupçonne d'avoir tenté d'écrire, après tant d'autres, une histoire de la Révolution.

Je n'ai pas eu cette ambition, et mon but a été bien différent.

En étudiant les mémoires et les journaux de l'époque révolutionnaire, en feuilletant les dossiers de nos dépôts d'archives, en lisant les ouvrages où nos contemporains ont fait revivre ces temps fertiles en épisodes tragiques, j'avais été bien souvent frappé du peu de place que tiennent dans ces récits les descriptions, le décor, les choses. On dit que la chronologie et la géographie sont les deux yeux de l'histoire : à ce compte l'histoire de la Révolution est borgne, car sa topographie reste à faire. Non seulement les simples curieux ignorent à peu près où se trouvaient les Jacobins, les Feuillants, la Force, la Bourbe, le

Manège, le Tribunal révolutionnaire; mais les érudits — et ceux même qui se sont fait une spécialité de l'étude de la Révolution — ne sauraient dire ce qu'étaient exactement en 1793 les Tuileries, l'Abbaye, la Conciergerie, l'Hôtel de Ville... Du Paris de jadis il reste si peu de choses!

Combien de fois, en parcourant les pages qu'ont inspirées à Michelet et à Lamartine les sombres journées de la Terreur, j'essayai de reconstituer en esprit, à l'aide de leurs narrations, la salle où siégeait la Convention, les prisons, les comités. Comme j'aurais préféré à ces grandes compositions qu'ils ont laissées le moindre croquis pris d'après nature! Je me demandais : *Comment était-ce?* Préoccupation toute moderne d'un lecteur gâté par les reportages minutieux si fort en vogue à notre époque. Si la postérité s'occupe de nos grands hommes, elle saura, par le menu, leurs habitudes, leurs goûts, leur façon de se loger, de se vêtir, de parler et de se taire. Rien de pareil au temps de la Terreur : les feuilles ne contenaient autre chose que de la politique. C'était un aliment si nouveau que le public en était toujours friand, si peu substantiel, qu'il n'en était jamais rassasié.

Et alors j'ai tenté de me faire ce reporter qui a manqué au Paris de la Révolution : j'ai essayé de pénétrer dans les clubs, à l'Assemblée, dans les cachots, chez les hommes en vue, et d'y glaner tout ce que l'histoire a dédaigné. Lorsqu'il fit la critique de son livre des Girondins, Lamartine remarqua « qu'une grande partie de l'intérêt de son travail consistait en

AVANT-PROPOS.

ceci : c'est que les hommes y sont beaucoup plus en scène que les choses. — « J'ai, dit-il, personnifié partout les événements dans les acteurs; c'est le moyen d'être toujours intéressant, car les hommes vivent et les choses sont mortes; les hommes ont un cœur et les choses n'en ont pas; les choses sont abstraites et les hommes sont réels... »

Je n'en doute pas : mais pour bien des raisons, — dont la principale se devinera — j'ai fait tout l'opposé : ici les choses seront beaucoup plus en scène que les hommes, et j'ai cherché à personnifier toujours les acteurs dans le décor où ils ont joué leur rôle. Ce n'est peut-être pas le moyen d'être intéressant, mais certainement c'est le moyen d'être vrai.

Ce livre n'a donc d'autre prétention que d'être un essai de topographie du Paris d'il y a cent ans : c'est une reconstitution, travail minutieux et souvent ingrat, auquel il m'a fallu apporter la patience et la méticuleuse passion dont était possédé cet original, cité par La Bruyère, qui savait que « Nemrod était gaucher et Sésostris ambidextre, et qui connaissait le nombre de degrés que comptait l'escalier de la Tour de Babel. » Eh! oui, je dirai la couleur du couvre-pieds de Robespierre, et je sais le nom de la femme de chambre de la citoyenne Danton. Je révélerai ce que Marat aurait mangé le soir à son souper, si Charlotte Corday ne l'avait, à tout jamais, débarrassé des soucis matériels de l'existence, et je ne cacherai pas de quelle étoffe était garni le fauteuil du président de la Convention.

Mais c'est là, dira-t-on, écrire l'histoire par ses plus petits côtés, et rassembler des riens inutiles. Telle était aussi l'opinion que j'avais de mon travail, lorsque je l'entrepris timidement, il y a bien des années déjà. J'estime que les lecteurs reconnaîtront, ainsi que je l'ai fait plus tard, que rien n'est inutile en histoire, lorsqu'ils verront, s'ils veulent bien me suivre, que cet amour, cette manie, si l'on veut, de l'exactitude poussée dans l'infime détail, m'ont permis de rectifier sur bien des points, et non des moins importants, les récits des grands historiens de la Révolution. D'ailleurs, n'eussé-je réussi qu'à esquisser une description fidèle de ce qu'étaient en 1793 les monuments témoins du grand drame de notre histoire parisienne, je n'aurais pas, du moins, perdu mon temps, puisque ce travail n'avait jamais été tenté.

Il ne m'est pas possible d'énumérer ici toutes les portes où j'ai frappé ni de dresser la liste de ceux qui se sont faits mes collaborateurs dans cette œuvre de patience. Je veux, du moins, exprimer ma reconnaissance à M. Victorien Sardou qui a bien voulu mettre à ma disposition ses collections précieuses et son inépuisable science des hommes et des choses du temps passé; à MM. Raffet et Bouchot dont l'obligeante érudition abrégea mes recherches au Cabinet des Estampes; à M. Jules Cousin, conservateur honoraire de la bibliothèque de la Ville de Paris et à M. Lucien Faucon, son successeur, qui m'ont guidé à travers les richesses du musée Carnavalet; à M. Ch. Duprez, architecte de la ville, dont j'ai reçu maints renseignements curieux sur le couvent des Cordeliers et sur le logement de Marat; à M. Vaury, propriétaire actuel de la maison qu'habita Robespierre; à MM. Delahaye et de Jouvencel, derniers locataires de l'appartement de Danton, qui m'ont aidé à reconstituer ces vieux immeubles démolis ou transformés; à tant d'autres... ils voudront bien recevoir ici mes remerciements et m'excuser d'avoir fait un si médiocre usage des matériaux dont un plus habile aurait certainement su tirer meilleur parti.

PARIS RÉVOLUTIONNAIRE

CHEZ ROBESPIERRE

I.

ARRAS ET VERSAILLES.

Une petite rue étroite et déserte de province; de larges pavés, un peu verdis; des maisons bourgeoises, à volets mystérieux; telle est aujourd'hui la rue *des Rapporteurs,* à Arras; telle elle était déjà il y a cent ans; c'est un de ces coins de vieille ville dont la physionomie semble immuable et qui résistent, en effet, par une sorte de momification, aux secousses du progrès et aux successives transformations des mœurs.

Or, un jour du commencement de mai 1789, la rue des Rapporteurs avait perdu son aspect habituel; il s'y passait un événement : les ménagères paraissaient aux portes entrouvertes; derrière les persiennes, des visages curieux guettaient; même à l'angle de la place de la Comédie quelques bourgeois faisaient les cent pas, simulant une discussion pour donner un prétexte à leur attente. Devant la maison qui fait le coin de la ruelle (1) une brouette vide stationnait, et voilà ce qui mettait ainsi le quartier en émoi.

Tous les yeux suivirent anxieusement un portefaix (2) qui, sortant de la maison, déposa sur cette brouette une vieille malle en cuir verni ; puis on vit paraître au haut des trois marches formant l'étroit perron une femme vêtue de noir accompagnée d'un homme maigre, au nez mince, portant lunettes : celui-ci jeta sur la rue un coup d'œil sournois, se sentit observé, embrassa la dame en noir, et, descendant le perron, se mit à marcher d'un bon pas, un peu solennel et guindé, dans la direction de la place. Le portefaix suivait, poussant la brouette, dont le roulement sur les pavés semblait éveiller les échos de la rue silencieuse.

— Qu'est-il donc arrivé? demanda un passant à une bonne femme qui se tenait au seuil d'une porte.

— C'est l'avocat du bout de la rue, M. de Robespierre, l'aîné, qui va prendre la diligence pour Paris où il est nommé à une place dans les états généraux.

Cela se répétait d'un bout à l'autre de la rue des Rapporteurs : le député, sentant son importance, passait sans tourner la tête ; on n'eût su dire si cette impassibilité était timidité ou dédain, mais elle laissait pourtant l'impression d'un énorme orgueil satisfait. Arrivé à l'angle de la place, Robespierre pourtant se retourna ; la dame en noir debout

---

(1) La maison qu'on montre à Arras comme ayant été habitée par Robespierre, n'est point, ainsi qu'on le dit, sa maison natale. Le père de Maximilien changea souvent de domicile. En 1758 (naissance de Maximilien), il habitait la paroisse de la Madeleine ; en 1762 (naissance d'Augustin), celle de Saint-Étienne : les actes de baptême de ses autres enfants montrent qu'il habita également les paroisses de Saint-Gery et Saint-Aubert.

Maximilien ne fut guère plus stable : à son retour de Paris, en 1781, il logea d'abord rue du Saumon ; en 1783 on le retrouve chez sa tante, femme du docteur Du Rut, rue des Trinitaires ; en 1786, il habita rue du Collège et ce n'est qu'en 1787 qu'il loua pour lui et sa sœur Charlotte la maison de la rue des Ratsporteurs, propriété héréditaire de la famille de Fétel.

Renseignements communiqués par M. Barbier, d'Arras.

(2) Ce portefaix était un nommé Lantillette connu de toute la ville d'Arras pour son adresse à pêcher les seaux tombés dans les puits.

sur les marches agita un mouchoir ; il répondit par un signe ; puis il se dirigea vers la maison du père Lefebvre, marchand étainier, où se trouvait le bureau des voitures publiques (1).

.· .

Il était bien connu à Arras, le jeune avocat que les électeurs du tiers avaient choisi pour les représenter aux États ; cependant il n'y était pas populaire dans le sens affectueux du mot. Alors, comme aujourd'hui, la province subissait l'influence de certains préjugés et la personnalité même du jeune député froissait de respectables suceptibilités.

D'abord les gens bien informés prétendaient que sa naissance n'était point régulière (2) ; d'autres assuraient que son nom d'assonance inaccoutumée dans la région du Nord avait une origine assez louche.

D'après eux, Damiens, le meurtrier du feu roi Louis XV, avait deux frères : l'un se nommait Robert, comme le régicide, l'autre Pierre. Contraints de changer de nom par l'arrêt de la Cour, les frères de Damiens réunirent leurs deux noms de baptême *Robert-Pierre,* pour en composer un seul qui leur fut commun ; et, par une liaison et une élision faciles, formèrent celui de *Roberspierre.* L'un d'eux disparut peu de temps après, et l'on n'entendit plus parler de lui ; on pensa qu'il était allé rejoindre ses parents en exil — car le père et la mère de Damiens avaient été chassés du

---

(1) La diligence de Paris partait d'Arras le soir ; elle contenait dix places, le prix de la place était de 35 livres, 10 sols.

(2) Du moins cette assertion résulte d'une note de M. Paris dans son remarquable ouvrage sur Joseph Lebon. Donnant quelques détails sur la famille de Robespierre, il assigne comme date du mariage de Maximilien Barthélemy François, père du Tribun le *3 janvier* 1758. Or Robespierre est né le 6 *mai* de la même année. Il faut ajouter que M. Hamel, le panégyriste enthousiaste de Robespierre, passe sous silence la date du mariage des parents de son héros. Il se borne à dire que les parents de la future, Jacqueline Marguerite Carrault, firent pendant quelque temps opposition au mariage, qu'ils y consentirent enfin *bon gré mal gré* et que *quelques mois* plus tard naissait Maximilien.

royaume, leur maison rasée et leurs meubles brûlés par la main du bourreau. — L'autre frère vint se fixer à Arras où il demeura quelques années sous son nouveau nom, se donnant comme simple chargé d'affaires : il confia son fils à la charité de l'évêque, M. de Conzié, partit pour l'étranger et l'on ignora toujours la route qu'il avait tenue.

Qu'on ne s'y trompe pas, si nous mentionnons cette légende, ce n'est pas que nous y ajoutions foi ; ces deux frères d'assassin, s'ingéniant à se trouver un nom qui fit oublier leur nom maudit et donnant ainsi naissance à celui de Robespierre, c'est là une situation trop romanesque sans doute pour être vraisemblable (1). Mais si la tradition était fausse, elle n'en eut pas moins cours à Arras, et elle influa certainement sur la destinée et sur le caractère du jeune avocat : est-il nécessaire de rappeler que l'un de ses premiers ouvrages fut un discours adressé à l'Académie de Metz où il attaquait le préjugé injuste qui déversait sur toute une famille l'infamie d'une condamnation (2). Quant à la disparition singulière du père de Robespierre, elle est restée mystérieuse. On a dit qu'ayant perdu sa femme, fou de chagrin, éperdu, désespéré, il quitta ses quatre enfants dont l'aîné — le futur conventionnel — n'avait que sept ans ; il parcourut successivement l'Angleterre et l'Allemagne, et mourut plus tard à Munich ; c'est là une explication qui n'explique rien ; ce chef de famille dans la force de l'âge abandonnant quatre enfants sans ressources pour aller chercher à l'étranger une diversion à sa douleur, peut être cité comme un mari aimant, non point certes comme le modèle des pères. Mais toute douleur est respectable et

---

(1) Le nom de Robespierre semble être en réalité d'origine irlandaise : on le trouve d'abord sous la forme Robert Spierre, puis sous celle de Roberspierre qui semble être la véritable. C'était sous le nom de Roberspierre qu'était connu le député d'Arras aux états généraux.

(2) Le manuscrit autographe de cette étude existe encore à la bibliothèque de Metz.

porte en elle son secret ; si donc, encore une fois, nous réveillons ce souvenir, c'est uniquement parce que cet abandon eut une néfaste influence sur l'enfance de Robespierre : il devint grave avant l'âge ; à dix ans il semblait comprendre qu'il ne devait plus compter que sur lui-même, et, tout enfant, il se prit à réfléchir aux tristesses de la vie et à se considérer comme le seul maître de sa destinée. Et tout de suite en lui le tribun se dessine ; on le met au collège : il y remporte tous les prix, s'enthousiasme pour les rhéteurs de l'antiquité, pensif et sombre, s'isole de ses condisciples ; à douze ans il est envoyé à Paris au collège Louis-le-Grand : là, il se fait un ami, et cet ami s'appelle Camille Desmoulins. Ces deux enfants qu'on voit sans cesse, sous les cloîtres, s'abstenant des jeux de leurs camarades, se promenant ensemble, presque graves et rêvant d'avenir, joueront, peu d'années après, l'un contre l'autre, une terrible partie dont l'enjeu sera leur tête. Quand Louis XVI vint visiter l'antique institution qui portait le nom de son aïeul, les régents choisirent pour le complimenter... l'élève Robespierre ; et bon nombre de ceux qui virent, ce jour-là, le petit rhétoricien ému et courbé offrir au jeune roi ses vers latins et ses hommages, durent songer, dix-huit ans après, à cette première rencontre, quand l'étudiant, devenu presque le maître de la France, envoyait à l'échafaud le Roi détrôné.

Ses années de collège terminées (1), le jeune Robespierre, muni de son diplôme d'avocat pour toute fortune, regagna sa province. La veille de son départ pour Arras, on le vit prendre le *coucou* de Crépy-en-Valois : il s'en allait seul, comme à un pèlerinage, saluer le vieux Jean-Jacques dans sa retraite d'Ermenonville. Il fut reçu par le philosophe qui vivait là, en solitaire, les dernières heures de son existence tourmentée. Quel fut l'entretien de ces deux hommes,

---

(1) J'ai vu dans les greniers du lycée Louis-le-Grand une vieille planche de bois qui servit jadis de table dans une étude et sur laquelle, parmi cent noms d'élèves gravés au couteau, se lit celui de *Roberspierre*.

l'un touchant déjà à l'apothéose, l'autre inconnu et troublé; l'un théoricien d'une religion et d'une philosophie dont l'autre devait être le pontife? Jamais personne ne l'a su. Le jeune homme sortit de cette mystérieuse entrevue, affermi, sans doute, dans ses utopies, armé de sophismes pour la lutte et portant dans son âme le germe de la religion naturelle et du culte de l'Être suprême qu'il devait un jour essayer d'imposer à la France.

Mais avant d'engager la bataille de sa destinée, il devait passer par l'épreuve de la province; et l'on se représente mal cet esprit sans souplesse, étroit à force de rectitude, forcé de se plier aux exigences et de subir les commérages d'une petite ville; il fut trouvé généralement gauche, pédant, faux, ne sachant pas rire et d'une discrétion désolante.

Ses débuts au barreau furent l'objet de la risée des beaux diseurs d'Arras : cette parole qui devait un jour épouvanter le monde fut jugée décidément sans valeur, et l'on conte même qu'un collègue bel esprit, trouvant tant soit peu hautaine l'attitude du jeune avocat, rhétoricien lauréat de la Faculté de Paris, lui décocha ce distique qui fit pâmer d'aise les amateurs de jolies choses :

> On peut avoir des prix dans l'Université
> Sans être pour cela dans l'univers cité !

Lui, plein de mépris, regardait à peine tous ces gens qu'il ne comprenait pas; dans ses promenades solitaires, il continuait à rêver la destruction du vieux monde et, perçant les brouillards de l'avenir, entrevoyait l'aurore radieuse d'une société nouvelle.

D'ailleurs, il s'appliqua à jouer son rôle : sa froideur et sa tenue d'une correction parfaite semblèrent distinguées, et la *société* peu à peu l'admit. Il devint même l'homme à la mode; on aimait son air sombre et sa parole brève; on citait de lui des traits de misanthropie qui étaient à l'unanimité déclarés *ravissants;* quelques bonnes dames s'étaient donné pour mission d'apprivoiser ce sauvage aux yeux vagues, et, j'imagine que c'est à l'une d'elles, moins réservée sans doute que les autres, qu'il adressa cet ironique et dédaigneux madrigal :

> Crois-moi, jeune et belle Ophélie,
> Quoi qu'en dise le monde et malgré ton miroir,
> Contente d'être belle et de n'en rien savoir,
>   Garde toujours ta modestie ;
>   Sur le pouvoir de tes appas
>   Demeure toujours alarmée ;
>   Tu n'en seras que mieux aimée
>   Si tu crains de ne l'être pas.

Il existait alors, et il existe encore, à Arras une société qu'avaient formée des jeunes gens réunis par l'amitié et par le goût des vers, des roses et du vin. Ils s'assemblaient chaque année au mois de juin sous un berceau de troènes et d'acacias pour célébrer la fête des Roses : on les appelle les *Rosati*. Robespierre y fut admis ; suivant l'usage établi, on offrit une rose au récipiendaire qui la respira trois fois, l'attacha à sa boutonnière, vida d'un trait un verre de vin rosé, en l'honneur de la reine des fleurs ; puis, après avoir embrassé ses nouveaux collègues, il reçut un diplôme en vers, auquel il répondit également dans la *langue des dieux :*

> Je vois l'épine avec la rose
> Dans les bouquets que vous m'offrez,
> Et lorsque vous me célébrez
> Vos vers découragent ma prose ;
> Tout ce qu'on m'a dit de charmant,
> Messieurs, a droit de me confondre...

Ces berquinades ne suffisaient pas à cette âme troublée : la province l'étouffait ; une occasion s'offrit : le Roi venait de convoquer les états généraux; Robespierre se présenta, fut nommé, confia à sa sœur Charlotte la vieille maison qu'ils habitaient ensemble au coin de la rue des Rapporteurs, emprunta dix louis et une malle (1) pour le voyage, et partit.

Si sa ville lui avait paru un théâtre trop mesquin pour son ambition, il se trouva en revanche bien peu de chose quand il débarqua, lui, sept centième à Versailles. Il descendit avec ses collègues de l'Artois, quatre bons cultivateurs, très ahuris de leur situation nouvelle et qui ne le quittaient pas plus que son ombre, à l'hôtel *du Renard*, rue Sainte-Élisabeth (2). Il se donna bien du mal pour faire parler de lui; mais la scène était si grande, les acteurs si bruyants, l'action si mouvementée qu'il passa inaperçu.

Et voilà qu'en présence de l'œuvre à accomplir il se sentait plus petit encore et plus humble. Dans une heure d'épanchement il avouait au secrétaire de Mirabeau qu'il tremblait à l'idée d'aborder la tribune et que la voix lui manquait au moment où il commençait à parler. D'ailleurs, il avait cette honte qu'éprouvent les pauvres à la fréquentation des gens riches.

La renommée qu'il ambitionnait par-dessus tout, ne répondait pas non plus à ses efforts. Un jour, tremblant de peur, étourdi des ricanements de la droite, il était monté à la tribune pour s'élever contre les formes despotiques et surannées des arrêts du Conseil : *Louis, par la grâce de Dieu... notre certaine science... notre bon plaisir...* « Il faut, dit-il, une forme noble et simple qui annonce le droit national et qui porte dans les cœurs le respect de la loi, comme, par exemple : *Peuple, voici la loi qu'on veut vous imposer...* » — Alors, un Gascon de la droite, frappé de cette tournure solennelle et poétique s'écria : « *Té, levons-*

---

(1) Le tout, assure la tradition d'Arras, prêté par une dame Marchand, amie de Charlotte Robespierre.
(2) Aujourd'hui rue Duplessis.

Maison de Robespierre, rue des Rapporteurs, à Arras (état actuel).

nous, c'est un cantique! » Et l'Assemblée de rire, pendant que Robespierre, rageur et rouge, regagnait sa place au milieu des applaudissements ironiques.

Avec l'Assemblée, en octobre 1789, Robespierre vint se fixer à Paris.

La maison qu'il habita rue de Saintonge pendant près de deux ans de sa vie (du mois d'octobre 1789 au mois de juillet 1791), et qui portait alors le n° 8, porte aujourd'hui le n° 64. C'est un de ces hauts et sombres immeubles bourgeois, à étages élevés, à rampe de fer, comme en construisait le XVIIe siècle.

Il avait alors pour ami ou secrétaire, un jeune homme nommé Pierre Villiers, qui, sous le titre de *Souvenirs d'un déporté,* publia, en l'an X, un recueil d'anecdotes où il a consacré plusieurs pages à la mémoire de l'homme dont il avait partagé l'existence durant une partie de l'année 1790.

Villiers nous représente Robespierre comme ayant été à cette époque dans une telle détresse que, pour porter le deuil de trois jours ordonné par l'Assemblée nationale dans la séance du 11 juin 1790, sur la motion de Mirabeau, afin d'honorer la mémoire de Franklin, il avait été forcé d'emprunter des vêtements noirs à un homme plus grand que lui de quatre pouces.

L'assertion de Villiers doit être inexacte : on possède la note curieuse de tous les effets emportés par Robespierre lorsqu'il quitta Arras pour venir exercer son mandat de député aux états généraux. Or, nous y voyons figurer un habit et une culotte de drap noir. Sa garde-robe se composait, en effet, des objets suivants :

Un habit de drap noir.

Un habit de velours ciselé noir, acheté à la friperie à Paris et reteint.

Une veste de satin assez bonne.

Une veste de raz de Saint-Maur, passée.

Une culotte de velours noir.
Une culotte de drap noir.
Une culotte de serge. Les trois étaient fort usées.
Deux vergettes pour les habits. Deux brosses à souliers.
Six chemises, six cols, six mouchoirs.
Trois paires de bas de soie dont une presque neuve.
Deux paires de souliers dont une de neufs.
Un sac à poudre avec sa houppe.
Un petit chapeau à porter sous le bras.
Une robe d'avocat.
Une boîte avec soie, fil, laine et aiguilles, etc.

Au reste, Robespierre touchait dix-huit livres par jour comme député : de cette somme de dix-huit livres, il faisait trois parts : un tiers était régulièrement adressé à sa sœur Charlotte, demeurant à Arras, pendant toute la durée de la Constituante; une autre part, si nous devons croire Pierre Villiers, passait entre les mains d'une personne chérie qui *l'idolâtrait;* le reste servait à son usage personnel.

II.

LA MAISON DUPLAY.

Ce qui est précieux dans les *Souvenirs d'un déporté*, c'est moins ce qu'on y lit que ce qu'on y devine : cette retraite quasi honteuse, à laquelle le député d'Arras était condamné, autant par sa pauvreté que par son orgueil têtu; cette solitude dans laquelle il vivait en son froid logement garni de la rue de Saintonge, jettent sur sa psychologie un jour plus vrai que tous ses discours. Cet ambitieux, qui isole ses rêves, qui souffre de son obscurité, qui croit son talent infiniment supérieur à sa fortune, tel est bien ce petit avocat radical, le type même du Jacobin d'esprit étroit et de rancune durable, l'*Incorruptible* par principes, incapable du cynisme bonhomme de Danton, et se sentant resté provincial au milieu de Paris qu'il désespère de conquérir, dont il ne connaît aucun des plaisirs, dînant à trente sous, allant rarement au spectacle qu'il aimait pourtant.

C'est ainsi qu'il vécut pendant deux ans, et sans doute, malgré une certaine popularité, commençait-il à douter de sa destinée, lorsqu'un événement imprévu vint changer subitement son existence.

Le 17 juillet, après ce malentendu funeste qu'on a appelé le *massacre du champ de Mars,* le bruit se répandit dans Paris que la Cour avait le projet de s'emparer des hommes en vue du parti populaire, et de les jeter en prison. Mme Roland ne cache point avoir été assez inquiète pour son mari et pour ses amis : Danton, Camille Desmoulins, Fréron, le boucher Legendre jugèrent prudent de ne pas rentrer à leur domicile. Or, Charlotte Robespierre a raconté comment, ce même soir, son frère, revenant du Champ de Mars fut reconnu et acclamé par la foule, au moment où il passait dans la rue Saint-Honoré, près de l'Assomption : il cherchait à se dérober à cette ovation, lorsqu'un citoyen, sortant d'une boutique, lui offrit de se réfugier pendant quelques heures, dans son logement, et d'y attendre que l'effervescence de la rue fût calmée. Robespierre accepta et suivit ce citoyen complaisant : c'était Duplay.

Les romanciers — la remarque n'est point nouvelle — inventent des hasards et combinent des situations bien inférieures au pathétique de la réalité. Pour moi je trouve éminemment tragique le fait de cette rencontre entre ces deux hommes. Duplay, le bon bourgeois, le paisible et calme commerçant, l'heureux père de famille, prenant par la main Robespierre, l'introduisant chez lui, et y faisant entrer en même temps la fatalité et le malheur qui, avant trois ans, s'appesantiront d'une façon cruelle sur lui et sur tous les siens... cela me semble d'une grandeur épique et mystérieuse, digne des légendes de l'ancien temps où l'on voyait des personnages maudits poussés vers d'inéluctables dénouements par quelque malfaisante divinité.

A quel mobile obéissait Duplay en offrant l'hospitalité au député d'Arras? On a dit qu'il l'avait connu aux réunions du club des Jacobins dont il était membre; qu'ayant apprécié là son ardeur pour la cause de la liberté, il avait voué à l'*Incorruptible* une sorte de culte, et qu'il était par conséquent tout simple qu'il le priât de venir loger dans sa maison.

Tout simple, en effet, si l'anecdote s'était passée aux temps fortunés de l'antiquité, alors que la naïveté des mœurs autorisait ces hospitalières façons; mais il n'en allait pas ainsi à Paris, en 1791, époque très peu dissemblable de la nôtre au point de vue des habitudes et des préjugés. Maurice Duplay était, de sa profession, menuisier, et avait acquis, il est vrai, une certaine aisance. Mais il avait quatre filles et un fils; il était économe et songeait à assurer l'avenir de ses enfants : son instruction était médiocre; sans doute il *détestait les tyrans* — style de l'époque, — puisqu'il s'était fait inscrire aux Jacobins; il n'était pourtant ni philosophe au point de s'abstraire des préjugés, ni capable d'un grand enthousiasme; et voilà pourquoi son action du 17 juillet 1791 reste pour nous une énigme.

Toujours est-il que Robespierre passa la nuit chez Duplay. Le lendemain, à l'heure où il s'apprêtait à regagner son logis de la rue de Saintonge, la femme et les filles du menuisier insistèrent si bien pour qu'il restât, le conjurèrent si éloquemment de se fixer chez elles, que lui, jusqu'à lors si sauvage et si misanthrope, se laissa convaincre, et s'installa à demeure dans cette famille qui lui était, la veille, complètement inconnue. Le menuisier envoya chercher, rue de Saintonge, la malle noire et les quelques livres composant tout le bagage du député, tandis que ses filles arrangeaient en hâte la petite chambre et le cabinet qu'on lui destinait.

La maison qu'habitait Duplay appartenait en 1791 au domaine. Elle avait été construite quelques années avant la Révolution par la communauté des Dames de la Conception sur un terrain joignant le mur du monastère (1). Duplay, en avril 1788, l'avait louée pour neuf ans, moyennant la somme annuelle de 1800 livres de principal et 244 livres de pot-de-vin. Par suite de la confiscation des biens du clergé, la propriété de l'immeuble était passée à la nation.

---

(1) La rue Duphot a été percée à travers l'ancien couvent de la Conception qui occupait tout l'espace compris actuellement entre les rues Cambon, Saint-Honoré et Royale.

C'était une construction modeste, élevée seulement d'un étage : elle consistait « en un petit corps de logis sur la rue Saint-Honoré, simple en profondeur, avec entrée de porte cochère et une boutique au rez-de-chaussée, quatre croisées de face au premier étage, avec grenier au-dessus et comble à deux égouts recouvert en tuiles, plus un autre corps de logis en retour en aile au couchant, élevé aussi d'un étage qui n'est couvert que par un comble en appentis garni en tuiles; plus à la suite dudit bâtiment est un autre corps de logis formant pignon sur la cour, élevé d'un rez-de-chaussée, d'un étage et grenier au-dessus avec comble couvert aussi en tuiles. Ladite cour comprise entre ces trois bâtiments renfermant un hangar de chaque côté dont un grand au couchant avec comble en appentis... etc. (1) ». Ainsi s'exprimait, dans sa minutieuse exactitude le bail passé par Duplay devant maître Charon notaire royal. C'est dans le petit corps de logis en aile que le menuisier installa Robespierre : il y avait là trois petites chambres prenant jour sur la cour étroite, et situées immédiatement au-dessus du hangar où travaillaient les ouvriers. On y accédait par le principal escalier, desservant à la fois le bâtiment en aile et le corps de logis sur la rue; mais plus tard, afin de mieux isoler son hôte, de le mieux garantir d'une surprise ou d'un attentat possible, Duplay condamna la communication; il construisit un escalier de bois plus discret, plus intérieur, à l'autre extrémité de l'aile, et, pour y arriver, il fallait traverser soit le hangar, soit la salle à manger située sur la cour au rez de chaussée du bâtiment du fond.

Quand on avait gravi cet escalier on trouvait à gauche une porte, qui existe encore, et qui donnait accès à un étroit cabinet, servant de toilette ou d'antichambre : im-

(1) M. Vaury, propriétaire actuel de l'immeuble a bien voulu nous communiquer ses titres de propriété, d'après lesquels il nous a été possible de reconstituer un plan minutieusement exact de la maison Duplay en 1793.

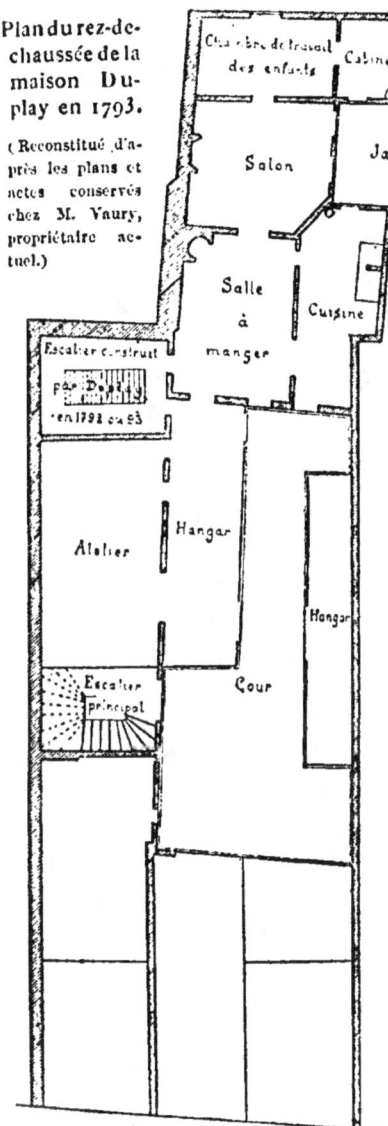

Plan du rez-de-chaussée de la maison Duplay en 1793.

(Reconstitué d'après les plans et notes conservés chez M. Vaury, propriétaire actuel.)

médiatement après ce cabinet était la chambre de Robespierre. Elle ne contenait qu'un lit de noyer couvert de damas bleu à fleurs blanches, provenant d'une robe de Mme Duplay, une table et quatre chaises de paille : c'était à la fois son cabinet de travail et sa chambre à coucher : ses papiers, ses rapports, les manuscrits de ses discours, écrits de sa main, d'une écriture petite, serrée, boiteuse, laborieuse et raturée, étaient classés avec soin sur des rayons de sapin contre la muraille. Quelques livres choisis et en petit nombre, y étaient rangés; presque toujours un volume de J.-J. Rousseau ou de Racine restait ouvert sur la table.

Deux petites pièces suivaient cette chambre (1) :

---

(1) Toute cette partie de la maison existe encore, exhaussée de quatre étages, ainsi que nous le dirons plus loin. En somme la maison Duplay a été très peu transformée depuis la Révolution. En 1816 on la suréleva seulement; mais les dispositions principales n'ont point changé. Je m'étonne que M. Hamel, dans son livre si consciencieux et si précieux à tous les points de vue,

l'une était occupée par le jeune fils de Duplay, celui que Robespierre appelait *notre petit patriote;* l'autre reçut en 1792 un neveu du menuisier, Simon Duplay, qui, engagé volontaire dans un régiment d'artillerie, avait eu la jambe gauche emportée par un boulet à la bataille de Valmy. On l'appelait *Duplay à la jambe de bois* : il n'était pas illettré, et Robespierre l'employait quelquefois, comme secrétaire, à des travaux faciles de correspondance.

Robespierre vécut là pendant trois ans — *entouré de sots et de commères*, disait Danton. — Ses panégyristes, étendant à ses hôtes l'admiration qu'ils professaient pour le tribun, ont dépeint l'intérieur des Duplay comme celui d'une famille de sages, de héros, faite pour l'âge d'or : d'après eux, Duplay fut un patriote éclairé et rigide; Mme Duplay était la digne compagne de cet homme de bien; les demoiselles Duplay étaient des anges de candeur et de beauté; tous les Duplay possédaient de grandes âmes, des cœurs purs, de larges esprits. Le tableau est peut-être un peu flatté : il serait curieux de rétablir la physionomie exacte de cette famille qu'un incident, assez inexplicable, a tout à coup jetée dans l'histoire. Un peu moins drapées, les figures n'en seront que plus vraies et gagneront en naturel quand elles auront perdu leur auréole.

Maurice Duplay, originaire de Saint-Didier-la-Seauve, était le type accompli du bourgeois *qui a fait son affaire.* Le bourgeois de Paris — celui de l'ancien temps comme celui d'aujourd'hui — est de bonne stature avec un embonpoint naissant; sa figure est habituellement riante, et vise tant soit peu à la dignité; il a des favoris courts qui font légèrement le crochet à la hauteur de la bouche; il est bien rasé, propre dans sa mise, sans aucune affectation des formes que la mode emprunte au caprice..... tel était au

---

ait pu assurer qu'il n'en restait pas une pierre. La simple étude des titres et des plans qui sont aujourd'hui chez M. Vaury, suffit pour établir le contraire.

physique le menuisier Duplay; retiré des affaires avec 15,000 livres de rentes il s'était, pour s'occuper, intéressé à la politique. Tout bourgeois est épris de liberté : pour conserver ce bien précieux, il mettra en prison le monde entier, et se soumettra lui-même à toutes les entraves, à toutes les privations, à tous les sacrifices; tel encore était Duplay, homme politique; mais surtout ce qui le hantait, c'était le désir d'être quelque chose. Et voilà sans doute ce qui explique son acte du 17 juillet 1791 : ne pouvant raisonnablement aspirer à être premier rôle, il se contenta d'être comparse : il fut l'*hôte de Robespierre :* cela suffisait à flatter son amour-propre.

Mme Duplay nous semble, vue à travers les quelques rares allusions des historiens, une brave et digne femme, pleine d'admiration pour son mari, que, certainement, dans l'intimité, elle devait appeler *Monsieur Duplay*.

Les quatre filles, Éléonore, Sophie, Victoire et Élisabeth, avaient été bien élevées au couvent de la Conception : car Duplay, trop au-dessus des esprits vulgaires pour croire lui-même aux superstitions, pensait qu'il faut de la religion « pour les enfants et pour le peuple. » Telle est la tradition et il n'y manquait pas. Sophie avait épousé, dès 1789, un avocat d'Issoire, en Auvergne, nommé Auzat : il ne restait donc, rue Saint-Honoré, que trois des demoiselles Duplay quand vint s'y établir Robespierre.

Je me figure qu'elles ne furent pas les moins troublées du changement subit qui se produisait dans la monotone existence de la famille. Elles étaient toutes trois à l'âge où, dans tout célibataire, une fille a le droit de supposer un mari. Sans les accuser d'une coquetterie coupable, on peut assurer hardiment que, le 18 juillet 1791, à l'heure du déjeuner, avant de descendre à la salle à manger où elles allaient retrouver leur hôte de la veille, elles donnèrent à leur miroir plus de temps qu'à l'ordinaire. Étaient-elles jolies? A en juger par les portraits qui nous restent d'elles, je répondrai hardiment *non*. Élisabeth, peut-être, avait du charme ; mais Éléonore avait les traits gros, l'air commun, les lèvres épaisses (1). Il advint pourtant ce qui devait fatalement arriver. Sur cette fille de petit bourgeois, Robespierre exerçait un indéniable prestige : ses fonctions d'homme public, sa réputation naissante, l'adulation d'un certain groupe d'amis, éveillèrent chez Éléonore un sentiment qui ressemblait à de l'amour. L'aima-t-elle véritablement? Oui, sans doute, dès qu'il fut mort, mais jusque-là la chose peut être discutée, car rien ne vient l'appuyer d'une preuve. On peut croire qu'elle n'éprouva que l'orgueilleux désir de se croire remarquée d'un homme dont le nom seul faisait trembler la France entière, quelque chose de l'infinie jouissance du dompteur en présence d'un fauve. L'aima-t-il lui? Pour ma part, je ne le crois pas : car qui l'empêchait de l'épouser? Mais tout est mystérieux chez cet homme étrange, chez ce silencieux qui gardait pour lui seul et ses rêves et ses impressions.

Ce sont là d'ailleurs des suppositions, et le cadre de notre travail est trop restreint pour que nous essayions de percer les ténèbres d'une si redoutable psychologie. Toujours est-il que, à l'époque même, Éléonore passa pour être la *fiancée de Robespierre*, d'aucuns dirent la *maîtresse*, sans que rien vienne authentifier l'une ou l'autre de ces hypothèses.

Madame Robespierre, c'est ainsi pourtant que l'appelaient, par dérision, ses jeunes camarades du cours de peinture qu'elle suivit assidûment pendant tout le temps de la Terreur. Tous les deux jours de chaque décade on la voyait se diriger vers le Louvre en traversant le jardin presque désert des Tuileries ; elle allait au cours de Regnault, le célèbre peintre, qui disputait alors au non moins célèbre David le « sceptre du talent ».

(1) M. E. Harmel possède d'elle un portrait qui a figuré à l'exposition histoque de la Révolution française en 1889.

L'atelier du maître qui nous a laissé le chef-d'œuvre : *l'Éducation d'Achille,* était situé dans la galerie du Louvre donnant sur le quai, au-dessous du Muséum, en y accédant par un couloir qui débouchait sur la rue Froid-Manteau.

« Éléonore se croyait aimée, elle n'était que redoutée, » dit Mlle Hémery, une des élèves de Regnault dans les notes curieuses qu'elle nous a laissées (1). « Excepté quatre ou cinq élèves, chacun s'empressait de lui plaire, de la consulter, de prévenir ses désirs, les petits soins qu'on lui prodiguait contrastaient singulièrement avec la fierté aristocratique de quelques-unes de nous. Tout discours sur les affaires publiques nous était sévèrement interdit par M. Regnault. Il était impossible que cette recommandation fût exactement observée ; jeunes filles, cœurs d'artistes, c'était double sensibilité.

« Toutes les charrettes qui conduisaient au supplice les malheureuses victimes du tribunal révolutionnaire passaient sur le quai sous les fenêtres de l'atelier. Le jour de l'exécution de Charlotte Corday, elles avaient jonché de roses effeuillées le chemin, la *via dolorosa* que devait suivre le convoi ; à la mort de Marie-Antoinette, elles avaient porté pendant neuf jours des bouquets de scabieuse et d'ancolie en signe de tristesse et d'expiation. Nous versions des larmes à ce spectacle, des témoignages d'indignation, des paroles véhémentes contre les assassins s'échappaient de notre bouche, mais toujours en l'absence d'Éléonore, moins exacte quoique l'une des plus studieuses.

« Lorsqu'elle apparaissait à l'improviste, le silence le plus

(1) Si nous citons ce passage des souvenirs de Mlle Hémery, ce n'est pas que nous lui donnions toute créance. Le récit est évidemment fantaisiste sur bien des points. Ni Charlotte Corday, ni Marie-Antoinette n'ont passé sur le quai du Louvre pour aller à l'échafaud. Nous n'avons pas cru cependant devoir supprimer cet extrait qui ouvre sur les mœurs de l'époque un jour assez curieux.

profond succédait spontanément aux discussions les plus vives. Éléonore, le front soucieux, s'asseyait devant son chevalet, travaillait sans parler; bientôt on l'entourait, on l'accablait de questions sur sa santé. Je m'indignais intérieurement de ces flatteries qu'Éléonore paraissait mépriser, lorsqu'un instant avant j'avais entendu parler de cette fille avec dédain, critiquer sa mise d'une extrême simplicité qui contrastait avec nos costumes et nos tuniques antiques.

....

« Un jour Vallière arrive à l'atelier la figure bouleversée, les yeux rouges; elle court à moi, m'embrasse, me dit adieu, qu'elle va mourir. Effrayée, je la questionne, elle me raconte en sanglotant que le comité révolutionnaire de sa section a envoyé à ses parents l'ordre de la faire monter sur un char, qu'elle était désignée pour représenter la déesse à la *Fête de la Jeunesse*. Faute d'obéir, la famille serait déclarée suspecte et incarcérée. Le désespoir de Vallière se communiqua à toutes nos compagnes, ses parents avaient dit qu'ils aimeraient mieux la voir morte que déesse. Vallière se persuadait qu'elle devait mourir. Mille idées plus extravagantes les unes que les autres furent émises pour parer le coup fatal. Guilbert lui proposa de se défigurer comme la fille du bourgeois de Manosque. En 1516, François Ier allant en Italie passa par Manosque. Les clefs de cette ville lui furent présentées par la fille d'un bourgeois chez qui il logea. La jeune personne plut au Roi qui ne put le lui cacher. Mais comme elle avait autant de vertus que d'attraits, pour sauver son honneur, elle fit brûler du soufre sur des braises; la fumée à laquelle elle s'exposa s'imprégna sur son visage au point de la rendre méconnaissable. Ce trait d'héroïsme nous fit rire malgré notre chagrin. Une autre l'engageait à se cacher. Éléonore arriva; je lui racontai le sujet de nos débats. Je savais qu'elle aimait Vallière, ses larmes le prouvèrent. « Je suis étonnée, dit-elle, qu'ils n'y aient pas pensé plus tôt, elle est si belle!

Je ne vois qu'un moyen de parer à cet ordre absurde. Vallière, dites à votre mère de paraître enchantée du choix du Comité; qu'elle aille demander au président le costume que vous devez mettre. Faites confectionner ce costume dans votre magasin, faites-le voir à tous les voisins affectez de la joie, que vos ouvriers chantent la *Marseillaise*. Puis, décadi matin, prenez trois grains d'émétique; lorsque le cortège viendra vous prendre, il sera facile de prouver que vous êtes malade. Du reste, soyez tranquille, *je vous assure qu'on ne vous demandera plus.* »

« Tout s'exécuta selon l'avis d'Éléonore. Notre gentille compagne garda le lit deux ou trois jours sans être malade; le Comité révolutionnaire fut complètement dupe de la ruse, et une honnête fille ne fut pas exposée aux regards impudiques des immoraux mythologues républicains. »

Je trouve très tragique l'histoire d'Éléonore Duplay, de cette jeune fille, qui eût pu être une femme heureuse, une tranquille mère de famille, car il semble qu'elle fut bonne et honnête, et qui, en moins de trois ans, à l'âge où l'on a le droit d'être heureux, fit une telle provision de douleur qu'elle en eût pour toute sa vie. On nous a représenté Éléonore Duplay comme étant *au-dessus des faiblesses et des fragilités de son sexe*. Il n'en faut rien croire : ce qui la rend intéressante et touchante, c'est justement qu'elle fut femme, ni meilleure, ni pire que les autres; qu'elle connut, comme les autres, les chagrins, les joies, les peines, l'ambition, l'amour, les soucis dont se compose toute vie humaine. On la gâte en faisant d'elle une héroïne : Cornélie ne séduit personne.

Sa sœur Élisabeth fut plus heureuse : elle épousa Philippe Lebas, le 26 août 1793. Lebas était un jeune conventionnel de 28 ans : il était, depuis le mois de septembre 1792, un assidu de la maison Duplay, et il avait été séduit par « l'éclat et l'éblouissante fraîcheur » d'Élisabeth qui avait alors un peu plus de vingt ans. M. E. Hamel a raconté en termes émus l'idylle de l'amour des deux jeunes gens; il est donc inutile de la rééditer. Victoire Duplay, elle, ne se maria point et n'eût pas d'histoire.

III.

LES COULISSES D'UNE APOTHÉOSE.

Si nous avons groupé ces détails, en apparence assez insignifiants, si nous avons cherché à reconstituer cette famille Duplay au milieu de laquelle vécut Robespierre pendant la majeure partie de son existence publique, c'est que, du jour où il s'établit rue Saint-Honoré, sa popularité grandit subitement, sa personne fut tout à coup mise en vedette. A quoi faut-il attribuer ce changement ? La confiance en son propre talent ne lui avait pas jusque là manqué; mais son caractère sombre et soupçonneux avait besoin d'hommages et d'adulations pour atteindre l'apogée de son développement : cela, chez Duplay, ne lui fit pas défaut. Au bout de trois jours, il était l'oracle de la maison; il se sentait écouté, admiré, béni : et la haute opinion qu'il avait de lui-même s'en accroissait.

Il y eut à cette transformation indubitable une autre raison, toute matérielle celle-là. Sa chambre garnie de la rue de Saintonge n'était point un centre; personne ne l'y venait voir. Chez Duplay, il put recevoir ses intimes, ses admirateurs, ses dévotes; les jeudis de Mme Duplay, où la famille somnolait jadis autour d'une table de loto, devinrent des conciliabules politiques. Maximilien, adossé à la cheminée, y prononçait de beaux discours à l'adresse de la postérité. Duplay était tout fier de l'importance que cela donnait à sa maison, et le petit avocat d'Arras se trouvait tacitement très flatté sans doute d'avoir enfin un *chez soi* relativement confortable, dans ce Paris où il était arrivé si pauvre et si inconnu.

Ce qui est certain, c'est que tout à coup Robespierre grandit. L'admiration que professent pour lui les Jacobins à qui semble un talent oratoire de premier ordre la rhétorique ampoulée et bourrée de citations dont il est coutumier, gagne tout Paris d'abord et bientôt toute la France. Si l'on n'était à une époque où tout est extraordinaire, énigmatique, où toutes les conditions de la vie sont bouleversées, on ne pourrait expliquer comment, avec un talent médiocre, n'occupant aucune situation en vue — car de novembre 1791 à septembre 1792, durée de l'assemblée législative, Robespierre n'était plus député (1), — il peut conquérir une si haute renommée.

Voilà qu'en janvier 1792, l'ex-capucin Chabot se vante d'avoir baptisé un enfant auquel les parents ont donné comme prénom *Robespierre*. Ensuite un riche marchand mercier de la rue Bethisy, nommé Deschamps, sollicite l'hôte de Duplay d'être le *parrein* (sic) de son enfant, *qu'il veut élever sous les auspices d'un homme qui donne l'exemple de toutes les vertus et dont le nom sera en vénération dans tous les siècles présents et futurs*. Puis, c'est une anglaise, miss Shepen, riche à millions, qui se prend de la singulière idée de conjurer Robespierre d'accepter un présent considérable, et, comme il se défend : « *Ne méprisez pas* les Anglais, lui écrit-elle, ne traitez pas avec cette humiliante dépréciation la bégayante aspiration d'une Anglaise envers la cause commune de tous les peuples ». Déjà une autre femme, Mme de Chalabre (2) s'était enthousiasmée du jeune tribun, et l'avait supplié d'orner son salon de sa pré-

---

(1) Les ex-députés à la constituante n'étaient pas éligibles à la législative. Robespierre avait été nommé accusateur public, poste qu'il abandonna en avril 1792.

(2) Elle était probablement de cette famille des Chalabre qui, pendant plus d'un siècle, furent tenanciers des principales maisons de jeu de Paris.

sence; Robespierre y avait consenti, et il s'était établi entre lui et son admiratrice un commerce de lettres des plus intimes.

Plus tard il recevra presque journellement des missives de femmes dont une au moins mérite d'être citée :

« Mon cher Robespierre,

« Depuis le commencement de la Révolution je suis amoureuse de toi, mais j'étais enchaînée et j'ai su vincre ma passion. Aujourd'hui que je suis libre parce que j'ai perdu mon mari dans la guerre de la Vendée, je veux en face de l'Être suprême, t'en faire la déclaration.

« Je me flatte, mon cher Robespierre, que tu seras sensible à l'aveu que je te fais. Il en coûte à une femme de faire un tel aveu, mais le papier soufre tout et on rougi moins de loin qu'en face l'un de l'autre. Tu es ma divinité suprême et je n'en connais d'autre sur la terre que toi : je te regarde comme mon ange tutellaire et ne veux vivre que sous tes lois; elles sont si douces que je te fais le serment, si tu es aussi libre que moi, de m'unir avec toi pour la vie. Je t'offre pour dot les vrais qualités d'une bonne républicaine, 40,000 francs de rente, et être une jeune veuve de 22 ans. Si cette offre te convient, répond moi, je t'en supplie. Mon adresse est à la veuve Jakin, poste restante, à Nantes. Si je te prie de me l'adresser poste restante, c'est que je crains que ma mère ne me gronde de mon étourderie. Si je suis assez heureuse pour obtenir de toi une réponse favorable, je m'empresserai de lui montrer. Pour lors plus de mistère. Adieu mon bien-aimé. Songe à la petite Nantaise et à cette malheureuse cité qui est bien affligé par le fléau de la guerre. Comme ton mérite te donne beaucoup d'influence dans l'assemblée, fais donc tes efforts pour nous délivrer de la misère où nous sommes. Je ne parle pas pour moi, mais pour tous les braves sans-culottes et bons citoyens. Réponds-moi, je t'en supplie, si non je me rendrai importune dans mes écrits. Adieu encore une fois. Songe à l'infortunée qui ne vit que pour toi. Ne mest pas le cachet de la Convention. Écris moi comme un simple particulier (1). »

Cette lettre, et bien d'autres, furent découvertes dans des cartons empilés sur les rayons de sapin que Robespierre avait fait poser, par Duplay lui-même sans doute, dans sa petite chambre. Elles furent inventoriées, après le 9 thermidor, par Courtois et ses collègues de la Convention, lorsqu'ils se rendirent dans la maison déserte de la rue Saint-Honoré, pour y chercher matière au fameux rapport lu à l'Assemblée dans la séance du 16 nivôse, an III.

Robespierre avait conservé, par suite d'un inexplicable enfantillage d'amour-propre, des témoignages d'adulation venus de tous les coins de la France, et qui étaient absolument grotesques. Courtois en a rappelé quelques-uns :

« Je veux, écrit, le 14 messidor an II, un citoyen d'Annecy, je veux rassasier mes yeux et mon cœur de tes traits, et mon âme, électrisée de toutes tes vertus républicaines, rapportera chez moi de ce feu dont tu embrases tous les bons républicains. Tes écrits le respirent; je m'en nourris... » (2).

Deux sans-culottes de Saint-Calais entonnent des litanies :

« Robespierre, colonne de la République,
Protecteur des patriotes,
Génie incorruptible,
Montagnard éclairé,
Qui vois tout, prévois tout, déjoues tout,
Et qu'on ne peut ni tromper, ni séduire, etc... (3) »

---

(1) Cette curieuse pièce appartient actuellement à M. Benjamin Fillon qui a réuni un dossier très important sur Robespierre.
(2) Rapport à la Convention par Courtois, *passim*.
(3) Rapport à la Convention par Courtois.

Les membres du Conseil général de la Commune de Marion, des naïfs, écrivent à Maximilien pour réclamer la liberté de leur curé qu'on inquiète : ils annoncent qu'ils ont chanté tout récemment un *Te Deum* à la fin duquel des acclamations de *Vive Robespierre, Vive la République,* s'élevèrent jusqu'au ciel. D'ailleurs, ils emploient, en s'adressant à l'*Incorruptible,* les anciennes formules en honneur du temps des tyrans :

« Le Conseil général et toute la Commune *se jettent à vos pieds* espérant, que *vous voudrez bien avoir pour agréable* qu'elle garde son pasteur. *Nous ne cesserons pas de faire des vœux au ciel pour votre conservation... Daignez nous accorder* l'usage de la cloche pour rassembler le bon peuple, et *daignez*, par votre réponse, rassurer le citoyen Artigaux, notre curé. »

Un autre est plus catégorique encore :

« La *couronne*, le triomphe vous sont dus, et ils vous seront déférés, en attendant que l'encens civique *fume devant l'autel que nous vous éléverons* et que la postérité révérera tant que les hommes connaîtront le prix de la liberté. »

Enfin, celui-ci en fait un dieu :

« L'estime que j'avais pour toi, dès l'Assemblée Constituante, me fit *te placer au ciel à côté d'Andromède, dans un projet de monument sidéral...* »

Robespierre conservait soigneusement toutes ces sottises. Dans quel but ? Sans doute, à l'heure de l'intimité, après les repas, autour de la table de famille, lisait-il à ses hôtes émerveillés, cette incohérente correspondance, et jouissait-il singulièrement de l'admiration qu'elle leur inspirait. Duplay, surtout, sentait tout le poids de l'honneur qui lui était échu, le jour où, celui devant qui la France était ainsi prosternée était venu prendre gîte dans sa maison. Il veillait sur son héros avec un soin jaloux. Il s'ingéniait à le protéger contre les fâcheux et les indiscrets. Nous avons dit comment, pour éviter la communication trop facile entre la cour de la maison et la chambre de Robespierre, il avait établi un petit escalier intérieur auquel on n'accédait qu'en traversant une partie du rez-de-chaussée de la maison bien surveillée : cette précaution ne lui parut point encore suffisante. Il fit charger de verrous solides et munir de grillages la porte qui, de l'atelier, ouvrait sur cet escalier.

Ces mesures n'étaient pas inutiles, d'ailleurs. Un soir du mois de mai 1794, vers 9 heures, une toute jeune fille — elle avait à peine vingt ans — pénétra, un petit panier au bras, sous le porche de la maison Duplay; elle s'adressa à des ouvriers dans la cour, et demanda à parler à Robespierre : on lui répondit qu'il n'était pas là. Alors elle entra en fureur, s'écria qu'un législateur n'avait point le droit de fermer ainsi sa porte. Son état d'exaltation étonna : on s'empara de la jeune fille, on la fouilla : son petit panier contenait deux couteaux : c'était à n'en point douter une nouvelle Charlotte Corday! Elle avoua, en effet, qu'elle détestait les tyrans, et que, pensant bien être arrêtée, elle avait déposé chez un traiteur voisin un petit paquet de linge qui lui servirait dans la prison où l'on allait la conduire : ce qui ne manqua point. On sait comment finit la pauvre Cécile Renault : l'histoire a été souvent racontée. Nous n'en retiendrons qu'un détail qui rentre dans notre sujet. Comme les amis de Robespierre, les Jacobins du quartier, avaient été les premiers informés de l'attentat dont *il aurait pu* être victime, ils se précipitèrent en foule chez Duplay afin de s'assurer par eux-mêmes que leur dieu était encore en vie. La maison fut bientôt envahie : la salle à manger fort petite était pleine d'une foule émue et bruyante... Robespierre, lui, assis à une table, achevait, impassible, son repas : il avait devant lui une assiette remplie d'écorces d'oranges. Les oranges étaient ses fruits de prédilection : il en mangeait beaucoup et mettait un certain

amour-propre à les éplucher habilement d'une seule main.
Ce soir-là, les yeux baissés, sous ses lunettes qu'il ne quittait
jamais, l'air contraint, il laissait les curieux s'indigner et
crier au meurtre autour de lui; de toute la soirée, il ne prononça pour ainsi dire pas une parole.

Dans les circonstances délicates, le silence, le mystère
étaient sa grande force : il en avait une autre, l'espionnage :
il était passé maître en cette matière et il y avait fait quelques bons élèves. Les rapports que lui adressaient person-
nellement les espions du Comité de Salut public sont d'une
précision vraiment effrayante : tous les hommes dont il
avait intérêt à connaître les actions, l'entourage, les relations,
étaient suivis heure par heure et ne pouvaient faire un
pas qui ne lui fût rapporté.

« *Le 4 messidor an II de la République.*

« ... Le citoyen Legendre était hier matin, 3 du courant,
sous l'arcade du théâtre de la République, rue de la Loi,
environ dix heures du matin, il était avec le général Pareni
en grande conversation qui a duré plus d'une demi-heure.
Ils se sont quittés à environ 11 heures. Le citoyen Legendre
a traversé le jardin Égalité, et est allé à la trésorerie nationale où il s'est arrêté une demi-heure. De là il est revenu
aux Tuileries où il est resté jusqu'à une heure, et est entré
ensuite à la Convention où il est demeuré jusqu'à la fin de
la séance. Pendant le temps qu'il a été aux Tuileries, on a
remarqué qu'il avait de l'ennui; il a fait divers tours
etc... »

« *Le 10 messidor.*

« Le citoyen Tallien est resté, le 6 messidor au soir, aux
Jacobins jusqu'à la fin de la séance : il a attendu son homme
au gros bâton, rue Honoré, devant une porte cochère;
nous avons remarqué qu'il avait beaucoup d'impatience.

Enfin il est arrivé; il n'y a pas de doute qu'il était dans les tribunes; ils ont remonté la rue Honoré, celle de la Loi, les baraques, la galerie à droite de la maison Égalité; se sont assis dans le bas du jardin, ont pris chacun une bavaroise, ont remonté sous les galeries de bois, se parlant toujours mystérieusement et se tenant sous le bras. A 11 heures ils ont traversé la cour du palais et ont gagné la place Égalité; son garde a arrêté un fiacre, a salué Tallien, et ils se sont qualifiés réciproquement d'amis en disant : A demain mon ami. Nous nous sommes approchés de la voiture. Tallien a dit au cocher de le conduire rue de la Perle. L'autre s'en est allé par la rue de Chartres, à pied. Nous avons couru jusqu'au pont ci-devant royal, nous n'avons pu le rejoindre; nous présumons qu'il est entré dans une allée, ou qu'il demeure sur la section des Tuileries. Nous l'avons signalé hier soir, une veste rouge et blanche, à grandes raies, culotte noire, un gilet, chapeau rond, cheveux blonds et en rond, presque de la taille du citoyen Tallien... G. »

« *Du 13 messidor an II de la République une et indivisible.*

« B. D. L. est entré à la Convention le 11 courant à midi et demi, en est sorti à la fin de la séance, a été rue Honoré n° 55 avec plusieurs citoyens, en est sorti deux heures après pour aller rue des Pères n° 1430, s'y est arrêté dix minutes, est descendu la rue, a parlé à deux jeunes citoyens, l'un d'environ quinze ans, l'autre de dix; ensuite a parlé avec une citoyenne qui était avec une petite fille, a continué son chemin pour aller rue du Roule chez le premier marchand de musique en entrant par la rue Honoré. Il s'y est assis environ deux heures; nous avons remarqué qu'il y est entré plusieurs citoyens. Il en est sorti avec un citoyen le tenant par dessous le bras; ils se sont quittés près le Louvre. Il est allé au jardin Égalité où il a parlé à quatre citoyens. Après les avoir quittés il a rejoint une compagnie de six personnes, dont il y avait deux citoyennes. Après avoir conversé très longtemps avec elles, il a quitté la compagnie avec un citoyen de l'âge d'environ quarante-cinq ans en cheveux ronds, comme les ci-devant prêtres; ils se sont promenés d'un bout de la même allée à l'autre du côté des Feuillants, ont parlé à plusieurs citoyens en différentes fois et en ont salué plusieurs autres, ne s'est séparé dudit citoyen qu'à neuf heures, et s'est promené seul dans la même allée, est entré au cabinet d'aisance, en est ressorti, s'est assis ensuite près d'un arbre à la descente de la terrasse des Feuillants où il a resté très longtemps, et là le grand nombre des passants nous l'a fait perdre de vue; il était alors dix heures et demie.

« Hier 12 courant, le même citoyen est sorti de la Convention, est allé s'asseoir dans l'allée des Feuillants avec trois citoyens. Après un quart d'heure, ils se sont levés et nous avons remarqué que les autres lui adressaient toujours la parole et qu'il se débattait plus que les autres et sont restés très longtemps debout, ils se sont en allés par les Feuillants. B. de L. tenait un citoyen par dessous le bras et sont entrés au n° 55 rue Honoré, y est resté environ deux heures et en est sorti sur les quatre heures et demie, est allé rue des Pères n° 1430, y est resté dix minutes, sortant de là, il est entré chez lui d'où nous ne l'avons pas vu ressortir de la journée; il était alors 9 heures du soir. »

G.

Le 14 messidor.

« ... Nous ne serions pas surpris que le sieur Rambouillet, qui a été placé à la police par le citoyen Ta... et qui vient d'être supprimé de son emploi, ne fût un de ceux que ce député emploie, auprès de lui, pour l'escorter et savoir si on le surveille.

« Il est impossible de pouvoir surveiller ledit député dans sa rue, vu qu'elle est fort courte et droite. Il n'y a aucune retraite, que quelques bancs de pierre à côté de quelques portes cochères pour s'asseoir; et pour peu que les locataires de ladite rue s'aperçoivent qu'un individu passe fréquemment, ils se mettent aux croisées, ou envoient leurs domestiques sur la porte, en sorte qu'il est impossible à un surveillant de faire sentinelle dans le voisinage de son domicile. »

G. (1).

On demandait à Newton comment il avait découvert le mouvement universel.

— « C'est en y pensant toujours », répondit l'illustre savant. — C'est aussi en y pensant toujours, en se livrant à un travail de tous les instants, en accumulant des riens, en retournant sous toutes leurs faces, dans son esprit, les idées en apparence les plus insignifiantes, que Robespierre est parvenu sinon à atteindre, du moins à toucher du doigt le pouvoir souverain. Le jour où il en fut le plus près fut celui où l'on célébra la fête de l'Être suprême. C'était son œuvre, sa chose, et cette fois il avait vu grand et avait trouvé ce qui plaisait à la France. En qualité de Président de la Convention, c'est lui qui devait prononcer le discours devant tout le peuple assemblé et marcher en tête du cortège : il était vraiment Roi, et la pauvre Éléonore Duplay dut, pendant la nuit qui précéda la cérémonie, se voir, en rêve, couchée dans le lit des reines, rêve insensé, c'est vrai, et qui devait se réaliser pourtant, mais non pour elle; cette invraisemblable fortune était réservée à une autre femme, aussi inconnue, plus misérable qu'elle alors, et qui languissait à la prison des Carmes.

Dès le matin, par un ciel d'une admirable pureté, Paris

(1) Ce G. désigne probablement un nommé Guérin qui passait pour être un espion aux gages de Robespierre.

fut en joie : « les roses de vingt lieues à la ronde y avaient été apportées » : toute fenêtre avait sa guirlande et ses drapeaux. Du fond de la maison Duplay on entendait, dans la rue Saint-Honoré, le va et vient de la foule, le brouhaha joyeux des préparatifs.

Dans la modeste chambre où il abrite ses rêves, assis devant sa table sous laquelle est couché Brount, son chien fidèle, Maximilien resté songeur... Sur le lit sont préparés l'habit bleu barbeau, la culotte de nankin, la large ceinture de soie aux couleurs nationales, le chapeau orné d'un panache tricolore. Il pense à sa petite maison d'Arras, à son enfance sombre, à ses pénibles débuts dans cette grande ville où, aujourd'hui, son nom est dans toutes les bouches : il pense que la France, repue de sang, lasse de terreur, fatiguée de révolutions, n'attend qu'un mot de lui pour l'acclamer, un mot de concorde et de pitié. Il pense au discours qu'il va prononcer, et dont la minute recopiée est là sur sa table ; il pense qu'il est le maître de Paris, et qu'il peut à son gré y faire régner le calme ou souffler la tempête.

Plusieurs fois, en ce siècle, la France s'est ainsi trouvée à la merci d'un discours. Un mot à la place d'un autre aurait changé la destinée du pays. Et bien rarement les hommes qui furent ainsi les maîtres de la situation surent trouver ce qu'il fallait dire, la phrase psychologique qui répondait à l'idée latente de la nation. Robespierre, en tous cas, — c'est lui seul qui nous occupe — devait, ce jour-là, être mal inspiré.

Quand il eut revêtu son brillant costume, il descendit à la salle à manger pour se faire voir. Toute la famille était là rassemblée, les femmes en toilette claire, Duplay et son fils en habits de fête. Éléonore remit à celui qu'elle se plaisait orgueilleusement à considérer comme son fiancé, le beau bouquet d'épis et de fleurs des champs qu'il devait porter pendant la cérémonie. Puis, dans sa hâte fiévreuse, il partit sans déjeûner.

On sait ce que fut la fête de l'Être suprême; commencée au milieu d'un délire universel de joie et d'espérance, elle changea soudain d'aspect sur un mot malheureux de Robespierre, et se termina en une honteuse orgie révolutionnaire. Quand Maximilien rentra le soir rue Saint-Honoré, accablé par la fatigue et par la chaleur, chargé d'outrages et de menaces, il comprit — trop tard — la faute qu'il avait commise. Aux questions curieuses des demoiselles Duplay, aux pompeuses tirades du menuisier, il ne répondit que par un mutisme consterné. Enfin, sentant peser sur lui le poids écrasant des haines et des craintes que son discours avait déchaînées :

— « Vous ne me verrez plus longtemps », fit-il tristement.

Et il monta s'enfermer dans sa petite chambre.

A ces graves appréhensions de l'avenir, à ces déboires de la vie politique, venaient s'ajouter de mesquins soucis d'intérieur. Sa sœur Charlotte s'était établie, elle aussi, avec son plus jeune frère, Augustin, dans la maison Duplay, et le menuisier leur avait abandonné le corps de logis sur la rue, qui comprenait deux grandes pièces au premier étage. D'abord tout alla bien : Mlle Robespierre, pourtant ne voyait point, sans une jalousie de femme assez naturelle, l'affection que Maximilien portait à Mme Duplay et à sa fille. Elle avait été habituée à Arras, à régenter, en maîtresse, la maison de son frère, et elle ne pouvait maintenant, sans dépit, supporter qu'une influence étrangère, contre-balançàt la sienne. Elle réussit à amener une brouille, plus apparente que réelle, entre Robespierre et ses hôtes, et, triomphante, elle quitta la maison de la rue Saint-Honoré emmenant ses frères, pour aller s'établir tout près de là, rue Saint-Florentin.

Mme Duplay ne se tint pas pour battue. Prétextant une indisposition de Maximilien elle alla le voir, elle assura que le chagrin d'avoir quitté sa nouvelle famille était la seule cause de sa maladie, — ce qui n'était point aimable pour Charlotte, — elle exagéra son inquiétude, elle préten-

Cour de la maison Duplay (état actuel).
(Au premier étage, au-dessus de la fontaine, la fenêtre de la chambre de Robespierre).

dit que celui qu'elle aimait comme son fils avait besoin de ses soins, et qu'il ne pouvait être traité dans sa nouvelle installation avec autant de dévouement qu'il le serait chez ses parents d'adoption. Bref, au bout de quelques jours, elle ramenait, — triomphante à son tour, — Robespierre chez le menuisier.

Charlotte ne pardonna jamais. Robespierre, d'ailleurs, semblait avoir perdu toute énergie : il s'isolait en de longues promenades aux Champs-Élysées, à Monceaux, plus loin encore, dans la forêt de Montmorency. On le rencontrait, seul, avec son chien, et portant des gros bouquets de fleurs des champs qu'il cueillait le long des haies. Les semaines qui précédèrent Thermidor furent pénibles pour lui et pour ses hôtes. Duplay seul était complètement heureux : il avait atteint son rêve : il était quelque chose. Grâce à ses belles relations, il avait été nommé juré au tribunal révolutionnaire et il se figurait rendre la justice! En outre, il s'était remis aux affaires; il avait obtenu l'entreprise de certains travaux de menuiserie au château des Tuileries : si l'on relevait avec soin les comptes des dépenses de la Convention, on trouverait qu'il toucha pour sa part d'assez belles sommes : surtout il avait une importance politique : il était l'ami des hommes en vue : à ceux qui se sont extasiés sur sa mansuétude et sa bonté, on pourrait rappeler cette lettre que lui envoyait de Lyon Collot-d'Herbois, — oui Duplay était devenu un homme assez important pour que les conventionnels en mission ne négligeassent point de correspondre avec lui, — lettre qui certainement n'était pas écrite dans le but de lui déplaire :

« Nous avons ranimé l'action d'une justice républicaine, c'est-à-dire prompte et terrible comme la volonté du peuple. Elle doit frapper les traîtres comme la foudre et ne laisser que des cendres. En détruisant une cité infâme et rebelle, on consolide toutes les autres. En faisant périr les scélérats, on assure la vie de toutes les générations des hommes libres. Voilà nos principes. Nous démolissons à coups de canon et avec l'explosion de la mine autant qu'il est possible. Mais tu sens bien qu'au milieu d'une population de cent cinquante mille individus ces moyens trouvent beaucoup d'obstacles. La hache populaire faisait tomber vingt têtes de conspirateurs et ils n'étaient pas effrayés... Nous avons créé une commission aussi prompte que peut l'être la conscience de vrais républicains qui jugent des traîtres : soixante-quatre de ces conspirateurs ont été fusillés hier au même endroit où ils faisaient feu sur les patriotes. Deux cent trente vont tomber aujourd'hui... Les grands exemples influeront sur les cités douteuses. Là sont des hommes qui affectent une fausse et barbare sensibilité : la nôtre est toute pour la Patrie! (1) »

Ainsi, la maison Duplay, naguère si inconnue, bruyante de jeux d'enfants, égayée de rires de jeunes filles, était devenue une sorte de centre révolutionnaire, et semblait attirer tous les regards et toutes les pensées. Les gens du quartier, en passant, jetaient sous le porche sombre, un furtif regard; du fond des prisons, les détenus, attendant la mort, appelaient sur elle le feu du ciel; jusque dans les provinces les plus éloignées, son souvenir hantait les rêves des proconsuls se demandant : « Que pense le maître? » C'était, pour toute la France, la maison redoutée, honnie, maudite, d'où sortait la Terreur; le lieu fatidique de la révolution.

(1) Saladin, rapport n° 46, p. 214.

IV.

LE DÉNOUEMENT.

Souvent, au grand étonnement sans doute du concierge et des locataires — ignorant quel genre d'attrait peut avoir pour un curieux ce sombre et banal immeuble, — j'ai pénétré dans la maison portant le n° 398 de la rue Saint-Honoré. La voûte franchie, on se trouve dans une petite cour, étroite, où le soleil ne luit jamais. A gauche on voit encore la porte et l'escalier qui conduisaient à l'appartement de Charlotte et de Robespierre jeune. Du même côté s'élève, en aile exposée au levant, le bâtiment, aujourd'hui surélevé de plusieurs étages, qu'habitait Maximilien. Voilà bien les fenêtres carrées et basses de son petit logement (1). L'autre aile, à droite, où est maintenant la loge du concierge, n'existait pas. Elle a été construite en 1811, à l'époque où le bijoutier Rouilly fit l'acquisition de l'immeuble (2), et a pris la place d'un étroit hangar où le menuisier remisait ses bois.

Au fond, la maison Duplay existe toujours, surélevée, elle aussi, de quatre étages; le rez de chaussée, le premier surtout, n'ont subi, pour ainsi dire, aucune modification : la pièce d'entrée qui servait de salle à manger est, il est vrai,

---

(1) Les plans joints aux titres, qui sont en la possession du propriétaire actuel, ne laissent sur cette question aucun doute.
(2) Même source.

convertie en une sorte de passage coupé de cloisons, où circulent incessamment les ouvriers de la boulangerie voisine; mais une fois qu'on est parvenu dans l'étroit jardinet des demoiselles Duplay, maintenant recouvert d'une toiture vitrée, le regard pénètre dans le salon, transformé en chambre à farine, et dont toutes les dispositions principales sont restées intactes.

Plan du premier étage de la maison Duplay en 1793.

(Reconstitué d'après les plans et actes conservés chez M. Vaury, propriétaire actuel.)

Rien n'est plus relatif qu'une impression ressentie : un vieux mur est, pour certains, plus émouvant à regarder qu'un palais neuf : telle masure laissera le monde entier indifférent, qui sera pleine de charmes et de suggestion pour qui s'appliquera à évoquer le passé, à réveiller les souvenirs qui y dorment oubliés. Et voilà pourquoi je me suis si souvent absorbé dans la contemplation de cette chambre qui fut le salon des Duplay.

Les murs, le plafond, les dalles, tout est blanc, de ce blanc opaque et cotonneux de la farine amoncelée; les lueurs douces qu'y projettent les lampes, y font des ombres blanches mollement estompées; les angles, les arêtes, les corniches semblent arrondis et veloutés comme dans ces grottes de neige que les guides montrent aux touristes sur les glaciers de Chamounix. On dirait un décor préparé pour une apparition de fantômes, et quels fantômes sont ceux que l'esprit évoque en cet endroit! Là, sur ce pan de mur, se dressait le beau portrait en pied de Robespierre, peint par Gérard : devant la cheminée, en face de la fenêtre, restait debout le mystérieux tribun, suivant son rêve; groupées en cercle autour de leur mère, les demoiselles Duplay s'occupaient à quelques travaux d'aiguille; çà et là, sur les lourds fauteuils d'acajou recouverts de velours d'Utrecht cramoisi, se tenaient Camille Desmoulins, Couthon, Saint-Just, David, Lebas, Prudhon, Merlin de Thionville, Collot-d'Herbois, Laréveillière-Lepeaux. Ces murs ont entendu tous ces hommes parlant de la liberté, de la patrie, du bonheur de l'humanité; ici était le clavecin que Buonarotti faisait chanter sous ses doigts, tandis que chacun retenait son souffle. Souvent Robespierre ouvrait un livre et disait quelques tirades de Corneille ou de Racine, Lebas jouait du violon ou chantait une romance... et, si, tout à coup, un silence planait, c'est qu'on percevait, au loin dans la rue, la clameur monotone des crieurs vendant *la liste complète des conspirateurs qui ont gagné à la loterie de Sainte Guillotine.*

Duplay, lui, rayonnait d'orgueil : il sentait son importance : il veillait sur son hôte avec un soin jaloux : il en était responsable vis-à-vis de l'humanité. Il y a encore, dans un angle de la cour de cette maison de la rue Saint-Honoré une porte ancienne, de bois solide, percée d'étroits guichets garnis de grillages et de barres de fer : en l'examinant on retrouve sur la face intérieure de cette porte l'énorme serrure munie d'un verrou de sûreté : c'était par là qu'on gagnait le logement de Robespierre. Un escalier, supprimé en 1811 lors de l'installation d'un four servant à la boulangerie installée dans la maison voisine (1), conduisait au premier étage. A gauche, était, après un cabinet de toilette, la petite chambre de l'*incorruptible* : à droite on entrait dans la chambre des époux Duplay, précédant celle des jeunes filles. Ces deux pièces sont aujourd'hui ce qu'elles étaient à l'époque de la Révolution. Mêmes portes, mêmes glaces à cadre Louis XVI, mêmes boiseries, même parquet : la chambre à coucher des demoiselles Duplay conserve un reste d'élégance; elle prend jour par une fenêtre donnant sur l'ancien jardinet; une alcôve de boiserie, accotée de deux cabinets, en occupe le fond : là certainement Éléonore dut faire bien des rêves de bonheur; dans cette alcôve elle s'endormait, repassant en esprit les paroles de son fiancé, et rêvait qu'elle était reine de France! C'est sans doute ici, dans cette chambre écartée, qu'elles s'étaient réfugiées, les pauvres filles, quand la charrette passa, menant à l'échafaud Robespierre et ses amis; c'est d'ici qu'elles perçurent les clameurs de la foule hurlante, forçant le cortège à faire halte, et aspergeant du sang d'un bœuf égorgé la façade de la maison qu'avait habitée le tyran. Et une tristesse vous prend quand on contemple cette alcôve, gardant dans sa vétusté poussièreuse je ne sais quel arrangement coquet et juvénil : on songe à cette chaude nuit de Thermidor qui suivit l'exécution; on revoit Élisabeth et Éléonore, seules dans la maison vide — (2) leur père à la prison du Plessis, leur mère à Sainte-Pélagie — et les deux sœurs jetées sur leur lit, serrées aux bras l'une de l'autre, étouffant leurs sanglots, pleurant l'une son mari, l'autre son fiancé... quels drames a vus cette vieille maison!

(1) N° 400 de la rue Saint-Honoré. Cette boulangerie fournissait la table impériale sous Napoléon III. Quant à l'escalier montant à l'appartement de Robespierre, il a été déplacé mais non démoli. Il se trouve aujourd'hui dans une maison de campagne des environs de Paris.
(2) Elles ne furent arrêtées qu'une dizaine de jours après le 9 thermidor. (Registres de la préfecture de police). Les deux autres sœurs étaient alors en Belgique.

La mère, elle, n'y rentra pas. On croit, sans qu'aucun document soit à l'appui de cette tradition, que, dans l'effervescence causée dans les prisons par la chute de Robespierre, des détenus, ayant appris qu'elle était l'hôtesse et l'amie du dictateur tombé, envahirent le cachot où elle était au secret à Sainte-Pélagie, se ruèrent sur elle, l'étranglèrent et la pendirent au crochet de la fenêtre. Ce qui est certain, c'est que, par meurtre ou par suicide, elle disparut dans la tourmente (1).

Puis un matin, le bijoutier Rouilly, en ouvrant les volets de sa boutique, s'aperçut que la porte de la maison restait fermée; par les derrières il pénétra dans la cour, frappa à la porte de Duplay; les deux sœurs avaient disparu. Quelques semaines plus tard, une jeune femme vêtue en blanchisseuse et portant un enfant de six mois sur les bras, se présenta dans la maison garnie qu'avait habitée Saint-Just (2), et demanda à parler en secret à la fille du maître de l'hôtel. Cette blanchisseuse n'était autre qu'Élisabeth Duplay, la veuve de Lebas. Elle avait changé son nom, elle s'était vêtue en femme du peuple; elle gagnait sa vie et celle de son enfant en lavant le linge dans les bateaux qui servent de lavoirs sur le fleuve. Il ne lui restait ni héritage ni portrait de son mari : elle adorait en silence

---

(1) Les prisonniers détenus à Sainte-Pélagie, en percevant le bruit du tocsin, dans l'après-midi du 9 thermidor, crurent d'abord à un incendie. Ils comprirent qu'il se passait un évènement grave en entendant un guichetier nommé Simon crier à son dogue : *va te coucher Robespierre*.
Un instant après, raconte l'*Almanach des prisons*, on amena toute la famille Duplay. Un des prisonniers s'écria : Je vous annonce le ganimède de Robespierre et son premier ministre. On apprit dès lors, d'après plusieurs questions qu'on leur fit, toutes les circonstances qui avaient accompagné la chute du tyran... on se contenta de les molester un peu parce qu'on avait besoin d'eux pour apprendre tous les détails de l'insurrection. Le 11 thermidor, sur les neuf heures, le bruit se répandit que la femme Duplay s'était pendue dans la nuit; un citoyen annonça cette nouvelle en disant: « Citoyens, je vous annonce que la reine douairière vient de se porter à un excès un peu fâcheux. » Quoi donc? Qu'est-il arrivé? s'écriaient Duplay père et fils, qui ne devinaient pas ce qu'il voulait dire. « Citoyens, ajouta-t-il, c'est un grand jour de deuil pour la France, nous n'avons plus de princesse.
(2) L'hôtel des États-Unis, rue Gaillon.

son souvenir ; mais elle savait que cette jeune fille avait esquissé au pastel, peu de temps avant la catastrophe, un portrait de Saint-Just, et elle brûlait du désir de posséder ce portrait qui lui rappellerait au moins les traits du plus fidèle et du plus cher ami de Lebas. L'artiste, réduite elle-même à l'indigence, demandait dix louis de son tableau. La citoyenne Lebas ne possédait pas cette somme. Elle n'avait sauvé du séquestre qu'une malle contenant sa robe de noce et l'habit bleu porté par Lebas au jour de leur mariage. Elle offrit ces reliques — toute sa fortune — pour prix du tableau. L'échange fut accepté : la pauvre veuve apporta, la nuit, ses hardes, et remporta son trésor.

Lamartine a conté cette touchante histoire, et si nous la lui empruntons ce n'est pas que nous ignorions avec quelles précautions il faut accepter la plupart de ses allégations. Son livre des *Girondins* n'est autre chose qu'un admirable poème où la vérité cède trop souvent la place à l'inspiration. Mais, en ce qui concerne la famille Duplay, il est, par exception, de tous les historiens, l'un des plus fidèles et des plus exacts, et voici pourquoi : avant la mise en vente de *l'Histoire des Girondins*, le *National* donna quelques extraits du livre qui parurent en feuilletons sous le titre : *Fragments de la vie privée de Robespierre;* la publication de ces pages donna lieu à de légitimes réclamations de la part de M. Philippe Lebas, fils du Conventionnel, et membre de l'Institut : il écrivit à son illustre confrère pour lui témoigner combien il était regrettable que ces extraits n'eussent pas été, avant l'impression, communiqués à sa mère, Mme Lebas encore vivante, et à lui. Lamartine envoya les épreuves de son livre à M. Philippe Lebas qui refit, tels que nous les lisons aujourd'hui, les passages concernant la vie intime de Robespierre et de Duplay. Sur ce point particulier, et sauf quelques contradictions (1),

(1) Contradictions provenant de ce que le poète historien n'a pas songé à mettre d'accord la partie de son travail revue par Lebas avec les chapitres

l'histoire des Girondins mérite donc toute créance. Lamartine fit plus que d'accepter les rectifications de Philippe Lebas : il se fit présenter par Béranger chez Mme Lebas elle-même, la propre fille de Duplay, et le récit qu'il a tracé de cette entrevue est une des belles pages de son livre : « Je trouvai dans Mme Lebas, écrit-il, une femme de la Bible après la dispersion des tribus de Babylone, retirée du commerce des vivants dans le haut étage d'un appartement modique, rue de Tournon, conversant avec ses souvenirs, entourée des portraits de sa famille..., de ses sœurs dont Robespierre avait dû épouser la plus belle, de Robespierre lui-même dans tous ces costumes élégants dont il s'enorgueillissait de présenter le contraste sur sa personne avec la veste, le bonnet rouge, les sabots, signes sordides, flatteries ignobles des Jacobins à l'égalité et à la misère des populaces. Un magnifique portrait au pastel, de grandeur naturelle, de Saint Just, le Barbaroux des terroristes, l'Antinoüs des Jacobins, s'étalait dans un cadre d'or poudreux contre la muraille entre les rideaux du lit et la porte, objet d'un culte de souvenir de jeune fille pour le plus séduisant des disciples du tribun de la mort.

« La jeune fille était devenue femme, mère, veuve; elle avait vieilli d'années et de visage, sans aucune trace de beauté passée sur ses traits, mais sans aucun signe de vieillesse ou de caducité. Une pensée fixe, triste, mais nullement déconcertée, donnait à ses traits fortement accusés une sorte de pétrification lapidaire dans une seule idée et dans un

---

écrits avant cette très utile collaboration. Philippe Lebas n'aurait point, par exemple, laissé subsister le passage où Lamartine fait mourir Duplay sur l'échafaud le même jour que Robespierre. Duplay, comme nous le verrons, n'est mort qu'en 1820.

Il n'aurait point dit, non plus, que l'entrée de Robespierre dans la maison de Duplay datait *du premier jour de l'Assemblée Constituante*, c'est-à-dire de l'été de 1789 : il est absolument certain que le député d'Arras ne fit la connaissance du menuisier que le 17 juillet 1791.

même sentiment, idée abstraite, sentiment ferme, mais nullement sévère.

« Elle m'accueillit avec sécurité... elle m'accorda un libre accès dans sa retraite, et me laissa feuilleter à mon aise, et page par page, sa mémoire présente, intarissable et passionnée sur tous les détails intérieurs ou extérieurs de la vie privée et de la vie publique de Robespierre.

« Saint-Just aussi jouait un grand rôle dans cette mémoire. J'imagine qu'avant de se marier à Lebas, la jeune fille de l'entrepreneur Duplay, hôte de Robespierre, avait eu un moment la pensée de devenir l'épouse du jeune et beau proconsul, fanatique séide de ce Mahomet d'entresol, quand la révolution serait enfin close par cette bergerie sentimentale que Saint-Just et son maître croyaient établir à la place des inégalités nivelées et des échafauds abolis... Toutes les fois que le nom de Saint-Just revenait dans nos entretiens, l'accent s'amolissait, la physionomie s'attendrissait visiblement dans Madame Lebas, et un regard d'enthousiasme rétrospectif s'élevait du portrait vers le plafond comme un reproche muet au ciel d'avoir tranché quelque douce perspective (1) par la hache de 1794, avec cette tête

---

(1) J'ai longtemps cherché ce qui avait pu faire naître dans l'esprit de Lamartine cette indiscrète et inexplicable supposition. Saint-Just aimait, dit-on, Henriette Lebas, la sœur de son collègue, mais son affection n'était point partagée. Dans une des lettres écrites d'Alsace par Lebas à sa jeune femme, on trouve ces mots : « Saint-Just te fait ses compliments; *il espère l'apaiser.* » Quel était l'objet de la colère de Mme Lebas? Plus tard, en avril 1794, lorsque les deux jeunes gens se retrouvent ensemble à l'armée du Nord, les lettres de Lebas à sa femme renferment encore quelques passages assez énigmatiques : « Nous sommes *actuellement* très bons amis, Saint-Just et moi; *il n'a plus été question de rien.* — Ma position n'est pas fort agréable; *les chagrins domestiques* viennent se mêler aux peines inséparables de ma mission... *Que je sois le plus malheureux des hommes* pourvu que la République triomphe! Je n'ai avec Saint-Just aucune conversation qui ait pour objet mes affections domestiques ou les siennes. Ce n'est qu'avec toi que je puis m'expliquer, *il est si peu d'amis.* Mes compliments à la famille, à Henriette. *La personne que tu sais* est toujours la même... » etc. Il serait possible mais scabreux et injuste de tirer de ces réticences quelque conclusion dans le sens indiqué par Lamartine.

d'ange exterminateur sur le buste d'un proscripteur de vingt-sept ans. »

Éléonore Duplay survécut aussi à la révolution pendant près de quarante ans. Elle s'obstina dans une retraite farouche, presque terrifiée, cachant sa vie, son culte pour celui dont on faisait le bouc émissaire de la révolution et qu'elle aimait plus mort qu'elle ne l'avait aimé vivant; elle se considérait comme sa veuve et porta le deuil toute sa vie. Charlotte Robespierre, au contraire, légère et inconséquente, se fit de son nom une situation plus lucrative qu'honorable. Incarcérée pendant quelques jours après le 9 thermidor, elle recouvra bientôt sa liberté et ne rougit pas de recevoir des thermidoriens une pension qui de 6000 francs d'abord, puis réduite successivement jusqu'à 1500 francs, lui fut payée par tous les gouvernements qui se succédèrent jusqu'à sa mort en 1834. La Restauration pensionnant la sœur de Robespierre! Voilà qui a donné lieu à bien des suppositions romanesques. Charlotte, d'ailleurs, ne vivait point dans l'isolement; elle s'était fait des relations, et semble avoir vécu en bonne intelligence avec la famille Lebas; c'est, du moins, ce qu'on peut conclure du souvenir qu'en a conservé un de nos contemporains, M. Jules Simon :

« Un jour, écrivait-il, il y a quelques années dans un de ses articles du *Temps*, un jour que je déjeunais chez mon professeur d'histoire, M. Philippe Lebas, je vis entrer dans le salon une vieille demoiselle, bien conservée, se tenant très droite, vêtue, à peu près comme sous le Directoire, sans aucun luxe, mais d'une propreté recherchée. Mme Lebas, la mère (autrefois Mlle Duplay) et M. Lebas l'entouraient de respects, la traitaient presque en souveraine. Elle parla peu pendant le repas, poliment, avec gravité. « Commant la trouvez-vous? me dit M. Lebas quand nous fûmes seuls dans son cabinet — Mais qui est-ce? — Comment? Je ne vous l'avais pas dit? C'est la sœur de Robespierre. » J'étais alors élève de première année à l'École normale. »

Quant à Maurice Duplay, le menuisier qui en offrant l'hospitalité à Robespierre avait attiré sur sa famille de si tragiques événements, son existence fut plus mouvementée. Il avait goûté, sinon du pouvoir, du moins de la renommée : juré au tribunal révolutionnaire, hôte de l'homme le plus puissant de la Convention, beau-père d'un député influent, il avait acquis une importance considérable : les rares notes biographiques qu'on possède de lui, écrites par d'enthousiastes apologistes de Robespierre, sont évidemment trop flatteuses, tout au moins trop sujettes à caution. A la vérité, c'était un bon bourgeois, soignant ses intérêts et soucieux de ses affaires, un peu pédant, un peu prudhommesque, tout gonflé du rôle qu'il croyait jouer. Le malheur fut qu'il s'était tant et si bien incarné dans ce rôle qu'il ne put dépouiller à temps cette tunique de Nessus devenue gênante! Naturellement il coucha en prison dès le 9 thermidor, puis il passa en jugement en compagnie de Fouquier-Tinville et des jurés du tribunal révolutionnaire. Nul doute que si l'odieuse loi de Prairial eût été encore en vigueur, il eût fait intime connaissance avec le bourreau; mais la Terreur n'était plus à l'ordre du jour; les juges prenaient le temps et la peine d'interroger les prévenus; il fut acquitté. Et ce jour-là du moins il ne regretta certainement pas la mort de son futur gendre et de ses théories politiques.

Mais la leçon ne lui profita qu'à moitié : il était bien résolu à ne point se compromettre, sans pour cela renoncer à être quelque chose. Il continuait à recevoir les amis survivants de son hôte, ceux du moins que leur peu d'importance ne contraignait pas à se cacher : il voyait souvent Darthé, le ci-devant marquis d'Antonelle, le voisin Didiée, établi serrurier rue Honoré, et Buonarotti, ce descendant de Michel-Ange, qui jadis égayait, en jouant du clavecin, les jeudis de la citoyenne Duplay, au bon temps d'avant Thermidor. On parlait politique, on déplorait la réaction et le marasme dans lequel languissait la République; on échafaudait des utopies socialistes; mais, dame! les anciens n'étaient plus là pour donner, en leur beau langage, une forme à ces rêvasseries. Duplay et son petit cercle s'affilièrent-ils à la conspiration de Babœuf? C'est probable quoiqu'on l'ait nié. Toujours est-il qu'un jour, tandis que des forts de la halle étaient occupés à décharger des grains à la porte de l'Église de la ci-devant Assomption, devenue magasin de subsistances, un tumulte se produisit dans la rue. C'étaient des agents de police qui arrêtaient Babœuf sortant de quelle maison? on ne le sut jamais. On crie *au mouchard*, on s'attroupe, on bouscule les agents; Babœuf en renverse deux et se sauve. Il se réfugie chez un nommé X*** charron, habitant une des maisons voisines de celle de Duplay et dépendant de l'ancien couvent de la Conception. La femme du charron raccommoda l'habit de Babœuf qui avait été déchiré dans la lutte, et le serrurier Didiée se chargea, la nuit venue, de faire évader le conspirateur. Quelques jours plus tard, Didiée, les Duplay, Babœuf, Buonarotti, Antonelle, Darthé, et trente autres, étaient arrêtés comme complices de la *conspiration des Égaux* et comparaissaient trois mois plus tard devant la haute cour de Vendôme. Les Duplay — le père et le fils, âgé de dix-neuf ans, — furent acquittés; mais le compte rendu du procès révèle, à leur endroit, des choses bien étonnantes. Le citoyen Charles Jean Thiébault, portier de la maison de la Conception, dépose, par exemple, que les filles Duplay étaient liées avec Didiée, qu'elles venaient chez lui assez souvent les soirs, et qu'elles y restaient fort tard, jusqu'à onze heures et demie et minuit (1). Duplay, de son côté, affirme qu'il n'a connu Buonarotti qu'en prison, après le 9 Thermidor, ce qui est évidemment faux : on avait d'ailleurs trouvé chez Babœuf certains papiers établissant que Duplay servait d'intermédiaire avec les affiliés d'Arras : il

---

(1) Procès de Babœuf.

devait, après le succès de la conjuration, être nommé officier municipal de la Commune de Paris, et Duplay fils — âgé de 19 ans, nous le répétons — était porté pour la place de Ministre des finances! tout simplement. Il est vrai que Gracchus Babœuf, dans son projet de constitution, supprimant le numéraire, cette fonction menaçait fort de devenir une sinécure. Babœuf mort, Duplay rentra dans la vie privée et se tint coi. On l'a représenté comme ruiné par les sacrifices qu'il avait faits à la cause du peuple : je crois qu'il y a là une exagération. La Révolution lui porta, comme à tous les propriétaires, un préjudice considérable; mais il n'était pas tombé dans le besoin puisqu'en l'an IV il se rendait acquéreur de la maison qu'il habitait comme locataire depuis 1787. Il la paya 38,000 francs.

J'ignore, du reste, à la suite de quels incidents il fut obligé de la quitter, et je n'ai pu retrouver l'adresse de la maison qu'il habitait à sa mort survenue en 1820. Aujourd'hui, dans un coin sombre du cimetière du Père-Lachaise, contre le mur de clôture, sur le chemin qui mène au mur des fusillés de mai 1871, une humble pierre se dresse toute grise de pluie. Le nom de Duplay, qui y est plusieurs fois répété, n'attire guère l'attention des visiteurs. C'est là pourtant que repose cette famille si intimement mêlée au grand drame de la Révolution. La mère n'y est pas, disparue, comme on sait, dans la prison où on l'avait enfermée; mais voici Maurice Duplay, né à Saint-Didier-la-Seauve (Haute-Loire), le 23 décembre 1730, mort à Paris le 30 juin 1820; voici sa fille Éléonore, la bien-aimée, la fiancée de Robespierre, morte à soixante-quatre ans, le 26 juillet 1832; son fils Jacques-Michel, administrateur des hospices, né en 1778, mort en 1847.

Et voilà qu'en terminant cette reconstitution de la vie intime des hôtes de Robespierre, je m'aperçois que j'ai apporté à cette étude une minutie qui touche à l'attendrissement. Ce n'est pas que le triste héros, qui, en venant gîter dans la maison Duplay, y a apporté la malédiction, m'ait jamais inspiré grand enthousiasme; mais si les vaincus de Thermidor sont peu sympathiques, les vainqueurs le sont moins encore. Et puis, quand on étudie ainsi les personnages historiques sous leur aspect privé et familier, on finit par s'apercevoir que sous le pantin grimé pour la postérité, il y a l'homme; qu'autour de lui et par lui d'autres hommes ont vécu, ont souffert, ont pleuré et sont morts, et que ces drames intimes l'emportent en intérêt sur l'officielle tragédie de l'histoire, parce qu'ils sont sincères et que le cœur, quelque oblitéré qu'il soit, y joue toujours le principal rôle.

LES TUILERIES

I.

LA COUR EN OCTOBRE 1789.

Il n'y eut jamais, sans doute, d'homme plus affolé que ne le fut le sieur Mique, architecte-inspecteur du château des Tuileries, le 6 octobre 1789, quand un courrier, venu en hâte de Versailles, lui annonça que le Roi allait arriver et qu'il fallait tenir le palais prêt à le recevoir avec tous les services de sa maison.

Rien ne ressemblait moins, en effet, à une demeure royale que le vieux château de Catherine de Médicis, tel qu'il était au commencement de la Révolution. Enfoui, du côté du Carrousel, derrière un amas irrégulier de constructions de tous genres, hôtels, casernes, baraquements, remises, corps de garde, il demeurait presqu'inaperçu des passants qui traversaient la place. On ne voyait guère, au-dessus des murs qui en clôturaient la cour d'honneur, que les hautes toitures des trois pavillons de l'*Horloge*, de *Flore* et de *Marsan*.

Du côté de la rue de Rivoli actuelle, un long mur, assez haut, longeant la terrasse des Feuillants presque dans toute son étendue, tenait la place de la grille que l'on voit aujourd'hui. L'espace occupé de nos jours par la chaussée même de la rue de Rivoli était une large allée gazonnée, plantée d'arbres par endroits, servant de *carrière*, c'est-à-dire de champ d'entraînement et d'essai pour les chevaux, et limitée, à la hauteur du pavillon de Marsan, par un groupe de constructions sans style qu'on appelait les écuries du Roi, et dont l'entrée était sur la rue Saint-Honoré, presque vis-à-vis l'église Saint-Roch. A la place des arcades régulières qui forment actuellement le rez-de-chaussée des immeubles de la rue de Rivoli, s'alignait une série ininterrompue de murs terminant les jardins des hôtels de la rue Saint-Honoré.

Trois vastes couvents remplissaient de leurs bâtiments et de leurs jardins le terrain compris aujourd'hui entre les rues du 29 Juillet et de Saint-Florentin : c'était les Feuillants, les Capucins et l'Assomption, qui tous les trois avaient leur entrée dans la rue Saint-Honoré, et dont les vastes vergers s'étendaient jusqu'à la terrasse des Feuillants dont ils n'étaient séparés que par des murs.

Du côté de la place Louis XV, les hautes terrasses et un pont tournant jeté sur un fossé, rendaient inaccessible le jardin des Tuileries, et, le long du quai, le mur de soutènement de la terrasse du bord de l'eau formait également un rempart élevé et continu jusqu'au pavillon de Flore.

On pouvait donc tourner autour de cet immense enclos sans rien apercevoir autre chose que les sommets des arbres ou le faîte des toits du château; et l'on ne pouvait entrer dans le jardin que par un étroit passage pratiqué entre les bâtiments des Feuillants et ceux des Capucins, sur l'emplacement de la rue de Castiglione actuelle, ou par une modeste ruelle, débouchant dans la rue Saint-Honoré, devant l'église Saint-Roch, et qu'on appelait *rue du Dauphin*.

Le château, inhabité par la Cour depuis la minorité de Louis XV, avait été peu à peu envahi par une population exigeante, difficile à régenter : pensionnés du Roi, artistes, grands seigneurs, dames de haut rang, invalides, troupes de comédiens ; c'était un capharnaüm véritable où les échantillons les plus disparates de toutes les classes de la société étaient entassés ; une ville à sept étages, grouillante de gens traitant en pays conquis la demeure royale qui leur avait été abandonnée.

Cette conquête, d'ailleurs, était, de la part des occupants, l'œuvre de quatre-vingts ans de patience et de ruse : d'abord on avait autorisé quelques fonctionnaires de la Cour, que leur office retenait à Paris et qui n'étaient point assez riches pour y avoir hôtel et train de maison, à se loger dans les appartements déserts du second étage du château ; puis, le Louvre, regorgeant d'artistes auxquels le roi donnait généreusement asile dans son palais, avait déversé son trop-plein sur les Tuileries : bientôt artistes et fonctionnaires se trouvant à l'étroit, intriguèrent pour avoir, celui-ci une pièce de plus, celui-là le droit d'établir à ses frais un escalier descendant à sa cave. L'un se plaignait de ne point posséder de cuisine et obtenait l'autorisation de s'annexer, à cet effet, un salon voisin de son logement ; l'autre suppliait qu'on le laissât percer des jours dans la toiture pour éclairer son atelier. Si bien que lorsqu'au commencement du règne de Louis XVI les bals de l'Opéra rendirent un peu de vogue à la vie parisienne, et que certaines grandes dames de l'entourage de la Reine sentirent le besoin de s'installer à Paris, on fut obligé de leur abandonner les seules parties libres du château, c'est-à-dire les grands appartements réservés jusque-là à la famille royale et les galeries du premier étage. Alors ce fut un véritable sac. Chacun des habitants voulut se procurer toutes les aises d'une maison particulière ; on établit des couloirs, on ouvrit des portes, on coupa d'entre-sols les hauts étages ; on construisit des escaliers, des dégagements, des celliers, des buanderies dans les galeries de Louis XIV. Les cartons des archives sont remplis de pétitions adressées au contrôleur des bâtiments, et toujours favorablement accueillies, cela va sans dire; les envahisseurs faisaient assaut d'ingéniosité, luttant à qui inventerait une transformation qui déshonorât le vieux palais... au point qu'un rapport officiel, daté de 1783, montrait les appartements royaux à ce point partagés par des cloisons « qu'ils n'existaient pour ainsi dire plus et qu'ils ne pouvaient offrir à la famille royale même un abri momentané (1). » Quand la Reine venait à Paris, elle habitait quelques salons vacants au premier étage du garde-meuble, sur la place Louis XV.

Les Tuileries, du reste, n'étaient point un séjour enviable : on y vivait les uns sur les autres, obligé souvent de traverser la cuisine ou la salle à manger d'un voisin pour rentrer chez soi : on y étouffait en été, les couloirs n'ayant point d'air; en revanche on y gelait en hiver, car la plupart des logements manquaient de cheminées. Le comte de Polignac écrivait le 14 septembre 1785 : « Je suis sorti des Tuileries; j'y mourais de froid : vos ouvriers sont de bonnes gens; mais la besogne ne va pas (2). » Et puis le palais menaçait ruines; les particuliers obtenaient bien, à force de supplications, des réparations urgentes aux parties qu'ils habitaient; mais ce qui était au Roi, c'est-à-dire à personne, tombait de vétusté. Le comte d'Angevilliers notait le 8 janvier 1776 : « M. le grand Aumônier vient de m'avertir que la chapelle des Tuileries est dans un état dangereux; le prêtre qui y célébrait la messe, il y a quelque jours, a été près de quitter l'autel par effroi (3). » L'année suivante, l'horloge du pavillon central refuse d'indiquer l'heure : Lepaute offre d'en faire *à crédit* une nouvelle, semblable à celle de l'École Militaire et dont le devis s'élèverait à 160,000 livres (4). C'était trop cher : on

---

(1) *Archives nationales*, O¹ 1672.
(2) *Archives nationales*, O¹ 1681.
(3) *Archives nationales*, O¹ 1681.
(4) *Archives nationales*, même dossier.

lui répondit qu'on préférait réparer l'ancienne..... qu'on ne répara pas.

L'étrange population qui remplissait le palais et ses dépendances en avait fait peu à peu une véritable ville, à laquelle la chapelle servait d'église paroissiale, et dont les besoins journaliers avaient attiré nombre de boutiquiers qui avaient pris possession des coins vacants ; le château lui-même contenait en 1789 trois théâtres : l'ancienne *salle des Machines* où avait été hospitalisée en 1770 la Comédie française, et où le sieur Legros dirigeait les Concerts spirituels ; le *théâtre de Monsieur* qu'avait fondé Léonard Autié, coiffeur de la Reine, et le *Concert Olympique* que fréquentaient plus particulièrement les bas officiers et les domestiques (1). Il y avait des loges d'acteurs sur les terrasses, des cabanes sous le grand vestibule, des baraques dans l'escalier, et des jardins jusque sur les toits.

Et voilà pourquoi M. Mique, architecte-inspecteur des Tuileries, pensa perdre la tête lorsqu'il lui fallut en un après-midi, mettre le château en état de recevoir la famille royale et d'héberger toute la cour que la Révolution triomphante ramenait de Versailles à Paris.

En moins de temps qu'il en faudrait pour tracer le récit de cet épique déménagement, tout le monde fut mis à la porte ; il y eut des pleurs, des cris, des récriminations, des menaces, des prières ; on fit taire les uns, on calma les autres, on promit des indemnités, et l'on en paya : en novembre 1789, Mme de la Mark touchait 120,000 livres « comme dédommagement des dépenses par elle faites à l'appartement qu'elle avait occupé aux Tuileries. » Nous avons trouvé mention de ce fait aux Archives, et ce ne fut certainement pas un cas isolé.—On fit espérer d'autres logements aux Écuries ou dans les maisons du Carrousel, mais on fut impitoyable : tout le monde délogea sur l'heure. Tan-

---

(1) *Archives nationales*, K 528.

dis que des portefaix entassaient sur des voitures les meubles des habitants, les menuisiers abattaient les cloisons, les peintres faisaient des raccords, les frotteurs ciraient les parquets, les tapissiers posaient des rideaux.

Ce n'est, d'ailleurs, qu'au bout de sept heures de marche que le convoi de la Royauté arriva de Versailles à Paris. Les appartements étaient loin d'être prêts; toutefois on put s'y camper provisoirement. Le Roi prit possession du grand appartement du premier étage sur le jardin; la Reine se logea au rez-de-chaussée également sur le jardin. Mme Élisabeth prit le rez-de-chaussée sur la cour, et le Dauphin fut installé au pavillon de Flore dans un appartement ouvert de tous côtés, et dont les portes fermaient si mal qu'on était obligé de les barricader avec le peu de meubles trouvés dans les chambres. Quant au nombreux personnel qui suivait la famille royale, gentilshommes, gardes, officiers, domestiques, serviteurs de tous grades et de tous rangs, ils se distribuèrent le reste du château; on avait, en hâte, inscrit à la craie sur les portes les titres des principaux fonctionnaires, et chacun put ainsi trouver où passer la nuit.

Cette installation sommaire ne dura point; Louis XVI, qui voulait rapprocher de lui ses enfants, partagea son appartement avec le Dauphin, et avec Madame royale, sa fille. La Reine conserva le rez-de-chaussée (1) et l'on pratiqua

---

(1) Voici quelle était — sauf erreur, car cette nomenclature est donnée ici pour la première fois, — la disposition des appartements royaux de 1790 à 1792. En entrant au Château par la Cour du Carrousel, on se trouvait dans le péristyle du pavillon central, dit de l'Horloge. A droite montait le grand escalier. Au premier palier (hauteur de l'entresol) était la Chapelle; puis les degrés se divisaient en deux rampes et conduisaient au grand Vestibule (depuis salle des Maréchaux) qui occupait tout le premier étage du pavillon central. En se dirigeant vers le pavillon de Flore on rencontrait les grands appartements : Salle des Suisses; Salle de l'Œil-de-bœuf (antichambre qui prenait ce nom uniquement par analogie avec l'antichambre de Versailles); Chambre du lit — ou du dai —; cabinet du Roi ou salle du Conseil; Galerie de Diane. Toutes ces salles prenaient jour sur la cour; sauf les deux premières qui avaient à la fois des fenêtres sur la cour et sur le jardin. A l'extrémité sud de

des escaliers particuliers pour que le Roi et la Reine pussent communiquer librement de leurs appartements dans celui du Dauphin et de Madame (1). Une foule énorme ne cessait de stationner sur la terrasse et dans les cours du château, foule indiscrète au point que certain jour Mme Élisabeth vit sa chambre envahie par plusieurs personnes qui avaient enjambé l'appui de la fenêtre : elle supplia le roi de la loger ailleurs, et on lui installa un appartement vaste

la Galerie de Diane une porte ouvrait sur l'escalier du pavillon de Flore. Tel est le parcours que suivit la populace le 20 juin 1792.

Pour gagner les appartements particuliers, on entrait au château par l'escalier de la Reine, dont les portes se trouvaient dans l'angle de la cour, près du pavillon de Flore. Après avoir monté quelques marches conduisant au rez-de-chaussée, on trouvait à droite la porte des appartements de la Reine, prenant jour sur le jardin. C'était d'abord une antichambre servant de salle du Couvert; puis la salle de billard; le salon de compagnie de la Reine; la chambre à coucher de la Reine — le lit était dans une sorte d'alcôve formée par quatre grosses colonnes creuses « propres à cacher chacune une personne »; — ensuite on trouvait le cabinet de toilette de la Reine; puis un cabinet d'archives; suivait une espèce de couloir, prenant vue sur le jardin par une croisée, en face de laquelle se trouvait une cloison vitrée recouverte en dedans de rideaux de mousseline, cachant une pièce sombre qui était l'atelier de serrurerie du Roi. Enfin venait un cabinet de repos pour le Roi et une très petite pièce qui lui servait de boudoir. Un long corridor sans jour dont l'entrée était près de l'escalier de la Reine, desservait toute cette enfilade d'appartements.

Revenons jusqu'à l'escalier de la Reine et montons au premier étage pour parcourir les appartements du Roi, situés au-dessus de ceux de la Reine et prenant comme eux vue sur le jardin. Ils se composaient d'une première pièce servant d'antichambre; d'une chambre pour les femmes de Mme Royale; puis venaient la chambre à coucher de Mme Royale; la chambre à coucher du Dauphin; la chambre où couchait effectivement le Roi; sa chambre de parade où avait lieu le grand lever; et un cabinet-bibliothèque. Un mur seulement séparait le lit de Louis XVI de celui du Dauphin; encore ce mur était-il percé d'un judas par lequel le Roi pouvait voir, sans quitter son lit, ce qui se passait chez son fils. C'est dans ce même mur qu'avait été percée *l'armoire de fer*. Elle se trouvait dans la boiserie d'un cabinet noir formant le renfoncement de l'alcôve. Dans le cabinet correspondant se trouvait une chaise de garde-robe.

Plusieurs escaliers très étroits mettaient en communication les appartements du Roi et ceux de la Reine. Les serviteurs occupaient les entresols, tant du rez-de-chaussée que du premier étage.

Je le répète, cette description peut n'être pas exacte dans tous ses points. Elle a du moins cet avantage qu'elle concorde avec *toutes* les narrations du 20 Juin, du 10 Août, etc., et aussi avec cet étonnant récit de P. J. A. D. E. (Roussel d'Épinal, le *Château des Tuileries*) qui m'a considérablement aidé dans cette reconstitution. Voir les plans ci-joints.

(1) *Mémoires de Mme de Tourzel*.

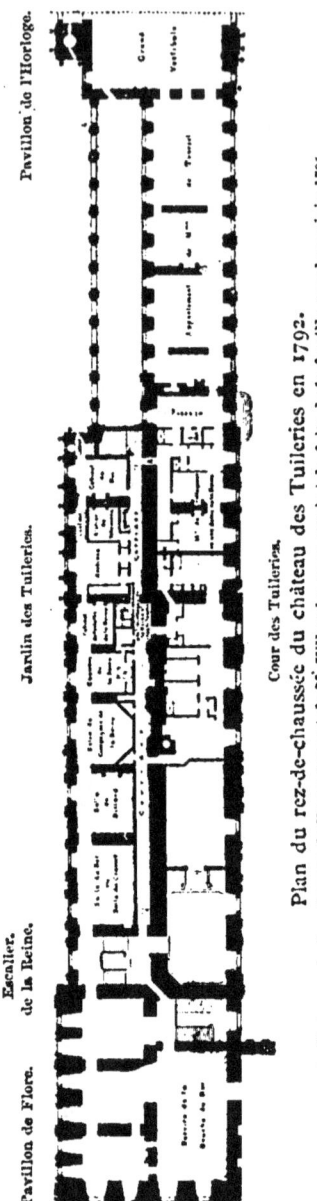

et commode au pavillon de Flore. Mesdames, filles de Louis XV, furent logées au pavillon de Marsan, et Monsieur émigra au Luxembourg qui se trouvait être alors le palais le plus agréable de Paris.

On se fait difficilement aujourd'hui une idée du personnel immense qu'entraînait autrefois la Cour dans ses déplacements; les Archives nationales possèdent un état de logement des Tuileries, dressé en hâte le 6 octobre 1789. On n'y a porté bien évidemment que les fonctionnaires indispensables... C'est une armée. Cette liste forme un véritable annuaire où l'on rencontre çà et là quelques détails intéressants : j'y trouve plusieurs dénominations étranges telles que *garçons des dames de Mesdames*, ou bien *Bouche de la Reine servant au réchauffoir de Madame :* puis ce sont des indications curieuses sur les divers services intimes : *l'échansonnerie du Roi, la rôtisserie du Roi, le gobelet du Roi, la glacière du Roi, la crémerie du Roi, le feutier du Roi, la boulangerie du Roi.* J'y vois aussi un boulanger allemand pour la Reine, — et l'on peut en conclure que c'est Marie-Antoinette qui importa à Paris le goût du pain viennois. — On est frappé surtout du nombre incalculable de médecins qui suivaient la Cour : premier chirurgien, deuxième chirurgien, premier et deuxième médecins, premier et deuxième apothicaires, chirurgiens, médecins et apothicaires en survivance; autant pour la Reine, autant pour les enfants royaux, pour Mme Élisabeth, pour Mesdames..... et des coiffeurs, des officiers de bouche, et des contrôleurs de bouche, et des écuyers cavalcadours et des chevaliers d'honneur et tant d'autres! (1) Il fallut loger tout cela : il est vrai qu'outre le château proprement dit, l'immense ensemble des Tuileries comprenait plusieurs hôtels sur le Carrousel et dans la rue Saint-Honoré : ces immeubles formaient un étrange dédale de rues, de cours, de passages : il y avait la cour du Puits, la cour de Marsan, la cour de la Manufacture, la cour

(1) Archives nationales, K. 528.

du Vieux Manège dont il est difficile de désigner aujourd'hui l'emplacement exact. On fit des logements au petit Carrousel dans l'hôtel du grand écuyer, dans l'hôtel de la Vallière; on en fit dans les *bâtiments et échoppes de M. de Cotte,* rue du Carrousel, à l'hôtel de Longueville, dans une maison de la rue Saint-Nicaise, et dans une autre du cul-de-sac du Doyenné. On loua même dans la rue du Chantre des appartements pour y installer des femmes de chambre de la Reine; on prit à bail la maison du sieur de Roulède, rue Saint-Honoré, pour y mettre les *secrétaires des aides de la bouche :* le premier valet de chambre du Roi fut casé rue du Dauphin, chez M. de Champcenetz, les chapelains trouvèrent un asile aux Capucins, près la place Vendôme, et l'on finit par hospitaliser le garde-vaisselle général et le commandant des frotteurs dans une maison appartenant à M. de l'Épée, d'où l'on expulsa un serrurier (1).

Les détails de cette installation peuvent sembler puérils, et de fait, l'histoire, avec raison peut-être, les avait jusqu'à présent dédaignés. Pourtant ils font voir si naïvement quelle méconnaissance des idées nouvelles, quelle inintelligence des événements présidaient aux moindres actes de la Cour, qu'ils ne sont point dénués de tout intérêt. Cet encombrement de serviteurs inutiles et coûteux, cette complication des moindres services, ces excroissances parasites poussées sur le pouvoir royal l'étouffaient et l'épuisaient : c'était de cela qu'il mourait, mais il connaissait si peu son mal qu'il le jugeait indispensable à sa vie.

Le fait devint bien plus frappant encore par le contraste avec l'esprit nouveau et pratique qui animait le pouvoir rival, l'Assemblée. Les Parisiens, qui avaient, depuis près d'un siècle, perdu de vue et oublié le fonctionnement de la Cour, virent avec stupeur arriver dans leur ville cette armée que la famille royale traînait à sa suite; ces milliers

---

(1) *Archives nationales,* O¹ 1674.

de fonctionnaires, dont les titres semblaient risibles et surannés, n'avaient plus aucun prestige pour ce peuple qui se figurait avoir fait une révolution. C'était maladroitement évoquer un passé qu'on croyait mort, que d'étaler cette défroque féodale.

II.

LE MANÈGE.

L'Assemblée, qui jouissait déjà d'une immense popularité, gagna encore à la comparaison. Elle s'était en effet déclarée inséparable du Roi et avait décidé de rallier Paris. Le déménagement se fit sans encombre et simplement. Le 18 octobre elle levait séance à Versailles, le 19, elle reprenait ses travaux à Paris, dans une salle du Palais épiscopal que l'archevêque avait mis à la disposition des députés. Le jet continu de discours qui tombait sur la France depuis l'ouverture des états généraux n'en fut même pas interrompu. L'Archevêché n'avait d'ailleurs été choisi que comme local provisoire; avant de quitter Versailles, l'Assemblée avait envoyé à Paris une commission de six membres (1) chargés de trouver dans la capitale un lieu commode pour ses séances : la chose n'était pas facile. Il ne fallait point songer aux Tuileries à peine suffisantes pour recevoir la Cour; le Louvre était occupé par les Académies, par des logements d'artistes, par l'imprimerie royale; le Palais-Royal servait de résidence au duc d'Orléans; le Luxembourg était trop éloigné du centre de la ville. Le 10 octobre 1789, au soir, le Président fit lecture d'une lettre écrite par les commissaires chargés de chercher dans Paris un asile à

---

(1) Ces commissaires étaient : Guillotin, le duc d'Aiguillon, Seignelay-Colbert, évêque de Rodez, La Poule, Gouy d'Arcy, et Lepeletier de Saint-Fargeau.

l'Assemblée : « Ils ont parcouru, dit-elle, les endroits les plus vastes de la capitale ; aucun ne leur a paru plus convenable que le manège des Tuileries. On y établira les mêmes bancs (1), mais les galeries destinées aux spectateurs ne pourront contenir que cinq ou six cents personnes. Les bureaux seront logés aux Feuillants et les comités à l'hôtel de la Chancellerie, place Vendôme. Les commissaires ne peuvent fixer encore la somme que ces nouvelles dispositions coûteront » (2).

A l'époque de la minorité de Louis XV, on avait élevé, à l'extrémité de la *carrière*, un vaste manège appuyé d'un côté au mur des Feuillants et de l'autre à celui de la Terrasse. Ce manège était destiné à l'éducation équestre du jeune Roi. En creusant les fondations de ce bâtiment, on avait découvert les restes de l'aqueduc construit en 1564 par la reine Catherine de Médicis, et destiné à amener de l'eau de source depuis Saint-Cloud jusqu'aux Tuileries (3). L'établissement du manège avait de même fait disparaître en partie une grotte pittoresque en coquillages que Gaston d'Orléans avait élevée en cet endroit pour l'ornement du jardin (4).

En 1743, Louis XV étant retourné à Versailles, et le manège ne servant plus à rien, on en accorda la jouissance à un écuyer du Roi, M. de la Guérinière, qui y fonda une académie d'équitation et obtint l'autorisation d'ajouter à la construction, des écuries, des remises, des greniers, des selleries qui faisaient défaut (5). Quelques années plus tard, la Guérinière céda son institution à M. de Croissy, en exigeant de lui le remboursement des constructions

---

(1) Qu'à la salle des états généraux de Versailles.
(2) *Moniteur*, octobre 1789.
(3) Archives nationales. O¹ 1681.
(4) Archives nationales, même dossier.
(5) Mémoire à l'Assemblée nationale par le sieur de Villemotte, écuyer du Roi, 1790.

qu'il avait groupées autour du manège, et dont il fixa le prix à 8,000 livres.

L'Académie d'équitation passa ainsi à plusieurs occupants successifs, et chaque nouveau titulaire payait au vendeur la même indemnité : le manège était devenu une propriété particulière, sur laquelle le domaine royal ne percevait plus aucun droit de location, et qui se transmettait de mains en mains au prix fait de 8,000 livres.

En 1777 le sieur Villemotte l'avait acheté pour cette somme à un certain M. Dayand; il l'occupait encore en 1789 et il s'en considérait comme le véritable propriétaire, lorsque l'Assemblée nationale lui rappela, en s'en emparant, qu'il n'avait aucun droit à faire valoir sur cette portion du domaine royal.

On expulsa le sieur Villemotte, non sans exciter ses très vives réclamations (1), et l'on se mit en devoir d'approprier le manège à sa nouvelle destination.

C'était urgent; car l'Assemblée se trouvait fort mal logée au Palais épiscopal : on était près de huit cents, et un grand nombre de députés n'avaient pas de sièges : la salle était trop étroite, trop longue, mal disposée : on n'y pouvait point circuler et on y respirait avec peine. Les représentants placés près des croisées qu'il fallait tenir ouvertes, étaient incommodés par l'air, et ceux qui en étaient loin craignaient d'être étouffés.

On crut aussi entendre quelques craquements dans les appuis de la galerie qui régnait tout autour de la salle, et cet incident causa une inquiétude qui produisit un certain tumulte. Plusieurs fois, pendant la séance du lundi 19 octobre, il s'éleva de tous les côtés des voix qui demandaient un autre local provisoire. Enfin, le lundi suivant, 26, l'accident qu'on redoutait arriva : le poids des spectateurs fit

---

(1) On lui laissa cependant la jouissance de l'appartement qu'il occupait au manège et qu'il conserva jusqu'en 1793.

rompre deux des appuis de la galerie. Public, charpente, décombres furent précipités sur les députés qui se trouvaient placés immédiatement au-dessous. L'un d'eux, Viard, de la Lorraine, fut grièvement blessé. Trois autres représentants furent contusionnés.

Pourtant l'Assemblée Constituante continua de siéger à l'Archevêché pendant les dix jours qui suivirent cet incident : ce ne fut, en effet, que le samedi 7 novembre que le président donna lecture d'une lettre de Pâris, architecte et inspecteur des Menus, annonçant que la nouvelle salle pourrait recevoir l'Assemblée le surlendemain lundi. Cette communication fut la bienvenue.

Pendant les dix-neuf jours que l'assemblée séjourna à l'Archevêché, elle accomplit un acte considérable : elle décréta que les biens du clergé seraient mis à la disposition de la nation; et l'on fit la remarque que ce décret fut voté, le 2 novembre, jour d'une fête religieuse, sur la proposition d'un évêque (Talleyrand), sous la présidence de l'avocat du clergé (Camus), et dans la demeure du plus grand dignitaire ecclésiastique de France.

Cette importante décision, qui faisait tomber dans les coffres de la nation un revenu d'environ 150 millions, devait recevoir une application immédiate toute au profit de l'Assemblée : elle permettait, en effet, d'étendre les dépendances du manège sur les terrains, désormais nationaux des Feuillants et des Capucins, et d'installer dans les bâtiments de ces deux communautés, bon nombre de services qui n'avaient pu trouver place dans le manège proprement dit.

Ces deux monastères, nous l'avons dit déjà, prenaient façade sur la rue Saint-Honoré : les Capucins (1) s'y présentaient sous l'aspect d'un long bâtiment uniforme sans style,

---

(1) Le nom de cet ordre religieux a pour origine le *capuce* ou capuchon pointu que portent les moines.

aux murs nus, percés d'étroites fenêtres; les Feuillants (1) au contraire, ouvraient, dans l'axe même de la place Vendôme, leur haute porte d'entrée, construite en 1676 par François Mansard, décorée de quatre colonnes corinthiennes isolées, surmontées d'un bas-relief de Jean Goujon représentant Henri III recevant Dom Jean de la Barrière, le réformateur de l'ordre. Ce bel ensemble décoratif était terminé par un fronton dans lequel était sculpté l'écu des armes de France.

Cette porte franchie, on se trouvait dans une cour d'une belle ordonnance, dont le côté gauche était occupé par le portail de l'église conventuelle, beau monument élevé de 1601 à 1608, dans ce curieux style intermédiaire qui a succédé à la Renaissance et préparé les solennelles colonnades du dix-septième siècle (2).

(1) Ce nom provenait de l'abbaye de Feuillans, dans le diocèse de Rieux, maison mère de l'Ordre. Les Feuillants possédaient en 1790 deux couvents à Paris même.

(2) L'église des Feuillants était ornée de tableaux, de marbres, de grilles de bronze et contenait une curieuse série de tombeaux concédés à des bienfaiteurs de l'Ordre : parmi les plus riches de ces sarcophages se trouvaient celui de Jeanne de Rohan, morte en 1706, et celui de la famille Phélippeaux. Sur le monument de Guillaume de Montholon, mort en 1621, veillaient deux statues de marbre blanc, la Religion et la Prudence; le mausolée du maréchal de Marillac offrait une Minerve de bronze adossée à une pyramide de marbre blanc; dans une des chapelles du pourtour, on admirait une peinture de Simon Vouet, qui passait pour le chef d'œuvre de cet artiste, et, dans la nef, vis-à-vis la chaire, le cénotaphe d'Henri de Lorraine, comte d'Harcourt, sous la forme d'un groupe de marbre représentant le Temps vaincu par l'Immortalité.

On citait encore la sacristie, riche en reliquaires et en ornements de toute sorte; le parloir; le cloître, décoré de vitraux précieux peints au commencement du dix-huitième siècle par Michu et Sempy sur les dessins du Flamand Elie; le réfectoire où étaient exposées les grandes compositions de Restout, l'histoire d'*Esther et Assuérus*; la bibliothèque enfin, qui contenait 24,000 volumes. La dernière construction ajoutée à ce vaste couvent était l'énorme immeuble élevé en 1782, sur la rue Saint-Honoré : ce corps de bâtiment, destiné à la location, est le seul reste du couvent des Feuillants existant encore aujourd'hui.

Le couvent des Capucins, quoique le plus ancien et le plus considérable de l'ordre, était beaucoup moins somptueux; l'église datait du dix-septième siècle et ne contenait guère, outre quelques bons tableaux, que le tombeau du fameux père Ange de Joyeuse, qui fut à la fois capucin et maréchal de France,

Ces communautés n'étaient séparées l'une de l'autre que par un assez long passage s'ouvrant au fond de la cour des Feuillants, et qui, suffisamment large

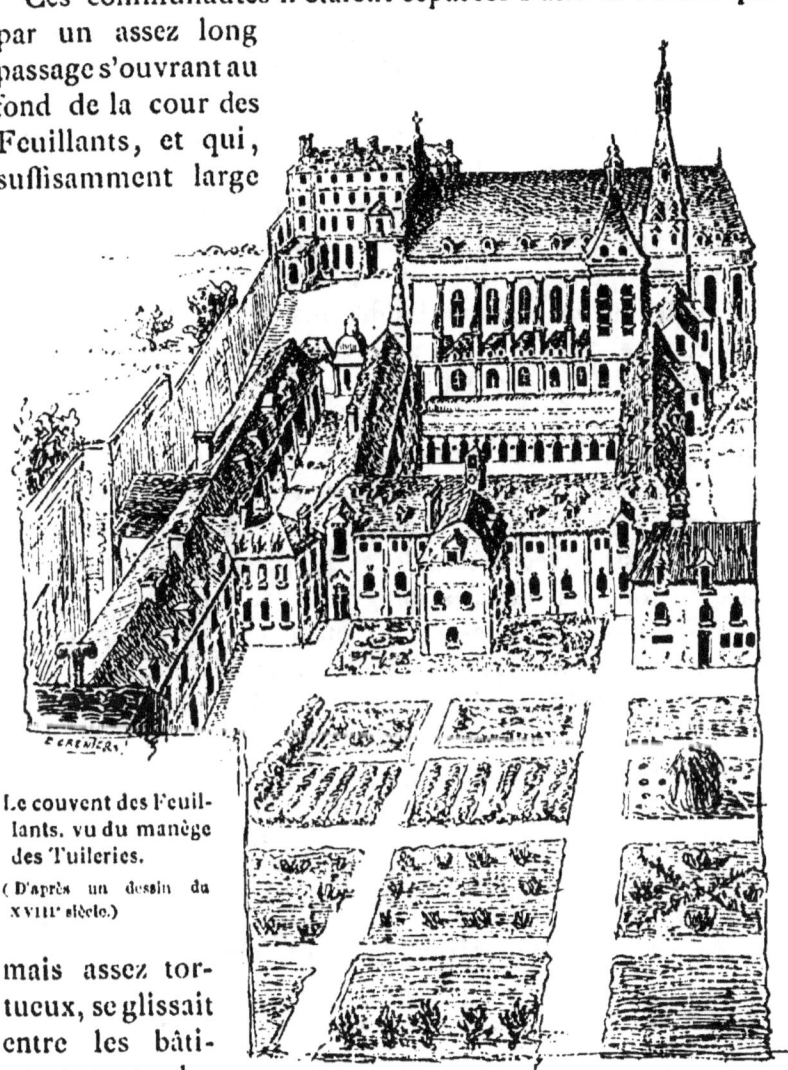

Le couvent des Feuillants, vu du manège des Tuileries.

(D'après un dessin du XVIIIe siècle.)

mais assez tortueux, se glissait entre les bâtiments et les murs des deux couvents, jusqu'à une grille donnant derrière

cumul dont Henri IV s'égayait fort. Les religieux de cette maison s'adonnaient principalement à l'étude des langues grecques et hébraïques ; leur bibliothèque était citée : elle occupait une galerie longue de cent pieds, large de vingt-deux.

le manège, sur la terrasse du jardin des Tuileries. A l'extrémité de ce passage, se voyait en 1790, un reste de la grotte en coquillages de Gaston d'Orléans, converti en une sorte de chapelle.

Cette ruelle était la propriété des Feuillants, qui l'avaient fait établir pour la facilité de leurs communications, et qui avaient le droit d'en tenir les portes ouvertes ou fermées à leur convenance (1) : cependant le domaine royal en avait pris à sa charge l'entretien pendant la minorité de Louis XV, qui allait souvent entendre l'office aux Feuillants, et depuis cette époque, cette ruelle était devenue l'entrée la plus fréquentée du jardin des Tuileries.

Le public avait, en effet, depuis Louis XIII, l'accès du jardin : quand la cour vint en 1789 se fixer au château, on apporta à cette tolérance quelques restrictions jugées nécessaires; on n'y laissait pénétrer, avant midi, que les députés à l'Assemblée nationale et les personnes munies de cartes « dont les modèles sont dans les guérites » (2); à partir de midi, les portes étaient ouvertes à tout le monde.

Tels étaient, au commencement de la Révolution, rapidement esquissés, les alentours de la salle où l'Assemblée allait tenir ses séances, et où les corps législatifs devaient demeurer pendant près de quatre ans. Un grand nombre de députés à la Législative, pour être à proximité de la salle du manège, se logèrent dans le quartier des Tuileries : Lamourette et Couthon demeuraient, en 1792, rue Saint-Honoré, n° 343 ; Albite et Bazire, Jean Debry, habitaient également la rue Saint-Honoré; Bigot de Préameneu était

---

c'est dans cette salle qu'était exposé le modèle en nacre de perle de l'église du Saint-Sépulcre à Jérusalem envoyé par les Turcs à M. de Vergennes, ancien ambassadeur à Constantinople, qui en avait fait don aux Capucins : on y voyait aussi deux fort beaux globes, l'un céleste, l'autre terrestre, faits par Coronelly en 1693.

(1) Archives Nationales O'1681. Cette question a fait souvent l'objet de réclamations de la part des religieux Feuillants auxquels on contestait la propriété du passage.

(2) Archives nationales, K. 528. Placard

installé rue du Dauphin, dans une maison donnant sur la cour même du manège. Beaucoup s'étaient fixés dans les hôtels de la butte des Moulins, rue Saint-Anne ou rue des Moineaux; Fauchet était en garni rue Chabanais; Carnot et Carnot-Feulens, tous deux députés du Pas-de-Calais, avaient loué, au petit Carrousel, un logement à l'hôtel d'Arras; Louvet habitait 13, quai Voltaire; Vergniaud, rue d'Orléans — Saint-Honoré, hôtel d'Aligre; Brissot, rue Grétry, et Lequinio, rue de Beaune, hôtel de la Reine.

Presque tous, peu fortunés d'ailleurs pour la plupart, n'avaient dans la ville qu'un très modeste pied-à-terre : leur véritable demeure était l'Assemblée, où les séances commençaient le plus souvent à neuf heures du matin et avaient lieu deux fois par jour. En outre, le travail était considérable dans les comités, qui étaient au nombre de trente.

Pour établir la masse énorme de bureaux nécessités par une telle administration parlementaire, l'Assemblée s'était emparée, discrètement d'abord, des locaux occupés par les Feuillants et les Capucins, dont les couvents avaient été évacués en grande partie dès le commencement de 1790.

Le bâtiment du manège proprement dit n'avait pu recevoir que cinq de ces bureaux; les autres avaient été établis dans les deux couvents; on avait même élevé dans les jardins des Capucins des baraquements en planches pour y placer différents services. Les archives de l'Assemblée étaient logées dans la belle bibliothèque des Feuillants; le trésor des dons patriotiques dans le logement du prédicateur; le bureau du géographe, dans le cloître, et l'imprimerie dans le réfectoire des Capucins et les pièces adjacentes (1). Les inspecteurs de la Salle, — ce que l'on appellerait aujourd'hui les Questeurs, — se trouvaient dans le petit jardin des Capucins,

(1) Archives nationales. Plans inédits.

Le manège des Tuileries, les couvents des Capucins et des Feuillants pendant le séjour des assemblées constituante, législative et de la Convention (nov. 1789 à mai 1793).

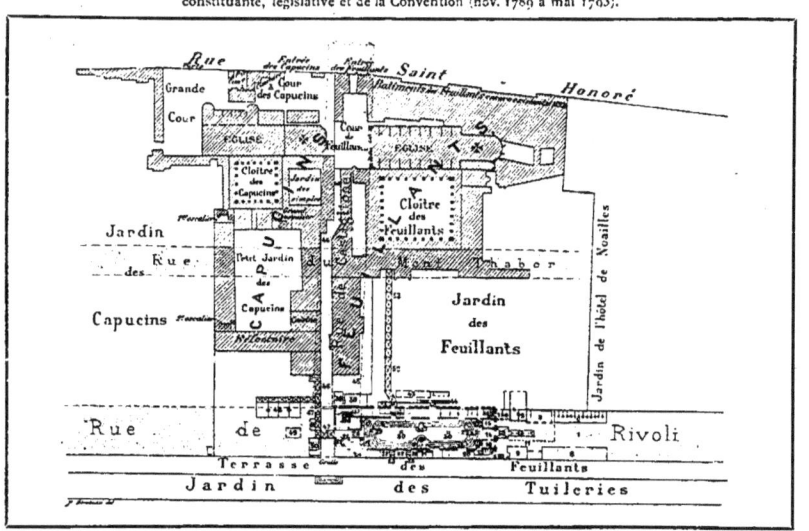

D'après les plans inédits (archives nationales série N), les plans de Jaillot, Verniquet, Vassorot. Les plans partiels inédits conservés aux archives du Garde-Meuble de l'État, au Cabinet des Estampes, le cadastre de 1802, etc., etc.

1. Cour du Manège.
2. Écuries du Roi.
3. Corps de garde extraordinaire.
4. — national.
5. — des officiers.
6. — de l'État-Major.
7. — de la Prévôté de l'Hôtel.
8. Remise et jardin.
9. Logement du portier restaurateur.
10. Cellier.
11. Passage fermé de barrières pour les personnes à pied.
12. Petit comble en auvent sous lequel les voitures descendent à couvert.
13. Premier vestibule.
14. Deuxième vestibule. (au-dessous, restaurant des Députés.)
15. Bureau de l'Assemblée.
16. Bureau de l'Assemblée. Au-dessus, cabinet du Commissaire de l'Assemblée chargé de l'arrangement de la salle.
17. Escalier de sortie destiné à dégager les entrées de l'amphithéâtre.
18. Cabinet de M. le Président.
19. Cuisine du portier restaurateur.
20. Escalier qui conduit à la tribune publique du côté de la cour.
21. Cour.
22. Petite cour avec des auvents pour mettre à couvert des garde-robes.
23. Entrée par le jardin des Tuileries.
24. Logement du portier des Tuileries.
25. Loge du concierge.
26. Petite cour.
27. Serre.
28. Entrée par le côté des Capucins. On y arrive à couvert par la cour et le cloître des Capucins.
29. Entrées de la salle.
30. Poêles pratiqués sous le plancher de la salle.
31. Place et table de M. le Président.
32. — de MM. les secrétaires.
33. La barre. — La tribune.
34. Autres tribunes particulières pour la commodité des personnes placées aux extrémités de la salle.
35. Latrines.
36. Entrée par les Feuillants. On y arrive à couvert par le cloître et le jardin.
36. Bureau de l'Assemblée.
37. Partie du logement de M. de Villemote, écuyer du roi.
38. Corps de garde national.
39. Chapelle et bâtiment des Feuillants.
40. Passage couvert pour parvenir à l'escalier de la tribune des suppléants.
41. Vestibule.
42. Travail du café.
43. Buvette et café.
44. Escalier de la tribune des suppléants, des Députés des villes de commerce et de la commune de Paris.
45. Cour particulière des Feuillants.
46. Passage des Feuillants.
47. Passage pour arriver à couvert à l'Assemblée par le couvent des Capucins.
48. Bureaux de l'Assemblée.
49. Café.
50. Bureaux et magasins de l'Inspecteur.
51. Serre.
52. Chemin couvert pour arriver à l'Assemblée par le couvent des Feuillants.

« L'étendue des bâtiments du Manège n'ayant permis d'y placer que cinq des bureaux de l'Assemblée, les autres ont été établis tant dans la maison des Capucins et des Feuillants que dans leurs jardins au moyen d'un nombre suffisant de maisons de bois qu'on y a placées pour compléter le nombre de 30. Les Archives de l'Assemblée ont été établies dans la bibliothèque des Feuillants, le trésor des dons patriotiques dans le logement du prédicateur, le bureau du géographe dans les cloîtres de cette maison et l'imprimerie dans le réfectoire des Capucins et pièces adjacentes ».

Emplacement des Comités :

Maison des Capucins. Bureau de l'Inspecteur des travaux de la salle — petit jardin des Capucins près le passage des Feuillants. Comité de l'examen des comptes, de législation civile et criminelle au 2ᵉ étage par le 1ᵉʳ escalier. Des assignats et monnaies et de la Dette publique, à l'entresol par le 2ᵉ escalier. Des domaines, diplomatique et de l'instruction publique, au 1ᵉʳ par le grand escalier. Des dépenses publiques, des secours publics, des matières féodales, au 1ᵉʳ et au 2ᵉ par le 2ᵉ escalier. Des contributions publiques, de la trésorerie nationale, de liquidation, au 2ᵉ. L'imprimerie nationale est Cour des Capucins.

Maison des Feuillants. Comité des inspecteurs de la salle, au rez-de-chaussée, à l'extrémité du chemin couvert, à gauche. Comité de division et des Colonies, au rez-de-chaussée dans le cloître à gauche. D'agriculture, au rez-de-chaussée, vis-à-vis le passage couvert après le grand escalier. Commerce, marine, décrets, dans les deux dortoirs du 1ᵉʳ. Comité des pétitions, dans l'aile dite du Noviciat, au 1ᵉʳ.

près du passage; les comités de l'Examen des comptes, de Législation civile et criminelle, des Assignats et monnaies, de la Dette publique, des Domaines, de l'Instruction publique... etc., occupaient l'entresol, le premier et le second étages de la maison des Capucins. Aux Feuillants, les commissaires inspecteurs avaient été casés au rez-de-chaussée du bâtiment principal; le comité de Division et le comité National campaient dans le cloître; les comités de la Marine, du Commerce et des Décrets se tenaient dans les deux dortoirs du premier étage, et l'aile des novices était réservée au comité des Pétitions.

Ces différentes installations étaient mises en communication directe avec la salle même du manège, par des couloirs en planches recouvertes de coutil rayé, semblables aux tentes dont une sorte de tradition décore encore aujourd'hui les monuments publics lors des fêtes officielles. Un couloir de cette sorte, traversant tout le jardin des Feuillants, conduisait à couvert depuis le cloître du couvent jusqu'à une porte pratiquée dans le mur du Manège, à peu près au milieu de la construction. C'était là l'entrée la plus fréquentée de la salle; mais l'entrée officielle, la *grande porte,* s'ouvrait sur la *Carrière.*

De ce côté, une sorte de cour, assez étroite, fermée par des barrières, se présentait entre des constructions basses, réservée à loger un corps-de-garde de la prévôté de l'hôtel, un corps de garde pour l'état-major, un corps de garde de la garde nationale, un corps de garde pour les officiers, et un corps de garde extraordinaire; un passage, fermé de barrières et réservé aux piétons, longeait le logement du portier-restaurateur, élevé contre le mur de la terrasse du jardin des Tuileries. Une vaste tente-marquise permettait aux voitures d'approcher à couvert de la porte principale de l'Assemblée.

On entrait dans cette salle par un vestibule, sur lequel s'ouvraient deux pièces servant de bureaux : ce vestibule traversé, on se trouvait dans un corridor établi dans tout le pourtour de l'édifice, et qui, par plusieurs vomitoires, donnait accès à la salle d'assemblée.

Celle-ci était à peu près dix fois plus longue que large : les banquettes réservées aux députés y étaient disposées en six rangs de gradins en ellipse laissant, au milieu, un espace vide qu'on appelait plaisamment *la piste.* A mi-longueur de la salle, *côté jardin,* est élevée la tribune du président, simple table couverte d'un tapis vert, posée sur une estrade, au-dessous de laquelle sont postés, autour d'une table ronde, les secrétaires élus par l'Assemblée. En face, *côté Feuillants,* sont disposées la barre et la tribune des orateurs.

On sait que, suivant un usage datant des premiers jours des états généraux, les députés avaient choisi leurs sièges, d'après leurs opinions, à droite ou à gauche de l'estrade présidentielle. Mais, dans les premiers jours de 1792, dans l'espoir d'améliorer l'acoustique défectueuse du local, on transporta le bureau du président à la place qu'occupait la tribune des orateurs, et la tribune à la place du bureau, ce qui occasionna une véritable révolution parlementaire, le côté droit devenant par là même le côté gauche et *vice versa.* Pendant quelque temps ce changement troubla considérablement les discussions et les comptes rendus. Aussi, peu à peu, les termes *droite, gauche,* firent-ils place au désignations plus pittoresques la *Montagne,* la *Plaine,* le *Marais.*

Aux deux extrémités de la salle, à la hauteur d'un premier étage, deux grandes tribunes reçoivent le public; (1) les spectateurs privilégiés occupent sous ces tribunes une série de loges : loge de M. le président, loge de MM. les

---

(1) Public *payant,* car les domestiques de louage offraient aux étrangers des cartes d'entrée moyennant 5 livres; et aussi public *payé,* car Laireteile jeune raconte (*Dix ans d'épreuves*) qu'une grande partie des tribunes était salariée. On y voyait d'ailleurs beaucoup plus de femmes que d'hommes.

députés suppléants, loge de la Commune de Paris, loge de MM. les députés des villes de commerce, loge de l'architecte de l'Assemblée... etc.

Le cabinet du président tenait deux pièces au rez-de-chaussée, prenant jour sur le jardin des Feuillants; du même côté se trouvaient une buvette et un café, construction légère établie dans le jardin du couvent; et un restaurant, spécialement réservé aux membres de l'Assemblée avait été installé au premier étage, au-dessus du vestibule d'entrée.

Et maintenant, qu'on se figure ce qu'était en 1792 cette salle où avait siégé l'Assemblée Constituante et dans laquelle la Législative tenait ses séances.

Dès le matin, tout s'anime; on relève les postes, la garde montante entre par la ruelle du Dauphin, longe la *Carrière* et vient se ranger près du Manège, devant le corps de garde; le mot d'ordre est échangé, la garde descendante regagne ses quartiers et l'on ouvre les portes.

Alors, c'est à travers cette immense ruche formée par les trois bâtiments des Capucins, des Feuillants, du Manège et par les constructions annexes, un bourdonnement qui ne cessera plus jusqu'au soir. Les députés arrivent, qui par la rue Saint-Honoré et la cour des Feuillants, qui par la *Carrière;* ils se rendent aux comités, aux bureaux, aux archives, au cabinet du président; c'est à travers les couloirs de planches qui mettent en communication tous les services, un va-et-vient continuel, un roulement de pas sonore.

Devant la loge du portier, les curieux venus pour assister à la séance, s'amassent, contenus par les barrières. Incessamment des fiacres déversent sous la marquise des solliciteurs, des abbés, jadis puissants, venant pour obtenir un secours, d'anciens pensionnaires de la cassette royale demandant où se trouve le bureau de la comptabilité. Un peu avant neuf heures, on ouvre les barrières et la foule se précipite à travers les quatre escaliers qui conduisent aux tribunes publiques, remplies en un instant. La salle est vide encore : dans la *piste,* vaste parallélogramme, meublé seulement de deux gros poêles de faïence affectant la forme de l'ancienne Bastille, vont et viennent quelques huissiers en culotte de satin noir, portant au cou une chaîne d'argent. Peu à peu les banquettes recouvertes de tentures vertes, réservées aux députés, se remplissent. On annonce le président qui monte à son bureau : un coup de sonnette et la séance est commencée.

Bien mouvementées ces séances : on y fait souvent beaucoup de bruit et peu de besogne. Les orateurs se succèdent à la tribune; mais on les entend à peine, tant la salle est longue et le public bruyant. Sur la piste circulent, en habit noir, l'épée dorée au côté, quatre huissiers bien frisés, chapeau bas. Ils crient incessamment : *Silence! En place!* Les députés, en costumes négligés, bon nombre d'entre eux bottés et éperonnés, encombrent la piste : ils vont, viennent, tapottent leurs bottes avec leurs cannes, toussent, crachent, parlent haut et interpellent à distance. Le Président à beau agiter son énorme sonnette, s'époumonner à dire : *Silence; En place, messieurs!* Les huissiers frappent en vain des mains et s'épuisent à crier *Chut!* MM. les députés s'en soucient autant que des écoliers indisciplinés qui savent bien que le vieux magister ne tapera pas (1). La grande attraction, ce sont les défilés à la barre des députations départementales ou faubouriennes, et des patriotes désireux de faire montre de civism..

Un jour, ce sont les membres de la Société académique d'écriture qui font hommage à l'Assemblée du portrait de J.-J. Rousseau en traits de plume : « ils joignent leurs serments à ceux de tous les Français, et ils

---

(1) Un Prussien en France en 1792.

s'engagent à convertir, *au premier cri du danger, en instruments guerriers les instruments de leur art.* »

Une autre fois, c'est M. l'abbé Burnett, aumônier de la garde nationale, qui se présente à la barre accompagné d'une femme poussant devant elle deux enfants ahuris et tenant un troisième enfant dans ses bras. L'abbé Burnett, d'une voix forte, « annonce que cette femme est la sienne, que l'enfant qu'elle porte est le fruit de leurs amours. » Après avoir rappelé la force des sentiments de la nature auxquels il n'a pu résister, le pétitionnaire continue ainsi : « Un jour, je rencontrai un de mes collègues insermentés : Malheureux, me dit-il, qu'avez-vous fait? — Un enfant, Monsieur, et j'ai épousé cette femme qui est protestante, et sa religion ne fait rien sur la mienne. Ou la mort, ou ma femme! Tel est le cri que m'inspire et que m'inspirera toujours la nature. » Puis, d'un ton plus engageant, Burnett continue : « Nous sommes pauvres tous deux, tous deux nés à la campagne, et nous venons vous supplier de donner des ordres pour la liquidation d'une somme de 330 livres que j'ai employée à la décence du culte; je regrette que ma position ne me permette pas d'en faire un sacrifice à la patrie. La pétition est renvoyée au comité de liquidation; l'abbé est admis aux honneurs de la séance; il traverse solennellement toute la *piste,* sous les applaudissements de l'Assemblée et portant dans ses bras le *fruit de ses amours.*

Quelques jours après, voici une délégation du faubo͏ Saint-Antoine; l'orateur qui la conduit assure que « *La ture agreste et sauvage de leur canton n'aime que le fe͏ ͏t la liberté.* »

Puis paraît à la barre un vieillard que les huissiers soutiennent... Un grand frisson d'émotion secoue l'Assemblée : c'est Latude! Il expose que depuis huit ans il ne vit que d'emprunts, qu'il est dans la détresse, que quarante-deux ans de détention l'ont mis hors d'état de travailler et il supplie qu'on lui accorde un secours provisoire.

Ou bien, c'est un député extraordinaire du département de la Drôme qui amène à la barre deux frères jumeaux, déjà célèbres par leur talent dans le dessin. Ces deux paysans, d'abord simples bergers, taillaient des pierres sur les montagnes, gravaient des figures humaines, des paysages, et le département demande que ces deux jumeaux soient mis entre les mains de M. David pour achever leur éducation... Cette proposition est adoptée.

Mais voici que les huissiers de l'Assemblée ouvrent la barre, et l'on voit les ministres s'avancer dans la salle; le garde des sceaux tient à la main une enveloppe cachetée d'une large empreinte de cire rouge : c'est une lettre du Roi. Bien que la plupart des députés de la gauche affectent la plus grande indifférence, ce court cérémonial ne manque pas d'une certaine solennité. Le président se lève, reçoit le message royal et en donne lecture à l'Assemblée. Telle est l'étiquette suivie pour la réception des communications émanant de la cour.

Quand le roi vient en personne au Manège, ainsi que la chose eut lieu à l'ouverture de la Législative, à l'acceptation de la Constitution, ou autres circonstances solennelles, son cortège suit les rues du Carrousel, de l'Échelle et Saint-Honoré; les carrosses et la garde pénètrent dans la cour des Feuillants, et, par le couloir en planches que nous avons décrit, Louis XVI, entouré de ses ministres, prend place sur un fauteuil à la droite du président.

Il reparaîtra dans cette salle quelques mois plus tard, mais déchu cette fois, découronné, prisonnier et accusé!... Nous l'y retrouverons.

III.

LE 10 AOUT.

Auparavant il nous faut revenir au Château où agonise la royauté. La crise de sa destinée dura du 20 juin au 10 août 1792.

Ce jour là, dès l'aube, par la rue Saint-Nicaise et le petit Carrousel, par le guichet qui s'ouvre sur la grande galerie longeant le quai, la foule continuellement s'amasse, en un flux montant, irrésistible, qui vient battre les murs des Tuileries...

Où s'était recrutée cette armée de l'insurrection? On l'ignore. Qui la payait, qui l'entraînait? On ne le sait pas. Sans doute suffit-il de quelques factieux pour entraîner toute une population; ce qui est certain c'est que tous ceux qui, ce jour là, furent jetés à l'assaut des Tuileries n'y allaient pas de leur plein gré.

Nous pouvons appuyer cette assertion du témoignage d'un Parisien, nommé Philippe Morice qui, jeune alors, — il avait seize ans — servait en qualité de clerc chez M⁰ Denis de Villières, dont l'étude était située à l'angle de la rue des Saints-Pères et de la rue de Grenelle (1). Le 10 août, à neuf heures du matin, Morice

---

(1) Aujourd'hui, à ce même emplacement, se trouve l'étude de M⁰ Tollu, l'un des successeurs de M⁰ Denis de Villières. Un portrait de celui-ci se voit encore dans un des bureaux de l'étude.

entendant du bruit dans les rues s'était décidé à aller aux écoutes. Il arriva sur la place de la Croix-Rouge, au moment où les sans-culottes du faubourg Saint-Marceau traversaient cette place pour se rendre au château des Tuileries. « Ces braves, raconte-t-il,(1), ayant jugé convenable de grossir leurs troupes de tous les badauds et gobe-mouches qui se trouvaient sur leur passage, je fus ramassé par eux, et avec eux obligé de marcher, quoique je n'eusse aucune espèce d'armes. Je n'avais pas même pris mon chapeau, mon intention en sortant n'ayant été que de me rendre au café qui fait le coin de la Croix-Rouge et de la rue de Grenelle, à deux pas de la maison du notaire où je travaillais. C'est de cette manière que je fus forcé d'être l'un des acteurs ou plutôt l'un des spectateurs de cette journée.

« Nous nous arrêtâmes sur le Pont-Royal; soit que ce pont fût le poste assigné à ma compagnie, soit que les passages pour se rendre au Carrousel fussent encombrés, nous y restâmes tout le temps que dura le siège, qui déjà était commencé au moment de notre arrivée.

« ... J'avouerai de bonne foi que le bruit du canon auquel se mêlaient, d'un côté les vociférations de ceux qui m'entouraient, de l'autre, les cris de quelques malheureux atteints par les balles que nous envoyaient des Suisses retranchés dans les appartements et derrière les cheminées du château, fit un tel effet sur moi qui me trouvais pour la première fois à un pareil spectacle, que je vis double, ou, pour mieux dire, que je ne vis rien jusqu'au moment où des cris de victoire nous annoncèrent que tout était fini. »

Oui tout était fini. Le peuple était triomphant et sa victoire avait été facile.

(1) Le manuscrit de Morice a été jusqu'en 1890 en la possession de Mlle Émilie Morice, sa fille, qui, en mourant, le légua à Xavier Marmier. Les principaux passages en ont été publiés dans la *Revue des questions historiques* d'octobre 1892.

Entendant l'émeute gronder autour de son palais, « Louis XVI avait fait ses prières, s'était confessé à l'abbé Hébert, et attendait résigné. La reine, ses enfants, la princesse Élisabeth, couraient d'appartements en appartements, tantôt chez le roi enfermé avec le prêtre, tantôt au cabinet du Conseil où les ministres rassemblés recevaient des avis et délibéraient avec Rœderer sur les moyens de sauver la famille royale (1).

« A huit heures, un officier municipal entre dans la chambre du Conseil où était le roi avec sa famille et les ministres. Joly, garde des sceaux, lui crie d'aussi loin qu'il l'aperçoit : *Eh bien, que demandent-ils?* — *La déchéance*, répond le municipal. Joly réplique : *Que l'Assemblée la prononce enfin!* — *Mais, que deviendra le Roi?* dit alors la Reine au municipal. Celui-ci la salue profondément, sans répondre un seul mot ».

Ce fut là toute la résistance et c'est alors qu'eut lieu ce triste exode de la famille royale allant chercher auprès de l'Assemblée asile et protection. Le Roi tenant le Dauphin par la main, Mme Élisabeth et Mme Royale, toute jeune alors, suivies de la princesse de Lamballe et de Mme de Tourzel, traversent le jardin et se dirigent vers le Manège. Calvaire souvent décrit, souvent conté, dont le récit n'entre pas dans le cadre spécial de cette étude. — « Je reviendrai vous joindre, » disait fièrement la Reine, simulant la confiance, à ceux qu'elle était obligée d'abandonner. — « Comme les feuilles tombent vite, cette année! » remarquait mélancoliquement le Roi, en traînant ses pieds dans les feuilles mortes tombées des grands marronniers.

Et au loin, on entend de grandes clameurs du côté du Carrousel; c'est la colonne du faubourg Saint-Antoine, qui arrive par la rue Saint-Honoré traînant une voiture de poudre et une autre chargée de boulets.

---

(1) Narration manuscrite du 10 août. Archives des Affaires étrangères.

Le départ du Roi rend l'audace aux assiégeants qui hésitaient, et tout de suite, la porte royale est enfoncée ; le peuple entre en foule dans la cour. A la vue de cette irruption, les défenseurs du château ne savent quel parti prendre ; aucun chef ne les dirige. L'invasion de la populace durait depuis quinze minutes déjà sans que, de part ni d'autre, on eût tiré un seul coup de fusil.

Enfin, les Marseillais arrivent. Celui qui les commande, Fournier, surnommé l'*Américain*, les range autour de la Cour, en face du château. Le peuple crie : *A bas les Suisses!* qu'il aperçoit aux fenêtres et au bas de l'escalier. Les Suisses et les grenadiers nationaux pour toute réponse font signe de la main et du chapeau au peuple de se retirer.

« Tandis que des deux parts on s'invective par des cris et par des signes, quelques patriotes plus hardis que les autres s'avancent jusqu'au pied du grand escalier, sous l'arcade du grand péristyle. Il y saisissent deux factionnaires suisses avec des piques à crochets, et les désarment en faisant de grand éclats de rire. Les Suisses de ce poste, aux ordres des capitaines Zusler et Castelberg, se mettent en bataille, partie sur les marches du péristyle, partie sur le perron de la chapelle, et font feu sur les piques qui venaient d'accrocher deux de leurs camarades.

« Le bruit de cette décharge donne le signal général du combat ; alors le canon, la mousqueterie jouent sur le château, et l'action s'engage des deux parts. Les Suisses, les nobles, les grenadiers, tous les gens du château tirent d'en haut, d'en bas, sur la multitude qui riposte par le fusil et la canonnade. La première décharge des gens du château fut très meurtrière : les Marseillais et les Brestois y perdirent un grand nombre des leurs.

« Pendant une heure de désordre et de confusion la victoire reste incertaine. Mais elle ne tarde pas à se déclarer en faveur des patriotes qui sont plus nombreux que ceux du parti du Roi. Les Suisses étaient les seuls qui tenaient ferme; mais attaqués à la fois dans la cour et par le jardin, et ayant déjà perdu beaucoup des leurs, deux cents de ces braves militaires se retirent et se groupent sous le péristyle qui était le point principal de l'attaque; ils y font un feu continu, jusqu'à l'épuisement total de leurs cartouches : ils y périssent tous, après avoir couché par terre plus de quatre cents patriotes. Le péristyle sans défense, la bataille était gagnée.

« Le peuple, maître du grand escalier, s'empare de l'intérieur du palais. En peu de minutes, il inonde tous les appartements et massacre tous les Suisses qu'il y trouve. Les corridors, les combles, les offices, toutes les issues secrètes et, jusqu'aux armoires sont visités. On y égorge tous les malheureux cachés dans ces coins et ces détours; d'autres sont jetés vivants par les fenêtres, implorant en vain la grâce de la vie, et sont percés de piques sur la terrasse et le pavé des cours. Une centaine d'entre eux se sauvent par la cour de Marsan; ils sont arrêtés rue de l'Échelle et tués à coups de sabres et de piques; leurs corps dépouillés, nus et mutilés pour la plupart dans les parties secrètes, sont empilés sur le pavé par couches mêlées de paille, et restent exposés à la vue de tous jusqu'au lendemain.

« Plus de cent domestiques de Louis et de sa famille, jusqu'aux huissiers et suisses des portes, garçons de chambre, etc., éprouvent le même sort. Le sang coulait à grands flots dans les appartements et dans les cabinets les plus secrets. Un très petit nombre d'autres serviteurs et quelques militaires échappent au carnage, déguisés dans la milice, ou se cachent dans les tuyaux de cheminée, où ils attendent jusqu'au troisième jour pour se dérober à la furie du vainqueur (1). »

---

(1) Récit manuscrit de la journée du 10 août. — Archives du département des affaires étrangères.

Alors seulement arrive, — une heure trop tard, hélas ! — l'ordre du roi de cesser le feu. Le château est au pouvoir des insurgés : la populace, ivre de son triomphe qu'elle attribue à sa seule valeur, et croyant avoir mis en fuite les derniers défenseurs du château, la populace se précipite dans l'escalier et envahit les salons du premier étage.

Les scènes qui eurent lieu alors ont été, ou passées sous silence ou amplifiées par les historiens. Les royalistes, pour les peindre, ont mis des lunettes rouges, les autres ont pris de ces verres fumés qui obscurcissent la vue.

Quant à nous dont la seule préoccupation est celle-ci : *Comment était-ce?* nous connaissons deux relations de témoins oculaires, deux seulement auxquelles on peut accorder toute confiance. L'une est due à ce pauvre clerc de notaire, Charles Morice, dont le moindre souci était la politique, et qui, mêlé par hasard à ces grands événements, a consigné, en simple spectateur, ses impressions et ses souvenirs. L'autre a pour auteur le bonhomme Mercier, un libéral, un républicain même, qui était de cœur avec les insurgés, mais qui, honnête et sincère, s'est fait le reporter minutieux et exact des événements révolutionnaires. Bien placé pour tout voir, il courait la ville à la recherche des faits divers, se vantant d'écrire son livre — *le Nouveau Paris — avec ses jambes,* et ne notait que ce dont il avait été témoin... Et voici ce que tous deux virent aux Tuileries dans la journée du 10 août 1792 :

La bataille gagnée, le château devint complètement la proie de tous les voleurs accourus depuis plusieurs jours des différents départements, et ce fut naturellement les cuisines, situées dans les sous-sols du pavillon de Flore, qui reçurent leur première visite. Il s'y passa tout d'abord une scène horrible!... Un malheureux aide, qui n'avait pas eu le temps de se sauver fut, par ces tigres, enfoncé, pétri dans une chaudière, et dans cet état exposé au feu ardent des fourneaux. Puis se précipitant sur les comestibles, chacun saisit ce qui se trouve sous ses mains. L'un emporte une broche garnie de volailles; un autre un turbot; celui-là une carpe du Rhin qui l'égale par sa taille.

Les celliers où étaient conservés les vins et les liqueurs offraient un indescriptible spectacle. On y marchait sur un lit de bouteilles et de flacons brisés, sur lequel gisaient pêle-mêle les vainqueurs ivres-morts et les cadavres des vaincus. Hommes et femmes, dans une fureur de joie suffocante, se réunissaient par centaines sous le vestibule de l'escalier du midi (1), dansaient au milieu des flots de sang et de vin. Un bourreau jouait du violon à côté des cadavres; et des voleurs, les poches pleines d'or, pendaient d'autres voleurs aux rampes.

Et, devant la porte, dans la cour, des mégères faisaient rôtir sur des brasiers arrachés à l'incendie des corps de garde, les membres détachés des Suisses morts dans le combat et dansaient autour de ces sinistres foyers une sarabande échevelée. De grosses fumées montaient vers le ciel, et, sous le chaud soleil d'Août une légère neige de duvet flottait au loin sur le Carrousel, s'échappant des édredons et des lits de plumes qu'on éventrait à grands coups de sabre aux fenêtres de la galerie.

L'incendie du palais de Priam ne présenta point un plus épouvantable désordre. Les escaliers résonnaient sous les pas précipités des filous, des escrocs qui montaient, qui descendaient, qui se croisaient, qui se heurtaient, qui couraient dans les corridors, pénétraient dans toutes les chambres: ils avaient déjà fracturé les secrétaires du Roi, de la Reine, de Madame Élisabeth, des femmes de la cour. Assignats, or, argent monnoyé, montres, bijoux, pierreries, diamants, écrins, tant d'objets précieux leur étaient aussitôt tombés en partage. Des manœuvres se promenaient dans la galerie avec des montres à chaînes de brillants. D'autres,

(1) L'escalier de la Reine, tout contre le pavillon de Flore.

voleurs de profession, dégalonnaient les habits des gens du roi, faisaient main basse sur la garde robe, pillaient les étoffes, le linge, l'argenterie de table, les bougies, les livres des bibliothèques, en un mot tous les effets qui pouvaient s'emporter clandestinement; on brisa des vases de porcelaine du plus grand prix, pour en enlever les attaches.

Charles Morice vit, de cette manière, tomber en mille pièces une superbe pendule qui décorait une console. Un compagnon serrurier, ou du moins un homme du peuple dont le costume indiquait cette profession, avait levé avec une sorte de précaution le verre dont elle était couverte, et la considérait avec des yeux de convoitise; jugeant probablement qu'il ne lui serait pas facile de la dérober sans inconvénients pour lui, il leva de rage un énorme marteau de forge dont son bras était armé, et d'un seul coup la pendule, la cage et le marbre de la console volèrent en éclats.

Tandis que ces violences se commettaient, les héros en chef faisaient porter avec ostentation par leurs aides, les grands chandeliers d'argent de la chapelle, avec des plats d'argent et une bourse de cent louis, à l'Assemblée, afin de faire disparaître jusqu'au moindre soupçon de spoliation.

Les glaces tintaient sous les coups des baïonnettes qui les brisaient en éclats. On arrive au lit de la Reine. L'ivresse sans pudeur le rend le théâtre des plus infâmes obscénités.

Des femmes faisaient la chasse à quelques malheureux Suisses et à des domestiques échappés au carnage, qui avaient espéré trouver un abri dans les cheminées ou dans quelque trou; aussitôt découverts ils étaient massacrés.

Sur la terrasse du jardin, des citoyens paisibles, que la curiosité avait portés aux Tuileries pour s'assurer si le château existait encore, erraient lentement, frappés d'une morne stupeur, le long de la terrasse hérissée de débris de bouteilles. Ils ne pleuraient pas; ils semblaient pétrifiés, anéantis. Ils reculaient d'horreur à chaque pas, à l'odeur et à l'aspect de ces cadavres sanglants, mutilés, égorgés, éventrés, sur les visages desquels vivait encore la colère. D'autres, plus stoïques, faisaient remarquer aux passants des nuées de mouches avides de sang, que la chaleur avait attirées dans les larges blessures des morts et dans leurs yeux sortis des orbites.

On se montrait, au pied de la terrasse du bord de l'eau le cadavre d'un des heiduques (fantassins hongrois) qu'on admirait autrefois derrière le carrosse de la Reine; il avait été dépouillé de ses vêtements et d'horribles mégères se livraient sur son corps à de cyniques plaisanteries.

Au Carrousel, devant la rue de l'Échelle, la vue d'un monceau de cadavres, entassés comme des bûches dans un chantier, retenait les curieux. Ils accouraient, du reste en foule, de toutes les extrémités de Paris. Maintenant qu'on savait le combat terminé, les Parisiens voulaient *voir* : le patriotisme satisfait, la curiosité reprenait le dessus. Et, dominant tous les bruits, on entendait mugir la lourde et lugubre voix des grandes orgues de la chapelle. Un jeune Savoyard debout, au sommet de la tribune, soufflait dans un tuyau le *Dies iræ* : on eût dit l'ange exterminateur annonçant à son de trompe le jugement dernier (1).

Au Manège on avait placé le Roi et sa famille dans une petite loge derrière le fauteuil du président.

C'est par la porte ouvrant sur le passage des Feuillants que Louis XVI était entré à l'Assemblée; c'est donc en gravissant le perron qui, de nos jours communique du jardin à la terrasse, en face de la rue de Castiglione, que la famille royale quitta les Tuileries pour n'y plus revenir. La loge où, après quelques cérémonies de part et d'autre, on relégua le monarque et les siens, était une toute petite

(1) Mercier, *le Nouveau Paris*.

pièce d'environ 9 ou 10 pieds carrés, située à la droite du fauteuil du président et séparée de la salle des séances par de minces barreaux de fer. L'entrée se trouvait au fond d'un corridor, dans une espèce de petit cabinet que l'on traversait pour gagner la loge (1). Ce cabinet était le seul endroit dans lequel la famille royale pût se retirer pendant l'intervalle des séances; car elle vécut là trois jours.

Le 10 août, elle y resta de neuf heures du matin à dix heures du soir. De cette salle du Manège, fort légèrement construite, on entendait tous les bruits de l'émeute. La fusillade, d'abord, à laquelle succéda un grand silence. Puis, vers neuf heures et demie, une détonation formidable fit vibrer toutes les vitres; on crut que les boulets passaient par-dessus la salle... une panique eut lieu, bientôt calmée. Des hurlements se faisait entendre du côté du passage des Feuillants, regorgeant d'une foule entassée : les députés s'agitaient, juraient de mourir à leurs bancs, s'exhortaient au calme....

Louis XVI tenait à la main une grosse lorgnette qu'il braquait continuellement, tantôt sur le président, tantôt sur les divers membres de l'Assemblée. La Reine était extrêmement pâle; mais il était impossible de découvrir sur son visage les émotions qu'elle pouvait ressentir. Madame était absolument de même. L'attitude du Dauphin était celle que comportait son âge; il paraissait étonné de se trouver là, et ne savait ni pourquoi, ni comment il y avait été amené. Quant à Madame Élisabeth, elle pleurait à chaudes larmes, et ni ses pleurs, ni la situation de cette famille infortunée ne désarmaient les sarcasmes et les cris insultants d'une populace effrénée qui, des tribunes comme du dehors de la salle, insultait à sa chute.

A dix heures du soir, Louis est conduit aux Feuillants dans l'appartement de l'architecte de l'Assemblée. Il y repose avec sa femme, ses enfants, sa sœur, sur des matelas

(1) *Journal d'un Anglais à Paris en 1792.*

étendus sur le carreau : une serviette lui sert de bonnet de nuit, car, en sortant des Tuileries, on n'avait rien emporté pour l'usage et le service du corps. Le prince de Poix, le duc de Choiseul, MM. de Briges, de Goguelat et Obier gardent la famille royale dans la première des quatre pièces où elle est confinée.

Le lendemain matin (samedi 11) il fallut bien retourner à l'Assemblée dans la loge du logographe. La séance débute assez paisiblement, mais à midi, de grands cris percent de la cour du Manège jusque dans l'Assemblée; une immense acclamation leur répond dans le passage des Feuillants. Une multitude furieuse demandait la mort des Suisses prisonniers dans le couvent.

Cambon, député, inspecteur de la salle, effrayé du danger, avertit le Roi de se retirer dans les couloirs du côté de la cour du Manège qui était le moins menacée, si la multitude, forçant la consigne, pénétrait dans la salle par le passage des Feuillants.

Puis le soir venu, on reconduit la famille royale dans le même appartement que la veille, qui attenait au comité de Surveillance. Le peuple exige que sa garde soit changée : il avait remarqué qu'elle était trop serviable et trop familière. On décide donc au comité que « ces messieurs » quitteront le Roi dès ce même soir. On lui fait dire que c'était autant pour sa propre sûreté que pour celle de ses amis. Louis, en leur disant adieu, les embrasse et leur fait embrasser ses enfants. En sortant, ils jettent sur une table tout ce qu'ils ont d'or dans leur bourse et s'enfuient par un escalier dérobé, assez tôt et assez heureusement pour n'être pas arrêtés par la populace.

Le 12 au matin, le Roi et sa famille retournent encore à la loge du logographe, et restent tout le long du jour à la séance; on leur servit à manger dans cette niche (1). Le

---

(1) Le 10, le Roi ne prit rien qu'un petit biscuit et un verre de limonade, et

soir, on les reconduisit dans le même appartement (1) que la veille, mais cette fois ils y furent seuls : nulle garde, nul témoin, aucun ami, aucun serviteur (2). »

Enfin, le 13 août on mit fin à cette lente agonie ; la famille royale fut enfermée au Temple. Vers le soir, la voiture où on l'entassa franchit, aux bravos et aux trépignements de la foule, le haut portail des Feuillants, se dirigeant par la place Vendôme vers les boulevards.

Louis XVI devait revoir le Manège et dans des circonstances bien plus tragiques encore. Qui l'eût reconnu, au jour du 11 décembre, le Roi, qui, dans cette même salle, avait parlé en maître ? Qui l'eût reconnu, dans la pénombre de ce jour pluvieux, « gras encore, mais d'une graisse maladive et pâle » ; sa barbe était de trois jours (on lui avait ôté l'avant-veille les rasoirs et les ciseaux) ; prisonnier depuis quatre mois, il avait cette gaucherie de mouvements du convalescent qui fait sa première sortie ; et sa myopie, augmentée par le séjour dans la prison, nuisait aussi à sa démarche.

Chose terrible à dire, et que Chaumette a conté avec un sans-façon brutal : dans ces Tuileries, d'où ses pères avaient commandé le monde, Louis XVI eut faim ! « Au sortit du Manège, après son interrogatoire, on l'emmena dans la salle des conférences ; comme il était près de cinq heures, le maire lui demanda s'il ne voulait pas prendre quelque chose : il répondit : Non. Mais un instant après, voyant un grenadier tirer un morceau de pain de sa poche et en donner la moitié à Chaumette, Louis s'approcha de celui-ci

---

la Reine ne mangea qu'un peu de soupe. Les jours suivants on fit venir leurs repas de chez un traiteur du voisinage qui les servit dans ce même petit cabinet. (*Journal d'un Anglais à Paris.*)

(1) On avait apporté des Tuileries quelques meubles dans cet appartement dont je n'ai pu déterminer l'emplacement exact. Il se composait de quatre cellules contiguës et de deux petites pièces isolées où fut logée Madame Élisabeth. (*Détail des quatre jours que Louis XVI et sa famille passèrent à l'Assemblée*, par A. Dufour.)

(2) Souvenirs de Philippe Morice.

pour lui en demander un morceau. Chaumette en se reculant : « Demandez tout haut ce que vous voulez, Monsieur. » Capet reprit : « Je vous demande un morceau de votre pain. — Volontiers, dit Chaumette; tenez, rompez, c'est un déjeuner de Spartiate. Si j'avais une racine, je vous en donnerais la moitié. » — On descendit dans la cour, Louis remonta en voiture et mangea seulement la croûte de son pain. Il ne savait trop comment se débarrasser de la mie, et il en parla au substitut qui jeta le morceau par la portière. « Ah! reprit Capet, c'est mal de jeter ainsi le pain, surtout dans un moment où il est rare. — Et comment savez-vous qu'il est rare? reprit Chaumette. — Parce que celui que je mange sent un peu la terre. » Le procureur de la commune, après un intervalle, ajouta : « Ma grand'mère me disait toujours : Petit garçon, on ne doit pas perdre une mie de pain, vous ne pourriez pas en faire venir autant. — Monsieur Chaumette, reprit Louis Capet, votre grand'mère était, à ce qu'il me paraît, une femme de grand sens. »

Ce *Spartiate* de Chaumette, offrant au roi la moitié d'une racine qu'il n'a pas, m'a toujours paru d'un ridicule achevé. Mais l'histoire compte-t-elle beaucoup de scènes aussi tragiques que celle-là? *Je vous demande un morceau de votre pain :* ce mot, dit dans les Tuileries même, par le descendant de Louis XIV, est de ceux qui font naître un mouvement de pitié chez les cœurs les plus indifférents.

IV.

LA CONVENTION AUX TUILERIES.

Le 12 août seulement le château fut complètement évacué, et l'on en ferma les portes. Les corps des Suisses ramassés çà et là dans la cour et dans les jardins furent chargés dans de grandes charrettes, recouverts de paille et conduits, pour y être inhumés, à un terrain que la commune de Paris venait d'acquérir aux ci-devant religieux de la Ville-l'Évêque. Ainsi fut inauguré cet enclos qui devait six mois plus tard recevoir le corps du Roi, et qui prit, du voisinage de l'église, le nom de cimetière de la Madeleine.

Quand Louis XVI eut, le 13 août, quitté les Feuillants pour le Temple, lorsqu'on eût bien répété au peuple qu'il pouvait se reposer à l'ombre de ses lauriers, on songea à utiliser les appartements déserts du château; mais l'Assemblée législative agonisait; on ne décida rien. Des légendes, d'ailleurs, couraient dans le public; on parlait de trésors enfouis dans les caves, de dépôts d'armes cachés dans les souterrains, de victimes abandonnées dans des oubliettes... On ferait un volume — cent volumes plutôt — en recueillant les bourdes énormes qu'on a, pendant la révolution, et depuis, fait avaler au peuple de Paris. Chaque jour les gazettes donnaient des nouvelles à sensation telles que celles-ci :

« Les inspecteurs (du château des Tuileries) ont avec

eux un chien qui, depuis le 10, ne les quitte pas et se précipite sur chaque porte comme s'il allait trouver son maître (1). »

Ce chien n'émut pas beaucoup : on trouva autre chose :

« On entend depuis quelques jours aux Tuileries, au-dessous de l'appartement de Mme de Tourzel, des sons plaintifs : une femme s'est évanouie à ces accents. On creuse perpendiculairement sous cet endroit; mais on n'a encore rien découvert (2).

Roland, lui, découvrit quelque chose : sur la dénonciation d'un serrurier, Gamain, il trouva *l'armoire de fer;* l'affaire est assez connue pour que nous n'ayons pas besoin d'y insister. Disons seulement que cette fameuse armoire de fer était un simple trou, dissimulé derrière la boiserie d'un petit couloir joignant l'alcôve du roi. La boiserie, en s'ouvrant, laissait à découvert une porte de fer d'à peu près un pied et demi carré, fermant à clef et élevée de quatre pieds du parquet. Cette petite porte masquait un enfoncement pratiqué dans le mur. Celui qui avait fait cette cachette n'avait pris aucune dimension ni précaution pour lui donner une forme quelconque; c'était tout bonnement un trou inégal, raboteux, de deux pieds de profondeur sur quinze pouces de diamètre à son entrée, et allant toujours en diminuant. On dit qu'un domestique du château, nommé Durey, avait transporté pendant la nuit dans une serviette les gravois provenant de ce trou qu'il allait jeter dans la rivière. Il fit ainsi six voyages.

Cependant l'Assemblée législative voyant qu'elle allait mourir, s'était enfin décidée à se suicider. Le 21 septembre, les nouveaux députés, avant de se rendre au Manège, se réunirent dans la grande salle des Suisses (3) au premier

---

(1) Chronique de Paris, 21 août 1792.
(2) Thermomètre du jour, 22 août 1792.
(3) Cette salle était, depuis la construction du château, demeurée à l'état de simple vestibule. On avait toujours négligé de l'orner. Ce n'est que sous le ré-

étage du pavillon de l'horloge. Ainsi la Convention prit possession de la vieille demeure de la royauté.

Dès le 14 septembre, le ministre de l'Intérieur avait envoyé à l'Assemblée les plans et devis dressés par le citoyen Vignon pour les constructions et distributions à faire aux Tuileries dans la salle des machines afin d'y recevoir, au 1er novembre, la Convention nationale. Par suite de quelle intrigue Vignon, dont le projet avait été accepté, fut-il supplanté par l'architecte Gisors? Nous l'ignorons; toujours est-il que ce fut celui-ci qui mena à terme les travaux, non point, il est vrai, pour le 1er novembre 1792. La Convention ne quitta le Manège que le 9 mai 1793.

On commença par vider le château des richesses d'art qu'il contenait; d'après Roussel d'Épinal, on trouva aux Tuileries « soit en argent, assignats ou bijoux, une somme d'environ 1,500,000 livres : les objets précieux furent évalués 3,840,158 livres. Les porcelaines et pendules 900,000; les dentelles 1,000,000; les livres des cinq bibliothèques, cartes géographiques, gravures, 30,000; la sellerie, les voitures, traîneaux, 1,500,000; les meubles, 1,200,000; le linge 300,000. » Le même chroniqueur estime qu'on a volé ou dilapidé, dans la journée du 10 août, pour environ 1,000,000 et qu'on a brisé pour autant; il en conclut que le château renfermait 12 à 13 millions de valeurs et d'objets précieux. Que fit-on de tout cela? Mystère. On en vendit une partie, mais la vente fut interrompue sous le prétexte que les effets, meubles, linge, devaient être réservés pour les besoins des comités de la Convention. D'ailleurs les enchères n'avaient pas rendu; la garde-robe du Roi, par exemple, avait été cédée à des prix ridicules. Chaque habit de drap uni, avec la culotte pareille, se vendit de 80 à 100 livres; les habits brodés furent encore moins recher-

gne de Louis-Philippe qu'elle fut décorée et prit le nom de Salle des Maréchaux.

chés. On vendit pour 110 livres celui brodé à queue de paon qui avait coûté 15,000 livres, et pour 120 livres le

Pavillon de Marsan.   Coupe du château des
                    D'après les devis et mémoires des architectes de la Convention.

bel habit de *mille fleurs* qu'on avait fait payer au Roi 30,000 livres. Un seul amateur acheta tous les habits brodés. Les garde-robes de la Reine et de Mme Élisabeth se vendirent mieux.

Dans l'intervalle, Gisors s'était mis à l'œuvre; je crois bien — il ne m'a pas été possible d'acquérir à ce sujet une certitude — qu'il était aidé dans son travail par un jeune homme à peine sorti de l'école; c'était Percier. Le grand architecte de Napoléon et de Louis-Philippe aurait ainsi commencé sa carrière en défigurant ces Tuileries qu'il devait si complètement transformer plus tard.

La besogne marchait lentement; l'argent manquait; Gisors était sans autorité; une correspondance quotidienne s'échangeait entre lui et les commissaires inspecteurs de la Convention; le thème de ceux-ci est invariable : « hâtez-vous. » L'architecte s'excuse de sa lenteur, se plaint de ses ouvriers qui perdent leur temps à aller, sur le Carrousel, attendre l'arrivée des charrettes qui amènent les condamnés à la guillotine (1). Nous avons sous les yeux les comptes de journées payées aux maçons, et nous y relevons quelques noms d'ouvriers qui méritent d'être notés : l'A-

___
(1) Archives nationales, F13 278.

mant, la Liberté, Prêt à boire, la Fleur, la Douceur, Sans chagrin, etc. Autre détail : la veille et le jour du 21

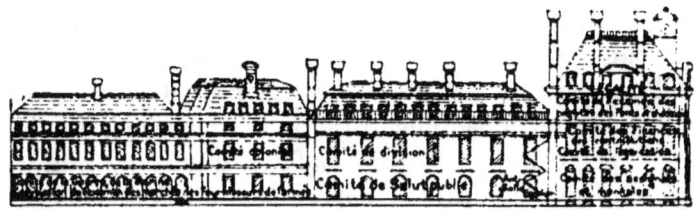

Tuileries en 1793 (façade sur le jardin).   Pavillon de Flore.
(Archives Nationales), les registres des Inspecteurs de la Salle, etc., etc.

janvier 1793, non plus que les trois jours suivants, on ne travailla (1). D'ailleurs l'entreprise était considérable. Il fallait mettre en état toute la partie sud du château, transformer entièrement la partie nord, refaire les toitures, les cheminées, les charpentes, démolir les baraques incendiées au 10 août, paver la cour, approprier à leur nouvelle destination tous les hôtels du Carrousel.

Enfin, à la fin de mars, le gros œuvre était terminé et le *Comité de la défense générale* (sic) s'installait au château; mais le mobilier, fort réduit par la vente, ou par des dilapidations successives, n'était pas suffisant; le garde-meuble, en faisant appel à toutes ses ressources, ne pouvait satisfaire que huit comités... et il y en avait vingt-huit! On réquisitionna des meubles à Versailles, à Trianon, à Fontainebleau; la liste du matériel demandé est assez curieuse: elle mentionne 49 fauteuils, 1439 chaises, 192 banquettes, 416 paires de rideaux en toile de coton, 88 bureaux, 96 feux (chenets etc.), 96 chaises de paille. Les comités exigeaient 600 paires de flambeaux, 1,000 chaises tant garnies qu'en paille, 300 tables et bureaux avec tapis de drap, 50 flambeaux à garde-vue, 200 paires de mouchettes,

(1) Archives nationales, F13 278.

100 petites tables à écrire, 100 paires de rideaux en toile blanche, 4 douzaines de fauteuils en cabriolets et en velours d'Utrecht, 50 secrétaires en bois de noyer... etc. (1).

Cette énumération donne une faible idée de ce que dut être le déménagement de cette vaste machine parlementaire qui remplissait le Manège et les deux immenses couvents des Feuillants et des Capucins. La nuit du 9 au 10 mai 1793, au cours de laquelle un monde d'employés et d'hommes de peine transporta, des anciens locaux au nouveau, la prodigieuse quantité de paperasses qui s'entassaient depuis les premiers jours des états généraux, cette nuit mériterait d'être contée et le tableau serait pittoresque; mais nul n'a songé à en tracer le croquis. Le 9 mai, à la fin de la séance, le président annonça qu'on se retrouverait le lendemain dans la nouvelle salle des Tuileries; et les journaux se contentent de mentionner qu'à cette première séance au château, un membre fait la motion de retirer de la place de la Réunion (2) la machine qui sert à exécuter les jugements rendus par le tribunal révolutionnaire. Cette proposition n'est pas adoptée; mais l'Assemblée décrète que la municipalité de Paris choisira un autre lieu pour les exécutions... (3)

Il semble qu'une sorte de mystère défend encore contre l'indiscrète curiosité des chercheurs ce vieux château, qui fut l'auberge de nos rois et l'asile de nos révolutions. Chose qu'on aura peine à croire, il n'existe point de plans des appartements des Tuileries, du moins en ce qui concerne l'époque de la Convention. Après avoir vainement feuilleté tous les documents iconographiques que possèdent sur ce sujet les précieux dépôts du Cabinet des Estampes,

---

(1) Archives nationales o..453
(2) Le Carrousel. On l'appelait place de la Réunion depuis la fédération qui y avait été célébrée le 16 janvier 1793.
(3) *Nouvelles politiques nationales et étrangères*, n° 131, samedi 11 mai 1793. Conformément au vœu exprimé par la Convention, la municipalité ordonna que l'échafaud serait dressé sur la place de la Révolution.

du Garde-meuble, de la bibliothèque de la Ville, de la Chambre des députés, j'espérais trouver aux Archives nationales des indications précises sur les dispositions intérieures du palais transformé en usine parlementaire; il fallut bientôt me convaincre que les plans dressés par Gisors n'avaient jamais été versés à un dépôt public. Que sont-ils devenus? On assure que beaucoup de documents de ce genre, restés au château, ont été brûlés en mai 1871; l'Empereur, dit-on, avait rassemblé, dans une pièce voisine de son cabinet de travail, bon nombre de plans historiques des Tuileries qu'il aimait à consulter en vue de l'achèvement et d'une restauration complète du palais; ils y auraient été oubliés et auraient péri avec tant d'autres objets précieux, dans l'incendie allumé par ordre de la Commune. Toujours est-il que pour reconstituer l'ensemble des dispositions des salles de la Convention nationale et des appartements occupés par les comités, il m'a fallu dépouiller minutieusement, à défaut d'un plan donnant une vue d'ensemble, les interminables mémoires des entrepreneurs chargés de la transformation du château; travail ingrat et pénible, pour un médiocre résultat. Les volumineux mémoires du citoyen Roger, sculpteur, du citoyen Gagnée, peintre et papetier, du citoyen Lemarchand, menuisier, du citoyen Ballu, charpentier, du citoyen La Taille, maçon (1), m'ont fourni chacun une part d'éléments dont j'ai tenté de faire un tout assez incomplet sans doute, mais qui aura l'avantage d'être jusqu'à présent le seul essai de description vraie de ce qu'étaient les Tuileries à l'époque la plus mouvementée de leur histoire.

Ceci dit pour excuser, à l'avance, l'aridité et la minutie de certains détails qui vont suivre.

L'architecte Gisors, en supplantant son confrère Vignon dans l'entreprise de transformation du château, s'était en-

(1) Archives nationales, F13 278.

gagé à faire vite et à bon marché. Un décret du 14 septembre 1792 avait mis à sa disposition 300,000 livres; la somme avait été doublée en janvier 1793, et on l'avait autorisé à utiliser le produit de la vente des *matériaux*, estimée devoir s'élever à 100,000 livres.

Il faut noter qu'au nombre de ces matériaux, se trouvaient les splendides boiseries, les cadres de style, les marbres sculptés, les chapiteaux de bronze doré, datant pour la plupart de Louis XIV, qui ornaient encore les galeries en 1792. Les appartements, nous l'avons dit, étaient en un pitoyable état en 1789; quand le 10 août eut passé par là, ils devaient, sans nul doute, être plus dégradés encore; pourtant leur somptueuse décoration subsistait; la révolution, en envahissant la demeure de Louis XVI s'était plutôt attaquée aux petites pièces intimes, aux armoires, aux prétendues cachettes, qu'aux g. ides salles de réception (1). D'autre part, les quelques rares gravures qui représentent les intérieurs des Tuileries pendant le séjour de la Convention, donnent l'aspect de pièces entièrement nues, dépouillées de leurs lambris et tapissées de papiers unis. On peut donc conclure que l'architecte avait fait argent de tout et que la décoration artistique d'un nombre infini de salons avait été mise à l'encan : une profanation semblable eut lieu d'ailleurs à Versailles, quand Louis-Philippe eut l'idée de *restaurer* le château et de remplacer, par des peintures à trois francs le mètre et des dorures de pacotille, des merveilles d'art décoratif qui sont allées on ne sait où.

Tandis qu'on déblayait ainsi l'intérieur des Tuileries, on s'occupait également d'en embellir les abords. Le mur qui fermait la cour d'honneur du côté du Carrousel fut abattu, ainsi que les échoppes et le corps de garde en partie incen-

(1) Les devis de restaurations mentionnent, en effet, un grand nombre de *portes* et de *bas d'armoires* à refaire. — Mémoire du citoyen Fayart, menuisier. Archives nationales, F13 278.

diés au 10 août. On alla chercher à Rambouillet cinq grilles qu'on mit bout à bout et dont on clôtura la grande cour ci-devant royale (1), qu'on planta de jeunes érables et de marronniers pris aux pépinières de Versailles.

L'aspect extérieur du palais ne fut pas modifié : on se contenta d'inscrire en grandes lettres les nouveaux noms au fronton des trois pavillons : Unité sur celui de l'Horloge, — Liberté sur celui de Marsan, — Égalité sur celui de Flore. En outre le dôme du pavillon de l'Unité reçut comme couronnement un grand bonnet phrygien de serge écarlate, ajusté sur une carcasse de fer de six pieds d'élévation et de huit pieds et demi de circonférence, le tout surmonté d'un long oriflamme tricolore de trente-trois pieds de longueur, cousu sur un châssis (2).

La grande porte du château, que les boulets de l'insurrection du 10 août avaient défoncée, fut remplacée par une porte à deux vanteaux en chêne de Hollande, ornée de huit mufles de

La salle de la Convention et les Anti-salles au château des Tuileries en 1793.
D'après les devis et mémoires des entrepreneurs et des architectes (Archives Nationales).
1. Tribune des orateurs. — 2. Bureau du président. — 3, 4 et 5. Petits salons. — N La barre.

---

(1) Cette grille a été enlevée en 1888 : elle fut alors achetée par M. le prince Stirbey qui l'a placée dans sa propriété de Bezons.
(2) Mémoire du citoyen Le Doyen, tapissier. Archives nationales. F13 278.

lions (1). Elle donnait accès au vestibule à colonnes qu'on traversait pour se rendre au jardin national, et c'est sous ce vestibule que se trouvait, à droite, le grand escalier que les braves soldats suisses avaient, au 10 août, arrosé de leur sang.

C'était un large et imposant degré, montant droit à mi-étage, et se divisant ensuite en deux rampes pour gagner le niveau des grands appartements. Au premier repos, c'est-à-dire à la hauteur d'un entresol, s'ouvrait la haute porte de l'ancienne chapelle, qu'une large baie séparait d'un petit salon, immédiatement suivi de la salle de la Liberté. Au fond de celle-ci, juste en face de l'escalier, était la porte de la salle des séances. Toutes ces anti-salles, de plain-pied avec le premier palier de l'escalier, n'étaient donc point, nous y insistons, au niveau du premier étage : il s'ensuivait qu'elles étaient d'une hauteur extrême, et que les fenêtres qui les éclairaient se trouvaient, comme dans les églises, fort élevées au-dessus du sol. Le jour y tombait de haut et d'aucune de ces pièces il n'était possible de regarder dans les cours ou dans les jardins.

D'ailleurs, elles avaient été très modestement décorées On s'était contenté de marteler, afin de les déformer, les fleurs de lys entremêlées de soleils, qui décoraient la rampe de fer de l'escalier. Le citoyen Roger, sculpteur, avait été payé cinq livres pour « *avoir détruit une couronne de France et des fleurs de lys de quatre pouces de haut et en avoir fait des culots dessus les casques et du bâton royal qui se trouvait dans la frise en avoir fait une pique* (2)... » Les modifications apportées à l'escalier s'étaient bornées à cet intelligent travail. La chapelle conservait son carrelage de marbre blanc et noir. Éclairée par douze fenêtres, dont six prenaient jour sur le carrousel et six sur le jardin; elle

---

(1) Cet ouvrage coûta 651 livres 17 sols. — Archives nationales F13 278.
(2) Archives nationales F13 278.

était peinte « en manière de granit » depuis la corniche du plafond jusqu'à la hauteur des fenêtres, c'est-à-dire à trois mètres environ du sol, et de là, jusqu'au carrelage, la peinture imitait un revêtement de porphyre. Pour atténuer ce que cette économique décoration avait de monotone, le citoyen le Doyen, l'artiste déjà nommé, avait imaginé de plâtrer sur ce fond sombre, une rangée de couronnes de chêne. Quatre grands lustres de cristal étaient suspendus à la voûte; dans les angles de la salle quatre poêles de faïence avaient été disposés; et l'on avait rangé le long des murs des banquettes de velours cramoisi. La petite pièce suivante — l'ancienne sacristie, éclairée de deux fenêtres, une de chaque côté — était ornée de façon absolument semblable.

Ce vestibule traversé, on se trouvait dans cette partie du palais qui avait été pendant plus d'un siècle la fameuse *salle des Machines*. Ici tout avait été à faire. On en jugera quand nous aurons dit que la machinerie des divers théâtres hospitalisés là pendant le cours du XVIIIe siècle avait nécessité de telles substructions, que le sol de la salle des machines, débarrassée de ses gradins, de ses loges, de la scène, se trouva être de vingt-quatre pieds au-dessous du niveau de la cour du Carrousel (1). L'architecte Gisors était donc dans cette alternative, ou de loger la salle des séances dans une sorte de fosse aux ours, à laquelle on serait descendu comme à une cave par des escaliers sans jour, ou de combler cette immense fosse, travail énorme pour lequel le temps et l'argent faisaient défaut. Il s'arrêta à un moyen terme. A l'aide de pilotis assis sur de larges blocs de maçonnerie, il établit dans toute l'étendue de la salle des Machines un plancher au niveau de l'ancienne chapelle, de sorte que toute la partie nord du château, depuis le pavillon central jusqu'au pavillon Marsan

---

(1) Archives nationales. Mémoire des ouvrages fournis... etc. F13 278.

se trouva de plain-pied à la hauteur de l'entresol du rez-de-chaussée.

C'est dans ce vaste rectangle que l'architecte avait disposé, à la suite de la chapelle et du vestibule que nous venons de décrire, la salle de la Liberté et la salle des séances.

La première, éclairée de quatre fenêtres donnant sur le Carrousel, prenait son nom d'une statue de la Liberté qui en occupait le centre et qu'on apercevait à travers l'enfilade des salons, dès les premières marches de l'escalier. La déesse y était représentée assise, appuyée d'une main sur le globe du Monde, et levant de l'autre « le bonnet qui la caractérise. » Le piédestal sur lequel elle s'élevait était peint couleur de porphyre; on y voyait, en simili-bronze, le mot Liberté et des ornements caractéristiques tels que des couronnes de laurier et de chêne. Cette statue — de 10 pieds de hauteur — était l'œuvre du citoyen Dupasquier, ancien pensionnaire de l'académie de France à Rome, qui s'était inspiré d'un croquis de Gisors. On en avait fait les nus en plâtre, on l'avait habillé d'une aube et d'un manteau de toile, disposés au naturel, et l'on avait peint le tout en bronze antique. Lorsque, dans ses mémoires, Barrère, occupé à dresser son propre panégyrique, en arrive à narrer la bienheureuse influence qu'il se figure avoir exercée sur les beaux-arts pendant la Révolution, il conte une anecdote assez étrange :

« Je savais, dit-il, que Houdon, sculpteur célèbre, n'avait plus de travail, que sa fortune et son atelier languissaient. J'allai visiter ses travaux. Je trouvai, parmi ceux que la Révolution ne lui permettait pas d'achever, une belle statue de marbre d'Italie, représentant sainte Eustachie ; elle était destinée à l'église des Invalides. « Finissez cette statue, lui dis-je, donnez-lui quelques attributs analogues à la liberté, et le Comité vous la fera payer de suite pour la mettre dans la première salle qui précède celle de la Con-

LA CONVENTION AUX TUILERIES.

vention. » Houdon riait de mon projet; cependant, il l'exé-

La salle de la liberté en 1793.

Reconstituée d'après les mémoires des citoyens Roger et Dupasquier, sculpteurs; Gagnier, peintre; Lemarchand, menuisier, etc. et les registres des Inspecteurs de la Convention. (Archives nationales.)

cuta, fut payé et fit placer cette statue dans la salle indiquée, qui est nommée la salle de la Liberté. Houdon est vivant, il peut attester le fait. »

Eh bien, pour ce fait — comme pour bien d'autres, d'ailleurs — Barrère fait erreur. Le devis de la statue de la Liberté, payée au citoyen Dupasquier, met à néant cette piquante histoire d'une image de sainte transformée en déesse révolutionnaire (1).

Les murs de la salle de la Liberté étaient peints des mêmes couleurs que ceux des salles précédentes : elle était également meublée de banquettes : quatre lustres étaient suspendus au plafond.

Une large arcade cintrée, reposant sur deux lourdes colonnes « de l'ordre de Pœstum » donnait accès à un vestibule étroit où s'ouvrait la porte de la salle des séances. A cette porte, de bois précieux formant marqueterie (2) était ajustée une vaste portière de drap vert « retroussée avec des cordons et glands rouges » (3).

La salle des séances, où nous pénétrons enfin, occupait un carré long de 130 pieds, 45 de largeur. La hauteur était

---

(1) Voici d'ailleurs le « mémoire relatif à la figure de la liberté faite par le citoyen Dupasquier, ancien pensionnaire de l'Académie de France à Rome, par les ordres et dessin du citoyen Gisors, au commencement de 1793 :
10 pieds de proportion, prix en plâtre, 600 l.
Avoir mis trois mois et demi pour faire les nuds de cette figure, l'avoir drapée en toile... (un mot illisible), avoir posé sur cette figure une première draperie lui servant d'aube, et par dessus cette aube un manteau aussi de toile, contenant 35 aunes et l'autre 24.
Avoir fait bronzer en couleur antique cette figure :
                                        Total 600 l.
Mémoire du citoyen Le Doyen, tapissier.
Avoir fourni pour la statue de la liberté une chemise et un manteau en toile de Flandre................................. 105 l.
Pour façon de la dite chemise.....................   30 l.
(Archives nationales F 13 278.)
(2) Fait deux chimères pour les panneaux du bas, à 50 l. chaque en bois de tilleul.. 100 l.
68 rosaces en étoiles de 3 pouces de largeur............ 27 l.
(Archives nationales — F 13 278.)
(3) Draperie de drap vert pour la principale entrée de la salle, sur la demande qui en a été faite ; ajouté à côté des dites des draperies céciliennes (sic) en serge verte, bordures imprimées. Travail pressé, travaillé la nuit.
Mémoire du citoyen Le Doyen, tapissier. — Archives nationales F 13 278.

d'environ 60 pieds. Voici d'ailleurs comment la décrivait un journaliste de l'époque (1).

« L'amphithéâtre où siègent les députés occupe toute la partie qui est à gauche en entrant, et présente 10 rangs de banquettes qui s'élèvent en gradins et se multiplient aux deux angles qui sont de ce côté de la salle. Son plan ne forme ni un demi-cintre ni une demi-ellipse, mais une figure mixte composée au centre de lignes droites qui se courbent aux extrémités.

« Le local était trop étroit pour donner à cet amphithéâtre une figure plus régulière et plus commode. Quatre piliers buttants qui s'avancent de chaque côté, dans l'intérieur de l'édifice, ont infiniment resserré le local de cette salle : l'architecte Gisors, sur les dessins duquel elle a été construite les a crus nécessaires pour soutenir le comble immense du bâtiment. L'architecte Vignon avait cru les piliers inutiles et se proposait, en les supprimant, de donner à cette salle une forme plus majestueuse et plus commode; mais ses plans n'ont pas été adoptés.

« En face de ce vaste et long amphithéâtre et au milieu du mur latéral de la salle s'élève une construction en bois qui comprend le bureau du président, la tribune des orateurs, les bureaux des secrétaires et des commis; de manière que le président, placé sur la partie élevée, domine la tribune qui est en avant de son bureau où l'on monte par deux rampes qui sont aux deux côtés. Deux autres rampes parallèles aux premières, mais plus éloignées, mènent aux deux bureaux des secrétaires placés aux deux côtés du président. La forme de cette construction est du meilleur goût. La décoration présente des fonds vert antique, ornés de pilastres jaune antique, avec des chapiteaux bronzés et trois ronds en porphyre feint. De toutes les parties de la salle on voit sans peine l'orateur et le président.

(1) Dulaure., *le Thermomètre du jour* — 13 mai 1793.

« Les deux parties latérales de la salle présentent cinq portiques très élevés, dans les renfoncements (1) desquels sont ménagés deux rangs de tribunes pour le public; entre ces rangs sont des loges pour les journalistes. Aux deux extrémités de la salle, deux vastes arcades s'ouvrent et laissent voir, sous chacune, deux étages d'amphithéâtre, formés d'un grand nombre de gradins, destinés pour le peuple. Plus de 1400 spectateurs peuvent être admis, tant dans les quatre amphithéâtres des extrémités que dans les tribunes latérales.

« La décoration de cette salle présente un fond en marbre jaune, relevé par divers ornements d'architecture de couleurs différentes.

« Au pourtour de la salle et à la hauteur des plus hautes banquettes de l'amphithéâtre, règne un entablement, couleur de porphyre avec ornement en bronze. Au-dessous de cet entablement est une draperie de couleur verte bordée en rouge, ornée de couronnes et retroussée avec des cordons de la même couleur.

« Au-dessus de l'entablement, on voit, sur des socles en porphyre et entre les cinq portiques qui sont de chaque côté, des statues des hommes illustres de l'antiquité. Du côté du président on voit, peints en manière de bronze et en grandes proportions, *Démosthène, Lycurgue, Solon, Platon*; du côté opposé; *Camillus, V. Publicola, J. Brutus, Cincinnatus;* au-dessus de leurs têtes sont suspendues des couronnes.

« La décoration générale de cette salle est dans le style du bel antique, il est pur et d'une noble simplicité. Cette salle trop longue et trop étroite n'a pas ce seul défaut; elle présente un grand nombre de renfoncements et de percées où la voix s'étouffe et se perd. Si l'on ne parle pas assez haut,

---

(1) Ces renfoncements, factices du côté de la cour, étaient, du côté du jardin, aménagés dans les cinq fenêtres par lesquelles la salle recevait le jour.

La tribune de la Convention aux Tuileries.
Reconstituée d'après les estampes du temps et les mémoires des architectes et fournisseurs de l'Assemblée.

on n'entend pas; si on parle trop haut, les murs étant lisses et sans draperies, la voix alors devient trop éclatante et fait écho.

« Il paraît aussi qu'on y a négligé les moyens employés dans l'autre salle pour renouveler l'air; cet objet de salubrité, plus important qu'on ne pense, au physique comme au moral, a été aussi négligé que la partie acoustique. Le talent du décorateur brille plus dans cet édifice que celui du physicien, et peut-être le premier était moins utile que le second.

« Dans le fond, cette construction présente plus d'éclat que de solidité; presque tout y est en plâtre, en toile, en papier, en peinture, et il n'y a presque rien en réalité : il faudra pourtant à la République une salle pour ses représentants, qui soit solide et durable. »

Faut-il ajouter à cette description quelques détails pittoresques qui en complèteront la reconstitution? Disons d'abord qu'aucun historien ne s'est préoccupé d'en donner le décor exact. Lorsque Michelet représente les conventionnels entassés dans *l'étroite salle du théâtre* des Tuileries, se fusillant du regard à bout portant, la vision qu'il donne est absolument fausse. La salle était immense, beaucoup trop grande pour le petit nombre de conventionnels qui siégeaient ordinairement et qui s'y trouvaient espacés et comme perdus sur les banquettes... où d'ailleurs la proscription éclaircit bientôt les rangs. Des 760 membres assidus aux séances, lorsqu'il ne s'agissait que d'écouter des discours imités de l'antique, la Convention, après le 2 juin, était réduite à 500. Quand le danger devint plus grand, beaucoup s'éclipsèrent encore; bientôt ils ne furent plus que 400, que 300; les séances étaient mornes, les banquettes vides. Au fort de la Terreur, il n'y avait plus, en moyenne, que 250 votants.

Dulaure conte comment les malheureux députés, tremblant au moindre événement, se glissaient timidement dans la salle d'Assemblée; craignant d'attirer l'attention, s'ils remarquaient quelque agitation, ils gagnaient la porte et s'esquivaient. Quand Amar, qui connaissait son public, lut son rapport sur la mise en accusation des 13, il prit la précaution, avant de parler, de demander que les portes de la salle fussent fermées et que personne ne pût sortir...

Derrière le fauteuil du président, dans un petit salon à moitié dissimulé par des draperies tombantes, se tenaient la plupart du temps les hommes importants du parti au pouvoir (1), causant des affaires publiques, se communiquant les nouvelles, recevant des visites; une sorte de parlotte intime, à côté de la grande comédie parlementaire qui se jouait dans la salle.

David lui-même avait donné le dessin de ce fauteuil du président, recouvert d'une très riche étoffe de soie drapée à la romaine. Les sièges des secrétaires étaient de drap de Saint-Cyr pourpre, garnis de franges noires et rembourrés de duvet. Le bureau du président et les quatre bureaux des secrétaires étaient couverts de drap fin d'Elbeuf, *largeur billard* (2).

Le corps de la tribune présidentielle se composait d'une table supportée par deux chimères en bois de tilleul; sur les panneaux pleins étaient sculptés en application de chêne les mots *Liberté, Égalité* (3). Au-dessus du fauteuil du président flottait un trophée de drapeaux pris à l'ennemi, et de chaque côté se trouvaient deux tableaux en papier peint aujourd'hui conservés au musée Carnavalet. L'un portait la déclaration des droits, l'autre le texte de la Constitution.

La barre à laquelle on accédait, depuis le vestibule du

---

(1) « Je ne trouvai personne à ce comité (de Salut public); ses membres étaient à l'Assemblée; j'y vais, je les trouve réunis dans la petite salle qui était derrière le fauteuil du président... » etc. Précis historique du 9 thermidor par Méda.
(2) Archives nationales F13 278. Compte du citoyen Le Doyen, tapissier.
(3) Compte du citoyen Roger, sculpteur. Archives nationales F13 278.

pavillon central, en longeant la galerie basse des pétitionnaires, en traversant ensuite la salle des députations, et un assez long couloir, la barre était en face de la tribune. Les immenses tribunes destinées au public avaient été meublées de banquettes recouvertes de toile bleu foncé, à clous perdus (1).

Tel était le décor; mais qui essayera de reconstituer les scènes qui s'y jouaient. Sans doute des historiens de génie ont brossé, en esquisses immortelles, les actes du drame de la Convention : Michelet, Louis Blanc, Lamartine, ont tracé des fresques géantes, d'un mouvement et d'un coloris admirables; mais combien on préférerait souvent à ces grands tableaux, de simples croquis plus sincères, plus naïfs, où l'imagination et le style ne joueraient aucun rôle, et qui n'auraient que le mérite d'avoir été pris sur nature.

Il aurait fallu montrer le château des Tuileries toujours mouvementé de l'incessant va-et-vient d'une foule agitée et bruyante; spectateurs des tribunes traversant les galeries basses, faisant queue, escaladant quatre à quatre, à l'ouvertures des portes, les escaliers de bois qui conduisaient aux combles; pétitionnaires attendant de paraître à la barre; employés, solliciteurs, agents nationaux, espions, arpentant le palais, du pavillon de la Liberté au pavillon de l'Égalité, à travers les galeries, renvoyés de bureaux en bureaux; huissiers protégeant les abords de la haute porte de la salle des séances; invalides faisant la police (2); il aurait fallu tenter de ressusciter cette foule disparate et bizarre de tricoteuses, de muscadins, de militaires, de bourgeois, où sur chaque visage se peignaient la colère, l'anxiété, le désespoir, la peur, la consternation; foule houleuse sur la-

---

(1) Compte du citoyen Margue, tapissier, rue de l'Happe. Archives nationales F13 278.
(2) Archives nationales. — Registres des inspecteurs de la Salle.

quelle passait, comme un souffle courbant les têtes, la grande rumeur des séances orageuses, à chaque instant perçue par l'entrebaillement d'une porte vite refermée. Paris était là tout entier ; c'était le centre nerveux de la ville ; là venait aboutir le réseau de fils invisibles faisant mouvoir, par contre-coup, tous les rouages de la machine révolutionnaire ; les prisons, le tribunal, l'échafaud.

Cette vie intense avait attiré au Palais national tout un monde de comparses et d'accessoires pittoresques : au pied du grand escalier la citoyenne Lesclapart tenait une boutique de librairie (1); son éventaire étalait les arrêts des Comités, les listes de suspects, les journaux, les rapports, les brochures nouvelles. Un matin la boutique resta fermée... on s'étonna : les curieux s'informèrent : la citoyenne Lesclapart avait été arrêtée dans la nuit et on la guillotinait le jour même (2) : simple incident. Un citoyen Avril lui succéda dans son commerce. Tout à côté était l'échoppe où le citoyen Pigoche et sa sœur tenaient boutique de mercerie ; une autre mercière, la citoyenne Banguillon, était installée sous le grand vestibule, dans l'ancienne cabane vitrée où se tenait jadis le suisse du Roi. Un huissier de l'Assemblée, Poiré, avait demandé l'autorisation d'établir dans les galeries un bureau de tabac que tenait sa femme ; le citoyen Méry, perruquier, obtenait à la fin de 1793 « un emplacement pour exercer son état ». Galerie de l'Égalité, le citoyen Linaut vend des images, des estampes, des papiers à emblèmes révolutionnaires ; le citoyen Salmon tient un commerce semblable dans l'ancienne chapelle. Il y eut même un nommé Champfort, du district d'Issoire, qui écrivit au comité des inspecteurs pour solliciter l'autorisation *de mendier dans le palais* (3).

Ce qui abondait, cela va sans dire, c'étaient les débits

---

(1) Archives nationales. — Registres des inspecteurs de la Salle.
(2) Bulletin du tribunal révolutionnaire.
(3) Archives nationales. Registres des inspecteurs de la Salle.

de boissons et les limonadiers. Sans parler des divers cafés de la Terrasse des Feuillants, qu'un arrêté avait fermés par mesure de précaution, on trouvait au Carrousel le restaurant du citoyen Brou, près duquel se tenait en permanence le père Coulon, l'écrivain public dont la main calligraphiait pour quelques sous, sur beau papier bleuâtre, les suppliques adressées aux membres des comités; dans l'intérieur même du château, le citoyen Gervais, traiteur, cuisine le plat du jour; Bengar tient une pâtisserie; Cailleaux ouvre un établissement de limonadier; Létendart vend des rafraîchissements dans la salle des pétitionnaires; la femme Martineau et le citoyen Bayle ont un comptoir de marchand de vins (1). Et on boit, et on fume, et on crie, et on chante, et on discute : c'est un brouhaha perpétuel qui ne se calme, pour un instant, que lorsque quelque personnalité très en vue traverse les anti-salles : le bel Hérault de Séchelles, par exemple que son coquet ajustement avait rendu populaire, ou encore le mince Robespierre en habit bleu, en culotte chamois, venant des comités, marchant vite, les lunettes au nez, voyant tout sans avoir jamais l'air de regarder personne.

Parfois aussi la foule répandue dans le palais se rue dans la salle de la Liberté. Le bruit se répand qu'un incident vient de se produire à la séance. On s'interroge, on s'apprend les nouvelles, on se masse en double haie devant la porte à draperie verte de la salle d'assemblée. Et tout à coup on voit paraître, rouge, essoufflé, encore tout ému de la lutte, quelque député qu'on vient de mettre hors la loi et que les gardes entraînent... La plus grande partie des soixante-treize furent arrêtés ainsi le 3 octobre, dans l'enceinte même de la Convention. On les conduisit, à travers deux rangs de curieux qui vociféraient sans savoir pourquoi, jusqu'au corps de garde situé au rez-de-chaussée

(1) Archives nationales. DXXXV^e.

sur la cour. Toute la foule suivit, hurlante, et quand la porte se fut refermée sur les prisonniers, la populace se précipita aux fenêtres pour examiner, comme on regarde des bêtes féroces prises au piège, ces hommes qu'elle aurait acclamés si on lui eût donné le mot d'ordre. Il était déjà tard; on apporta aux détenus de la nourriture, et les curieux, rivés à leur poste d'observation, s'étonnaient de voir ces hommes prendre leur repas, comme si le décret qui venait de les frapper les avait mis hors l'espèce humaine. — « Oh! vois donc, se disaient-ils entre eux, avec une surprise stupide, *ils mangent!* »

V

LE COMITÉ DE SALUT PUBLIC.

Nous n'avons encore visité — trop minutieusement peut-être — que la partie du château des Tuileries qui s'étendait depuis le pavillon central jusqu'au pavillon de Marsan; le côté opposé, s'étendant vers la Seine jusqu'au pavillon de Flore avait une physionomie tout autre.

Un nombre infini d'employés s'était entassé dans le colossal bâtiment que formait ce pavillon de Flore, dit *de l'Égalité*. Le comité des assignats et monnaies occupait le rez-de-chaussée, autrefois réservé à Mme de Lamballe : le comité de liquidation siégeait dans les anciens appartements de Madame Élisabeth, au premier étage : le comité des finances et des contributions était dans l'entresol au-dessus : et celui de l'examen des comptes des ponts et chaussée au second étage. Il y en avait bien d'autres encore dont l'énumération serait fastidieuse (1); mais nous devons nous arrêter au plus fameux de tous, au comité de Salut public, qui s'était installé dans les appartements de la Reine, au rez-de-chaussée et à l'entresol sur le jardin. Cette partie du château avait son entrée distincte par l'escalier *ci-devant de la Reine*, auquel donnaient accès les deux dernières baies de la façade sur la cour, contre le pavillon de Flore. Ces baies fermées de portes

---

(1) Le comité de sûreté générale n'était pas logé au château. Il occupait l'hôtel de Brionne, petite place du Carrousel, et un couloir en planches le faisait communiquer avec le palais.

vitrées, éclairaient un porche accessible aux voitures. L'escalier partait de là; quelques marches conduisaient à un premier palier, éclairé par une fenêtre donnant sur le jardin, et situé au niveau du rez de chaussée du château. Quand on avait monté ces quelques marches, on trouvait à droite la porte des appartements en enfilade sur la terrasse (1), et qu'un corridor sombre séparait de la série de pièces correspondantes prenant jour sur la cour. Au delà du palier du rez-de-chaussée, l'escalier de la Reine continuait à monter, orné d'une belle rampe de fer forgé, et desservait tous les étages.

Ici encore nous devons faire valoir une excuse pour la précision, peut-être puérile, que nous cherchons à mettre en ces descriptions. Les Tuileries n'existent plus, le souvenir de leurs distributions intérieures se perd chaque jour, et, nous le répétons, quelqu'incroyable que puisse paraître une telle assertion, il n'existe nulle part de plans détaillés du Palais. D'ailleurs cette aile du château avait subi peu de modifications — sinon sous le rapport de la décoration intérieure — jusqu'en 1870. Là étaient les appartements de Napoléon III. C'était par cet ancien escalier de la Reine que passaient les visiteurs admis chez le souverain; par là Louis XVIII avait quitté les Tuileries en 1815; par là, le même jour, était rentré Napoléon Ier porté sur les épaules de ses fidèles. C'était en 1793 l'escalier du comité de Salut public. Le terrible conseil siégeait très probablement dans ce salon qui fut depuis le cabinet de Napoléon Ier, de Louis XVIII, de Charles X, de Louis-Philippe et de Napoléon III. On y parvenait, soit en traversant les pièces qui le séparaient de l'escalier et qui avaient été converties en bureaux, soit directement en longeant le cou-

---

(1) Un long perron régnait en effet dans toute la longueur du château : on descendait de cette terrasse dans les parterres par plusieurs marches. Le nivellement ne fut opéré que sous le règne de Louis-Philippe.

loir sombre dont nous avons parlé. Les salons sur la cour étaient devenus corps de garde.

Escalier du Comité de Salut public, ci-devant escalier de la reine.
Vu du porche donnant sur la cour des Tuileries.

Il convient de remar... r qu'officiellement situé au rez-de-chaussée, dans les appartements de la Reine, le comité de Salut public avait pris, au cours de l'année 1794, une telle importance, qu'il avait empiété sur le premier étage et occupait, à la fin de la Terreur, les appartements de Louis XVI primitivement concédés au Comité colonial et au Comité de division. Les commissaires se réunissaient-ils ici ou là? C'est un point que nous n'avons pu établir. Sans doute ils conservèrent jusqu'à la fin leur chambre de conseil au rez-de-chaussée ; mais on sait que l'un d'eux demeurait en permanence au local du comité, et il semblerait que ces fougueux démocrates n'étaient pas ennemis d'un certain confortable. Le citoyen Daigremont, tapissier, n'était occupé qu'à satisfaire leurs caprices : il est même probable que chacun des membres du comité avait aux Tuileries son installation ; c'est, du moins, ce qui paraît résulter de cette note écrite en ventôse an II par le citoyen Vacquier, inspecteur des travaux et fournitures de la Convention nationale.

« Le citoyen Barrère désire avoir un lit pareil à celui que tu m'as envoyé pour le citoyen Saint-Just. Je t'invite donc à faire tous tes efforts pour le satisfaire. Le citoyen Daigremont te donnera la hauteur de la pièce (1). »

Deux ans auparavant, le sieur Mique ne mettait pas plus d'empressement lorsqu'il s'agissait d'une amélioration demandée par le Roi pour ses appartements. C'est là le fond de toutes les révolutions.

Le rez-de-chaussée et l'entresol ne suffisaient point d'ailleurs aux nombreux bureaux du comité : ceux-ci avaient également reflué sur le premier étage. Bien changée était la physionomie de ces pièces. Philippe Morice, le clerc de notaire que nous connaissons déjà par ses souvenirs de la journée du 10 août, nous en a laissé un pittoresque croquis. Son *patron* avait été arrêté — un notaire est forcément une autorité — et Morice se trouvant sans position, avait obtenu d'être employé dans l'administration du comité de Salut public, *bureau de la surveillance de l'exécution des lois révolutionnaires* : « Il y avait là, dit-il, une ancienne basse de l'Opéra à côté d'un homme de lettres,

---

(1) Le 12 brumaire an II le Comité de salut public demande deux lits à colonnes pour le logement des deux secrétaires principaux. (Archives nationales, O. 453.)

un garçon perruquier à côté d'un grand vicaire, un professeur d'histoire à côté d'un dentiste (1).

« Le chef qui se nommait Bégnon, et qui paraissait dans l'intimité des principaux membres du comité, était un original d'une espèce particulière. Aux formes les plus dures et les plus rebutantes, il opposait un excellent cœur et un désintéressement à toute épreuve. Patriote au delà de toute expression, patriote, dis-je, tel qu'il fallait paraître ou affecter de l'être à cette époque, il ne manquait pas le spectacle d'une exécution sur la place de la Révolution, y applaudissait, tandis que d'un autre côté, il sauvait en secret autant de malheureux que le crédit dont il jouissait le lui permettait.

« Notre bureau était situé aux Tuileries, dans les appartements que Louis XVI avait occupés. La table sur laquelle je travaillais était appuyée contre cette armoire dans laquelle avaient été trouvés les papiers qui servirent en partie de base à son jugement. C'est dans cette armoire que je déposais mon chapeau, mes gants. Assez grossièrement construite, elle était dans un petit cabinet de garde-robe attenant à l'alcôve de la chambre à coucher. Elle consistait en un trou pratiqué dans l'épaisseur du mur, de huit à neuf pouces de profondeur, sur deux pieds environ de hauteur et quinze pouces de largeur. La porte seule était en fer, un panneau de la boiserie, qui s'enlevait à volonté, la masquait adroitement. »

Morice était entré en fonctions le 5 janvier 1794. Cette existence d'employé le surprit : pendant quinze jours on lui fit rayer du papier destiné à des états qui jamais ne furent dressés; il passait, d'ailleurs, pour un aigle par cela même qu'on le supposait de force à écrire couramment sous la dictée; des trente camarades que comptait son service, trois ou quatre seulement avaient quelque idée

(1) Les fonctions de garçon de bureau du comité étaient dévolues à la *citoyenne* Uzépy. (Archives nationales DXXXV).

d'administration; mais en revanche chacun d'eux possédait « un bonnet de laine rouge fixé par un clou ou par une épingle à l'endroit le plus en évidence de son serre-papier. »

Les membres du comité se réunissaient le matin depuis neuf ou dix heures jusqu'à l'ouverture de la Convention; ils reprenaient le soir leur séance et la prolongeaient souvent fort avant dans la nuit. Morice eut un jour l'occasion de jeter un coup d'œil sur la salle du comité : il resta ébloui de la magnificence des meubles et de la richesse des superbes tapis des Gobelins qui couvraient le parquet. De nombreux corps de garde en défendaient l'accès, et des canons étaient placés aux entrées extérieures. Mais toutes ces précautions n'empêchaient point le courage et l'humanité de franchir les portes de ce lieu terrible : Morice avait là, en effet, pour collègue, ce brave Labussière, un de ces héros qui jouent leur vie sans calculer quelle est la valeur de l'enjeu, et sans croire pour cela mériter une statue. Labussière était un modeste, c'est dire qu'il est un oublié.

Il le fut du moins jusqu'à ce que M. Victorien Sardou eut exhumé sa mémoire et fait de cet homme simple et bon le héros de son drame *Thermidor*. Labussière, après bien des aventures, avait perdu sa fortune; la Révolution ne contribua pas à rétablir ses affaires. Il réfléchissait sur le parti qu'il prendrait, lorsqu'un de ses amis lui proposa une place au comité de Salut public. Il accepta en disant : « Allons, puisque vous le voulez, il faut bien vous satisfaire, je verrai le gâchis de plus près. » Ironie singulière de la destinée. Ce fut justement cette fonction, qu'il n'occupa qu'à contre cœur, qui illustra Labussière. Je ne dirai pas (car cette histoire a été beaucoup contée en ces derniers temps) comment il sauva les comédiens du Théâtre Français, en détruisant leurs dossiers qu'il jetait par petites boulettes dans la Seine. Je me contenterai de citer seulement le court billet suivant qui était en quelque sorte l'arrêt de mort des comédiens et qui, adressé à Fouquier-Tinville, se trouvait dans le petit « dossier cacheté » que détruisit notre héros :

« Le Comité t'envoie, citoyen, les pièces concernant les
« ci-devant comédiens français : tu sais, ainsi que tous les
« patriotes, combien tous ces gens-là sont *contre-révolu-*
« *tionnaires*, tu les mettras en jugement le 13 messidor.
« A l'égard des autres, il y en a quelques-uns parmi eux
« qui ne méritent que la déportation ; au surplus, nous
« verrons ce qu'il faudra faire après que ceux-ci auront été
« jugés. »
Signé : COLLOT D'HERBOIS (1).

Les gens qui fréquentaient au comité de Salut public n'avaient point, pour l'ordinaire, le cœur si haut placé. Dans ce milieu de policiers, d'espions, de démagogues, de plats valets du pouvoir, Labussière était une exception. L'homme qui personnifiait le mieux le monde politique interlope qui se pressait autour des décemvirs, était le fameux Héron, l'un des plus habiles pourvoyeurs de l'échafaud. Sénart a tracé de lui un inoubliable portrait :

« Une fois que ce Héron vous avait vu, il savait adroitement vous amener chez lui ; il vous sondait sur vos relations, vos connaissances, et, pour peu que vous vous fussiez avancé, il vous disait : Eh bien, signez, signez-moi cela. Si vous vous y refusiez, il avait trois *sacrepans* à sa dévotion : l'un se nommait Baptiste Mallet, et était son domestique ; l'autre qu'il nourrissait aussi, se nommait Pillet ; il était employé chez le ministre des contributions, et lui servait de secrétaire jusqu'à dix heures du matin, il travaillait le surplus du jour chez Héron ; le troisième était un grand coupe-jarrets nommé Duchesne, qui lui servait

---

(1) Voir *L'Écho de Paris* du 11 novembre 1890.

de domestique, coureur et mouchard. Si vous aviez donc refusé, dis-je, de signer ce que Héron avait rédigé, il vous laissait d'abord aller, mais les trois mouchards signaient alors un écrit portant que vous aviez dit telle chose. Sur cet écrit vous étiez arrêté, vous et ceux que vous aviez indiqués, sans que vous pussiez savoir pourquoi. Héron avait à ses ordres le généralissime brigand Maillard et sa troupe, dont il disposait, et lorsque Maillard fut incarcéré, il eut le commandement en chef qu'il conserva par la maladie et la mort de Maillard. Il avait pour officiers, sous-chefs, les nommés Lesueur qui, à l'instant précis où j'écris, demeure rue de la Verrerie, 98, Quenau et Coulongeon qui avait une petite boutique d'écrivain à côté du comité de Sûreté générale; un Martin, imprimeur; un Smits qu'il plaça concierge de la maison d'arrêt dite Talaru, recommandable par les exécutions et injustices qu'il faisait souffrir aux détenus; un Toutin, huissier, etc... »

Son nom était *le chef*.

Robespierre employait Héron pour surveiller le comité de Sûreté générale, et de son côté le comité de Sûreté générale croyait s'en servir pour surveiller le comité de Salut public. Cet homme avait un système : une femme allait-elle l'implorer pour la liberté de son mari, un mari pour sa femme, un fils pour son père, un ami, un parent, on n'obtenait aucune promesse sans dénoncer quelqu'un. Tout était secret entre Robespierre et lui, et les rendez-vous qu'ils se donnaient avaient lieu à un appartement du pavillon du comité de Salut public.

Ce fut à l'aide de comparses de cette sorte que se prépara le dernier acte du drame. Nous n'avons pas à le conter ici : et nous retiendrons seulement de la journée du 9 thermidor et de celle du lendemain quelques traits destinés à compléter l'esquisse que nous avons essayé de tracer des Tuileries pendant la Révolution.

Bien avant l'ouverture de la fameuse séance au cours de

laquelle Robespierre devait triompher ou périr, tout le château était en rumeur : les moins expérimentés sentaient l'approche de la tempête. Les tribunes de l'Assemblée étaient encombrées de curieux. « On y distinguait en grand nombre les recrues promises à Robespierre : elles étaient faciles à reconnaître au négligé de leur toilette, aux bonnets rouges dont leur tête était affublée, aux longues cannes à sabres qui reposaient entre les jambes de la plupart, et aux bâtons dont les autres étaient armés. Robespierre n'était entré dans la salle des séances que des derniers. Au lieu de cette sérénité, de cette confiance en ses forces qu'il montrait d'ordinaire, dès les premières phrases de la réponse de Tallien à Saint-Just, sa figure était décomposée; de blême qu'elle était naturellement, dans le cours de l'allocution, elle passa alternativement du blanc au rouge et du rouge au blanc. Dans le peu de paroles que sa voix criarde pût laisser échapper, comme dans toute sa contenance, il ne montra plus que de l'hésitation et même de la lâcheté (1). »

Saint-Just, le premier de tous, comprend que tout est perdu. A partir de ce moment il ne dit plus une parole, il ne fait plus un geste. Abîmé dans ses pensées, il reste silencieusement accoudé contre la boiserie de cette tribune qui a vu sa gloire. Il est pâle. De temps à autre, pendant que parle au-dessus de lui son ennemi Barrère, il échange de douloureux regards avec Robespierre.

Le lendemain, après qu'ils eurent tout tenté pour galvaniser Paris, les Tuileries les revirent, ces hommes néfastes; ils y furent ramenés vaincus, prisonniers, finis : Saint-Just silencieux et fatal, Robespierre presque mourant. On sait qu'il avait été frappé au visage d'une balle de pistolet.

Placé sur un brancard, il fut amené à la Convention par des canonniers et quelques citoyens armés. Il était si

(1) Relation de Philippe Morice.

faible qu'on craignait à chaque instant qu'il ne passât. Aussi ceux qui le portaient par les pieds recommandaient-ils à leurs camarades de lui tenir la tête bien élevée pour lui conserver le peu de vie qui lui restait (1).

Saint-Just suivait à pied, dans son costume de fête que la lutte n'avait pas dévasté : bizarre vêtement de supplice et de mort que cet habit de couleur chamois, que cette vaste cravate au nœud prétentieux, que ce gilet blanc se fermant sur cette culotte de gris-tendre! Un souvenir des bergerades de l'*Organt*.

Les masses, encore effrayées, marchaient en silence derrière les soldats qui avaient peine à réprimer les curiosités plus inquiètes qu'hostiles en ce moment.

Enfin on arriva aux Tuileries. On déposa les blessés au bas du grand escalier (2) qui conduisait au comité. Saint-Just et Dumas, les mains étroitement garrottées, furent amenés par les gendarmes qui ordonnèrent de les faire entrer dans la salle d'attente précédant celle des séances du comité; ils s'assirent dans l'embrasure d'une fenêtre (3), Robespierre fut étendu sur une table (4). On posa sous sa tête, en guise d'oreiller, une boîte de sapin où étaient renfermés des échantillons de pain de munition. Il était vêtu d'un habit bleu de ciel et d'une culotte de nankin. On crut pendant longtemps qu'il allait expirer, tellement on le voyait immobile et livide. Il était sans chapeau, sans cravate ; sa chemise entr'ouverte se trouvait teinte du sang qui s'échappait en abondance de sa mâchoire fracassée. Au bout d'une heure il ouvrit les yeux, et, pour étancher le sang dont sa bouche était remplie, il se servit d'un étui

---

(1) Ernest Hamel, *Robespierre*.
(2) L'escalier de la Reine.
(3) E. Fleury, *Saint-Just et la Terreur*.
(4) Cette table est aujourdui aux Archives : c'est un fort beau bureau de style Louis XV, orné de cuivres remarquables. Les gravures qui représentent Robespierre au comité, le 10 thermidor, ne montrent cependant qu'une table fort simple, recouverte d'un tapis.

en peau blanche sur lequel on lisait ces mots : *Au grand monarque — Lecourt fourbisseur du roi et de ses troupes, rue Saint-Honoré, près celle des Poulies, à Paris.* C'était la gaine d'un pistolet. Quand ce petit sac fut tout imbibé de sang, un des assistants, qui eut pitié, lui passa quelques feuilles de papier à l'aide desquelles il essuya sa blessure. Un employé du comité le voyant se soulever avec effort pour dénouer sa jarretière, s'empressa de lui rendre ce service. « Je vous remercie, *Monsieur*, » lui dit Robespierre d'une voix douce (1).

Puis il se remit à regarder fixement le plafond, évitant ainsi les regards avides et la curiosité méchante de tout ce monde qui ne cessait d'emplir la salle; il les abaissa cependant une fois sur Saint-Just, dont les traits contractés trahirent la vive émotion. Ce ne fut qu'un éclair : il retrouva tout aussitôt l'affectation de son calme (2).

Dumas était agité par des mouvements fiévreux; il avait soif. « Pourrais-je avoir un peu d'eau? » demanda-t-il à un gendarme. On lui en présenta un verre. « Vous auriez bien pu en apporter trois », fit Payan, qu'on venait d'amener prisonnier, en pensant à Saint-Just. On trouva deux verres seulement, et il se passa plusieurs minutes avant qu'on pût en offrir un troisième à Saint-Just; un gendarme l'aida à boire : « Merci! » dit-il, après avoir avalé quelques gorgées d'eau.

Bientôt on apportait un arrêté signé de Barrère, Collot d'Herbois et Billaud Varennes, ordonnant de transporter les prisonniers à la Conciergerie. « Qu'on les emmène, ils sont hors la loi! » dit Lacoste en désignant Saint-Just,

---

(1) E. Hamel, *Robespierre*.
(2) E. Fleury, *Saint-Just et la Terreur*.
Les récits ne sont pas d'accord. Ph. Morice qui fut un témoin oculaire, note que Saint-Just était détenu dans une pièce à part, sous la garde de deux gendarmes. Il se promenait de long en large, les bras croisés sur la poitrine. C'est là qu'il aurait dit, en contemplant l'exemplaire des *Droits de l'homme*, appendu à la cheminée, à la place de la glace : « C'est pourtant moi qui ai fait cela! »

Payan et Dumas, et, en passant près de Robespierre, il ajouta en parlant au médecin : « Pansez-le, et surtout mettez-le en état d'être puni. »

Un écrivain, qui était enfant alors, se souvint toute sa vie d'avoir rencontré, effrayante vision, le cortège de ces vaincus conduits à la Conciergerie. Il vit Robespierre, la tête enveloppée d'une serviette tachée de sang, et porté sur un fauteuil (1) au bruit des malédictions de la foule. Pour se reposer, les porteurs s'étaient arrêtés à l'entrée du quai des Lunettes, vis-à-vis l'esplanade où est la statue d'Henri IV. A chacune des vociférations qu'on lui lançait, Robespierre tournait les yeux vers l'endroit d'où partaient les cris, et, malgré sa blessure, y répondait avec insolence par un haussement d'épaules (2).

Après une station de quelques minutes, le cortège reprit sa marche, tourna l'angle de la rue de la Barillerie, traversa la cour du Palais et s'engouffra sous l'arcade sombre de la Conciergerie.

---

(1) D'après une tradition assez plausible, ce fauteuil serait aujourd'hui à la Comédie Française. Voir le *Figaro* du 25 janvier 1891.
(2) Charles Maurice, *Histoire anecdotique du Théâtre et de la Littérature*.

L'ABBAYE.

I.

LE MASSACRE DES PRÊTRES.

Vers trois heures de l'après-midi, le dimanche 2 septembre 1792, les suspects que la Commune de Paris entassait depuis dix jours dans l'ancienne geôle de l'Abbaye de Saint-Germain des Prés entendirent un bruit lointain monter de la rue.

Le moindre incident est aux prisonniers inquiétude ou distraction, et, en un instant, tout le monde fut aux fenêtres; derrière les barreaux de fer, aux lucarnes des toits, aux soupiraux des sous-sols, aux baies grillées de la chapelle, aux étroites meurtrières des tourelles, se montraient des têtes effarées... La prison regorgeait de détenus; on avait enfermé là, après le 10 août, les soldats échappés au massacre des Tuileries, les parents d'émigrés, les journalistes, les prêtres, les aristocrates de tous rangs; on en avait rempli jusqu'au logement du concierge Lavaquerie. Et la vieille bâtisse, dont les murailles abritaient ce grouillement humain, sembla tout à coup s'éveiller de sa silencieuse et morne somnolence.

Dans la rue, des gens couraient affolés; les portes se fermaient comme à l'approche d'une bourrasque; aux croisées hautes des maisons voisines, des curieux s'installaient pour voir. Une foule compacte, bruyante, hurlante, surchauffée, déboucha de la rue de Buci. Elle s'avançait avec de formidables remous, s'écrasant aux devantures des boutiques closes, et l'on voyait, dominant cette mer de têtes moutonnantes, quatre fiacres cahotés, soulevés, n'avançant que par soubresauts, portant chacun une grappe de gens accrochés aux ressorts, debout sur les brancards, juchés sur les toits des voitures.

La vue des prisonniers accolés aux barreaux de la prison, arracha à la populace un hurlement formidable. Dix mille poings menaçants se levèrent; c'était à la fois grandiose et terrifiant! Et voilà que subitement la foule s'arrêta et se tut; un coup de canon venait d'éclater au lointain; il y en eut un second, puis un troisième tout proche... Une angoisse courbait toutes les têtes, et dans le silence anxieux on entendait les tintements pressés du tocsin sonnant aux églises, les notes claires et grêles des cloches de l'abbatiale de Saint-Germain-des-Prés, et les coups lents et sourds du bourdon de Saint-Sulpice.

On vit alors émerger de l'un des fiacres un grand jeune homme, vêtu d'une robe de chambre blanche : il tendit le bras vers la foule; sa tête était nue, et l'on distinguait, de haut, dans ses cheveux noirs, la trace bleuâtre d'une tonsure. Il sembla hésiter, tourna la tête à droite et à gauche, et cria : — « Grâce! Grâce!... Pardon! »

Ces mots réveillèrent la populace qui se remit à hurler; il y eut autour du fiacre une bousculade; dix sabres s'abattirent sur le jeune prêtre : une longue tache rouge se dessina sur son vêtement blanc, et, mollement, il retomba dans le fiacre, où l'on apercevait d'autres prêtres entassés, pâles et muets de terreur. Les voitures, poussées par la foule, passèrent devant la prison, s'enfoncèrent dans l'étroite rue Sainte-Marguerite (1); franchirent en tournant à droite

---

(1) Aujourd'hui rue Gozlin.

l'arc de triomphe chargé de sculpture, qui se trouvait à l'entrée de la petite rue Sainte-Marguerite, suivirent la rue Childebert et débouchèrent enfin dans la cour abbatiale (1). Là, devant le portail même de l'église elles s'arrêtèrent; la foule se rua et des vingt-quatre prêtres qu'elles contenaient, vingt-deux furent égorgés sur-le-champ. Ainsi commencèrent les massacres de Septembre.

.˙.

Un des prêtres qui se trouvaient à l'Abbaye depuis la veille a laissé des scènes dont il fut témoin un récit long-temps ignoré, et dont M. l'abbé Bridier a découvert tout récemment le manuscrit, à Rome. Ce prêtre était l'*internonce*, le chargé d'affaires du Saint-Père; il avait été conseiller au Parlement de Paris, et était connu et estimé de Louis XVI. C'était une victime toute désignée.

Il échappa pourtant par miracle aux massacres de Septembre. C'est une remarque souvent faite que ceux que les tueurs de l'Abbaye ou de la Force épargnèrent, se sont posés dans leurs narrations écrites quand le danger était passé, en véritables héros que la crainte n'avait pu ébranler. L'abbé de Salamon, au contraire, — et voilà ce qui donne à ses mémoires une saveur étrange — avoue très bien qu'il a eu peur, que ses jambes fléchissaient, que ses dents claquaient, et qu'il a menti pour se tirer d'affaire ; tout le temps il oublie, dans ces notes tracées à la demande d'une amie, de poser pour la postérité.

On l'a transféré de la Mairie à l'Abbaye dans la soirée du 1er septembre, et tout de suite, la prison étant pleine, on l'enferme, lui trentième, dans une chambre qui a servi de corps de garde et qui ne contient ni bancs, ni chaises, ni lits : il a la fièvre, il se démène, appelle les gardiens

(1) Il reste une aile des bâtiments de cette cour. C'est le presbytère actuel de Saint-Germain des Prés.

réclame un logement plus convenable; il oublie tout à fait son bréviaire, mais il songe qu'il n'aura pas, ce soir, sa limonade habituelle; il obtient la faveur d'un autre cachot, et voilà qu'on le conduit à l'ancien réfectoire des moines, également rempli de détenus. Il y a là quatre-vingt-trois personnes, tous soldats ou gentilshommes arrêtés après le 10 août. L'immense salle n'est éclairée que par une petite lampe et, à sa lumière douteuse, l'internonce distingue vaguement les prisonniers, coiffés pour la plupart de bonnets de coton, dormant côte à côte, étendus sur des matelas. Il partage le lit d'un nègre, dort très mal, ne déjeune point, et, le dimanche matin, un gardien vient le chercher et l'emmène à travers les cours, tout à l'extrémité de l'Abbaye, dans une chapelle abandonnée où se trouvaient une soixantaine de prisonniers, presque tous ecclésiastiques.

La pièce est vaste et entièrement dénudée; le jour y tombe de haut par un grand vitrail poussiéreux, et, pour tout meuble, elle ne contient qu'une sorte de vieille stalle d'église où l'on ne peut tenir que dix à douze à la fois; les prêtres se promènent de long en large, deux à deux ou par petites bandes. Après une prière en commun, on intrigue pour obtenir du gardien un repas quelconque; on fait prix de deux francs par tête; un traiteur se présente, dresse une longue table, apporte des bancs et des chaises et, à deux heures de l'après-midi, le dîner est servi. L'abbé Salamon jette un coup d'œil au menu et aperçoit, non sans plaisir, « de fort belles volailles bouillies (1). » Il s'apprête

(1) La relation de l'abbé Salamon est d'une haute importance en ce qu'elle peut servir à rectifier nombre d'erreurs commises par les historiens de Septembre. On avait bien retrouvé, par exemple, le *Mémoire pour la nourriture servie aux prisonniers de l'Abbaye les 2 et 3 septembre*... et où figurent, en effet, *une poularde, une dinde, deux poulets*, etc., *fournis par le citoyen Lanoir, traiteur;* mais comme il était, d'autre part, établi que les détenus de la *prison* de l'Abbaye n'avaient pu obtenir pendant ces deux jours aucune nourriture; comme on ignorait jusqu'à présent que *non seulement la prison*, mais le couvent lui-même, contenait un grand nombre de détenus, on en avait conclu que le repas fourni par le citoyen Lanoir avait été mangé par les tueurs pendant un entr'acte des massacres.

LE MASSACRE DES PRÊTRES.

à prendre place avec ses compagnons de captivité quand la

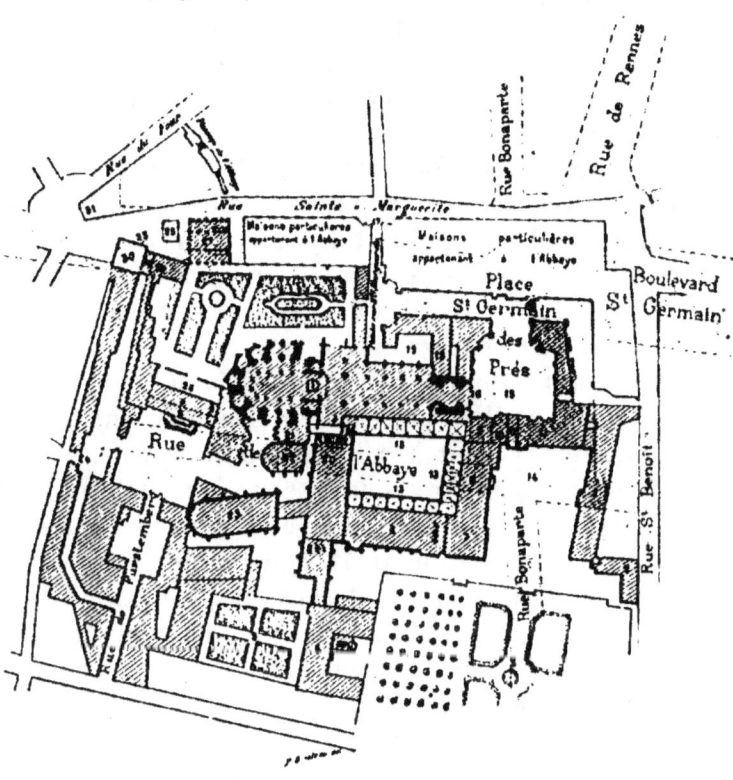

Plan de l'abbaye de Saint-Germain des Prés en 1792.
(D'après des plans manuscrits du cabinet des Estampes.)

1. Celliers.
2. Écuries.
3. Grand jardin.
4. Infirmerie.
5. Jardin de l'Infirmerie.
6. Réfectoire. 6 bis. Salle sans destination.
7. Cuisines.
8. Salle des hôtes.
9. Vestibules.
10. Salle des hôtes.
11. Bureaux.
12. Grande porte de l'Abbaye.
13. Grand cloître.
14. Cour du jardin.
15. Parvis devant l'église (ou Cour abbatiale).
16. Grand Portail.
17. Porte Sainte-Marguerite.
18. Chapelle Saint-Symphorien.
19. Cimetière.
20. Chapitre.
21-22. Sacristies.
23. Grande chapelle de la Vierge.
24. Porte du Petit Bourbon.
25. Grand escalier qui monte aux dortoirs.
26. Palais abbatial.
   a. Galerie des serfs.
   b. Galerie.
   c. Grand escalier.
27. Prison de l'Abbaye.
28. Marché couvert.
29. Boucheries.
30. Barrière des Sergents.
31. Cabaret du Chapeau rouge.
32. Hôtel de Reims (auberge).
33. Enseigne "Aux deux amis".
Le pointillé indique le tracé des rues actuelles.

vieille Blanchet, sa cuisinière, qui est arrivée à découvrir le lieu de sa détention, lui fait parvenir un petit repas dans une corbeille proprement recouverte; il se compose: « d'une soupe à la borghèse sans pain, de radis, de bœuf bien tendre bouilli, d'un poulet gras, d'artichauts au poivre et de belles pêches; il y avait en outre un couvert d'argent et une bouteille de vin. »

L'abbé de Salamon s'occupait à partager cette confortable collation avec un pauvre vieux prêtre affamé, quand, soudain, de grands coups sont frappés à la porte, et l'on entend la voix du gardien criant : « Dépêchez-vous ! le peuple marche sur l'Abbaye; il a déjà commencé à massacrer les prisonniers; dépêchez-vous ! » (1)

En un instant tout le monde est debout, la table est abandonnée, les malheureux courent, se heurtent, se lamentent ; beaucoup vont à la porte pour regarder par le trou de la serrure, d'autres sautent sur leurs talons pour essayer de voir par le vitrail, élevé de plus de quatorze pieds : quatre heures sonnent à l'église abbatiale. — On percevait la lointaine rumeur de la foule; plus près, dans une rue voisine, sans doute, une voix de femme criait lamentablement : *Ils les tuent tous, tous!...*

Alors, dans cette salle, où soixante prêtres attendaient la mort, se passa un spectacle imposant : le vieux curé de Saint-Jean-en-Grève, debout au milieu de ses compagnons prosternés, leva les mains pour une absolution suprême, et, à haute voix, commença les prières des agonisants. Quand d'un ton recueilli il prononça ces mots: *Partez de ce monde, âmes chrétiennes...* il s'éleva de tous les coins de la salle des sanglots, des plaintes et des gémissements. Les uns récitaient machinalement des prières, d'autres marchaient à grands pas, les yeux hagards tournant le long des

---

(1) C'était à ce moment précis, en effet, qu'on égorgeait dans la cour abbatiale les vingt-deux prêtres amenés en fiacre de la mairie.

murs comme des fauves en cage; il se produisait chez ces vivants destinés à la boucherie, une sorte d'affaissement : chacun satisfaisait malgré soi aux nécessités de la nature; « le sol, dit l'abbé Salamon, ne tarda pas à être inondé... » Puis, tout à coup l'espoir reprenait ces pauvres gens : ils se disaient que, peut-être, les massacreurs ignoraient leur présence dans cette prison éloignée; ils se groupaient, assis par terre, les mains jointes, gardant le silence... l'on n'entendait plus alors que le bruit monotone et régulier de l'horloge de l'église abbatiale qui scandait leur agonie et dont le carillon sonnait douze coups tous les quarts d'heure.

La nuit vint : à travers la haute baie dont le vitrail était ouvert, on voyait la lune s'élever dans le ciel pâle; la rumeur lointaine ne cessait pas; même, de temps en temps, on entendait les hurlements, plus distincts, des malheureux qu'on égorgeait.

Vers onze heures, subitement, de grands coups ébranlent la porte : à ce bruit sinistre, tous les prêtres se lèvent d'un bond; affolés, d'un mouvement de terreur irréfléchi, ils se précipitent vers la fenêtre, s'élancent sur la stalle qui se trouve au-dessous, se hissent, se tirent, se bousculent; quelques-uns, dont l'abbé Salamon, parviennent à atteindre le vitrail, enjambent le rebord et se laissent tomber... Blessés, déchirés, les mains en sang, ils roulent les uns sur les autres, dans une étroite cour, sorte de puits fermé de toutes parts; et, tandis qu'ils se débattent dans l'ombre, la porte de la salle cède; une centaine d'hommes dont quelques-uns portent des torches, s'amassent sur le seuil, sordides, pleins de sang, ivres, ricanants, gouailleurs; d'autres se hissent sur les murs de la petite cour, et lancent vers les prêtres, accroupis en tas dans un coin, de grands coups de piques. Enfin quand ce jeu a assez duré, on entraîne les malheureux, à moitié morts de terreur, chancelants, en troupe lamentable; on les conduit à travers les cours et une partie du jardin; on les pousse dans une chambre basse de l'ancien quartier des hôtes, ouvrant par une porte vitrée sur la cour du jardin, et, tout de suite, des hommes, assis derrière une table couverte d'un tapis vert, commencent l'interrogatoire : le premier auquel ils s'adressent est le vénérable curé de Saint-Jean-en-Grève.

— « As-tu prêté le serment ? » lui demandent-ils.

Le prêtre agite les lèvres comme pour une prière et d'une voix forte répond :

— « Non, je ne l'ai pas prêté. » Au même instant un coup de sabre s'abat sur son front et fait tomber sa perruque ; sa vieille tête chauve apparait ; elle se zèbre de longs filets de sang : le vieillard étend les bras, chancelle, tombe ; il est haché, piétiné, traîné dehors, tandis que ses compagnons, blêmes d'épouvante, muets d'angoisse, se serrent les uns contre les autres, s'exhortant à mourir. Le pauvre abbé Salamon tremble de tous ses membres, il n'a que le temps de se laisser tomber sur le rebord d'une fenêtre où il s'assied à demi évanoui, pendant que les bourreaux égorgent sous ses yeux l'abbé Bouzet, qui, dans son trouble, n'a pu que balbutier quelques paroles sans suite, pour sa justification. Des soixante-trois personnes avec lesquelles il avait passé la journée, Salamon en vit égorger soixante.

Trois seulement trouvèrent grâce...

Comment lui-même échappa-t-il ? Comment, malgré la fièvre qui le brûlait, la vue du sang qui le glaçait d'effroi, le tremblement nerveux qui faisait claquer ses dents et plier ses genoux, conserva-t-il assez de sang-froid pour donner le change à ses juges et obtenir quelques heures de sursis, c'est-à-dire le salut... ?

Il l'a conté avec une émotion à ce point suggestive, que tout récit pâlirait à côté de sa narration : ce sont les impressions, notées minute par minute, d'un homme qui agonise.

« Mon dessein » (en entrant dans la salle où allait avoir

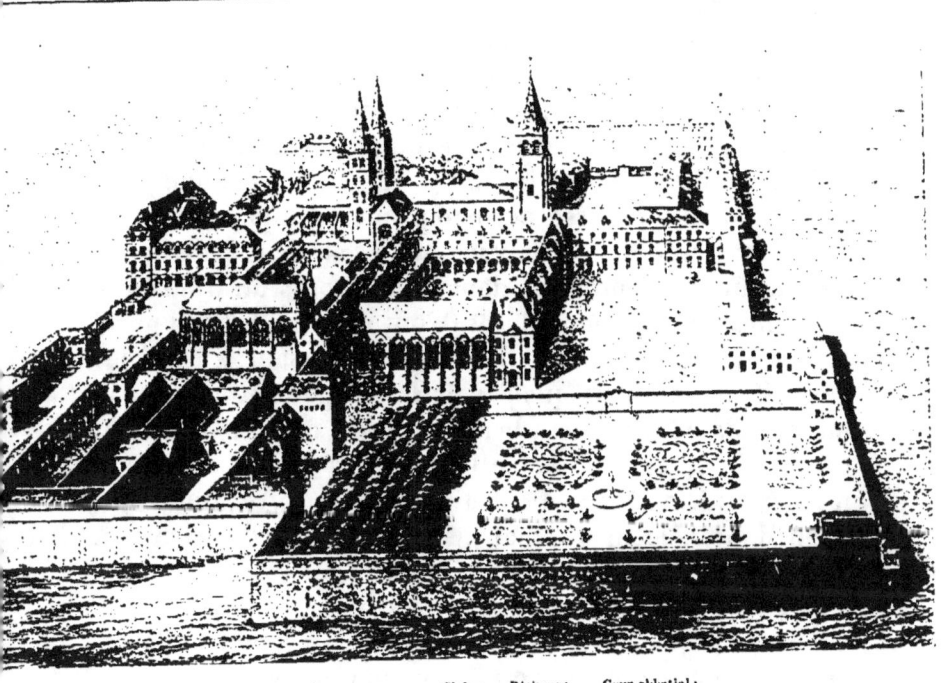

Palais abbatial. Prison. Cloître. Bâtiment Cour abbatiale.
Abside de l'église. des Cour du Jardin.
Chapelle Notre-Dame. Réfectoire. hôtes. Grand jardin.

L'abbaye de Saint-Germain des Prés, au xviiie siècle (d'après une gravure de la chalcographie du Louvre).

lieu le jugement) « était de m'isoler, afin qu'en me voyant seul, ceux qui étaient le plus près de la table en vinssent à m'oublier, et que je parvinsse à me retirer au premier moment favorable. Déjà la file avait bien diminué. On avait massacré, l'un après l'autre, l'abbé Gervais, secrétaire de l'Archevêché, le grand vicaire de Strasbourg, ce pauvre ecclésiastique de l'Hôtel-Dieu, et le président du Conseil Supérieur de Corse —... et quarante autres.

« Il était sans doute près de trois heures du matin. Je dis sans doute, car je ne faisais plus attention au son de l'horloge. Je devenais comme insensible aux massacres, qui ne cessaient pas, et je n'avais plus de pensée que pour moi, bien que je visse périr tous mes compagnons, à la clarté des torches nombreuses qui éclairaient cette horrible exécution. J'éprouvais dans tout le corps un froid mortel, et mes pieds étaient glacés. Tout mon sang s'était porté à la tête; la figure me cuisait, et en baissant à demi les yeux, il me semblait que j'avais le visage tout en feu. Je me passais fréquemment la main droite sur la tête, et tout en cherchant en moi-même les moyens de me sauver, je me grattais machinalement avec tant de force, que, sans m'en douter, je m'arrachai jusqu'à la racine des cheveux. Aussi, dès lors, se mirent-ils à tomber par grandes touffes, si bien que, dans l'espace de trois mois, je devins aussi chauve que je le suis maintenant (1), et cependant j'avais eu jusque-là des cheveux en abondance.

« Néanmoins, j'avoue à ma confusion que, malgré le péril imminent, et bien que touchant à mes derniers moments, je n'étais pas complètement absorbé en Dieu ni déterminé à mourir; tout au contraire, je ne cessais de rouler dans mon esprit les moyens d'éviter la mort épouvantable qui m'attendait. Ces coups de sabre et de pique me glaçaient d'effroi, mais ne me remplissaient pas de cette

---

(1) La narration de l'abbé de Salamon dut être écrite par lui vers 1806.

piété qui doit nous pénétrer à notre dernière heure. Je récitais bien quelquefois le *Pater* et l'*Ave-Maria*, et aussi l'acte de contrition, mais sans cette émotion profonde qu'inspire l'approche de la mort. Si le péril où j'étais me tenait dans l'anxiété, j'étais toujours ramené à cette idée : Comment pourrais-je bien faire pour éviter la question touchant le serment?

« Parfois, on cessait de massacrer pour entendre les discours des députations des autres sections, qui venaient rendre compte de l'état de leurs prisons et des massacres qui s'y poursuivaient. Celles de l'Homme-Armé et de l'Arsenal en particulier faisaient part des horreurs qui se commettaient à la Force et à Saint-Firmin.

« Vint le tour d'un perruquier (avec lequel l'abbé Salamon avait lié conversation dans la journée). Il se défendit avec beaucoup de courage, mais sa perte était jurée, comme il me l'avait dit. On lui reprocha surtout de n'avoir pas voulu suivre le faubourg Saint-Antoine dans la journée du 10 août et d'être un *aristocrate* : donc il devait mourir.

« Ils s'adressèrent ensuite aux deux pauvres religieux Minimes » (dont l'un avait manifesté à l'internonce l'ardent désir qu'il avait du martyre). « Le président leur demanda s'ils avaient prêté le serment. Ils n'avaient pas encore répondu, qu'un de ceux qui entouraient la table et qui les connaissait sans doute, prit leur défense en disant : « Ceux-ci ne sont pas prêtres, et ne sont pas en situation « de prêter le serment. — Mais ce sont des fanatiques, des « coquins, repartit un autre, il faut qu'ils meurent. » Cela occasionna entre eux une dispute. Les plus méchants voulaient les conduire dans le jardin pour les y massacrer. Les autres, les saisissant par les bras, voulaient les retenir dans la salle. Ce combat attira mon attention, et je remarquai bien que le sous-diacre, qui désirait tant mourir, apportait moins de résistance à ceux qui voulaient l'entraîner dehors qu'à ceux qui voulaient le sauver. Enfin les scélérats eurent le dessus et ils furent massacrés.

« Il devait être alors cinq heures du matin. A ce moment, je vis entrer avec surprise l'acteur Dugazon. Il venait, au défaut du président, qui avait disparu, présider lui-même cette infernale assemblée. Je l'avais rencontré dans les salons, où on l'invitait pour lui faire jouer ses comédies, et j'avais fréquemment conversé avec lui. Je fis un mouvement pour m'avancer vers lui et implorer son secours, mais un instant de réflexion m'arrêta net : « Il sera « peut-être confus, pensai-je, d'être vu en si mauvais lieu « par un honnête homme, et hâtera peut-être ma perte. » Aussi, je repris bien vite mon poste accoutumé.

« Je m'aperçus alors qu'il y avait dans un coin, tout près de moi, un petit homme bossu, qui semblait m'observer. J'avoue que ce voisinage m'ennuya fort, et je n'avais pas tort, comme on le verra bientôt, d'en tirer un fâcheux présage.

« Dugazon était survenu pendant une dispute qui s'était élevée entre les assassins; ils ne tombaient pas d'accord sur le partage des habits et de l'argent des pauvres victimes. Après nous avoir fait entendre pendant quelque temps, sa petite voix aigre et dégoûtée, Dugazon s'en alla. Je dois dire, pour être sincère, que durant sa présidence on ne massacra personne.

« Celui qui lui succéda fut un ancien procureur au tribunal du Châtelet, appelé Maillard. Il arriva en habit noir, les cheveux poudrés. Il n'avait pas une figure repoussante, ce qui me calma un peu, car un rien suffisait pour abattre ou ranimer mon courage. Je ne sais si ce président était un buveur de sang; je sais seulement que je lui entendis dire : « Finissons-en. »

« On massacra alors deux soldats de la garde constitutionnelle, sans leur poser aucune question.

« Enfin vint le tour du domestique du duc de Pen-

thièvre (1). Comme il avait les cheveux coupés court, ils le prirent pour un prêtre déguisé, et lui demandèrent : « As-tu prêté serment? » Lui répéta absolument mot pour mot ce que je lui avais dit. Alors tous s'écrièrent : « C'est un domes-
« tique : grâce! grâce! » et sur-le-champ il fut mis en liberté, sans passer par le violon.

« Je me réjouis de le voir sauvé. C'était le second de mes compagnons qui échappait à la mort.

« Cet excellent homme, bien qu'il fût assez près de moi, ne tourna même pas la tête pour me regarder, et cela, sans aucun doute, afin de ne pas me compromettre.

« Il ne restait plus que moi; le jour était venu... j'avais l'espoir de m'esquiver, sans être vu, au milieu des allants et venants. Les hommes, assis autour de la table, s'occupaient des menues affaires qui se présentaient. Moi, je regardais à la dérobée ce bossu qui demeurait toujours à la même place. « Que fait-il là? me disais-je avec dépit; pour-
« quoi ne s'en va-t-il pas? »

« Cependant, on massacra encore deux individus, que je ne connaissais pas.

« Il faisait grand jour; la foule s'était en partie écoulée, et je n'entendais plus les vociférations du peuple. On n'apercevait plus que des gens qui semblaient fatigués et prêts à s'endormir. Il pouvait déjà être sept heures et demie du matin, mais les volets des fenêtres étaient encore fermés, et la salle n'était éclairée que par des chandelles, qu'on ne mouchait point, et par cette porte vitrée de haut en bas jusqu'au niveau même du sol, qui livrait passage aux victimes.

« Je me préparais donc à fuir, en me glissant derrière ceux qui étaient restés, et dont aucun ne me regardait, quand cet abominable bossu s'écria : « En voilà encore un ici. »

---

(1) L'un des compagnons de l'internonce pendant la journée.

« Je me rappelle que je ne fus nullement troublé, et que voulant à tout prix éviter la question accoutumée : « As-tu prêté le serment? » qui m'aurait infailliblement conduit à la mort, je m'élançai brusquement vers la table, et, m'adressant à l'homme vêtu de noir et poudré : « Citoyen « président, lui dis-je, avant qu'on me sacrifie à la fureur « de ce peuple égaré, je demande la parole. »

« — Qui es-tu? dit-il d'une voix menaçante.

« — J'étais clerc au Parlement de Paris, et je suis un « homme de loi. » (1)

« Je ne sais si mon extérieur ou mon courage le frappa, ou bien s'il me reconnut, mais il dit au peuple avec plus de douceur :

« Ce prisonnier est connu dans les tribunaux de Paris.

« — Cela est parfaitement vrai », répliquai-je.

« Cessant alors de me tutoyer : « — Pour quelle raison, « me demanda-t-il, vous trouvez-vous ici? »

« Je me mis aussitôt à lui raconter une histoire moitié fausse, moitié vraie. Je lui dis que le 27 août, on avait rendu une ordonnance de police qui portait que tous les citoyens, pour faciliter les visites domiciliaires eussent à rentrer chez eux dès dix heures du soir; — cela était vrai — mais que l'ignorant, les commissaires de ma section m'avaient arrêté à onze heures, comme je rentrais dans la rue du Palais-Marchand, où je demeurais — ceci était faux — et qu'ils m'avaient conduit successivement au comité de la section, de là au comité de surveillance de la Cité, du comité de surveillance au comité secret de la Mairie, de là aux prisons de la Mairie, et enfin de la Mairie (1) à l'Abbaye : « et tout cela, ajoutai-je, en élevant la voix, sans m'interroger. » Je dis également que j'avais été conduit au massacre juste au moment où Pétion devait me faire sortir, et je déployai le petit billet que la pauvre Blanchet m'avait

---

(1) L'abbé portait un costume laïque.
(2) Il faut remarquer que l'abbé de Salamon ne dit pas à *la prison* de l'Abbaye.

apporté le dimanche matin, et dans lequel il promettait de me rendre la liberté à trois heures.

« Alors, le président, voulant sans doute me venir en aide, ou peut-être encore écœuré de ce massacre, se prit à dire : « Voyez, Messieurs, avec quelle légèreté on met les
« citoyens en prison dans les autres sections. Si c'était nous
« qui avions arrêté ce prisonnier, nous l'aurions interrogé
« et renvoyé chez lui. »

« Ces paroles redoublèrent mon courage, et frappant un coup de poing sur la table, je m'écriai : « Je me ré-
« clame de ma section ! je me réclame des députés de l'As-
« semblée nationale. »

« — Oh! les députés de l'Assemblée nationale, crièrent
« les massacreurs, nous en avons la liste, et nous les égor-
« gerons comme les autres. »

« Remarquant ce mouvement de défaveur, je repris aussitôt :

« — Mais je vous parle, moi, du patriote Hérault, du
« patriote Torné, du patriote Rovère!

« — Bravo! bravo! crièrent-ils.

Alors le président, saisissant l'instant qu'ils applaudissaient : « Je me propose, dit-il, d'envoyer ce prisonnier
« au violon, afin de prendre des informations sur son
« compte. »

« Je n'attendis pas la délibération, et je m'empressai d'entrer dans le violon, qui donnait sur la salle, et dont la porte s'ouvrait au moment même (1).

« Je n'aperçus en entrant que huit ou dix personnes. Puis, je distinguai une méchante paillasse, toute trouée et une chaise. Je me hâtai de m'asseoir sur la paillasse, et de placer mes pieds sur les barreaux de la chaise, pour me reposer. Alors je fus sur le point de m'évanouir. J'étais brisé de fatigue; j'avais une forte fièvre, et mon pouls battait

(1) Voir le plan, page 151.

extrêmement vite; mes mains étaient brûlantes. Je n'éprouvais aucun sentiment de joie : au contraire, j'étais tellement abattu que je restais les yeux fixés à terre, sans faire aucune attention à ceux qui se trouvaient dans la prison. Une profonde tristesse m'envahissait, et je ressentais une faiblesse extraordinaire. J'étais en effet demeuré depuis le samedi, deux heures, sans prendre aucune nourriture solide, et depuis une heure du soir, j'étais en présence de la mort. Or, nous étions au lundi, huit heures du matin.

« Bien que très sensible et facile à émouvoir, je ne pleure pas aisément; et cependant, en cet instant, mon courage m'abandonna et je pleurai à chaudes larmes.

« J'en étais là quand je vis venir à moi le maudit bossu. Il était revêtu de l'habit de garde national. Je présumai qu'il était le geôlier de cette petite prison. Il me dit d'un air de compassion : « Vous devez avoir bien souffert, Mon« sieur;... que désirez-vous prendre pour vous remettre? » Reconnaissant en cet homme mon bourreau, car c'était lui qui m'avait indiqué au président, je lui répondis d'un ton qui signifiait qu'il eût à me laisser tranquille : « Eh! « que voulez-vous que je prenne dans l'état où je me « trouve? » Mais il insista, et comme je ne voulais pas le désobliger, pensant que je pouvais en avoir besoin, et que c'en était encore un qui voulait écouler sa marchandise, je lui répondis : « Apportez-moi une tasse de café à la « crème. » C'était tout le contraire de ce qu'il m'eût fallu, mais je ne savais que lui demander.

« Il me l'apporta en effet, et je pris ce café sans appétit.

« Bien que je ne dusse pas avoir grande confiance en cet homme, la nécessité de communiquer avec quelqu'un du dehors me poussa à lui dire, comme je lui remettais ma tasse : « Voulez-vous me rendre un grand service?... « Donnez-moi du papier, de l'encre et une plume, et por« tez le billet que je vais vous donner tout près d'ici, cour

« du Palais, à une femme qui se nomme Blanchet. En
« retour, je vous donnerai cent sous. »

« En même temps, je me tournai du côté de M. de So-
lérac, le Suisse que j'avais sauvé (1), et, sans même lui sou-
haiter le bonjour ni lui demander : « Comment allez-
« vous? » et faisant enfin comme si j'avais conversé avec
lui l'instant d'auparavant : « Donnez-moi, lui dis-je, un
« assignat de cinq francs. » Il me répondit aussitôt sans
m'adresser directement la parole : « En voici deux! » J'en
donnai un à cet homme, qui prit mon billet et disparut. »

(1) En appuyant, d'une chaude plaidoirie, des Marseillais qui demandaient sa grâce.

II.

TOPOGRAPHIE.

Le journal de Mgr de Salamon nous entraînerait trop loin ; disons pourtant qu'après avoir passé le reste de la nuit et toute la journée au violon, après des émotions de tous genres, il fut enfin rendu à la liberté : d'ailleurs, du moment où on le mit ainsi à l'écart, sa relation n'est plus d'un intérêt général, et ne contient que le récit de ses angoisses personnelles ; il se rappelle seulement, qu'en traversant la cour du jardin entre deux gardes nationaux il enjamba des corps étendus et marcha dans le sang, et qu'il vit, en passant, une femme s'acharnant sur un cadavre dépouillé et lui donnant de grandes claques sur le dos, criant : « Voyez comme ce chien de calotin était gras ! »

On avait tué pendant quatorze heures. Dans la nuit, comme le nombre des curieux attirés par le massacre était considérable et qu'ils se plaignaient de ne *rien voir*, on avait apporté des bancs pour les *dames,* et l'on fit demander au comité, siégeant en permanence au premier étage du couvent, des lampions pour illuminer l'horrible scène. Le comité obéit ; le sieur Bourgain, chandelier dans le quartier, fournit quatre-vingt-quatre terrines et l'on en plaça une allumée auprès de chaque cadavre.

Quand se leva l'aube de cette terrible nuit, le massacre avait cessé. Sous le grand ciel pâle du matin, dans la pénombre, les corps étendus s'estompaient en masses sombres dans la cour du couvent; les hauts bâtiments de l'abbaye se dressaient, solennels, silencieux et vides, projetant sur cette scène leur ombre froide; derrière la longue grille se profilaient les lignes d'arbres du jardin, pleins de chants d'oiseaux et de bruits d'ailes. Tandis que les tueurs étaient allés dormir, quelques boutiquiers du quartier allaient et venaient, enjambant les morts, se donnant à voix basse des détails. Vers huit heures, un petit nombre de fédérés parut; ils firent, en ricanant, le tour des cadavres; puis, comme le pavé était noir de sang, ils se mirent en devoir de le laver : l'antique puits de pierre qui se trouvait là leur fournit l'eau qu'ils jetaient à pleins seaux : la peine fut extrême; pour n'avoir pas à y revenir, quelqu'un proposa d'apporter de la paille, d'en faire une sorte de lit, au-dessus on étalerait les habits des morts, ce qui servirait de tapis pour égorger ceux qui restaient. L'avis fut trouvé bon : une voisine, la veuve Dedouin, fournit la paille.

Ici nous ouvrirons une parenthèse; car nous ne devons pas oublier que nous n'avons point entrepris un récit des massacres de Septembre, et que notre but est seulement d'en fixer la topographie.

Jusqu'à présent tous les historiens modernes ont été d'accord sur l'endroit précis où la tuerie eut lieu; tous en ont placé les scènes devant la porte de la prison de l'Abbaye, sur le pavé même de la rue Sainte-Marguerite. Ils n'avaient, il est vrai, pour guides, que la relation de Jourgniac de Saint-Méard, enfermé à la prison même, celle de Jourdan, et la narration, assez confuse, de l'abbé Sicard : de là l'erreur que tous ont commise. Seul M. Granier de Cassagnac, qui, plus soigneusement que ses devanciers, fouilla les documents originaux, a *deviné* qu'outre le massacre dont avait été témoin Saint-Méard, il y en avait eu un autre dans la *Cour du Jardin*. Seulement cette *Cour du Jardin*, faute d'un plan détaillé de l'Abbaye Saint-Germain, il n'a su où la trouver : et alors, pour ne point trop déranger la version généralement adoptée, il l'a placée, tout contre les murs de la prison même, dans le jardin du palais abbatial.

Certains passages du rapport de Jourdan, certaines phrases de l'abbé Sicard, nous faisaient repousser cette version : nous sentions que le massacre avait eu lieu en plusieurs endroits, mais où ? c'était ce qu'il nous semblait impossible de déterminer d'une façon certaine, lorsque parut la relation de l'abbé de Salamon.

Cette relation, par elle-même, ne s'imposait point : il faut bien le dire, elle était si personnelle, si vivante, si *amusante* en un mot, qu'on eut quelque peine à la prendre au sérieux. D'ailleurs, M. l'abbé Bridier qui la publiait, prenait, dans son avant-propos, de si grandes précautions pour établir l'authenticité de ce récit quelque peu romanesque, que le livre parut apocryphe à bien des gens.

Faut-il avouer que j'étais de ceux-là ? d'autant plus que les indications données par l'internonce me déroutaient absolument. Comment ? Pas un mot de la fameuse prison de l'Abbaye ? Pas une phrase qui concordât avec le célèbre récit de Jourgniac de Saint-Méard ? L'auteur a assisté au massacre, et il ne cite point une seule fois la rue Sainte-Marguerite où il a eu lieu ? — Je résolus de percer à jour cette supercherie historique et d'en démontrer la fausseté... Bien m'en a pris : car, à ma grande confusion, je reconnus que le récit de l'abbé de Salamon était exact de point en point. Avec la véracité absolue d'un témoin oculaire, il narrait, renversant de fond en comble les relations des historiens. Tout le monde s'est trompé sur le lieu des massacres et nous dirons tout à l'heure comment.

Toujours est-il que je contrôlai minutieusement les assertions de l'internonce à l'aide d'un plan manuscrit de l'abbaye que possède le département des estampes de la Bibliothèque nationale, et qui a certainement échappé aux recherches de M. Granier de Cassagnac. Je retrouvai là la cour abbatiale, sur laquelle s'ouvrait le portail de l'église, et où eut lieu le massacre des prêtres amenés en fiacre de la Mairie. Je reconnus le porche dont parle Jourdan (1). Je vis, désigné sous son véritable nom de *Cour du Jardin* ce vaste espace planté de gazon entouré d'une bande de pavé qui s'étendait entre les *bâtiments des hôtes* à l'est, et les celliers et communs de l'abbaye à l'ouest. Son nom lui venait de ce qu'elle n'était séparée que par une longue grille du jardin du couvent, dont les charmilles s'étendaient jusqu'à la rue Jacob (2). Le réfectoire où fut d'abord enfermé l'abbé Salamon était tout proche; la chapelle abandonnée où on le transféra ensuite se trouvait un peu plus loin (3). Le comité se tenait au premier étage du bâtiment des hôtes (4) : le tribunal improvisé siégeait au rez-de-chaussée de ce même bâtiment, dans une salle voisine du grand escalier sous lequel je plaçai sans hésitation le *violon* et les cabinets d'aisance (5) qui jouent un rôle dans le récit de l'internonce.

Et, reprenant alors tous les récits des témoins oculaires du massacre, et celui de l'abbé Sicard (6), et celui de Jourdan, je les trouvai absolument d'accord avec cette topographie nouvelle, et je pus me convaincre que le massacre n'avait pas eu lieu, comme on l'a toujours dit, devant la

---

(1) « On me laisse passer librement sous la porte charretière qui sépare les deux cours... » (la cour abbatiale et la cour du jardin).
Déclaration du citoyen A. G. A. Jourdan, ancien président du district... etc.
(2) Rue du Colombier, à l'époque de la Révolution.
(3) Je n'ai pu en retrouver l'emplacement. C'est sans doute la grande chapelle de la Vierge.
(4) Quelques arcades du cloître se voient encore au fond de la cour de la maison de la rue de l'Abbaye n° 13.
(5) Où s'était caché l'abbé Sicard.
(6) Dans la relation de l'abbé Sicard, on trouve ce passage : « Pendant que tout cela se passait, on ouvre à grand bruit la porte de notre prison, et on y jette une nouvelle victime. Quelle victime, grand Dieu! C'était un de mes camarades de la Mairie que je croyais mort, M. l'abbé S***. »
Quel était cet abbé S***? L'abbé Simon, dit Cassagnac... Eh non! C'était l'abbé Salamon, et quand on songe à sa qualité de représentant du Saint Père, le mot *quelle victime* s'explique de lui-même.

porte de la prison, mais bien dans un tout autre quartier, au cœur même de l'Abbaye, dans la cour du jardin, à l'endroit précis où la rue Bonaparte débouche aujourd'hui, sur la place Saint Germain-des-Prés.

Mis ainsi sur la voie de la vérité, je poussai jusqu'aux détails la reconstitution du théâtre du massacre, et c'est ainsi que je puis joindre à cette étude un plan de la salle où se tint le tribunal de Maillard ; des croquis d'architecte relevés au cabinet des estampes m'ont permis de la donner avec une si minutieuse exactitude que j'y retrouve jusqu'à la fenêtre murée sur l'appui de laquelle l'abbé Salamon, agonisant de terreur et d'angoisses, se laissa tomber pour attendre la mort.

On objectera peut-être qu'une simple erreur topographique ne valait pas la peine d'être relevée; que les massacres de l'abbaye, pour s'être passés ici ou là, n'en sont ni plus ni moins horribles, et que c'est accorder trop d'importance au décor d'un tel drame. Mais c'est qu'ici encore la reconstitution exacte des lieux vient apporter de nouveaux et précieux éléments à l'histoire. On a cru jusqu'à présent que le massacre n'avait eu lieu que devant la prison, et, pour dresser la liste des morts, on s'est servi du fameux livre d'écrou, contenant le nom de tous ceux qui étaient détenus, en marge duquel Maillard inscrivait les mentions *Mort* ou *Mis en liberté*. Cette comptabilité a donné les résultats suivants : la prison contenait au 2 septembre 211 prisonniers sur lesquels 127 sont portés comme massacrés et 43 comme élargis. Le sort des 41 autres est resté incertain. Donc le total des victimes du massacre de l'abbaye varie entre 127 et 168.

Point du tout. Maintenant que nous savons, à n'en pas douter, que le réfectoire et l'une des chapelles étaient, de même que la prison proprement dite, bondés de détenus, le calcul est à refaire : aucun écrou n'a été dressé de ces malheureux; mais l'abbé Salamon en donne le nombre.

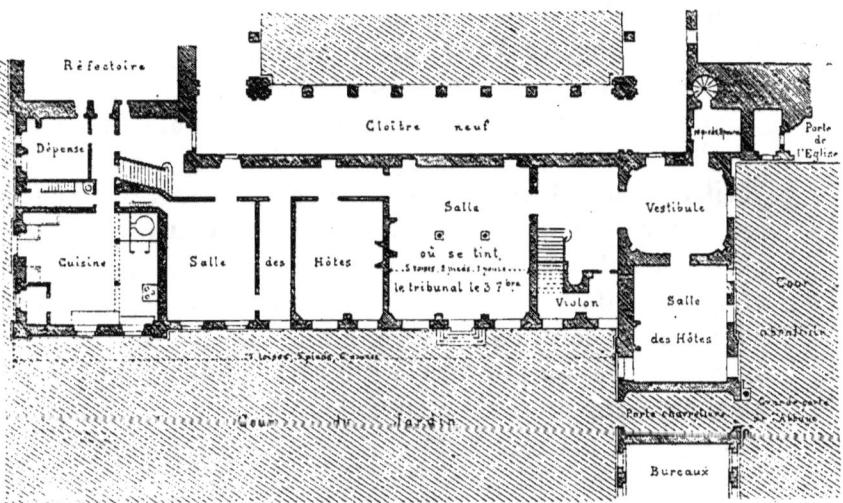

Plan du bâtiment des hôtes où siégea le tribunal du 2 septembre, à l'abbaye de Saint-Germain des Prés.
D'après des plans inédits (Cabinet des estampes).

Le réfectoire en contenait 83 qui tous périrent ; 63 autres se trouvaient dans la chapelle, et, de ces derniers, trois seulement échappèrent à la mort. Voilà 143 victimes à ajouter à la sinistre liste... le nombre total des morts de l'abbaye fut donc — et il est ici donné pour la première fois — de 270 (1).

Une objection sera faite : si le massacre eut lieu, non point devant la prison, mais, contrairement à ce que l'on a toujours raconté, dans la grande cour du jardin de l'abbaye, que devient la relation de Jourgniac-de-Saint-Méard, qui, de la fenêtre d'une des tourelles de la geôle, a vu, de ses yeux vu, les massacreurs abattre, à la porte sur le pavé de la rue Sainte-Marguerite, les malheureux que Maillard jugeait dans le greffe même ? La réponse est facile. Saint-Méard, très sincère, n'a raconté que ce qu'il a vu : il ignore complètement que dans une autre partie de l'abbaye se trouvent d'autres groupes de détenus ; il ignore que ceux de ses compagnons de captivité que l'on tire de la prison sont, pour la plupart, conduits par la rue Sainte-Marguerite, la rue Childebert, la cour abbatiale et la grande porte charretière, dans la cour du jardin pour y être massacrés. Mais il voit la foule dans la rue ; il voit les bourreaux porter les premiers coups, les victimes tomber... il n'en sait pas plus long. Seulement, ces victimes frappées devant la prison, on les traînait par les pieds, sur le pavé sanglant des rues, par l'itinéraire que nous venons de dire, jusqu'à la cour du jardin où on les jetait sur le tas de cadavres qui grossissait sans cesse. Là était le lieu officiel du massacre. La populace, impatiente de tuer, frappait quelques victimes devant la prison, mais c'était l'exception. L'abbé Sicard note d'une manière fort précise « qu'on massacrait sous les fenêtres du comité, dans les

---

(1) Peut-être ce nombre n'est-il pas définitif ; l'un des membres du comité dit, en effet à l'abbé de Salamon : « Il y a une troisième prison après celle où vous êtes et le massacre va continuer. »

cours de l'abbaye, tous les prisonniers qu'*on allait chercher dans la grande prison.* » Jourdan, en entrant, vers 9 heures du soir, dans la cour de l'église — c'est-à-dire la cour abbatiale où s'ouvrait le portail de l'église — entend les cris répétés de *vive la nation*. « Ce vacarme, ajoute-t-il, était occasionné par des prisonniers que l'on tirait de l'abbaye (prison), *que l'on amenait pour être massacrés dans la cour du jardin, et que chemin faisant on lardait de coups de sabre.* » Enfin l'abbé Salamon, enfermé au violon, après son interrogatoire, vit massacrer sous sa fenêtre donnant sur cette même cour du jardin, l'abbé Lenfant (1), prédicateur du roi, qui, une heure auparavant, était enfermé avec Saint-Méard, dans la prison même. D'ailleurs, il faut remarquer que celui-ci, une fois acquitté et conduit hors du guichet, ne trouve pas la rue Sainte-Marguerite encombrée de cadavres : il n'aurait pas manqué de noter ce détail; mais les corps des victimes n'étaient point là : celles qui, par exception, répétons-le, tombaient dès leur sortie de la prison, étaient aussitôt traînées à la cour du jardin, où presque toutes étaient conduites vivantes, par la voie douloureuse, longue d'au moins 500 mètres, que nous avons dite.

Il reste une difficulté. Comment Maillard put-il présider à la fois le sanglant tribunal et dans le greffe de la prison où nous allons le voir opérer et dans le bâtiment des hôtes, retiré à l'autre extrémité de l'Abbaye? Eh bien, si on lit avec attention les différentes relations des contemporains, la réponse est facile : Le dimanche 2 septembre, on tue, à trois heures dans la cour abbatiale, et Maillard est là sûrement. Il court un instant aux Carmes organiser la boucherie, et vite, à quatre heures il se transporte à l'Abbaye où le massacre commence (voyez Saint-Méard) et c'est alors que Salamon et ses compagnons ont un mo-

(1) « On le conduisait au massacre en compagnie d'un autre prêtre. Je le vis s'asseoir sur une chaise et confesser ce prêtre qui allait mourir avec lui. Il paraissait assez tranquille. »

ment de répit. Vers minuit le massacre cesse à la prison et c'est justement à ce moment qu'on commence à juger dans le bâtiment des hôtes. La besogne s'y termina vers 8 heures du matin et Maillard reprit à 10 heures son audience à la prison. Cet homme était rempli d'activité.

III.

MAILLARD.

Tandis que l'abbé de Salamon, enfermé dans le violon de la section, sous l'escalier de l'abbaye, attendait sa délivrance, il put, par les fenêtres qui éclairaient sa prison et qui donnaient sur la cour du jardin, voir le massacre continuer pendant tout un jour : on tuait maintenant les détenus enfermés dans la prison de l'abbaye et qu'on amenait, nous l'avons dit, percés de coups et mourants pour la plupart, afin de les achever sur le gazon qui, depuis seize heures, buvait le sang des martyrs.

Ainsi que l'abbé de Salamon l'a fait pour les victimes enfermées aux bâtiments conventuels, l'un des détenus de la prison a décrit, heure par heure, les angoisses des malheureux entassés dans la vieille geôle du carrefour Sainte-Marguerite (1). La brochure de Jourgniac de Saint-Méard,

(1) Par une transaction passée en 1635 entre les religieux et l'architecte Gamard, celui-ci se chargeait « de faire bâtir la geôle et le portail de l'église (encore existant) et le sieur abbé consent que le dit sieur Gamard érige un marché en la place étant devant la geôle, laquelle place demeurera publique, hors que le dit Gamard pourra faire autour d'icelle étaux à bouchers et échoppes en telle quantité qu'il voudra ». (Le nom actuel de *rue de la petite boucherie* n'a point d'autre origine que ces étaux.) Ces divers engagements eurent leurs effets, et bientôt l'on vit s'élever les trois étages et les tourelles du bâtiment de la prison ; même on se racontait mystérieusement qu'à trente pieds au-dessous du sol, le prévoyant Gamard avait creusé des cachots horribles, espèces d'oubliettes, dans lesquels un homme ne pouvait se tenir debout. Les moines de Saint-Germain n'eurent pas le temps de laisser pourrir dans ces *in-pace* un bien grand nombre de victimes, car, dès le commencement du dix-huitième siècle, la geôle abbatiale était devenue prison militaire, et

— c'est le nom de ce chroniqueur, — est si répandue qu'il est inutile de la rééditer ici, quelque intérêt qu'elle puisse avoir. Qui a pu oublier, l'ayant lue, et les angoisses des prisonniers dont le sort se discute dans la rue, et le massacre des soldats suisses, et la scène émouvante, où, ayant perdu tout espoir de voir échapper un seul des détenus, l'abbé l'Enfant et l'abbé Chapt de Rastignac, annoncèrent, du haut de la tribune, à leurs compagnons de captivité, parqués dans la chapelle de la prison, que l'heure suprême approchait, et leur donnèrent solennellement l'absolution *in articulo mortis*.

Tous ceux que ces événements intéressent ont lu et relu ce dramatique récit, d'une fidélité absolue, d'une sincérité très grande, d'une exactitude indiscutable.

Cependant il est un passage de ce récit dont nous devons faire notre profit, car il nous aidera à reconstituer les dispositions intérieures de la prison, dont il n'existe point de description spéciale, et dont nous n'avons, nulle part retrouvé le plan (1).

Maillard avait installé son tribunal, au greffe même ouvrant par une porte basse sur la rue Sainte-Marguerite. Après des alternatives inouïes d'espérance et de désespoir, c'est là que Jourgniac de Saint-Méard fut traîné, le 3 septembre, vers deux heures du matin.

« A la lueur de deux torches, j'aperçus, dit-il, le terrible tribunal, qui allait me donner ou la vie ou la mort. Le

---

cette prison était, avant la révolution, particulièrement destinée aux gardes françaises. On y renfermait aussi les débiteurs nobles et militaires qui n'avaient point satisfait au paiement de leurs dettes d'honneur. — Le guide de Thierry (1787) nous apprend encore qu'il y avait dans la prison une chapelle desservie par un prêtre de Saint-Sulpice. On y disait la messe tous les jours, et, les fêtes et dimanches, on y faisait l'office de paroisse « avec eau bénite et prône ». Les prisonniers y assistaient dans des tribunes et le public avait le libre accès de la chapelle à l'heure des offices. Le loyer des chaises était au profit des prisonniers.

(1) Le seul plan qui existe de la prison se trouve dans l'*architectonie des prisons* de Baltard, et concerne surtout les améliorations apportées, après la révolution, aux dispositions du bâtiment.

La chapelle de la prison de l'abbaye : où fut enfermé Jourgniac de Saint-Méard.
(Reconstituée d'après divers documents et gravures de l'époque.)

président, en habit gris, un sabre à son côté, était appuyé debout contre une table, sur laquelle on voyait des papiers, une écritoire, des pipes et quelques bouteilles. Cette table était entourée par dix personnes assises ou debout, dont deux étaient en veste et en tablier; d'autres dormaient étendues sur des bancs. Deux hommes en chemises teintes de sang, le sabre à la main, gardaient la porte du guichet; un vieux guichetier avait la main sur les verroux. En présence du président, trois hommes tenaient un prisonnier qui paraissait âgé de soixante ans.

« On me plaça dans un coin du guichet; mes gardiens croisèrent leur sabre sur ma poitrine, et m'avertirent que, si je faisais le moindre mouvement pour m'évader, ils me poignarderaient..... Je vis deux gardes nationaux présenter au président une réclamation de la section de la Croix-Rouge en faveur du prisonnier qui était vis-à-vis de lui. Il leur dit que « ces demandes étaient inutiles pour les traîtres. » Alors, le prisonnier s'écria : « C'est affreux; votre jugement est un assassinat. » Le président lui répondit : « J'en ai les mains lavées; conduisez M. de Maillé (1).... » Ces mots prononcés, on le poussa dans la rue, où je le vis massacrer par l'ouverture de la porte du guichet.

« Je me suis trouvé souvent dans des positions dangereuses et j'ai toujours eu le bonheur de savoir maîtriser mon âme; mais dans celle-ci! L'effroi, inséparable de ce qui se passait autour de moi, m'aurait fait succomber sans ma conversation avec le *Provençal* (2), et surtout sans mon rêve qui me revenait toujours à l'imagination.

« Le président s'assit pour écrire, et après qu'il eut appa-

---

(1) Je crus m'apercevoir que le président prononçait cet arrêt à contre-cœur; plusieurs *tueurs* étaient entrés dans le guichet, et y causaient beaucoup de fermentation. (Note de Saint-Méard.)

(2) Un des geôliers avec lequel Saint-Méard avait lié connaissance et qui l'avait rassuré. Le narrateur fait allusion, dans les mots suivants, à un rêve où il s'était vu échappant aux bourreaux.

remment enregistré le nom du malheureux qu'on expédiait, j'entendis dire : *A un autre.*

« Aussitôt je fus traîné devant cet expéditif et sanglant tribunal, en présence duquel la meilleure protection était de n'en point avoir, et où toutes les ressources de l'esprit étaient nulles, si elles n'étaient pas fondées sur la vérité. Deux de mes gardiens me tenaient chacun une main, et le troisième par le collet de mon habit.

« *Le président m'adressant la parole* : « Votre nom, « votre profession ? »

« *Un des juges* : « Le moindre mensonge vous perd.

« — L'on me nomme Jourgniac Saint-Méard ; j'ai servi « vingt-cinq ans en qualité d'officier, et je comparais à « votre tribunal avec l'assurance d'un homme qui n'a rien « à se reprocher, qui, par conséquent, ne mentira pas. »

« *Le président* : « C'est ce que nous allons voir ; un mo-« ment..... Savez-vous quels sont les motifs de votre ar-« restation ? »

« — Oui, Monsieur le président, et je peux croire, d'a-« près la fausseté des dénonciations faites contre moi, que « le comité de surveillance de la commune ne m'aurait pas « fait emprisonner, sans les précautions que le salut du « peuple lui commandait de prendre.

« On m'accuse d'être rédacteur du journal anti-feuillant, « intitulé : *De la Cour et de la Ville.* La vérité est que « cela n'est pas. C'est un nommé Gautier, dont le signale-« ment ressemble si peu au mien, que ce n'est que par « méchanceté qu'on peut m'avoir pris pour lui ; et si je « pouvais fouiller dans ma poche..... »

« Je fis un mouvement inutile pour prendre mon porte-feuille ; un des juges s'en aperçut, et dit à ceux qui me tenaient : « Lâchez monsieur. » Alors je posai sur la table les attestations de plusieurs commis, facteurs, marchands et propriétaires de maisons chez lesquels il a logé, qui prouvent qu'il était rédacteur de ce journal, et seul propriétaire.

« *Un des juges* : « Mais enfin il n'y a pas de feu sans fumée ; il faut dire pourquoi on vous accuse de cela. »

« Il s'éleva un murmure général, qui ne me déconcerta pas, et je dis en haussant la voix :

« Eh! Messieurs, Messieurs, j'ai la parole ; je prie M. le
« président de vouloir bien me la maintenir : jamais elle
« ne m'a été plus nécessaire. »

« *Presque tous les juges dirent en riant* : « C'est juste, c'est juste : Silence! »

« — Mon dénonciateur est un monstre ; je vais prouver
« cette vérité à des juges que le peuple n'aurait pas choi-
« sis, s'il ne les avait pas crus capables de discerner l'inno-
« cent d'avec le coupable. Voilà, Messieurs, des certificats
« qui prouvent que je ne suis pas sorti de Paris depuis
« vingt-trois mois. Voilà trois déclarations des maîtres de
« maison chez lesquels j'ai logé, depuis ce temps, qui at-
« testent la même chose. »

« On était occupé à les examiner, lorsque nous fûmes interrompus par l'arrivée d'un prisonnier qui prit ma place devant le président. Ceux qui le tenaient dirent que c'était encore un prêtre qu'on avait déniché dans la chapelle. Après un fort court interrogatoire, il fut envoyé à la force. Il jeta son bréviaire sur la table, et fut entraîné hors du guichet, où il fut massacré. Cette expédition faite, je reparus devant le tribunal.

« *Un des juges* : « Je ne dis pas que ces certificats soient
« faux ; mais qui nous prouve qu'ils sont vrais! »

« — Votre réflexion est juste, Monsieur ; et, pour vous
« mettre à même de me juger avec connaissance de cause,
« faites-moi conduire dans un cachot, jusqu'à ce que des
« commissaires, que je prie M. le président de vouloir bien
« nommer, aient vérifié leur validité. S'ils sont faux, je
« mérite la mort. »

« *Un des juges qui, pendant mon interrogatoire, parut s'intéresser à moi, dit à demi-voix :*

« Un coupable ne parlerait pas avec cette assurance. »

« *Un autre juge :* « De quelle section êtes-vous? »

« — De celle de la halle au blé. »

« *Un garde national qui n'était pas du nombre des ju-*
« *ges :* « Ah! Ah! je suis aussi de cette section. Chez qui
« demeurez-vous ? »

« — Chez M. Teyssier, rue Croix-des-Petits-Champs. »

« L'attention qu'on avait à m'écouter, et à laquelle j'avoue que je ne m'attendais pas, m'encourageait, et j'allais faire le résumé de mille raisons qui me font préférer le régime républicain à celui de la Constitution; j'allais répéter ce que je disais tous les jours dans la boutique de M. Desenne, lorsque le concierge entra tout effaré, pour avertir qu'un prisonnier se sauvait par une cheminée. Le président lui dit de faire tirer sur lui des coups de pistolet; mais que s'il s'échappait le guichetier en répondait sur sa tête. C'était le malheureux Maussabré. On tira sur lui quelques coups de fusil, et le guichetier, voyant que ce moyen ne réussissait pas, alluma de la paille. La fumée le fit tomber à moitié étouffé; il fut achevé devant la porte du guichet. »

Cet incident ainsi vidé, l'interrogatoire de Saint-Méard continue :

« *Un des juges :* « Je verrai bien si vous avez servi au ré-
« giment du Roi. Y avez-vous connu M. Moreau. »

— « Oui, Monsieur; j'en ai même connu deux; l'un, très
« grand, très gros et très raisonnable; l'autre, très petit,
« très maigre, et très..... »

« Je fis un mouvement avec la main, pour désigner une tête légère.

« *Le même juge :* « C'est cela même, je vois que vous l'avez connu. »

« Nous en étions là, lorsqu'on ouvrit une des portes du guichet qui donne sur l'escalier, et je vis une escorte de trois hommes qui conduisait M. Margue..... Ci-devant major, précédemment mon camarade au régiment du Roi, et mon compagnon de chambre à l'Abbaye. On le plaça, pour attendre que je fusse jugé, dans l'endroit où l'on m'avait mis quand on me conduisit dans le guichet.

« *Le président, après avoir ôté son chapeau*, dit : « Je ne « vois rien qui doive faire suspecter Monsieur ; je lui ac- « corde la liberté. Est-ce votre avis ? »

« *Tous les juges* : « Oui, oui ; *c'est juste.* »

« A peine ces mots *divins* furent-ils prononcés, que tous ceux qui étaient dans le guichet m'embrassèrent. J'entendis au-dessus de moi applaudir et crier *bravo!* Je levai les yeux, et j'aperçus plusieurs têtes groupées contre les barreaux du soupirail du guichet ; et comme elles avaient les yeux ouverts et mobiles, je compris que le bourdonnement sourd et inquiétant, que j'avais entendu pendant mon interrogatoire, venait de cet endroit.

« Le président chargea trois personnes d'aller en députation annoncer au peuple le jugement qu'on venait de rendre. Pendant cette proclamation, je demandai à mes juges un résumé de ce qu'ils venaient de prononcer en ma faveur ; ils me le promirent. Le président me demanda pourquoi je ne portais pas la croix de Saint-Louis, qu'il savait que j'avais. Je lui répondis que mes camarades prisonniers m'avaient invité à l'ôter. Il me dit que l'Assemblée nationale n'ayant pas défendu encore de la porter, on paraissait suspect en faisant le contraire. Les trois députés rentrèrent, et me firent mettre mon chapeau sur la tête ; ils me conduisirent hors du guichet. Aussitôt que je parus dans la rue, un d'eux s'écria : *Chapeau bas...... citoyens, voilà celui pour lequel vos juges demandent aide et secours.* Ces paroles prononcées, le *pouvoir exécutif* m'enleva, et, placé au milieu de quatre torches, je fus embrassé de tous ceux qui m'entouraient. Tous les spectateurs crièrent : Vive la Nation ! Ces honneurs, auxquels je fus très sensible, me mirent sous la sauvegarde du peuple, qui, en applaudissant, me laissa passer, suivi des trois députés que le président avait chargés de m'escorter jusque chez moi. Un d'eux me dit qu'il était maçon et établi dans le faubourg Saint-Germain ; l'autre, né à Bourges, et apprenti perruquier. Le troisième, vêtu de l'uniforme de garde national, me dit qu'il était fédéré. Chemin faisant, le maçon me demanda si j'avais peur. « Pas plus que vous, lui répondis-je. Vous devez vous être aperçu que je n'ai pas été intimidé dans le guichet ; je ne tremblerai pas dans la rue. « Vous auriez tort d'avoir peur, « me dit-il, car actuellement vous êtes sacré pour le peu- « ple ; et si quelqu'un vous frappait, il périrait sur-le-champ. « Je voyais bien que vous n'étiez pas une de ces chenilles « de la liste civile ; mais j'ai tremblé pour vous, quand « vous avez dit que vous étiez officier du roi. Vous rap- « pelez-vous que je vous ai marché sur le pied ? — Oui ; « mais j'ai cru que c'était un des juges. — C'était par- « bleu bien moi ; je croyais que vous alliez vous fourrer « dans le haria, et j'aurais été fâché de vous voir faire « mourir ; mais vous vous en êtes bien tiré ; j'en suis bien « aise, parce que j'aime les gens qui ne boudent pas. » Arrivés dans la rue Saint-Benoît, nous montâmes dans un fiacre qui nous porta chez moi.

« Le premier mouvement de mon hôte, de mon ami, fut en me voyant, d'offrir son porte-feuille à mes conducteurs qui le refusèrent, et qui lui dirent, en propres termes : « Nous ne faisons point ce métier pour de l'argent. Voilà « votre ami ; il nous a promis un verre d'eau-de-vie ; nous « le boirons et nous retournerons à notre poste. » Ils me demandèrent une attestation qui déclarât qu'ils m'avaient conduit chez moi sans accident. Je la leur donnai, en les priant de m'envoyer celle que mes juges m'avaient promise, ainsi que mes effets que j'avais laissés à l'Abbaye. Je fus les accompagner jusqu'à la rue, où je les embrassai de bien bon cœur. Le lendemain, un des commissaires m'apporta le certificat. »

Si nous avons cité ces pages de Jourgniac de Saint-Méard,

c'est qu'elles nous fournissent sur un homme et sur une chose des renseignements précieux, auxquels les historiens ont peu pris garde : l'homme, c'est Maillard, la chose c'est la prison de l'Abbaye.

Voyons l'abattoir, d'abord ; nous étudierons le boucher ensuite.

Je me souviens avoir vu, étant tout enfant, dans un

La prison de l'Abbaye en 1793.

journal illustré, une gravure bien impressionnante représentant une sorte d'immense tour, vue à l'intérieur, remplie d'un enchevêtrement de charpentes extrêmement pittoresques. La signature que portait ce dessin était fort suggestive : l'artiste qui l'avait tracé d'après nature s'appelait *Maillard!* La légende ne l'était pas moins : on l'avait ainsi rédigée : *vue du tribunal révolutionnaire en 1792.* La chose ainsi combinée était vraiment dramatique; si dramatique même, que ce cliché a, depuis, pris place, à titre d'illustration, dans un livre d'histoire qui passe, à juste titre, pour sérieux.

Eh bien tout cela est faux. Lorsqu'en l'an X, les bâtiments conventuels de l'abbaye Saint-Germain furent aliénés et démolis, le souvenir des massacres, encore vivant certainement dans la mémoire des gens du quartier, disparut avec les constructions qui en avaient été les témoins.

La prison de l'Abbaye hérita de cette lugubre tradition : elle restait seule, debout, de tout l'ancien couvent; on en fit le théâtre de tous les événements de septembre; quand elle fut abattue à son tour, en 1857, il fallut bien loger quelque part cette tradition, ce spectre des inoubliables tueries, cette âme en peine du massacre : et comme il y avait, dans la rue Childebert, une antique et sombre maison, contenant une vaste salle d'aspect bizarre et sinistre, c'est là que la légende se réfugia. C'est cette maison qui donna naissance au pittoresque dessin que nous citions tout à l'heure.

L'erreur est flagrante. Le tribunal populaire des journées de septembre siégea en deux endroits bien distincts : à la salle des hôtes, et au greffe de la prison. Toutes les autres suppositions sont imagination ou fantaisie.

Si l'on hésite sur le décor, on n'est guère mieux renseigné sur l'homme qui tint là le premier rôle, et c'est regrettable. J'avoue que cette figure de Maillard, s'érigeant en juge et jouant l'impartialité dans ce drame sanglant, m'attire, me trouble et m'intrigue. La psychologie de cet homme, gardant son calme au milieu de la tuerie, s'asseyant paisiblement à une table en disant : *finissons-en* et rendant sans mandat, des jugements de mort, restera sans doute à tout jamais une insoluble énigme.

Maillard était né à Gournay en 1763, — il avait vingt-neuf ans en 1792! — son parrain lui avait donné au baptême les prénoms de Stanislas-Marie. Son père était marchand et habitait la paroisse de Saint-Hildevert. Comme la famille était nombreuse, — le père Maillard avait huit enfants, — il fallut, de bonne heure, songer à gagner sa vie.

L'aîné des fils, Thomas Maillard, avait le premier quitté Gournay et était entré, en qualité de praticien, chez un huissier à cheval au Châtelet, nommé Antoine Pierrotin. Comment parvint-il à succéder à son patron? Je l'ignore. Toujours est-il que, le 12 mars 1778, Thomas Maillard était nommé huissier au Châtelet, et, tout aussitôt, il faisait venir de Gournay son frère puîné Stanislas et lui donnait une place dans son étude.

Stanislas n'était point dénué d'intelligence ni d'éducation; mais il avait une haute idée de sa valeur et ne se croyait pas né pour un si modeste emploi. On le représente comme étant d'une taille élevée et mince; il soignait sa mise, affectait même une certaine recherche, et, sans être orateur, aimait à parler, ce qu'il faisait d'une façon entraînante et avec une chaleur communicative. Un tel homme devait saluer avec ivresse l'aurore de la Révolution : dès les premiers événements il se signala. Le *Moniteur* le cite parmi les vainqueurs de la Bastille, au nombre de ceux qui revendiquaient l'honneur d'avoir arrêté M. de Launay.

Au 5 octobre on le voit prendre un tambour, se placer à la tête des femmes rassemblées sur la place de Grève, et les conduire à Versailles, d'où il revient dans une des voitures de la Cour, pour recevoir les compliments des membres de la Commune. Le 5 juin 1792, moins de trois mois avant les journées de Septembre, il épouse Angélique Paredde, et son acte de mariage figure sur les registres de la paroisse Saint-Sauveur.

Comment se retrouva-t-il dans la rue Sainte-Marguerite, le soir du 2 septembre, à l'heure où la foule ameutée — par qui? — agitait la question de massacrer tous les détenus de l'Abbaye? Nous rencontrons là un de ces inexplicables hasards qui jouent un si grand rôle dans les événements de la Révolution, et qui feraient croire à quelque vaste et ténébreuse association dont les membres se seraient donné pour but la destruction de la monarchie. Le roman s'est emparé de cette idée ; elle est peut-être la vraie ; on y trouverait, en tous cas, la clef de bien des énigmes.

Maillard avait-il reçu des instructions ? C'est possible. C'est lui, la chose est certaine, qui conduisit toute l'affaire : il se multiplia ; on le voit à la prison, jugeant les détenus, prenant soigneusement note de chacun des verdicts ; on le voit à l'Abbaye proprement dite, prononçant l'arrêt de mort des prêtres ; on le voit aux Carmes, installant, dans un couloir, sa chaise et son bureau, et, avec son flegme imperturbable, interrogeant les premières victimes et les livrant aux assassins. En ces trois jours il fit si belle besogne qu'il s'attira le surnom de *Tape-dur* : il ne le quitta plus.

Il ne viendra jamais à l'esprit d'aucun homme, l'idée de réhabiliter Maillard ; mais on peut reconnaître en toute bonne foi, que si quelques personnes ont échappé au massacre, c'est peut-être à lui qu'elles ont dû la vie. Lui-même, d'ailleurs, a cherché à se justifier dans une brochure, introuvable aujourd'hui, sorte de manifeste où il passe en revue son existence tout entière.

« Mes détracteurs, dit-il, peuvent bien rejeter leurs crimes sur moi ; mais les registres de l'Abbaye les démentiront toujours et prouveront que je ne suis pas, comme eux, un homme de sang. Fabre me fait appeler le *septembriseur*. Qu'il se trompe grossièrement ! Il m'est si aisé de prouver que, sans moi, toutes les personnes renfermées dans l'Abbaye, eussent été complètement égorgées et pillées... »

Je ne suis pas un homme de sang... Une telle remarque, dans la bouche de Maillard, semble empreinte d'une certaine candeur ou d'une effrayante hypocrisie. Est-ce de l'inconscience ? Pour ma part, je ne le crois pas. On retrouve en effet, *Tape-dur*, faisant en 1793 les fonctions de policier, entouré d'une soixantaine d'individus dont lui seul connaît les aptitudes : il lance cette bande d'espions dans toutes les directions, provoquant les arrestations les plus arbitraires, et, s'emparant de toutes les valeurs des suspects arrêtés sans jamais en rendre compte; si bien que le comité de Salut public ordonna une enquête, et que, le 11 octobre 1793, les scellés furent apposés sur les papiers de Maillard, chez qui l'on ne trouva, du reste, que 8090 livres en assignats; lui-même fut incarcéré à la Force, d'où on le transféra à la prison du Luxembourg. Mis en liberté quelques jours après, Maillard ne joua plus qu'un rôle effacé dans la Révolution. Un certificat du docteur Geoffroy, daté du 27 frimaire an II, atteste que

Fac-similé de la signature de Maillard sur le livre d'écrou de l'Abbaye.
(Musée Carnavalet.)

le pauvre *Tape-dur* est atteint depuis plus de seize mois d'une maladie de poitrine et qu'il se trouve dans un état de faiblesse qui le condamne à l'inaction.

Au commencement du printemps de 1794, par les premiers beaux jours, les passants se montraient un grand homme maigre et courbé, qui suivait mélancoliquement les quais de la Seine, cherchant le soleil. Il marchait à petits pas, les yeux fixés devant lui, ne regardant personne. De temps en temps il portait la main à sa poitrine, pris d'une quinte de toux déchirante; puis il crachait des caillots de sang et reprenait sa lente promenade.

Cet homme dont la salive était rouge... c'était Ma. rd: Il mourut le 15 avril 1794, à l'âge de 31 ans.

* * *

Il y a encore de nos jours, en bordure du boulevard Saint-

Germain, une ligne de vieilles maisons lépreuses, penchées, cahotantes, hideuses, qui ont survécu à toutes les percées, à tous les alignements. Ce sont, avec le presbytère actuel de la paroisse, les seuls témoins qui restent du massacre de l'Abbaye ; leurs sombres façades faisaient en effet vis-à-vis à l'entrée de la prison. Le long de ces masures passèrent les malheureux que Maillard venait de condamner et qu'on entraînait vers la Cour du Jardin où attendaient les assassins. Il y a aussi, le long des noires et colossales murailles du palais abbatial une étroite et tortueuse ruelle, sinistre pour ceux qui se rappellent : c'est par là, que Maillard, la besogne faite, regagnait à l'aube sa demeure (1) où l'attendait sa jeune femme. Les habitants du quartier, que les hurlements des tueurs et les cris des victimes avaient tenus éveillés toute la nuit, regardaient, derrière les persiennes, s'avancer la haute silhouette de Tape-dur, calme, insouciant, marchant de l'allure paisible d'un employé revenant de son bureau... Les pans de sa longue houppelande grise, ont peut-être frôlé ces pierres ; par la rue Bourbon-le-Château, le carrefour Bucy, la rue Dauphine, il regagnait les quartiers du centre de la ville muette, indifférente et tranquille.

Paris, en effet, — et c'est une chose que comprendront seuls les Parisiens, — n'apprit que par les journaux les massacres de Septembre. La capitale était déjà en 1792 si étendue, si mouvementée, si diverse d'aspects, que de tels événements pouvaient s'y passer sans prendre d'autre importance que celle d'un incident local. Nous possédons à ce sujet un témoignage bien précieux, celui de Philippe Morice, le jeune clerc de notaire dont nous avons déjà cité les souvenirs. Il était allé passer le dimanche à la campagne, et s'en revenait, le 2 septembre au soir, avec un ami : l'idée leur prit d'aller au spectacle ; arrivés à la

---

(1) Maillard habitait en 1792 la rue Jean-Pain-Mollet, près de l'Hôtel de Ville. Plus tard il habitait la place de la Commune (de Grève).

place des Italiens, ils trouvèrent la porte du théâtre fermée. Celles des théâtres Molière, rue Saint-Denis, et du théâtre de la Culture-Sainte-Catherine l'étaient également. Ils renoncèrent donc à leur projet. « En passant par la rue Saint-Antoine pour gagner notre domicile (1) par la place de Grève et le Pont-Neuf, nous remarquâmes bien quelque mouvement dans ce quartier (2); nous entendîmes même quelques cris qui paraissaient partir de la place Royale. Comme ce jour était un jour férié, nous l'attribuâmes à la gaieté un peu turbulente des habitants du faubourg, et nous continuâmes notre route. L'obscurité était déjà profonde lorsque nous arrivâmes au carrefour Bucy.

« J'étais à peine arrivé à la rue de Seine, que je commençai à remarquer une lueur extraordinaire du côté de la rue Sainte-Marguerite, et à entendre une grande clameur qui semblait partir de cette rue. Je m'approchai d'un groupe de femmes du peuple rassemblées au coin de celle de Bourbon-le-Château, et je demandai la cause de cette clameur.

— « Tiens, celui-là, dit l'une d'elles à sa voisine, d'où vient-il donc? Eh bien, quoi? Vous ne savez pas qu'on travaille la marchandise aux prisons? Regardez donc le ruisseau... »

« Le ruisseau était rouge, il n'y coulait que du sang. Ce sang était celui des malheureux qu'on égorgeait à la prison de l'Abbaye. A leurs cris se mêlaient les cris féroces de leurs bourreaux, et la lueur que j'avais entrevue de la rue de Seine était produite par les torches dont s'étaient munis les égorgeurs, et par un feu de paille qu'ils avaient eu soin d'allumer pour éclairer leurs exploits.

« Quoique fatigué de la course que je venais de faire, je retrouvai des jambes pour fuir cet affreux spectacle et je regagnai la rue de Grenelle sans cesser d'être poursuivi par les cris des victimes et de leurs assassins. »

(1) Morice habitait les environs de la Croix-Rouge.
(2) Le quartier de la Force, où l'on massacrait à cette heure même.

Faut-il ajouter un dernier détail à ce tableau? Le dimanche 9 septembre, s'ouvrait la foire de Saint-Cloud. Tout Paris s'y porta en foule; jamais fête ne fut plus brillante et plus gaie. Tandis qu'on y dansait et qu'on faisait bombance, des tombereaux emportaient aux carrières de Montrouge les morts, déjà oubliés, dont le tas énorme encombrait les cours de la vieille abbaye de Saint-Germain des Prés.

IV.

LES CARMES (1).

Ceci n'est qu'un *post-scriptum*, un épilogue obligé au récit des massacres de l'Abbaye; car nous n'aurons point

(1) A la fin du seizième siècle, les Carmes réformés par sainte Thérèse, et qui portaient en Espagne le nom de Carmes Déchaussés, s'introduisirent en France, au moment de la mort d'Henri IV, et la régente les installa « au Faux-bourg Saint-Germain des Prez », dans un monastère qui fut bénit le 22 mai 1611, jour de la Pentecôte, par le nonce Ubaldini, neveu du pape Léon XI et parent de la régente Marie de Médicis. Dans la maison qui devenait le monastère de Saint-Joseph, les Huguenots, écrit Claude Malingre, « avaient tenu leur presche, et les mondains faisaient leurs plus notables récréations ». Comme les individus, et plus qu'eux encore, car elles demeurent plus longtemps, les choses ont parfois d'étranges vicissitudes. Trois ans après leur installation, les Carmes commençaient la construction de l'église et du monastère actuels. La chapelle fut terminée en 1620, et, trois ans après, dédiée solennellement sous l'invocation de saint Joseph, par Éléonor d'Estampes de Valençay, évêque de Chartres.

La communauté prit une telle extension, que, peu d'années après son installation, elle acquérait de vastes terrains qui formèrent un enclos borné à l'est par la rue Cassette, à l'ouest par la rue du Regard, au nord par la rue du « Chasse-

Le Couvent des Carmes rue de Vaugirard.

ici de décor à reconstituer : il subsiste tout entier : couloirs voûtés, galeries froides où s'alignent, toutes pareilles, les portes basses des cellules ; hautes salles conventuelles, à lambris de chêne bruni, à stalles de bois scellées aux murs...

Aux Carmes, pas une pierre n'a changé de place : voici la petite porte où se faisait l'appel des victimes, voici le long couloir par lequel on les poussait à la mort ; sur ces dalles ont trébuché leurs pas. Là, c'est le perron à deux rampes sur lequel on commença le massacre ; parmi les branches d'un saule-pleureur, entre deux palmes jaunies, cette simple inscription : HIC CECIDERUNT (il tombèrent ici) ; à cette étroite fenêtre, apparut tout à coup, derrière la grille rouillée, la face pâle de Maillard (1) criant à ses hommes : « *Attendez ! ne les tuez pas si vite, on va les juger !* » et voilà le sombre corridor où eut lieu ce simulacre de jugement.

Cent ans après cette scène sanglante, ceux qui visitent ce lieu sinistre parcourent ces couloirs et ces salles dans un recueillement qui ressemble à de la stupeur. Nous voici dans la *chambre des épées* : et les pèlerins s'arrêtent, si-

---

Midi », et au sud par le chemin de Vaugirard. Les Carmes firent construire sur la rue Cassette et sur la rue du Regard des hôtels qu'ils louèrent à des particuliers.

Ces ressources, considérables pour l'époque et augmentées par la vente de l'Elixir des Carmes, étaient employées à payer les frais de construction du monastère et de la chapelle, et à servir de nombreuses pensions viagères. Le reste était la fortune des pauvres.

Les Carmes furent toujours populaires à Paris, à tel point que non seulement ils ne furent point inquiétés lors de la Révolution, mais encore, pendant cette horrible journée où l'on massacrait les prêtres dans leur jardin, les quelques religieux demeurés dans le couvent n'eurent aucun mal, et l'on prit même la précaution d'aller les rassurer dans leurs cellules. Malgré cette sollicitude, ils jugèrent prudent de ne pas compter trop longtemps sur la bienveillance des assassins, et ils rentrèrent dans la vie civile, conformément à la loi du 17 août, qui prescrivait à tous les membres des communautés religieuses d'évacuer, avant le 1er octobre, les maisons occupées par eux, et qui seraient vendues au profit de l'État.

(1) Maillard ne fit sans doute que paraître quelques instants aux Carmes pour y organiser le massacre. Il retourna tout aussitôt à l'abbaye. Le massacre des Carmes semble avoir été dirigé par Jean-Denis Violette, membre de la section du Luxembourg, Berthelot, tailleur d'habits, Martin Froment, Joachim Ceyrat, etc....

lencieux, devant les taches sanglantes qu'ont laissées sur
le mur les sabres des massacreurs ; puis on pénètre dans

Corridor où siégea le tribunal du 2 septembre au couvent des Carmes.

le jardin et l'on reste là, les yeux fixés sur cette porte qui,
en trois heures, s'ouvrit cent vingt fois de suite pour donner

passage aux cent vingt malheureux qu'accueillaient hurlants, enivrés, gouailleurs, les hommes de Maillard, attendant leur proie. Du haut de ce perron de six marches, quelle vision! la horde de tueurs, manches retroussées, bras sanglants, s'épongeant le front de leurs mains rougies; comme fond à ce tableau, le jardin, avec ses charmilles jaunissantes, ses ombrages profonds, ses allées droites; la victime était jetée à bas de ces six marches de pierre que voilà — les mêmes — et on se l'arrachait, on la dépouillait, on se bousculait pour frapper le premier coup : beaucoup, résignés, tombaient de suite et, vite égorgés, piétinés, jetés dans un massif, mouraient là; quelques-uns, les jeunes, affolés par l'idée de mourir, par la vue et l'odeur du sang, par la terreur de la boucherie inévitable, se débattaient, tâchaient de fuir : alors une chasse commençait à travers le jardin; la meute suivait la soutane noire à travers les feuillages, on la traquait, on la cernait dans un coin, on l'abattait ici ou là, au hasard de la poursuite. Quatre ou cinq parvinrent à gagner le mur du fond, un mur noirci, haut de 10 pieds, qui existe encore : une statue — un moine de pierre — se trouve là, derrière laquelle les fuyards se cachèrent; d'un bond prodigieux invraisemblable, s'aidant de cette statue, ils s'élancèrent sur le mur, et tombèrent dans les jardins voisins; ceux-là échappèrent. L'un d'eux, cramponné à la crête du mur, s'aidant des genoux, s'arc-boutant, se hissait : il allait atteindre le faîte quand une balle vint le frapper à la tête; on vit ses mains lâcher prise, son corps s'étendre, et tomber, lentement, tout de son long, au pied du mur; à cette place, il y a une inscription, presque fruste, illisible, dans un encadrement de plâtre effrité.

Il est sinistre, ce jardin, plein d'arbustes et d'herbes hautes : depuis longtemps, sans doute, depuis cent ans peut-être, on ne l'a point cultivé, et les plantes qui jadis l'ornaient, redevenues sauvages, y poussent en un inextricable fouillis, et prennent des silhouettes de gigantes-

Perron du massacre au couvent des Carmes. (État actuel.)
Au dessus de la porte se trouve la fenêtre grillée par laquelle Maillard parla au peuple.

ques chardons; des courges malingres apparaissent sous les mauvaises herbes envahissantes; des vignes vierges rampent en lianes folles; les fleurs qui s'y égarent çà et là n'ont point de couleur; et la haute façade du couvent, avec l'abside de son église, sa grêle et pittoresque tour, et ses toits de tuiles rousses, semble, toute noire, toute moisie, toute lépreuse, se souvenir et avoir épouvante de ce qu'elle a vu.

*
* *

Il y avait jadis, au fond de l'enclos, une sorte de bâtisse fort simple qui servait de salle de conférences ou de prières : c'est là, qu'après le massacre, on réunit, en tas symétriques, les corps ramassés dans les allées. On les mit nus. Le 3 septembre, la section du Luxembourg s'en inquiéta : un membre, nommé Daubanel, proposa de les faire inhumer, mais auparavant de distribuer leurs dépouilles à *ceux qui ont prêté les mains pour les déshabiller*. Les gens du quartier virent arriver, vers le soir, quelques hommes conduisant deux charrettes, qui pénétrèrent dans le couvent par la porte de la rue de Vaugirard; ils refermèrent cette porte derrière eux, et pendant la nuit on les entendit causer et rire en se livrant on ne savait à quelle besogne : on apprit seulement que, à l'aube, les charrettes avaient fait deux ou trois voyages au cimetière de Vaugirard pour y transporter les morts. Puis le couvent fut fermé, et l'on mit sur la porte : *Propriété nationale à vendre*.

Sous l'empire, une dame pieuse, Mme de Soyecourt, en fit l'acquisition : elle transforma en chapelle le hangar où les corps des martyrs avaient séjourné et dont le dallage était maculé de taches de sang. Sur un puits voisin qui se trouvait comblé, elle fit élever une croix de bois, et elle vécut là, habitant une cellule du couvent, presque seule; en mourant, elle légua à l'autorité diocésaine l'ancien domaine des Carmes et l'on y installa l'École des hautes Études Ecclésiastiques.

En 1867, la ville décida le prolongement de la rue de Rennes : le tracé de la nouvelle voie enlevait une notable portion du jardin, déjà fortement entamé par le percement de la rue d'Assas : la *Chapelle des Martyrs* était appelée à disparaître, ainsi que la croix de bois élevée tout à côté par Mme de Soyecourt.

Or, une tradition existait, prétendant que les corps des prêtres immolés le 2 septembre n'avaient point été tous transportés au cimetière de Vaugirard, que la plupart, au contraire, avaient été enfouis pêle-mêle, dans le puits que recouvrait cette croix de bois, et qu'on appelait le *puits des Martyrs*. Aussi, avant d'aliéner le terrain des Carmes, l'administration diocésaine voulut éclaircir ce point, et, le 20 mai 1867, en présence de M. l'archidiacre, des ouvriers enlevèrent la croix, démolirent le petit massif de maçonnerie qui lui servait de soubassement et mirent à jour l'orifice du puits qui se trouva être comblé; on continua les recherches, et, à 50 centimètres environ au-dessous du sol, on trouva un grand nombre d'os, dont aucun ne présentait les caractères d'ossements humains : c'étaient des os de bœuf, de mouton et de poulet. Les fouilles furent continuées au même endroit du 20 au 23 mai, sans autre découverte. On reconnut qu'il n'y avait pas lieu de poursuivre.

Tandis que les terrassiers terminaient la visite des gravois retirés du puits, un homme âgé, un curieux, qui refusa de se faire connaître, — sans doute c'était un des tueurs de septembre, peut-être un des *dépouilleurs* de Daubanel, et il avait honte encore de la besogne faite soixante-quinze ans auparavant, — prit un des ouvriers par le bras, et le conduisant au centre du jardin : « *Ils sont là* », dit-il. Or, en consultant les plans anciens du domaine des Carmes, les architectes reconnurent qu'à la place indiquée s'était trouvé jadis un puits dont on n'apercevait plus trace : un commencement de recherche fut opéré, et dès les premiers coups de pioche mit à découvert un pan de mur sur la nature duquel il n'y avait pas à se méprendre : c'était une ancienne margelle ; une brèche pratiquée laissa bientôt voir l'intérieur du puits ; il avait été comblé et voûté, puis recouvert d'une couche de terre végétale de quarante centimètres environ d'épaisseur.

Dès que la voûte fut enlevée, on aperçut les premiers ossements : ils étaient couchés sur un lit de chaux, au-dessous duquel on en découvrit d'autres en grande quantité. — Je passe ici quelques détails horribles, dont font mention les rapports des architectes. — Les ossements, relevés à la main, étaient tout aussitôt déposés dans des boîtes faites exprès, et transportés dans une cellule du couvent. Le 8 juin, le puits était vide, mais il restait à visiter soigneusement les terres qui en provenaient pour en extraire les objets divers qui pouvaient s'y rencontrer. Elles contenaient, en effet, outre tous les ossements de petit volume, un grand nombre de fragments et de débris de toute sorte : des cloches de maraîchers — on en compta plus de 350, — un balai, des verres et des bouteilles, un baril et deux tonneaux, de la vaisselle de faïence grossière, vernie intérieurement en blanc et extérieurement en brun, à la marque des Pères Carmes ; quelques assiettes portaient dans un cercle bleu l'inscription : CARMES DECH., d'autres simplement les initiales C. D. Une seule portait l'image du Mont-Carmel surmontée d'une croix. On retrouva, pêle-mêle, des vases de nuit, des os de gigot, des carreaux de marbre, des écailles d'huîtres, des noyaux de pêches, des pépins de citrouilles et de melons, des amandes vertes, des pots à confitures et à pharmacie, une cuillère, une fourchette, des éponges, des lampions, un fer à friser, un couteau, deux bêches, très oxydées et couvertes de fortes agglomérations qui paraissaient être du sang coagulé — sans doute avaient-elles servi aux tueurs, — une clef, un cadran de montre, une boucle de souliers, des cheveux...

Le jardin du couvent des Carmes.

Le docteur Douillard fut chargé de constater l'état et la nature des ossements découverts dans le puits : il dressa, du minutieux travail auquel il se livra, un compte rendu très détaillé et du plus haut intérêt. Il s'appliqua à étudier surtout les traces de blessures remarquées sur les crânes et qui attestaient la façon dont la mort avait été donnée. Presque tous ceux qu'on retrouva entiers portaient des fractures commençant à la partie antérieure de la tempe et se terminant au pariétal; fractures évidemment produites par le choc très violent d'instruments contondants (bâton, talon de hache... etc.) Très peu portaient des trous produits par des balles. Sur 92 mâchoires retrouvées, 21 seulement étaient intactes, toutes les autres étaient brisées ou fendues...

Ces diverses constatations ne pouvaient laisser aucun doute sur l'authenticité des ossements; il était évident qu'après avoir transporté quelques corps — une trentaine, peut-être, — au cimetière de Vaugirard, les fossoyeurs envoyés par la section s'étaient lassés, et avaient enfoui les victimes dans un vieux puits qui se trouvait à sec, et qu'ils avaient ensuite comblé avec tout ce qui, dans le jardin, était à leur portée : de là l'étonnante quantité de cloches de maraîchers; ils y avaient même jeté pêle-mêle les débris du festin qu'avaient fait là, une fois la besogne finie, le 2 septembre, les hommes de Maillard, à qui l'on servit, dit-on, un repas dans la vaisselle des moines, et qui firent, en guise de dessert, main basse sur tous les fruits du jardin. Le docteur Douillard conclut en somme que le nombre des sujets dont il avait examiné les restes s'élevait à 90 ou 95 environ; que sur ces sujets deux au moins appartenaient au sexe féminin et que trois au moins étaient des enfants au-dessous de dix ans — (ces corps provenaient des tombes de l'église, violées au moment du massacre dans un motif d'ignoble cupidité) — et qu'enfin vingt-quatre de ces sujets portaient des traces de blessures pouvant faire croire qu'ils avaient succombé à une mort violente.

⁂

Ces reliques dans la crypte de l'église des Carmes, sont exposées à la vénération des pèlerins. Le caveau qui les contient est peut-être la chose la plus émouvante que l'on puisse voir à Paris. Derrière de fortes grilles, protégées par une glace sans tain, apparaissent deux énormes reliquaires, où, sur des tablettes garnies de velours, sont déposés les ossements et les crânes portant encore les traces des blessures produites par le fer ou le plomb des septembriseurs. Tout autour de la chapelle, sur des plaques de marbre noir, sont gravés cent dix-sept noms de victimes que l'histoire est parvenue à recueillir. Le sol lui-même est fait de la terre retirée du puits, et l'on a placé, dans un caveau spécial, les fragments d'outils, d'armes, de verres et de vaisselle qui sont restés pendant soixante-quinze ans en contact avec les corps.

Un petite chapelle à laquelle on parvient en montant quelques marches, est tapissée de dalles tachées de sang qui formaient autrefois le pavage de la *chapelle des martyrs*. Des cadres suspendus aux murailles contiennent des morceaux de cloison et de bancs de bois sur lesquels le sang a également jailli.

On a eu la bonne pensée de reconstituer un modèle de cette ancienne *chapelle des martyrs*, et contre l'un des piliers de la première salle on a posé, sur un piédestal, la statue de la Vierge qui occupait une niche creusée au fond du jardin des Carmes; bien des prêtres ont reçu le dernier coup au pied de cette statue et ont levé vers elle leur dernier regard.

Là se trouve aussi une tombe qui, pour n'être point celle d'une des victimes de septembre, n'en est pas moins l'objet de la vénération des fidèles. C'est là que repose, en effet, Mme de Soyecourt ; fille d'un gentilhomme décapité sous la Terreur après une détention dans le couvent des Carmes, elle conçut la généreuse pensée de s'approprier ces lieux sanctifiés par le martyre, et, dès que les temps devinrent meilleurs, elle employa sa fortune à l'acquisition de l'église, du monastère et de la plus grande partie de ses dépendances. C'est donc à elle qu'on est redevable de la conservation de cet enclos vénérable ; c'est grâce à son zèle pieux que les bâtiments des Carmes ont été sauvés de l'inévitable démolition qui a fait disparaître sucessivement tous les monuments contemporains de l'époque révolutionnaire. Ici, du moins, il reste des murs qui ont vu les choses et qui les racontent d'une éloquente façon.

LE SALON
DE MADAME ROLAND.

Si l'on appelle, en termes de cuisine, *amourette* la moëlle épinière des veaux et des agneaux, c'est à un certain Rotisset qu'on doit attribuer la délicatesse de cette recherche philologique. Cet habile homme, *chef* chez M. le marquis de Créquy, soutenait la prétention d'avoir inventé les potages *à la jambe de bois* — « (*décharnez proprement et piquez votre os à moëlle au milieu de vos croutons gratinés*) ». Honneur que revendiquait également M. le vicomte de Béchamel de Nointel, premier maître d'hôtel de M. le Régent, qui eut la gloire de donner son nom à la sauce blanche que vous savez.

Toujours est-il que ce Rotisset eut, de son mariage avec une femme de chambre de la marquise de Créquy, une *demoiselle* Fanchon Rotisset, qui s'allia convenablement avec un ouvrier bijoutier nommé Phlipon... Arrêtons là cette généalogie : ce bijoutier graveur qui logeait au *quai des Lunettes*, jouissait, vers 1772, d'une sorte de célébrité dans le quartier, non à cause de son talent qui était assez mince, mais parce qu'il avait une fort jolie fille, fraîche comme une pêche, savante comme les livres. Elle s'appelait Manon Phlipon : tout enfant elle avait remporté tous les prix au catéchisme de la paroisse Saint-Barthélemy, et les bourgeoises la montraient à leurs filles comme la plus studieuse enfant de la cité.

Non point que, vue au travers de ses *Mémoires*, la jolie Manon, qui fut plus tard Mme Roland, nous paraisse aujourd'hui bien sympathique. Cette gamine de huit ans qui se met à rire quand sa bonne maman Rotisset lui parle de petits enfants trouvés sous les choux, et qui se prend d'une telle passion pour Plutarque, qu'elle emporte le volume à l'église en manière de livre de messe; la jeune fille qui, à seize ans, disait d'un air ingénu : « Dans le genre controversiste, je me range avec les auteurs de Port-Royal; leur logique et leur austérité *conviennent à ma trempe* », a pris pour la postérité une pose de petite bourgeoise prétentieuse et pédante qui déconcerte le jugement.

Cette trempe dont elle se montre fière, c'est à la lecture

Maison natale de Mme Roland sur le quai de l'Horloge. (État actuel.)

qu'elle la doit. La bibliothèque du père Phlipon se composait d'un tas de volumes dépareillés, poussiéreux et jaunis que Manon a découverts en furetant par la maison. A neuf ans elle lit la Bible qui l'attache « parce qu'elle s'exprime aussi crûment que la médecine »; elle lit les *Guerres civiles* d'Approri, le *Roman comique* de Scarron, les *Mémoires* du brave Pontis, un traité de *l'Art héraldique* et un recueil de contrats; c'est de ces étonnants mélanges qu'elle nourrit son esprit... Tout le long du jour elle lit et rêve.

Elle contemple, de sa fenêtre exposée au nord « les vastes déserts du ciel, sa voûte superbe, azurée, magnifiquement dessinée, depuis le levant bleuâtre, loin, derrière le pont au Change, jusqu'au couchant, doré d'une brillante couleur aurore, derrière les arbres du Cours et les maisons de Chaillot. » L'atelier de son père était une grande pièce, convenablement meublée, ornée de glaces et de quelques tableaux; un enfoncement du côté de la cheminée avait permis de pratiquer un retranchement éclairé par une petite fenêtre. Là était le lit de Manon, si resserré entre les cloisons qu'elle y montait toujours par le pied : une chaise, une petite table et quelques tablettes complétaient l'ameublement de son asile (1).

Et si quelque chose est plus étonnant encore que cette gamine qui lit *Candide,* c'est la façon dont, devenue femme, elle conte ses impressions d'enfance : à chaque ligne perce l'orgueil incommensurable, l'invraisemblable ambition d'une petite bourgeoise, gonflée de haine « à ne savoir qu'en faire ». Elle s'admire le dimanche à la messe dans un costume *qu'on aurait pu croire sortir d'un équipage,* et dont l'apparence est fort bien soutenue par son maintien et son langage; mais elle s'admire bien plus encore condescendant

---

(1) La maison qu'habita dans sa jeunesse Mme Roland n'a pas changé d'aspect, extérieurement du moins. On retrouve, donnant sur le quai, l'étroite fenêtre qui éclairait le réduit où elle couchait étant enfant. La porte était, et est encore place Dauphine n° 28. Mais toutes les dispositions intérieures ont été modifiées.

à aller, dans la semaine, en petit fourreau de toile, au marché avec sa mère. Elle descendait même seule — admirez ce trait antique — pour acheter, à quelques pas de la maison, du persil ou de la salade que la ménagère avait oubliée. Il faut avouer que cela ne lui plaisait pas beaucoup ; pourtant elle s'acquittait de sa commission avec tant de politesse, tant de dignité, que la fruitière, *ou autre personne de cette sorte*, se faisait un plaisir de servir avant toute autre cliente la petite fille du cuisinier Rotisset.

« Cette enfant — c'est d'elle qu'elle parle — qui expliquait fort bien les cercles de la sphère céleste, maniait le crayon et le fusain, et se trouvait, à huit ans, la meilleure danseuse d'une assemblée de jeunes personnes au-dessus de son âge ; cette enfant était souvent appelée à la cuisine pour y faire une omelette ou écumer le pot... »

Vraiment? Il est vrai qu'elle ajoute : « Je ne suis déplacée nulle part... » ce qui ne l'empêche pas de parler, quelques lignes plus bas, de son « humilité profonde. »

On la conduit à Versailles : dire ce que souffrit cet envieux bel esprit à la vue de la pompe dont s'entourait la dix fois séculaire monarchie de France, serait impossible. Elle enrage d'être logée, avec sa mère, sous les combles du château, dans un appartement qu'on leur a prêté ; et, devant les cérémonies de la Cour qu'elle contemple de loin, d'en bas, mêlée à la livrée, elle soupire : « en songeant à Athènes où son regard aurait pu admirer les beaux-arts, sans être blessée par le spectacle du despotisme. » Ce qui la navre, par-dessus tout, c'est qu'elle n'est point regardée : « Si mes yeux ou ma jeunesse faisaient dire quelques mots, *cela sentait presque la protection!* » Et pourtant elle a soin de faire connaître à la postérité « qu'elle valait qu'on la regardât. » « A quatorze ans comme aujourd'hui, dit-elle, j'avais environ cinq pieds, ma taille avait acquis toute sa croissance ; la jambe bien faite, le pied bien posé, les hanches très relevées, la poitrine large et superbement meublée, les épaules effacées, l'attitude ferme et gracieuse, la marche rapide et légère, voilà pour le premier coup d'œil. Ma figure n'avait rien de frappant qu'une grande fraîcheur, beaucoup de douceur et d'expression... La bouche est un peu grande; on en voit mille de plus jolies : pas une n'a le sourire plus tendre et plus séducteur... Le regard ouvert, franc, vif et doux, couronné d'un sourcil brun comme les cheveux et bien dessiné, étonne quelquefois; mais il caresse bien davantage et réveille toujours... le teint vif, plutôt que très blanc, des couleurs éclatantes... la peau douce, le bras arrondi, la main agréable sans être petite, parce que ses doigts allongés et minces annoncent l'adresse et conservent de la grâce; des dents fraîches et bien rangées, l'embonpoint d'une santé parfaite : tels sont les trésors que la nature m'avait donnés. »

En voilà bien assez, n'est-ce pas, pour faire nombre de victimes! Les grands seigneurs de Versailles n'avaient pas eu la cervelle troublée par tant de charmes; et, voyez la malechance, c'est un boucher qui est devenu amoureux de Manon! Hélas! Mlle Phlipon daignait, comme on l'a vu, faire parfois elle-même des emplettes de ménage; le boucher qui avait sa pratique la servait avec force œillades : quand on le croisait à la promenade, il se pavanait dans son bel habit noir et s'inclinait profondément devant *ces dames* sans les aborder. N'osant avouer la passion dont il dépérissait, le boucher manifestait ses transports sous la forme d'excellents filets, de rognons savoureux qu'il venait offrir à la jeune Phlipon, si bien qu'un jour, à une demande formelle, Mlle Manon répondit « qu'elle n'épouserait jamais *quelqu'un du commun* et qu'elle méprisait les gens du commerce qui ne font fortune qu'en surfaisant beaucoup et en rançonnant le pauvre ouvrier. »

O philosophie! On en rirait si ces théories n'avaient conduit la pauvre femme là où l'on sait..... à un autre boucher auquel elle n'échappa point.

Mais en regard de celle-là, il faut évoquer aussi l'autre Mme Roland, la femme, la mère, l'épouse que ses compagnes de captivité à Sainte-Pélagie se montraient, par la porte entr'ouverte de son cachot, le front dans la main, et pleurant, pleurant pendant des heures entières, à grands sanglots; il faut songer surtout à l'héroïne qu'elle fut, lorsque, par un jour brumeux de novembre, la charrette la menait à travers la foule hurlante, vers l'échafaud.

Ce jour-là, Sanson fit prendre à son lugubre cortège la route accoutumée; on passa le Pont-au-Change, on tourna à gauche et l'on suivit le quai de la Mégisserie jusqu'à la place des Trois-Maries. Ceux qui virent Mme Roland durant ce trajet ne l'oublièrent jamais : dès que la charrette eut franchi le pont, la pauvre femme tourna les yeux vers l'autre rive de la Seine; les mèches courtes de ses cheveux bruns que le bourreau venait d'abattre fouettaient ses joues empourprées; ses bras étaient ramenés en arrière par les cordes qui la liaient; son corps se tenait droit et ferme, malgré les cahots.... et elle regardait.

Elle regardait, là-bas, l'étroite maison rouge et blanche où s'étaient passées ses jeunes années, la petite fenêtre du réduit où elle couchait, la haute croisée de l'atelier de son père, sur le rebord de laquelle elle s'était accoudée si souvent rêveuse, pour contempler « le grand désert du ciel ». Elle songeait aux gais dimanches d'autrefois, quand elle s'en allait, fière et parée, au catéchisme de Saint-Barthélemy, et que les voisins, sur leur porte, l'admiraient et lui adressaient des bonjours amicaux. Elle revoyait ses endroits aimés, les quais, les grands arbres du Pont-Neuf, les vieilles façades de la place Dauphine, toutes ces choses, si connues, auxquelles elle adressait l'adieu sans retour; elle pensait aussi à ses douces promenades d'été avec sa mère, dans le bois de Meudon, aux jours heureux passés à Villebon, dans la forêt; elle pensait à ses rêves d'ambition et de célébrité, à ses enthousiasmes, à son désir d'être grande, de servir sa patrie, de participer aux affaires publiques. Elle l'avait atteint son rêve, et elle en mourait.

Sans doute cette impression qu'elle éprouvait en recevant ainsi le reflet de ses jeunes années fut bien vive : car on dit qu'arrivée au pied de l'échafaud, elle pria qu'on la déliât pour qu'elle pût écrire le récit des émotions extraordinaires qu'elle avait ressenties depuis sa sortie de la Conciergerie jusqu'au lieu du supplice. Mais on n'écouta point sa demande, et la mort emporta son secret.

Il s'était accompli, pourtant, le rêve de cette fière petite bourgeoise qui ne voulait point épouser un *homme du commun*. A vingt-six ans elle s'est mariée à un homme touchant la cinquantaine; mais, du moins, c'est un *monsieur*, un philosophe, un savant. Ce fut sans doute avec un soupir de délivrance qu'elle quitta la vieille maison du quai aux Lunettes, pour suivre en province, dans une propriété qui avait des allures de château, son vieux mari dont le nom, *Roland de la Platière,* faisait, aux paysans, l'illusion de la noblesse. Fut-elle heureuse? L'aima-t-elle? Ceci aurait dû rester le secret de son cœur; mais, disciple ardente de Rousseau, elle éprouva, elle aussi, le besoin de se confesser si pleinement à la postérité qu'elle ne put retenir les plus intimes confidences, et l'on sait que l'affection qu'elle porta à son mari *était réduite à une mesure qui ne tenait rien de l'illusion.* Elle se dévoua avec une plénitude plus enthousiaste que calculée : elle sentit souvent qu'il manquait entre eux de parité; si elle restait dans son ménage, elle avait des heures parfois pénibles à passer; si elle allait dans le monde, elle y était adulée de gens « dont elle s'apercevait que quelques-uns pourraient trop la toucher... » D'ailleurs, avec sa nature raisonneuse, elle trouvait *bizarre et cruel* le devoir qui enchaînait deux natures que des différences de caractère, d'âge, de sentiments, avaient rendues inconciliables; mais elle pensait en même temps qu'il faut être *vertueux pour les autres et sage pour soi*. Et elle resta sage : c'était de l'honnêteté froidement calculée, ce n'était point de l'amour.

Roland, lui, l'adorait ; il était vieux avant l'âge ; il parlait d'un ton monotone et toujours de lui-même, raide et cassant. Négligé dans sa tenue, il se montrait par les rues, étant ministre, à pied, couvert d'une mauvaise redingote râpée et percée au coude, et avec des bas de laine..... Mais combien ce mari vénérable dut paraître aimable et beau à l'ambitieuse fille du graveur Phlipon, lorsqu'un soir, à onze heures, au moment où les époux Roland allaient se coucher, on frappa à la porte de l'hôtel Britannique qu'ils habitaient rue Guénegaud. C'était Dumouriez qui, accompagné de Brissot, venait apprendre à Roland sa nomination au ministère de l'intérieur et saluer son collègue. Quelle folle joie! Que d'illusions! Quel rêve!

.·.

Mme Roland avait, avec une adresse infinie, conduit toute l'intrigue.

On sait que le ménage était revenu, au commencement de 1791, se fixer à Paris pour quelques mois. Le mari était chargé de présenter à l'Assemblée nationale les doléances de la commune et des chambres de commerce de Lyon. La femme revit avec une joie indicible les quais de la Seine; ils descendirent à l'hôtel Britannique, tout près de la place Dauphine, et sans doute la petite Manon n'était-elle pas fâchée de bien montrer à tout son quartier qu'elle était devenue une dame et qu'elle recevait les gens en vue. Les amis de Roland étaient en effet au pouvoir, et tout de suite elle comprit que l'heure était venue pour elle d'entrer en scène.

Elle courut à l'Assemblée, se fit présenter Brissot avec

qui elle avait entretenu déjà une correspondance, et tout de suite elle rêva d'avoir un salon politique. Elle convia Brissot, qui vint un soir amenant Pétion; Clavière suivit, puis Buzot, Louis de Noailles, Volfius, le petit Antoine.

Robespierre se fit prier, mais comme il savait qu'on parlait là politique, et qu'il aimait à être renseigné, il ne tarda pas à devenir un des assidus de l'hôtel Britannique.

J'imagine que les hommes publics d'aujourd'hui ne nous donnent qu'une faible idée de leurs ancêtres de la Législative et de la Convention : ceux-ci étaient d'austères idéologues, farcis de théories et prenant au sérieux leur rôle de parlementaires; ceux-là sont plus modernes, moins pédants, et ne dédaignent pas, je pense, de secouer quelquefois le poids des affaires et de se délasser des travaux législatifs. Mais quelque amour qu'aient apporté à la chose publique des hommes tels que Buzot, Pétion ou Brissot, je considère comme invraisemblable que, lorsqu'ils sortaient de l'Assemblée, qui tenait bravement deux séances par jour, avant d'aller au club où ils passaient régulièrement leurs soirées, ils éprouvassent le besoin de se réunir dans l'intervalle pour parler politique, fût-ce même en compagnie de l'austère Roland, qui, je m'abuse peut-être, me semble un bonhomme bien ennuyeux.

Non certes; ces hommes étaient hommes, et ce qui les attirait à l'hôtel Britannique, c'était bien plutôt la présence d'une femme aimable, intelligente et jolie, de laquelle ils se sentaient appréciés, ce qui les flattait, et pour qui ils faisaient la roue. Comme elle avait en mépris les fadeurs et les compliments, ils parlaient devant elle du bonheur de l'humanité; c'était là leur manière de faire la cour à cette Romaine déguisée en Parisienne. Roland, lui, se faisait-il illusion? Comprenait-il qu'on venait pour sa femme et non pour lui? J'en doute. Mais Manon ne s'y trompait pas, et la preuve c'est qu'elle ne manquait pas d'assister aux entretiens; elle sentait bien que si elle s'éclipsait un jour, le lendemain il ne viendrait plus personne.

Elle a laissé de ses conférences de l'hôtel Britannique un pittoresque croquis : « J'étais, dit-elle, logée grandement, dans un quartier agréable..., il fut arrêté que les députés qui avaient coutume de se réunir pour conférer ensemble se rendraient chez moi quatre fois par semaine après la séance de l'Assemblée, et avant celle des Jacobins.

« Assise près d'une fenêtre, devant une petite table sur laquelle étaient des livres, des objets d'étude, de petits ouvrages de main, je travaillais ou je faisais des lettres tandis que l'on discutait. Je préférais écrire, parce que cela me faisait paraître plus étrangère à la chose et m'y laissait presque aussi bien; je puis en faire plus d'une à la fois, et l'habitude du genre épistolaire me permet d'entretenir une correspondance en écoutant toute autre chose que ce que j'écris. Il me semble que je suis trois : je partage mon attention en deux comme une chose matérielle et dirige l'emploi de ces deux parts comme si j'étais une autre. Je me souviens qu'un jour où ces Messieurs, se trouvant d'avis divers, avaient fait assez de bruit, Clavière remarquant la rapidité avec laquelle j'écrivais, dit assez plaisamment qu'il n'y avait qu'une tête de femme qui pût y suffire, et s'en étonnait cependant : « Que diriez-vous donc, lui demandai-je en souriant, si je vous répétais tous les raisonnements que vous venez de faire? »

« Excepté les compliments d'usage à l'arrivée et au départ de ces Messieurs, je ne me permis jamais de prononcer un mot, quoique j'eusse souvent besoin de me pincer les lèvres pour m'en empêcher. Si quelqu'un m'adressait la parole, c'était après le cercle rompu et toute délibération terminée. Du reste, une carafe d'eau et un sucrier étaient l'unique rafraîchissement qu'on trouvait chez moi, et j'annonçais que c'était le seul qui me parût convenable d'offrir à des gens qui venaient discuter en sortant de table...

« ... La conduite de Robespierre dans les conférences qui se faisaient chez moi était remarquable : il parlait peu, ricanait souvent, lançait quelques sarcasmes, n'ouvrait jamais un avis; mais le lendemain d'une discussion un peu suivie, il avait soin de paraître à la tribune de l'Assemblée et d'y mettre à profit ce qu'il venait d'entendre dire à ses amis (1). »

J'ai longtemps cherché cet hôtel Britannique où se tenaient ces conférences : il doit certainement exister encore, presque toutes les maisons de la rue Guénegaud étant anciennes et n'ayant point changé depuis le dix-huitième siècle. Mes investigations sont restées sans résultat; mais je ne passe pas devant ces vieilles façades sans songer à cette nuit du 21 mars 1792, où Dumouriez vint sonner à la porte des Roland pour annoncer la grande nouvelle : « Vous êtes ministre! » Le vieux Roland resta calme; sa femme joua la dignité et le sang-froid; mais, telle que nous la connaissons, elle dut se sentir envahie d'une allégresse immense. Tout son être s'écria : Enfin!

Le lendemain on chargea un fiacre de malles, et la petite bourgeoise courut s'installer à l'hôtel du ministère, à ce splendide palais de la rue Neuve-des-Petits-Champs qu'avait construit Leveau pour le comte de Lionne, que Pontchartrain avait habité, et dont l'élégant Calonne avait fait une des merveilles de Paris.

Comme son cœur devait battre, à l'orgueilleuse Manon du quai des Lunettes, quand elle franchit le solennel porche à colonnes de sa nouvelle demeure, et que le fiacre roula sur le pavé de la grande cour en hémicycle, bordée d'arcades! Comme elle gravit légèrement le perron, traversa les vastes salles des gardes, monta le large escalier

---

(1) Correspondance inédite, citée par Mme Clarisse Bader. *Correspondant.* Année 1892.

à double rampe... Et que pensa-t-elle quand elle se trouva dans les grands salons dont les lambris sculptés encadraient l'image de Louis XIV couronné par la Victoire, et quand les hauts panneaux de glace reflétèrent son image? Elle était chez elle !

Chez elle dans ce somptueux hôtel, l'un des plus beaux

Hôtel de Calonne et de Lionne (Ministère de l'Intérieur en 1792) à l'emplacement actuel de la rue Méhul.

de Paris, que le roi Louis XV avait trouvé digne d'abriter les ambassadeurs extraordinaires; chez elle dans cette immense demeure où l'on comptait deux chapelles, de grands appartements d'été et d'hiver, des écuries pour 53 chevaux, dix remises (1)...

(1) L'hôtel du ministère de l'Intérieur était situé rue Neuve-des-Petits-Champs à l'endroit précis où l'on a percé depuis la rue Méhul. C'est sur ces terrains qu'a été construit l'ancien théâtre Ventadour. Il serait possible de reconstituer jusqu'aux détails de l'hôtel de Mme Roland, grâce aux plans et aux dessins de De Cotte, que possède le cabinet des estampes de la Bibliothèque nationale.

Discrètement, dans ses Mémoires, elle passe sous silence ce chapitre de son roman : elle ne veut point paraître émue de son changement de fortune : elle ne quitte point un seul instant son rôle d'héroïne romaine, n'ayant d'autre souci que le bien public, d'autre préoccupation que le salut de la France. Mais elle était trop femme, trop parisienne pour n'avoir point été émerveillée d'elle-même et éblouie de son sort quand, le premier soir, elle s'endormit sous un dais à plumes blanches, entre des murs peints à fresques, où les dieux et les déesses semblaient veiller à son repos.

Tout de suite, avec un tact parfait, elle sent qu'elle sera ridicule si elle joue à la grande dame ; et elle s'impose une règle de conduite : elle ne reçoit intimement, à part ses plus proches parentes, que deux femmes, Mme Pétion qui vit simplement à la Mairie, et Mme Brissot, une brave mère de famille, adonnée aux vertus domestiques, absorbée par les soins de son ménage, repassant elle-même les chemises de son mari, et regardant par le trou de la serrure pour savoir si elle doit ouvrir à ceux qui frappent. Deux fois par semaine elle donne à dîner : l'une aux collègues de son mari, auxquels elle joignait quelques députés, l'autre à des hommes politiques, aux chefs de bureau du ministère, à des écrivains, à des philosophes. La table est servie avec goût, mais sans profusion et sans grand luxe ; on y passe peu de temps, les repas ne se composant jamais que d'un seul service qu'elle a eu soin de commander elle-même et dont elle fait toujours les honneurs. Quinze couverts, rarement dix-huit, une seule fois vingt, tel est le nombre des convives. Après le dîner on causait quelque temps au salon et chacun retournait à ses affaires. On se mettait à table vers cinq heures ; à neuf heures les invités étaient partis.

Un seul service ! Le malheur est, qu'en révolution, tandis que les uns grandissent, ils laissent derrière eux d'autres affamés, des amis de la première heure, qui, eux aussi, ont les dents longues, et qui voudraient bien pouvoir mettre la main, dans la bagarre, sur une table *servie avec goût, quoique sans profusion*... Hébert était de ceux-là : l'odieux *Père Duchesne* ne pouvait pas admettre qu'étant parti du même pied et de la même allure, certains démocrates en fussent déjà à posséder hôtel et train de maison, tandis que lui végétait toujours dans son troisième étage de la rue Saint-Antoine. La fille du bijoutier Phlipon, de son côté, trouvait tout naturel d'être une grande dame, de jouer un rôle, d'avoir une cour; elle estimait que cela était dû à ses talents, à sa philosophie, à sa vertu : pour elle Roland était un « Caton », ses amis étaient des « Spartiates », elle-même était une « Romaine ». *Notre vertu, sa vertu, ma vertu :* voilà le mot qu'elle décline sans cesse, et la malheureuse ne se doute pas qu'elle est déjà une aristocrate, et qu'elle inspire, juste retour des choses d'ici-bas, autant de haine et d'envie que l'*Autrichienne* elle-même. Hébert, avec son esprit gouailleur, sa verve ordinaire, sait bien le lui faire sentir; et le croquis, tracé par lui, d'un dîner à l'hôtel Roland — « où l'on se dédommage, dit-il, des anciens carêmes... », — mérite, à ce point de vue, d'être conservé :

« Il y a quelques jours, f..., une demi-douzaine de sans-culottes... vint en députation chez ce vieux tondu (de Coco Roland); malheureusement c'était au moment de la bouffaille. — Que fouloir vous? leur dit le Suisse en les arrêtant à la porte. — Nous voulons parler au vertueux Roland. — *L'être point ici de ve..tueux,* réplique le gros portier, bien gras et bien tondu, en allongeant la patte...

« Nos sans-culottes enfilent le corridor et arrivent dans l'antichambre du vertueux Roland. Ils ne peuvent se faire jour au travers de la valetaille dont il était rempli. Vingt cuisiniers, chargés des plus fines fricassées, criaient à pleine tête : — Gare, gare, ouvrez le passage : ce sont les entrées du vertueux Roland; d'autres : les hors-d'œuvre du vertueux Roland; d'autres : les rôts du vertueux Roland;

d'autres : les entremets du vertueux Roland. Que voulez-vous? dit le valet de chambre du vertueux Roland à la députation? — Nous voulons parler au vertueux Roland...

« Le valet va rendre le propos tout frais au vertueux Roland qui vient, en rechignant, la gueule pleine et la serviette sur le bras. — La république est sûrement en danger, dit-il, pour me faire ainsi quitter mon dîner... — Roland conduit mes b... dans son cabinet; d'abord par la salle à manger où il y avait plus de trente piqueurs d'assiettes.

« Au haut bout et à la droite du vertueux Roland était placé Bassatier; à la gauche, le dénonciateur de Robespierre, le petit f... et de Louvet, qui, avec sa figure de papier mâché et ses yeux creux, lançait des regards de convoitise à la femme du vertueux Roland; Barbaroux..., etc. Un des membres de la députation veut passer par l'office sans lumière et renverse le dessert du vertueux Roland. A la nouvelle de la perte de son dessert, la femme du vertueux Roland s'arrachait de rage ses cheveux postiches. »

Cheveux postiches! Cette injure dépassait les autres pour une femme, et Mme Roland elle-même paraît l'avoir ressentie assez vivement. Qui sait si, lorsque près d'un an plus tard, elle paraîtra devant le Tribunal, ce n'est point par une suprême coquetterie qu'elle se montrera à ses juges avec tous ses cheveux dénoués, pour ne point laisser peser sur sa beauté ce soupçon des cheveux postiches qui lui était allé au cœur?

D'ailleurs les temps devenaient difficiles ; on n'était plus aux heures d'illusions, où, effeuillant dans les verres de ses convives les roses de son corsage, la pauvre Manon saluait l'aurore d'un siècle nouveau. Dans les derniers jours du ministère Roland, les colères populaires grondaient à ce point que des amis pressaient le ministre et sa femme d'abandonner durant la nuit l'hôtel de la rue des Petits-Champs : deux ou trois fois ils cédèrent à ces instances;

mais ces déplacements ennuyaient M⁽ᵐᵉ⁾ Roland qui prit le parti de ne plus découcher : elle fit apporter le lit de son mari dans sa chambre et ne s'endormait pas sans avoir déposé sous son chevet ou sur sa table de nuit un pistolet dont elle était résolue à se servir « non pour une vaine dé-

Le grand salon du ministère de l'Intérieur en 1792.
Reconstitué d'après des croquis inédits de De Cotte au Cabinet des Estampes.

fense, mais pour se soustraire aux outrages des assassins si elle les voyait arriver. »

Les jours où l'on ne reçoit pas à l'hôtel de l'Intérieur, M⁽ᵐᵉ⁾ Roland passe les soirées avec son mari, en tête à tête; la petite fille, Eudora, dînant dans sa chambre avec sa gouvernante.

Mme Roland avait alors 38 ans : elle n'avait rien perdu de son air de fraîcheur, d'adolescence et de simplicité (1); son mari ressemblait à un Quaker dont elle eût été la fille; et son enfant voltigeait autour d'elle avec des cheveux flottants jusqu'à la ceinture; on croyait voir des habitants de la Pensylvanie transplantés dans le salon de Calonne.

« J'ai vu chez elle, dit un autre contemporain, plusieurs comités de ministres et des principaux Girondistes. Une femme paraissait là un peu déplacée, mais elle ne se mêlait pas des discussions, elle se tenait le plus souvent à son bureau, écrivait des lettres et semblait ordinairement occupée d'autre chose, quoiqu'elle ne perdît pas un mot. Sa modeste parure n'ôtait rien à ses grâces, et, quoique ses travaux fussent d'un homme, elle ornait son mérite de tous les charmes extérieurs de son sexe. »

Aussi, peut-on croire que si les salons de l'Intérieur sont fréquentés par tant de gens, c'est moins à la considération dont est entouré Roland qu'aux charmes de sa femme qu'ils en sont redevables. Tout ce qui a un nom dans la politique accourt là, attiré par la grâce, l'esprit, la beauté, l'ardente conviction de celle que Hébert, haineux, appelle la femme de Coco-Roland.

C'est Danton, qui, avant Septembre, ne laisse guère passer de jour sans venir chez elle, tantôt, pour le Conseil, arrivant un peu avant l'heure afin de s'arrêter quelques minutes dans son appartement, tantôt s'invitant, avec Fabre d'Églantine, à *manger la soupe* au ministère. C'est Dumouriez, « galant auprès des femmes, mais nullement propre à réussir auprès de celles qu'un commerce tendre pourrait séduire »; c'est Robespierre, auquel elle a peine à pardonner son mauvais langage et son ennuyeux débit, sa voix triviale, ses expressions incorrectes, sa manière vicieuse de prononcer; c'est Luckner, un vieux soldat,

---

(1) Lemonthey.

demi-abruti, sans esprit, sans caractère, ayant le goût du vin, jurant, tutoyant, populaire; c'est Clootz, l'orateur du genre humain, parlant longtemps et haut, mangeant beaucoup, cherchant sans gêne la première place et le meilleur morceau; c'est Louvet, petit, fluet, la vue basse et l'habit négligé, courageux comme un lion, simple comme un enfant, pouvant alternativement « secouer les grelots de la folie, tenir le burin de l'histoire et lancer les foudres de l'éloquence ». C'est Gorsas, c'est Barbaroux, c'est Brissot, c'est Lanthenas, Bancal des Essarts, Bosc, qui sont les amis personnels, et dont le dernier sera le fidèle des mauvais jours.

Et la chose qui étonne le plus Mme Roland au milieu de cette cour d'hommes en vue, c'est — elle l'a dit elle-même — c'est l'universelle médiocrité; « cette médiocrité passe tout ce que l'imagination peut se représenter, et cela dans tous les degrés, depuis le commis jusqu'au ministre, jusqu'au militaire qui doit commander les armées, à l'ambassadeur fait pour négocier. » Jamais, sans cette expérience, elle n'aurait cru l'espèce humaine si pauvre.

Un seul fut à ses yeux une exception : ce fut Buzot. L'ardente sympathie qui l'unissait à Mme Roland était devenu un amour profond. Elle même le regardait comme celui qui *aurait pu être son amant*. Elle était à ce moment de la vie où les années sont lourdes, où les attraits se perdent : « *on ne serait pas fâchée*, si une telle disposition s'accordait avec le devoir, *de laisser moins inutile ce qui en reste;* il devient chaque jour plus difficile de fermer son cœur, d'employer *la vigueur d'un athlète à défendre son âge mûr de l'orage des passions* (1). »

---

(1) A. Dauban, *Mme Roland et son temps. Passim.*
M. Dauban a publié des lettres inédites de Mme Roland qui ne laissent aucun doute sur les sentiments qu'elle porta à Buzot. Ces lettres sont datées de l'Abbaye :
« Ne me plains pas! écrit-elle... Va, nous ne pouvons cesser d'être réciproquement dignes des sentiments que nous nous sommes inspirés; on n'est point malheureux avec cela. Adieu, mon ami, mon bien-aimé, adieu! »

Lutter plaisait à cette âme hardie: mais cette fois le combat fut rude : elle songea à quitter Paris *pour une raison toute personnelle*, dit-elle. L'ombre d'une trahison aurait fait horreur à sa loyauté : elle avait tout dit à Roland. Le pauvre homme courba la tête, atteint dans son orgueil non moins que dans ses intimes et profondes affections. Une tradition non dénuée d'autorité prétend qu'il avait annoncé la résolution de se retirer un jour si elle ne parvenait pas à étouffer cet amour... Il n'eut pas besoin d'imposer à son cœur cette torture : la mort guettait les trois personnages du drame : le dénouement ne devait point en être tendre, il devait être tragique : l'échafaud pour la femme, le suicide pour les deux hommes.

On sait comment fut amené ce dénouement, et nous ne voulons en retenir que les détails qui, se rapportant plus particulièrement à notre sujet, peuvent ajouter quelque trait nouveau à la physionomie tout extérieure des événements que nous tâchons de reconstituer.

Le 31 mai venait de voir la chute du parti Girondin : les *modérés* étaient en prison ou en fuite. Roland, poursuivi, avait disparu du logement qu'il habitait rue de la Harpe, en face de l'église Saint-Côme, et où le ménage s'était installé en quittant le ministère (1).

Le 1er juin, à minuit, on vint arrêter Mme Roland. « Le juge de paix arrive : on passe dans mon salon, on appose les scellés partout, sur les fenêtres, sur les armoires au linge; un homme voulait qu'on les mît sur un forte-piano; on lui observe que c'est un instrument; il tire un pied de sa poche, il en mesure les dimensions, comme s'il lui donnait quelque destination. Je demande à sortir les objets composant la garde-robe de ma fille, et je fais, pour moi-même, un petit paquet de nuit. Cependant cinquante, cent per-

---

(1) Le boulevard Saint-Michel a remplacé depuis longtemps la rue de la Harpe, et la maison habitée par Roland a disparu il y a quelque quarante ans déjà.

sonnes entrent et sortent continuellement, remplissent deux pièces, environnent tout, et peuvent cacher les malveillants qui se proposeraient de dérober ou de déposer quelque chose : l'air se charge d'émanations infectes, je suis obligée de passer près de la fenêtre de l'antichambre pour y respirer. L'officier n'ose point commander à cette foule de se retirer ; il lui adresse parfois une petite prière, qui n'en produit que le renouvellement...

« Enfin, à sept heures du matin, je laissai ma fille et mes gens, après les avoir exhortés au calme... et je descendis. Je trouvai deux haies d'hommes armés, depuis le bas de l'escalier jusqu'au fiacre arrêté de l'autre côté de la rue, et une foule de curieux ; j'avançai gravement, à petits pas... La force armée suivit la voiture sur deux files... ce malheureux peuple, attiré par le spectacle, s'arrêtait sur mon passage et quelques femmes criaient : *A la guillotine.*

« Nous arrivâmes à l'Abbaye... cinq à six lits de camp, occupés par autant d'hommes dans une chambre obscure, furent les premiers objets qui s'offrirent à ma vue. Après avoir passé le guichet, on se lève, on s'agite, et mes gardes me font monter un escalier étroit et sale : nous parvenons chez le concierge, dans une espèce de petit salon assez propre où il m'offre une bergère. Les commissaires passent dans la pièce voisine, font inscrire leur mandat et donnent leurs ordres verbaux. Le concierge (1) savait trop bien son métier pour suivre à la lettre ce qui n'est pas obligatoire ; c'est un homme honnête, actif, obligeant, qui met dans l'exercice de ses fonctions tout ce que la justice et l'humanité peuvent faire désirer. — « Que voulez-vous pour votre déjeuner ? — Une bavaroise à l'eau. »

« Les commissaires se retirent ; je déjeune tandis que l'on range à la hâte la chambre à coucher où l'on me fait passer. — « Vous pourrez, Madame, demeurer ici tout le

(1) Il s'appelait Lavaquerie : c'était le même qu'à l'époque des massacres de septembre 1792.

jour : et si je ne pouvais vous faire préparer un local ce soir, parce que j'ai beaucoup de monde, on dresserait un lit dans le salon. » Je remercie en souriant, on m'enferme... me voilà en prison ! »

Le soir même, il lui fallut changer de cachot : « Les victimes abondaient; la chambre où l'on m'avait placée pouvait contenir plus d'un lit, et, pour me laisser seule, on était obligé de me resserrer dans un petit cabinet : déménagement en conséquence. La fenêtre de ce nouvel appartement donne, je crois, au-dessus de la sentinelle qui garde la porte de la prison : toute la nuit j'entends crier, d'une voix tonnante : Qui vive ? — Tue ! — Brigadier ! — Patrouille ! Les maisons étaient illuminées (1) ».

Mme Roland mit à profit sa détention : « Si je reste ici six mois, écrivait-elle, j'en veux sortir grasse et fraîche, n'ayant plus besoin que de soupe et de pain. » Et elle se mit au régime — autant par économie — car il fallait être riche alors pour vivre en prison — que pour voir « jusqu'où la volonté humaine peut réduire les besoins ». Au bout de quatre jours elle retranchait son déjeuner et substituait à son chocolat habituel du pain et de l'eau; puis elle se contenta, au repas de midi, d'un plat de viande commune avec quelques herbages; le soir un peu de légumes, point de dessert; elle prit de la bière pour se déshabituer du vin, et bientôt elle ne but plus que de l'eau. Fut-elle aussi heureuse dans son cachot de l'Abbaye qu'elle voudrait le faire croire ? On peut en douter; Mme Roland est quelque peu coquette et tient à se montrer à la postérité sous un aspect avantageux. Aussi note-t-elle soigneusement qu'elle avait su si bien arranger, dans l'infect réduit où on l'avait logée, ses livres et ses fleurs, que Lavaquerie disait : « Je l'appellerai désormais le pavillon

---

(1) Suivant l'usage établi pendant la Révolution, pendant les nuits où l'on craignait des mouvements populaires. Le fameux cri : *des lampions* n'a pas d'autre origine.

de Flore. » Ce qui est, il faut le reconnaître un bien joli madrigal pour un concierge (1).

Le 22 juin au matin, Mme Roland était mise en liberté; le 24 juin au soir, elle était arrêtée de nouveau et enfermée à Sainte-Pélagie. Là elle fut tout d'abord soumise au régime commun.

« Le corps de logis, destiné pour les femmes, écrit-elle, est divisé en longs corridors fort étroits, de l'un des côtés desquels sont de petites cellules telles que j'ai décrite celle où je fus logée; c'est là que, sous le même toit, sur la même ligne, séparée par un plâtrage, j'habite avec des filles perdues et des assassins... Chaque cellule est fermée par un gros verrou à clef, qu'un homme vient ouvrir tous les matins, en regardant effrontément si vous êtes debout ou couchée; alors leurs habitantes se réunissent dans les corridors, sur les escaliers, dans une petite cour, ou dans une salle humide et puante, digne réceptacle de cette écume du monde... Voilà donc le séjour qui était réservé à la digne épouse d'un homme de bien! Si c'est là le prix de la vertu sur la terre, qu'on ne s'étonne donc plus de mon mépris pour la vie (2). »

La pauvre Manon! elle croit encore au prestige du piédestal sur lequel elle s'est placée; les railleries du *Père Duchesne* n'ont pu lui faire comprendre que cette vertu dont elle se montre si fière et dont elle parle trop, ne sera bientôt qu'un grief de plus contre elle et contre ses amis.

Les excessives chaleurs du mois de juillet rendaient la cellule inhabitable; la pauvre femme tendait, contre les grilles de sa croisée, des journaux en manière de stores, et cherchait à se donner un peu de fraîcheur en laissant la fenêtre ouverte pendant la nuit. Pourtant elle n'y pouvait tenir, au point que la femme du concierge consentit

---

(1) Ce *pavillon de Flore* fut habité, après le départ de Mme Roland, d'abord par Brissot, ensuite par Charlotte Corday qui y passa deux jours.
(2) Mme Roland, *Mémoires*.

à lui laisser passer les après-midi dans son appartement. Mme Roland put y faire venir un forte-piano dont elle s'amusait quelquefois; le fidèle Bosc lui apportait des fleurs du Jardin des Plantes; Grandpré et Champagneux venaient la voir assez souvent. Bientôt même la charitable Mme Bouchaud (1) l'installa dans une jolie chambre à cheminée située au rez-de-chaussée, que la prisonnière eut la permission d'arranger à sa fantaisie : elle mit un jasmin sur sa fenêtre, son piano près de son lit; elle rangea dans des armoires ses petits effets, de façon à faire régner dans son asile l'ordre et la propreté qui lui plaisaient tant... mais la présence d'un gendarme sous sa fenêtre, les aboiements de trois gros chiens dont la loge était tout proche, le voisinage d'une salle où les gardiens boivent et chantent, lui rappellent à tout instant sa situation; elle gémit alors sur la destinée d'un peuple « à la liberté duquel il n'est plus permis de croire », et elle estime que Platon avait bien raison de comparer la démocratie « à un encan de gouvernement, une sorte de foire... » Hélas! combien elle serait plus grande aux yeux de la postérité, la pauvre femme, si elle n'avait pas attendu, pour voir juste, d'être malheureuse et emprisonnée. Mais non, tant qu'elle habite un palais, tant qu'elle joue un rôle dans la Révolution, elle estime que celle-ci est une grande et désirable chose; elle la trouve odieuse et méprisable dès qu'elle n'en tire plus ni gloire ni profit. Et voilà pourquoi on est en quelque sorte affligé de rester insensible à ses malheurs.

Le 1er novembre, à l'heure où le fossoyeur du cimetière de la Madeleine achevait de combler la fosse où l'on venait de jeter les corps des Girondins, Mme Roland fut transférée de Sainte-Pélagie à la Conciergerie. C'était sa troisième prison, sa dernière... elle n'avait plus que huit

(1) ... Bouchot (?)

LE SALON DE MADAME ROLAND.

Le bâtiment des femmes à la Conciergerie.
A. fenêtre du cachot de M⁻ᵉ Roland.

jours à souffrir. Son arrivée fit sensation...; « La chambre de Mme Roland était devenue l'asile de la paix au sein de cet enfer (1); si elle descendait dans la cour, sa présence y rappelait le bon ordre, et ces malheureuses, sur lesquelles aucune puissance connue n'avait plus de prise, étaient retenues par la crainte de lui déplaire. Elle distribuait des secours aux plus nécessiteuses, et, à toutes, des conseils, des consolations et des espérances. Elle marchait environnée de femmes qui se pressaient autour d'elle comme autour d'une divinité tutélaire, bien différente de cette du Barry que les femmes perdues traitaient avec une énergique égalité... »

Où fut-elle logée à la Conciergerie? Les hôtes de ce sinistre lieu se succédaient avec tant de rapidité que la tradition de leur séjour n'a point eu le temps de naître. Sans nul doute on l'installa au-dessus du cloître de la cour des femmes, à ce premier étage dont le couloir et les étroites cellules n'ont point changé depuis un siècle (2). L'escalier qui y conduit est encore muni de sa vieille et lourde rampe de fer, que la main de Mme Roland... et de tant d'autres! a touchée. S'il est vrai qu'elle obtint d'être seule dans son cachot, on peut croire qu'on lui donna le plus petit de tous, et ce serait alors dans le réduit portant aujourd'hui le numéro 4 qu'elle vécut ses derniers jours.

Et ce n'est pas sans émotion que l'on pénètre dans cette étroite pièce — presque un couloir — où la pauvre Manon dut tant pleurer... car elle pleurait. Dans l'embrasure de cette fenêtre située juste en face du cachot qu'avait habité la reine, elle avait sa table où elle écrivit ses dernières pages : *Notes sur mon procès et l'interrogatoire qui l'a commencé,* et *Projet de défense au tribunal :* jusqu'à

---

(1) Relation citée par Dauban.
(2) Les récents travaux du Palais viennent cependant d'apporter quelques modifications à cette partie de la Conciergerie.

la fin elle songeait à la postérité. Ici était placé son lit ;
là elle fit elle-même sa toilette de mort.

Le jour fatal arriva : c'était le 8 novembre ; il faisait
un temps froid et brumeux. Ce matin-là, l'aboyeur
officiel qui appelait les prévenus au tribunal s'approcha
de la grille, un papier à la main : la liste était courte
et ne contenait que deux noms.

— Lamarque! cria-t-il.

Et l'on vit sortir des rangs des prisonniers un homme
blême de terreur, le visage décomposé, les lèvres contractées, les yeux démesurément grandis par l'épouvante. Il
se raidit pour faire quelques pas, les geôliers le saisirent.

— Citoyenne Roland! reprit l'huissier.

Elle avait été prévenue : elle attendait à la grille de la
cour des femmes qu'on vint l'appeler pour le jugement.
Elle était vêtue avec une sorte de recherche ; elle avait
une anglaise de mousseline blanche, garnie de blonde et
rattachée avec une ceinture de velours noir. Sa coiffure
était soignée : elle portait un bonnet-chapeau d'une élégante simplicité, et ses beaux cheveux flottaient sur ses
épaules. Sa figure paraissait plus animée qu'à l'ordinaire.
Ses couleurs étaient ravissantes, et elle avait le sourire
sur les lèvres. D'une main elle soutenait la queue de sa
robe, et elle avait abandonné l'autre à une foule de femmes
qui se pressaient pour la baiser... Un vieux geôlier, nommé
Fontenay, dont le bon cœur avait résisté à trente ans
d'exercice de son cruel métier, vint lui ouvrir la porte en
pleurant...

On sait le reste. Le même jour, à quatre heures et demie du soir, elle montait sur la charrette. Son compagnon
de supplice s'affaissa sous la terreur de la mort. Alors on
vit une chose inouïe : elle parla à cet homme avec une
chaleur, un intérêt qui rendirent au malheureux un peu
de courage, avec un enjouement et une gaieté qui ame-

nèrent par moments le sourire sur les lèvres de l'infortuné qui, comme elle, allait mourir. Arrivée à l'échafaud, elle dit à ce Lamarque : « Montez le premier, vous n'auriez pas la force de voir couler mon sang! »

*
* *

Le soir même de l'exécution, un visiteur en porta les détails dans la pension de Mme Godefroid ; c'est là qu'avait été cachée la pauvre petite Eudora, que Bosc, l'un des amis des mauvais jours, avait d'abord confiée à la famille Creuzé-Latouche, après la fuite de Roland et l'arrestation de sa femme. Son nom était un si grand péril pour la maison qui la recevait, que Mme Godefroid n'avait pu admettre cette enfant de onze ans que sous un nom supposé. On raconta devant elle le supplice de sa mère : ses larmes eussent été une dénonciation pour la demeure qui l'abritait. Elle eut le courage de les retenir jusqu'au moment où, seule enfin, elle put éclater en sanglots déchirants.

Bosc se montra digne, et du vivant et après la mort de Mme Roland, de l'amitié qu'elle lui avait témoignée. Il était allé la visiter dans sa prison et avait reçu d'elle le dangereux dépôt de ses *Mémoires* (1).

Vers le milieu de juillet, il donna sa démission d'administrateur des postes. Forcé de se dérober dans une retraite aux poursuites dont il pouvait être d'un jour à l'autre l'objet, il n'en sortait qu'avec précaution ; mais les deux amis s'écrivaient souvent. Après une captivité de plus de quatre mois, lorsque Mme Roland, ayant acquis la certitude qu'elle était réservée au supplice, eut formé la résolution d'arracher leur proie aux bourreaux en se donnant la mort, avant de la mettre à exécution c'est Bosc

---

(1) Dauban, *Mme Roland et son temps. Passim.*

qu'elle consulta; c'est Bosc qui blâma son dessein et l'en dissuada. Elle attendit donc l'horreur de l'exhibition publique.

Le jour de l'exécution, un homme vint se placer au bas de la charrette, reconnaissable à sa haute stature : c'était Bosc. Il la suivit d'aussi près qu'il put; il ne s'arrêta que devant l'échafaud. Quand tout fut fini pour son amie, il retourna dans la forêt de Montmorency : la petite maison qu'il y possédait au fond des bois avait été l'asile de Roland proscrit, et c'est de là que celui-ci avait gagné Rouen par des chemins détournés. Bosc qui, en qualité d'ardent botaniste, connaissait les moindres réduits de la forêt, avait caché les manuscrits de Mme Roland dans le creux d'un rocher, afin de les soustraire aux perquisitions qu'il s'attendait à voir faire d'un moment à l'autre chez lui. Vêtu comme les paysans, il partageait leurs travaux et leur genre de vie. Un jour il se crut perdu : dans une de ses promenades, il se trouva face à face avec Robespierre qui, tout bas, prononça son nom. Cependant la tourmente passa et Bosc reparut après le 9 thermidor. En l'an III il publia pour la première fois le manuscrit que Mme Roland lui avait confié avant de mourir. Le livre parut sous le titre d'*Appel à l'impartiale postérité par la citoyenne Roland, le recueil des écrits qu'elle a rédigés pendant sa détention aux prisons de l'Abbaye et de Sainte-Pélagie*. C'était Louvet, devenu libraire, qui s'en était fait l'éditeur, et qui le vendait au profit de la *fille unique de la citoyenne Roland, privée de la fortune de ses père et mère dont les biens sont toujours sous séquestre* (1).

Quant à Roland, il s'était enfui rue de la Harpe le soir même du 31 mai. Après avoir séjourné deux semaines dans la retraite de Bosc, à Montmorency, il était parti

---

(1) La fille de Mme Roland, Thérèse-Eudora Roland de la Platière, épousa M. Champagneux; elle en eut une fille qui devint l'épouse de M. Joseph Chaley, ingénieur civil.

pour Rouen où il avait trouvé un asile chez les citoyennes Mal...; c'est là qu'il apprit la mort de sa femme. Lorsqu'il fut revenu à lui-même, il résolut de mettre fin à ses jours. Ses vieilles amies essayèrent vainement de le détourner de son projet. Voyant que leurs efforts restaient inutiles, elles eurent le courage de délibérer avec lui sur le genre de mort qu'il convenait de choisir (1).

Champagneux, qui devait épouser la fille du malheureux Roland, a laissé un récit de ses derniers moments. Deux projets furent discutés, dit-il; suivant le premier, Roland devait se rendre incognito à Paris, se jeter au milieu de la Convention et l'étonner assez pour la forcer d'entendre des vérités qu'il croyait utiles à son pays. Il aurait demandé, après cela, d'aller mourir sur l'échafaud où l'on avait égorgé sa femme. L'autre projet était de se retirer à quelques lieues de Rouen, et de se donner lui-même le coup fatal.

Roland fut pendant quelque temps séduit par le premier projet...; mais quand il considéra que son assassinat juridique entraînerait la confiscation de ses biens, et qu'il réduirait par là sa fille à la misère, sa tendresse paternelle repoussa ce projet, et le voilà bien déterminé à s'arracher la vie de ses propres mains. Il demande une plume, écrit pendant un quart d'heure, prend une canne à épée et donne les derniers embrassements à ses amies.

Il était six heures du soir, le 15 du mois de novembre, quand Roland sortit de son asile. Il suivit la route de Paris, et, lorsqu'il fut au Bourg-Baudouin, à quatre lieues à peu près de Rouen, il entre dans l'avenue qui conduit à la maison du citoyen Normand, s'assied sur un des bords de cette avenue, et, là, enfonce dans sa poitrine le fer dont il s'était muni. La mort fut prompte sans doute; mais il la reçut si paisiblement qu'il ne changea pas d'attitude,

(1) Dauban.

et que, le lendemain, quelques passants crurent, en le voyant assis et appuyé contre un arbre, qu'il était endormi.

Sa mort fut bientôt sue à Rouen. Le député Legendre y était en mission : il se rend sur les lieux, fouille le cadavre, trouve dans une poche de l'habit un papier, et en donne lecture aux curieux que cet événement avait attirés. Ce billet était ainsi conçu :

« Qui que tu sois, qui me trouve gisant ici, respecte
« mes restes : ce sont ceux d'un homme qui est mort
« comme il a vécu, vertueux et honnête.

« Un jour viendra, et il n'est pas éloigné, que tu auras
« un jugement terrible à porter; attends ce jour, tu agiras
« alors en pleine connaissance de cause et tu reconnaîtras
« même la raison de cet avis.

« Puisse mon pays abhorrer enfin tant de crimes et reprendre des sentiments humains et sociaux. »

« J. M. Roland.

Sur un autre pli du billet on lisait :
« Non la crainte mais l'indignation.
« J'ai quitté ma retraite au moment où j'ai appris qu'on
« allait égorger ma femme; et je ne veux plus rester sur
« une terre couverte de crimes (1). »

Tel fut le dénouement du roman de Manon Phlipon.

(1) L'original de ce billet est aux Archives Nationales.

TROIS JOURNÉES

DE

CHARLOTTE CORDAY.

I.

L'HOTEL DE LA PROVIDENCE.

Le 9 juillet 1793, de bonne heure, Charlotte Corday quittait, pour n'y plus rentrer, l'antique maison de la rue Saint-Jean, à Caen, où elle vivait seule depuis deux ans avec sa tante Mme de Bretteville. Elle avait donné comme prétexte de sa sortie matinale, qu'elle allait dessiner des faneuses dans les prairies voisines. Un carton de dessin à la main, elle descendit l'escalier, et, sur le seuil, rencontra l'enfant d'un menuisier nommé Lunel (1), qui logeait dans la maison

---

(1) Et non Robert, comme on l'a dit. Voici d'ailleurs la description de la maison de Charlotte Corday donnée par M. Gaston Lavalley (*Caen, son histoire et ses monuments*). « L'immeuble dit le *Grand Manoir*, où Charlotte Corday vint, au mois de juin 1791, chercher un asile chez sa vieille parente, Mme de Bretteville, était une antique maison, d'une architecture à demi gothique, avec deux étages éclairés l'un et l'autre, du côté de la rue, par trois fenêtres. On y entrait par une porte basse, donnant accès dans une allée, étroite et obscure, au bout de laquelle un escalier de pierre, en spirale, conduisait au premier étage, occupé par Mme de Bretteville. L'appartement de cette vieille dame communiquait, au moyen d'un étroit corridor, avec la chambre que Charlotte Corday habitait à l'autre extrémité de la maison.

« La chambre de Charlotte Corday, située au premier étage, au fond de la cour,

sur la rue. L'enfant jouait habituellement dans la cour, elle lui donnait quelquefois des images : « Tiens, Louis, lui dit-elle en lui remettant son carton de dessin dont elle n'avait plus besoin pour lui servir de contenance, voilà pour toi ; sois bien sage et embrasse-moi, tu ne me reverras jamais. » Et elle embrassa l'enfant en lui laissant une larme sur la joue (1).

Depuis trois jours, sa malle avait été déposée au bureau des diligences, car il avait été décidé qu'elle irait, avec des amies, chercher en Angleterre un refuge contre la Révolution ; ce prétexte lui servit à couvrir les arrangements de son départ. A dix heures du matin elle quittait Caen dans la diligence de Paris.

a subi bien peu de changements ; c'est le même escalier de pierre qui y conduit, la même porte qui lui sert d'entrée ; à l'exception de la cheminée qui occupe aujourd'hui moins d'espace, la construction intérieure de la chambre est telle qu'elle était autrefois ; on n'y voit ni parquet, ni plafond, ni sculptures, c'est toujours la même simplicité ; toutefois la fenêtre en croisillon qui s'ouvrait sur la cour a changé de forme ; c'étaient de petits vitraux enchassés dans du plomb, sur lesquels, malgré leur peu d'étendue, des témoins qui s'en souviennent encore, ont vu quelquefois Charlotte poser de petits dessins et s'amuser à calquer, car elle aimait beaucoup à dessiner, et c'est au fils aîné du menuisier Lunel, Louis, alors âgé de 15 ans et encore existant aujourd'hui, qu'elle fit présent au moment de son départ pour Paris, d'un carton contenant ses dessins et son porte-crayon. Dans les désordres inévitables des déménagements ou à la suite de quelques décès, ces objets ont été perdus. »

Voici une autre description de cette même maison, due à M. Adolphe Huart, membre de l'Académie des sciences et belles-lettres de Caen. « Le grand-manoir était, à l'époque où Charlotte Corday vint chez Mme de Bretteville, une vieille maison à l'architecture demi-gothique et isolée de la rue, par une petite cour pavée en grès. Ce bâtiment, dont la construction remonte à une époque très reculée, avait deux étages, éclairés sur la rue par trois fenêtres. On y pénétrait par une porte cintrée, étroite et basse qui donnait dans une allée obscure. L'escalier en pierre à spirale ornée d'une rampe en volute, conduisait au premier et au deuxième étage. Au premier étage, se trouvait l'appartement de Mme de Bretteville communiquant au moyen d'un étroit corridor à la chambre qu'occupait Charlotte Corday. La chambre de la jeune Normande se trouvait située à l'extrémité de la maison, et, pour s'y rendre, il fallait traverser la cour dans toute sa longueur. Un petit escalier en pierre y conduisait. La chambre était carrelée en briques, sans plafond et les poutres noircies par le temps. Une vaste cheminée avec un manteau en saillie formait tout le pittoresque de cette habitation, éclairée par une fenêtre en croisillons s'ouvrant sur une cour plus étroite et plus triste encore que celle du grand manoir. »

(1) Louis Lunel est mort à Caen, sous le second empire croyons-nous. Quant à la maison de Charlotte Corday, elle a été malheureusement remplacée, vers 1850, par une maison à façade blanche.

S'il faut en juger par le compte rendu de son voyage, qu'elle-même écrivit quatre jours plus tard, l'aisance de sa conversation n'inspirèrent que de la bienveillance et de la curiosité à ses compagnons de route, qui, étonnés des grâces de la jeune fille et de son isolement, essayèrent de lui arracher son nom, l'objet de son voyage, son adresse à Paris : « J'étais avec de bons Montagnards, » notait-elle dans le journal de ses impressions, « que je laissai parler tout leur content; et leurs propos, aussi sots que leurs personnes étaient désagréables, ne servirent pas peu à m'endormir; je ne me réveillai, pour ainsi dire, qu'à Paris. Un de nos voyageurs, qui aime sans doute les femmes dormantes, me prit pour la fille d'un de ses anciens amis, me supposa une fortune que je n'ai pas, me donna un nom que je n'ai jamais entendu, et m'offrit enfin sa personne et sa main. Quand je fus ennuyée de ses propos : — « Nous jouons parfaitement la comédie, lui dis-je; il est malheureux, avec tant de talent, de n'avoir point de spectateurs; je vais chercher les autres voyageurs, pour qu'ils prennent leur part du divertissement. » Je l'ai laissé de bien mauvaise humeur; la nuit, il chanta des chansons plaintives propres à exciter le sommeil. »

Un jeune homme, plus réservé, séduit par tant de pudeur et de charmes, osa lui déclarer une respectueuse admiration. Il la supplia de l'autoriser à demander sa main à ses parents. Elle tourna en raillerie douce et en enjouement cet amour soudain, et promit à ce jeune homme de lui faire connaître plus tard son nom et ses dispositions à son égard. Enfin, le jeudi 11 juillet elle descendait de voiture dans la cour des messageries, et se faisait conduire à une hôtellerie qu'on lui avait indiquée à Caen : rue des Vieux-Augustins, n° 19, à l'hôtel *de la Providence*.

Depuis longtemps on avait donné à cet ancien *hôtel de la Providence* le numéro d'un immeuble aujourd'hui démoli. J'en avais fait mon deuil, et j'estimais que la maison où Charlotte Corday avait séjourné était allée rejoindre, dans les plâtras et dans les décombres, tant d'autres logis révolutionnaires. Pourtant j'entrepris par conscience une enquête personnelle, qui, contrairement à bien des enquêtes, n'est pas restée sans résultat.

Mon point de départ était celui-ci. *L'hôtel de la Providence* était situé, en 1793, au n° 19 de la rue des Vieux-Augustins, qui, depuis la Révolution, avait changé deux fois de nom; d'abord pour prendre dans toute sa longueur celui de *rue d'Argout*, ensuite pour s'appeler *rue Hérold* dans sa première moitié, tout en conservant le nom de *rue d'Argout* à son extrémité. L'étude des plans successifs du quartier me conduisit à cette certitude que la maison portant le n° 19 en 1793 présentait sur la rue une façade quelque peu rentrante, ornée de trois avant-corps. Le grand cadastre de Bellanger et Vasserot ne pouvait me laisser aucun doute à cet égard. Or, il devenait facile de constater que ces dispositions si reconnaissables s'appliquaient parfaitement à l'immeuble portant aujourd'hui le n° 12 de la rue Hérold. Restait à aller reconnaître l'endroit *de visu;* j'entrepris l'excursion.

Celui qui ne s'est jamais livré à pareille recherche ne peut comprendre le charme, l'émotion intense que procure cette chasse aux souvenirs. Il faut, pour y goûter quelque plaisir, être rempli de son sujet au point de se figurer être soi-même un des personnages du drame qu'on cherche à reconstituer. Le fait est qu'en tournant le coin de la rue Coquillière, ignorant encore si je n'allais pas trouver, au lieu indiqué, un grand immeuble tout neuf ou quelque percée nouvelle, j'étais plus ému certainement que ne le fut Charlotte elle-même, lorsque, sous la conduite du commissionnaire qui la menait à *l'Hôtel de la Providence*, elle suivit le même itinéraire.

J'arrive, et du premier coup d'œil, je reconnais la maison rentrante, avec ses trois avant-corps, une solide maison, de style Louis XVI, dont la construction date, à n'en point douter, de 1775 à 1780. Elle venait d'être récemment restaurée, et une belle couche de peinture blanche en recouvrait toute la façade, au milieu de laquelle s'étalait une grande enseigne : *Hôtel de Francfort*. Pour qui fouille les menus détails de l'histoire, tout est document, et mon imagination me montra aussitôt tout le parti qu'on pouvait tirer de cette enseigne : la maison avait été évidemment construite au dix-huitième siècle pour loger des voyageurs; cette destination primitive avait survécu à toutes les révolutions; le nom seul de l'hôtel était changé; mais peut-être y conservait-on encore les anciens registres où, par mesure de police, on inscrivait le nom des clients de passage... j'entrai!

Je passe sur le dialogue qui s'établit entre la *patronne* et moi. C'est là le moment délicat et pénible de ces sortes d'affaires : il arrive souvent qu'on se heurte à un mauvais vouloir, à des soupçons, à un parti pris de ne rien dire qui rend l'enquête illusoire. Pareille chose ne m'advint pas à *l'Hôtel de Francfort*. J'y trouvai encore vivace le souvenir de Charlotte Corday. La maison, me dit l'hôtesse, était jadis une auberge dont on avait tout récemment découvert l'ancienne inscription *Auberge du Roy* peinte sous l'écriteau actuel; la chambre de Charlotte Corday, ajouta-t-elle, existe encore, au premier étage, sur la rue. Elle m'offrit même de me la montrer, dès qu'elle serait vacante.

J'insistai pour savoir si l'hôtel avait jadis porté l'enseigne d'*Hôtel de la Providence*. — « Non! non! jamais, Monsieur; son vieux titre, c'est *Auberge du Roy* ». Ceci me déconcertait : je m'informai du nom du propriétaire actuel, afin de consulter ses titres de propriété et j'appris que la maison appartient à la Caisse d'Épargne (1).

Je courus à la Caisse d'Épargne, et là je sus enfin la

---

(1) Je dois signaler ici la curieuse enquête entreprise par M. Georges Mon-

vérité. Ce n'est point, en effet, *l'Hôtel de Francfort* actuel qui fut *l'Hôtel de la Providence*, mais bien la maison immédiatement voisine, vieil immeuble, plus pittoresque, plus modeste, plus vieux d'un siècle environ (1). Il est également aujourd'hui la propriété de la Caisse d'Épargne qui y loge ses archives. La porte sur la rue, la rampe de l'escalier qu'a touchée la main de Charlotte Corday, le couloir, rien n'a changé depuis un siècle. On reconnaît encore aisément la place que devait occuper le bureau de Mme Grollier, l'hôtesse de *la Providence*. Seulement il est arrivé là ce qui arrive indubitablement à Paris, où les légendes se transmettent avec plus de ténacité que de scrupule historique. Quand la maison qu'avait habitée l'héroïne cessa d'être une auberge, l'immeuble voisin, resté hôtel, hérita de la tradition. Et voilà comment on montre à *l'Hôtel de Francfort* une chambre que Charlotte Corday n'y a jamais occupée.

D'ailleurs ce n'est point là la seule erreur à laquelle ait donné naissance le séjour de Charlotte à l'hôtel de la rue des Vieux-Augustins. Charles Nodier, qui était épris de l'époque révolutionnaire et qui la contait avec tant de ferveur et de bonne foi qu'il se figurait « avoir été guillotiné pendant la terreur », a contribué pour sa part, à l'erreur commune. Lorsqu'en 1800, jeune poète de vingt ans, il arriva à Paris, il se logea, — ou crut s'être logé, — à *l'Hôtel de la Providence,* et, voyez comme le hasard le servait! il fut justement installé dans la chambre qu'avait habitée Charlotte.

« C'était, dit-il, tout au plus un méchant bouge, mé-

---

torgueil en 1893, sur l'hôtel *de la Providence,* et les discussions savantes qui se sont élevées plus récemment à ce sujet dans l'*Intermédiaire des chercheurs et des curieux.* Les recherches de mes érudits confrères n'ont point abouti, je l'avoue, au même résultat que les miennes.

(1) Le n° 13 de la rue Hérold; il ne reste plus rien de cet immeuble, démoli depuis que ces lignes ont été écrites.

chamment garni, au quatrième étage d'une masure, et l'on y parvenait par un escalier si obscur et si délabré, qu'il fallait quelque résolution pour s'y engager la nuit; mais cela m'était indifférent, parce que je n'en sortais pas. L'ameublement de cette pièce répondait complètement, je le répète, à la disgracieuse apparence du local. Son principal ornement consistait dans une vieille couchette, dont les rideaux de serge verte, fort éraillée et fort poudreuse, s'ouvraient à l'ancienne manière en glissant sur une tringle de fer, mais se rattachaient de jour, avec une mesquine élégance, par des manchettes de la même étoffe, à deux colonnettes vermoulues. Près de là était une petite table de sapin assez grossièrement faite, et chargée de quelques larges gouttes d'encre qui devaient être tombées de la plume de Charlotte Corday, car il n'y avait guère moyen de supposer qu'une autre personne lettrée eût jamais occupé ce taudis réservé à la dernière classe des voyageurs. Une haute chaise à long dossier, couverte de velours d'Utrecht d'un jaune sale et à demi défoncée, complétait cette chétive décoration. La mère Grollier, l'ancienne hôtesse de *la Providence,* était morte depuis deux ans, mais je m'étais convaincu de l'identité de ces précieuses reliques par le témoignage de Pierre-François Feuillade, honnête et respectable vieillard qui avait été l'associé des Grollier dans leur industrie avant de tenir cet hôtel garni à son compte, et qu'on appelait communément le *maître d'école,* parce qu'il avait exercé cette honorable profession dont il conservait d'ailleurs la tenue posée et l'élocution sentencieuse. Charlotte Corday avait respiré l'air que je respirais; elle avait écrit sur cette table; elle s'était reposée sur cette chaise; elle veilla sur ce grabat pendant trois nuits solennelles à invoquer sa Némésis. Tout ce qui m'entourait était plein de son souvenir, et pour ainsi dire de sa présence. J'étais heureux, si heureux qu'il me paraît difficile à comprendre aujourd'hui qu'un cœur mortel ait pu contenir une joie semblable à la mienne ».

Ancien hôtel *de la Providence* où descendit Charlotte Corday en 1793, démoli en 1893.

Le bon Nodier aurait bien dû se renseigner avant de

se laisser aller à une telle extase. Aujourd'hui qu'il est mort depuis longtemps, il n'y a plus à craindre de le priver d'une illusion. Si la chambre où il fut si heureux était, comme il dit, située au quatrième étage, ce n'était point celle où Charlotte avait séjourné. La pièce où fut logée l'héroïne était située au premier étage, prenait vue sur la rue, et portait le numéro 7. Le procès-verbal de la perquisition qui y fut faite le 14 juillet à dix heures et demie du soir, en fait foi. Cette chambre était meublée d'une commode, d'un lit, d'un secrétaire, de trois chaises, et avait une cheminée. Disons, pour ne plus y revenir, que cette perquisition fit découvrir dans la commode tout le petit bagage que Charlotte y avait serré, c'est-à-dire: un déshabillé de bazin rayé, sans marque; un jupon de soie rose, un autre de coton blanc, tous deux sans marque; deux chemises de femme marquées des lettres C. D; (1) deux paires de bas de coton dont une blanche et l'autre grise, non marquées; un petit peignoir sans manches, de toile blanche, marqué de deux C en sens contraire; quatre mouchoirs blancs, dont deux marqués C. D; deux bonnets de linon, deux fichus de linon, un fichu de gaze verte, un fichu de soie à bandes rouges, et un paquet de rubans de différentes couleurs et quelques morceaux de chiffons ne méritant pas description.

C'est donc, le jeudi, 11 juillet, vers midi, que Charlotte descendit de voiture dans la cour des messageries : *un des hommes qui étaient au bureau* lui indiqua l'hôtel de la Providence : un commissionnaire, nommé Lebrun, chargea sur son épaule le bagage de la jeune femme, et la conduisit, à travers les rues jusqu'à l'hôtel.

Elle demanda une chambre; Louis Brunot, portier de l'hôtel, appela le garçon François Feuillard, et lui adressa la phrase traditionnelle : *conduisez la citoyenne au n° 7.*

---

(1) *Corday Darmans;* le prénom habituel de l'héroïne était *Marie* et non pas *Charlotte.*

Charlotte suivit le garçon qui s'était emparé de la malle ; on monta un étage, une porte s'ouvrit, François déposa la malle, entr'ouvrit la porte et sortit. Mlle de Corday resta seule. De toute la journée elle ne sortit pas ; cette sorte de retraite où elle se retrancha a paru très suggestive à bon nombre d'historiens : on a représenté l'héroïne se mettant en présence de son crime, se jugeant elle-même, philosophant et monologuant comme l'aurait pu faire un personnage de tragédie : la réalité est plus simple ; Charlotte, fatiguée par deux nuits passées en diligence, se coucha et dormit sans doute. On sait, en tous cas, par la déposition du garçon de l'hôtel, qu'elle se fit immédiatement faire un lit. Vers le soir elle descendit au bureau de l'hôtel, et, en véritable provinciale qui se croit toujours dans une petite ville, elle demanda à la mère Grollier si Marat allait tous les jours à la Convention. En parisienne, Mme Grollier lui répondit qu'elle n'en savait rien : peut-être bien n'avait-elle que très vaguement entendu parler de l'Ami du peuple. Charlotte n'insista pas et remonta à sa chambre. On ignore où elle prit son repas.

Le lendemain, 12 juillet, elle se rendit dans la matinée, chez le conventionnel Deperret, 41, rue Saint-Thomas du Louvre (1). C'était sa première sortie dans Paris qu'elle ne connaissait pas : eût-elle la curiosité bien naturelle, de prêter quelque attention aux monuments, au mouvement des rues, de voir en passant le Louvre et les Tuileries ? Rien ne l'indique, et il est fort probable qu'elle n'y songea pas. Elle venait à Paris *pour affaire* : en femme pratique, elle ne se laissa pas distraire, un seul instant, par autre chose : son but était d'approcher Marat et de le tuer ; très froidement, très habilement, — étant donné qu'elle ne connaissait rien de la vie et des habitudes parisiennes et qu'elle était réduite à se diriger elle-même pour ne compromettre

---

(1) Ainsi que l'indique l'Almanach national pour l'année 1793. On a le plus souvent écrit par erreur Duperret, 45, rue St-Thomas du Louvre.

personne et ne pas éveiller les soupçons — elle combina tous ses préparatifs. Deux fois dans la journée elle vint trouver Deperret, espérant qu'il la ferait entrer à la Convention où elle pourrait trouver Marat; ses démarches ont été maintes fois racontées par le détail : nous n'y insisterons donc pas. Dès qu'elle eût compris qu'elle faisait fausse route et qu'aux Tuileries — en supposant qu'il s'y rendit — Marat serait inabordable, elle résolut d'aller chez lui le lendemain : elle rentra à l'hôtel et se coucha.

Le samedi, 13 juillet, à six heures du matin — car elle fut provinciale jusqu'au bout — elle sortit, se fit indiquer le chemin du Palais-Royal ; là, trouvant tous les magasins fermés, elle fit plusieurs fois le tour des galeries, et s'assit sur un des bancs de pierre qui garnissaient jadis le pied des pilastres entre chaque arcade. A sept heures les boutiquiers commencèrent à ouvrir leurs volets : Charlotte entra chez un coutelier (1) et acheta pour deux francs un énorme couteau de cuisine, qu'on lui livra enveloppé dans une gaine de gros papier, *façon chagrin*.

En sortant du Palais Royal, elle se dirigea par la rue Croix-des-Petits-Champs, vers la place des Victoires nationales, où elle avait remarqué une station de fiacres! Elle s'approcha de l'un d'eux et dit au cocher de la conduire *chez Marat* : le cocher ignorait où demeurait l'Ami du peuple. — « Informez-vous, » reprit la jeune fille.

Le cocher s'informa en effet auprès de ses confrères de la station, et renseigné, monta sur son siège : on partit.

Vers neuf heures (2) la voiture s'arrêtait dans l'étroite et

---

(1) Chose singulière, ce marchand ne fut pas recherché : du moins nous n'avons vu son nom cité ni dans le dossier du procès de *la fille Corday*, ni dans aucun des nombreux ouvrages écrits à ce sujet. D'après un livre des adresses du Palais National, nous croyons que Charlotte acheta son couteau chez *Badin, coutellier (fait et vend tout ce qui concerne son état, arcade* 177). Les numéros des arcades n'ont jamais changé.
(2) Et non à 11 heures comme l'ont dit certains narrateurs.

sombre rue des Cordeliers, devant la maison qu'habitait Marat. — Charlotte sauta légèrement du fiacre, rejeta la portière et, traversant la voûte, monta l'escalier et sonna au premier étage. Une femme vint ouvrir la porte. — « Le citoyen Marat? » demanda la visiteuse.

La femme la dévisagea et répondit que Marat ne pouvait recevoir. Charlotte insista; mais elle comprit vite qu'elle

Porche et escalier de la maison de Marat.

Dessiné d'après nature en 1876 par M. Ch. Duprez.

se heurtait à une volonté inébranlable : elle remit une lettre qu'elle avait écrite d'avance et redescendit, remonta en voiture, et regagna son hôtel.

Rentrée dans sa petite chambre, elle s'assit devant la table et se mit à écrire : bien certaine maintenant que le jour ne s'achèverait pas sans qu'elle ait réussi dans son entreprise vengeresse, elle rédigea cette page étrange qu'on trouva sur elle après le crime, et qu'elle intitula « Appel à la Postérité » : elle s'attendait à ne pas sortir vivante de la maison de Marat; elle l'espérait peut-être. Elle passa ains toute sa journée à l'hôtel de la Providence ; elle était très calme évidemment, puisque son attitude n'éveilla aucun soupçon : vers six heures elle changea de robe, sortit de nouveau, arrêta un cocher, et, mieux instruite que le matin donna l'adresse : « 20, rue des Cordeliers. »

Il était sept heures du soir quand la voiture s'arrêta devant la maison de Marat.

II.

LA MAISON DE L'AMI DU PEUPLE.

La maison était anciennement connue sous le nom d'hôtel de Cahors. Elle était, en 1793, la propriété indivise de Mme Antheaume de Surval et de son cousin Fagnau, liquidateur de la dette publique (1) : elle ne rapportait que 3,000 francs de loyers; l'appartement loué à Marat entrait dans cette somme pour 450 fr.; la location était faite au nom de la fille Evrard avec laquelle il vivait.

Bien des Parisiens l'ont connu ce vieil immeuble qui n'a été démoli qu'en 1876. Comme sa façade n'avait rien que de très ordinaire, on montrait, avant le percement du boulevard Saint-Germain, comme étant la maison de Marat, l'antique logis à tourelle qui faisait le coin de la rue du Paon. Là, comme ailleurs, la tradition s'était conservée tout en se déplaçant (2).

La maison de l'Ami du peuple, la vraie, était une sorte d'hôtel bourgeois comme on en construisait beaucoup à Paris à la fin du dix-huitième siècle. On y entrait par une porte cochère légèrement cintrée, ouverte entre deux boutiques. Le porche franchi, on était dans une petite cour peu aérée, avec un puits à l'un des angles. A

---

(1) Lefeuve, *les Vieilles Maisons de Paris.*
(2) Une aquarelle appartenant à M. le docteur Robinet a figuré à l'exposition de la Révolution en 1889. Elle donnait la maison à tourelle comme étant celle qu'avait habitée Marat.

droite, sous une large arcade, était l'escalier de pierre à rampe de fer forgé; il montait, en décrivant un demi-cercle jusqu'à un palier carrelé, éclairé par deux fenêtres sur la cour. Là était la porte de Marat, près de laquelle pendait, en manière de cordon de sonnette, une tringle de fer, garnie d'une poignée. A côté de cette porte était, dans la muraille, un châssis vitré donnant jour à la cuisine de l'appartement. Par les carreaux, toujours entr'ouverts, se répandaient dans l'escalier, ainsi qu'il arrive dans les logis pauvres, les parfums de friture et les vapeurs de ragoûts.

Du palier, on passait dans une entrée obscure; à droite, on trouvait, prenant jour sur la cour, une étroite salle à manger, puis un cabinet, enfin une petite chambre carrelée qui servait de salle de bains; les dimensions de cette chambre étaient si restreintes, que six personnes serrées les unes contre les autres auraient eu peine à s'y tenir debout. Elle était pavée de carreaux de terre, tapissée d'un papier, représentant de grandes colonnes torses posées sur un fond blanchâtre. Une carte de la France divisée en départements pendait au mur; auprès de cette carte étaient accrochés deux pistolets surmontés de cette inscription en grosses lettres :

LA MORT.

Les chambres donnant sur la rue étaient plus grandes et mieux ornées. Y avait-il là un salon luxueusement et voluptueusement meublé, comme on l'a dit, et comme Mme Roland l'assure? c'est possible, mais ce n'est pas prouvé; le seul détail certain que l'on possède et qui ferait croire que Mme Roland ne s'est point trompée, c'est que la chambre à coucher, dans laquelle on pénétrait directement de la salle de bains, avait vue sur la rue par deux croisées garnies de grands verres de Bohême (1); on sait, en outre, qu'elle était tendue d'un papier tricolore à emblèmes révolutionnaires (2), dont plusieurs lambeaux ont été retrouvés sous un papier de tenture plus moderne,

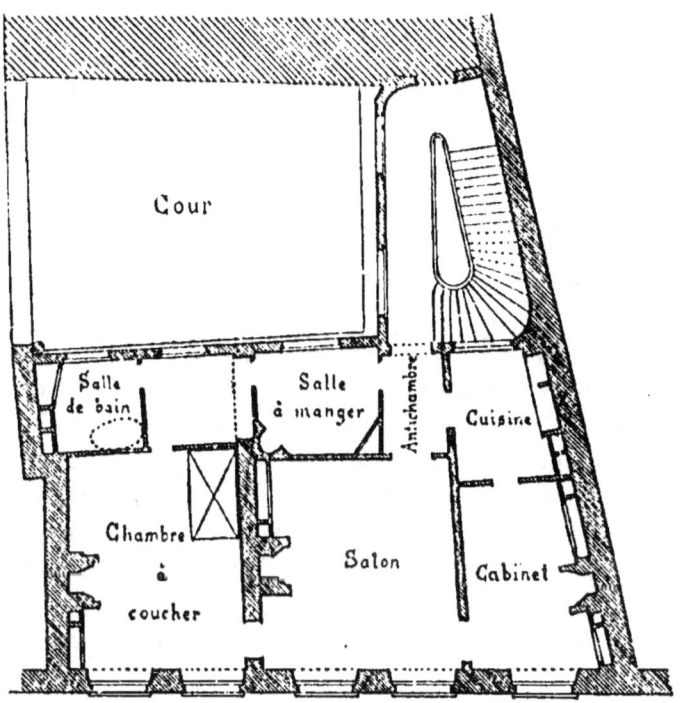

Plan de l'appartement de Marat, rue des Cordeliers (de l'École de Médecine) levé en 1876 par M. Ch. Duprez, architecte de la ville.

lors de la destruction de la maison. Le salon était également éclairé de trois fenêtres; une petite pièce, éclairée d'une seule croisée servait à Marat de cabinet de travail!
L'ami du peuple vivait là entouré de femmes. La loca-

---

(1) Procès verbal de Jacques-Philibert Gaillard, commissaire de police de la section du Théâtre français.
(2) Un morceau du papier de la chambre de Marat figurait en 1889 à l'exposition de la Révolution, aux Tuileries. Il appartient à M. Paul Dablin.

tion de l'appartement était faite, nous l'avons dit, au nom de Simonne Evrard. Celle-ci était née à Tournus-Saint-André (Saône-et-Loire) en 1764. Elle avait par conséquent 26 ans lorsqu'en 1790 elle se lia avec Marat qui avait vingt ans de plus qu'elle. Elle était d'une taille un peu au-dessus de la moyenne (1m,62), elle avait les cheveux et les sourcils bruns, ainsi que les yeux : le front ordinaire, la bouche grande, le menton rond, le nez aquilin; le visage ovale. Au début de la Révolution, Marat, n'ayant plus rien pour vivre, avait fait la connaissance de cette femme qui consacra, avec une indubitable abnégation, sa petite fortune à la publication de *l'Ami du peuple*. Le journal de la Montagne (n° 53) solennisait ainsi la liaison de Marat avec Simonne Evrard : « Poursuivi par Lafayette et ses agents, Marat fut forcé de se sauver; il fut reçu par la demoiselle Evrard qui, à la lecture des feuilles de ce patriote, avait conçu pour lui la plus haute estime. Marat, plein de reconnaissance pour sa libératrice, conçut le dessein et lui promit de l'épouser. Marat, qui ne croyait pas qu'un vain cérémonial formât l'engagement du mariage, voulant néanmoins ne pas alarmer la pudeur de la citoyenne Evrard, l'appela par un beau jour à la croisée de sa chambre; serrant sa main dans celle de son amante, prosternés tous les deux à la face de l'Être Suprême : « C'est dans le vaste temple de la nature, lui dit-il, que je prends pour témoin de ma fidélité que je te jure, le Créateur qui nous entend. »

Ce fut donc ce qu'on appelle une *union libre*, qui ne fut jamais régularisée, quoiqu'on ait trouvé dans les papiers de Marat, après sa mort, l'engagement que voici :

« Les belles qualités de Mlle Simonne Evrard ayant captivé mon cœur dont elle a reçu l'hommage, je lui laisse pour gage de ma foy pendant le voïage que je vais faire à Londres l'engagement sacré de lui donner ma main immédiatement après mon retour; si toute ma tendresse ne lui

suffisait pas pour garant de ma fidélité, que l'oubly de cet
engagement me couvre d'infamie.

A Paris, le 1er Janvier 1792,
Jean-Paul Marat,
l'ami du peuple. »

C'étaient là les étrennes données par le farouche amoureux à la femme qui l'entretenait; mais passons : outre que ces détails ont déjà été étudiés, ce sont là des peccadilles qui ne valaient point, étant donné le personnage, le souci qu'en ont pris les historiens. Si l'on n'avait eu d'autre méfait que son *union libre* à reprocher à Marat, il est probable que Charlotte Corday n'aurait point conçu contre lui cette *haine vigoureuse* qu'elle a poussée jusqu'à l'assassinat.

Simonne Evrard avait recueilli chez elle, outre Marat, sa propre sœur Catherine Evrard; Albertine Marat, sœur du tribun, vivait également sous le même toit : c'était une femme sèche, aux traits durs, instruite, sachant le latin : elle professait pour son frère un véritable culte; il était son héros, son dieu. Elle en faisait un être exclusivement vertueux, animé des plus purs sentiments de patriotisme, bon et généreux, un véritable philosophe qui avait mission de régénérer le monde... Nous retrouverons Albertine : d'ailleurs elle était en Suisse à l'époque de la mort de Marat, et ne joua, par conséquent, aucun rôle dans le drame du 13 juillet 1793.

Une des familières du logis était encore la femme Marie-Barbe Aubin (1), portière de la maison, que Marat employait au pliage de sa feuille. La citoyenne Aubin avait un œil de verre; c'est le seul détail pittoresque qui puisse nous aider à reconstituer le portrait de cette modeste comparse. Disons enfin pour compléter ce tableau du per-

---

(1) Et non Pain comme l'a écrit M. Chéron de Villiers.

sonnel féminin qui s'agitait autour de l'*Ami du Peuple*, que la *bonne à tout faire*, pompeusement appelée *cuisinière* dans les actes officiels, s'appelait Jeanne Maréchal.

En descendant de voiture, Charlotte pénétra sous le porche, et passa : la concierge n'était pas à sa loge. Charlotte tira de sa main gantée le cordon de sonnette : sans doute son noble cœur battait un peu en ce moment ; Jeannette ouvrit la porte : elle tenait à la main une cuillère que Catherine Evrard venait de lui demander pour écraser des petits morceaux de terre glaise dans une carafe d'eau d'amande. Cette singulière potion avait, paraît-il, été recommandée à Marat. La citoyenne Aubin se trouvait là, également occupée au pliage des journaux. Mlle de Corday entra dans l'antichambre et se trouva en présence des trois femmes. Jeannette rentra dans sa cuisine, Catherine continua à écraser la terre glaise ; la concierge, elle, dévisageait de son œil unique cette élégante jeune fille, tenant en main un éventail, vêtue d'un déshabillé moucheté, coiffée d'un chapeau à haute forme orné d'une cocarde noire et de trois cordons verts.

En ce moment arrivait un jeune homme, M. Pillet, de-devenu depuis le chef d'un des principaux établissements typographiques et le fondateur du *Journal des villes et des campagnes*. Il venait présenter une facture à Marat et accompagnait le nommé Laurent Bas, commissionnaire. Ce dernier se tenait ordinairement au coin de la rue des Cordeliers et aidait fréquemment à l'expédition de l'*Ami du peuple*. Il apportait ce jour-là une charge de papier provenant des magasins de Boichard et destinée à l'impression de la feuille de Marat, qui se faisait chez l'auteur lui-même. On le fit entrer. Marat était dans le bain. Tout en examinant la facture, il pria le jeune homme d'entr'ouvrir la fenêtre du cabinet, puis il approuva le compte et le lui rendit.

M. Pillet est la dernière personne qui ait parlé à Marat avant que Mlle de Corday eût été introduite auprès de lui. En sortant, il vit la jeune fille que la portière, tout en pliant ses feuilles, s'efforçait de convaincre de l'inutilité de sa démarche, malgré ses vives instances pour parler au député. Au bruit de l'altercation, Simonne Evrard sortit du cabinet. Quand elle sut que Charlotte était la visiteuse déjà venue le matin, elle consentit à aller s'informer si elle pourrait être reçue. Presque aussitôt elle reparut apportant une réponse affirmative. Elle guida Charlotte à travers la salle à manger, lui ouvrit le cabinet de bains, l'y fit entrer et referma la porte. Puis elle revint à l'antichambre.

Palier de l'appartement de Marat.

D'après une aquarelle de M. Ch. Duprez.
(Collection de M. Victorien Sardou.)

L'étrange visite de cette inconnue inspira-t-elle des soupçons à Simonne Evrard? Non sans doute puisqu'elle introduisit elle-même Charlotte près de Marat : elle a assuré cependant qu'elle éprouva une sorte d'instinctive méfiance. N'était-ce pas plutôt une mesquine jalousie de femme, et les soupçons ne visaient-ils pas plutôt Marat que Charlotte? Il est certain qu'elle chercha à se rendre compte de ce qui se passait dans ce cabinet où son amant était enfermé avec une étrangère, jeune et jolie. Au bout d'un instant elle rouvrit la porte. Charlotte était assise, le dos à la fenêtre, près de la baignoire. Simonne entra, tenant à la main la carafe et consulta Marat sur la quantité de terre glaise mêlée à l'eau d'amande. Marat répondit « qu'il n'y en avait pas trop, mais qu'elle pouvait en ôter un petit morceau ». Au moment où Simonne allait se retirer, elle se ravisa, et voyant, sur la fenêtre deux plats sur lesquels il y avait des riz de veau et des cervelles destinés au repas du soir, elle prit ces deux plats et les emporta, fermant de nouveau la porte derrière elle.

Elle venait à peine de poser les plats sur la table de la cuisine qu'elle entendit le bruit d'un sanglot rauque. Elle accourut.

— « A moi! ma bonne amie, » cria Marat, et tout aussitôt sa tête retomba sur la tablette de la baignoire dont l'eau devint toute rouge. Un énorme jet de sang — gros comme le pouce — sortait de la poitrine nue de Marat, et faisait déjà une rigole sur le carrelage légèrement déclive de la pièce, jusqu'à la porte de la chambre à coucher (1). Charlotte, très pâle, se tenait immobile contre la fenêtre, le couteau était posé sur la tablette parmi des papiers et des journaux tout humides de sang (2).

(1) Lors de la démolition de l'immeuble, cette porte a été achetée par M. Victorien Sardou.
(2) Ces journaux étaient deux numéros de l'*Ami du peuple* qu'Albertine Marat conserva jusqu'en 1837. Elle les donna alors au colonel Maurin, après la mort duquel ils passèrent dans la collection de la Bédoyère. Celui-ci prit ces lugubres feuillets en dégoût et les offrit au père de M. Anatole France qui les possède aujourd'hui.

On peut difficilement se faire une idée du spectacle que présentèrent les différentes pièces de l'appartement pendant les instants qui suivirent le meurtre. Les quatre femmes, Simonne et Catherine Evrard, Jeanne, la citoyenne Aubin, poussaient des cris d'affolement et de douleur. Charlotte, le coup porté, avait profité du premier moment de stupeur pour gagner l'antichambre où le commissionnaire Laurent Bas resté là après le départ de M. Pillet se jeta sur elle et la terrassa.

Bas, en entrant, avait laissé la porte de l'appartement ouverte : un chirurgien-dentiste, Clair Michon-Delafondée, principal locataire de la maison, accourut au bruit; en traversant l'antichambre, il voit Charlotte étendue par terre et Bas la frappant à coups de poing; il enjambe le groupe sans s'arrêter, passe à la salle à manger, pénètre dans la salle de bain. Marat faisait de vains efforts pour remuer la langue et prononcer quelques mots; les derniers battements du cœur renvoyaient le sang à gros bouillons par la plaie béante.

Delafondée prit le mourant à bras le corps, et, le sortant de la baignoire, le transporta dans la chambre voisine, tandis que la femme Aubin courait chercher le docteur Pelletan, membre du conseil de santé. C'est par elle qu'on apprit dans la rue le drame qui venait de se passer.

En quelques instants, la maison fut pleine de monde. Du sang partout. Les pas en avaient porté sur tous les parquets, le transport du corps dans la chambre à coucher en avait inondé les boiseries, l'eau sanglante jaillie hors de la baignoire ou dégouttée du cadavre ruisselait jusque dans la cuisine : c'était un indescriptible tableau qui glaçait d'effroi ceux mêmes que la simple curiosité attirait. Dans l'antichambre Charlotte, que deux hommes maintenaient par les poignets, paraissait résignée et calme. Quand arriva Gaillard-Dumesnil, commissaire de police, on la poussa dans le salon pour y procéder à son interrogatoire.

Au dehors la foule s'amassait : le fiacre qui avait amené Charlotte Corday stationnait encore devant la porte; on questionnait Joseph Hénoque, le cocher; par lui on sut que l'assassin était une femme, une jeune fille élégante, une aristocrate, et les curieux se transmettaient ces détails avec stupeur.

L'étonnement, après cent ans, dure encore.

Aucun fait, dans aucune histoire, n'a plus vivement frappé l'imagination des hommes. Cette jeune fille de bonne race, pieusement élevée, très *femme*, apportant de sa province à Paris le projet dès longtemps prémédité de tuer un homme, exécutant son crime froidement, sans une hésitation, puis se livrant, avec le même sang-froid, à la mort horrible qu'elle attend sans faiblir, trois jours entiers... voilà qui dépasse Cinna et fait pâlir Brutus. Il s'en est fallu de bien peu que l'acte de Charlotte Corday ne fondât en France la religion de l'assassinat. Des poètes l'ont chantée; son nom est devenu synonyme d'héroïne, son crime a inspiré mille artistes, peintres ou sculpteurs; et si sa statue ne s'élève encore sur aucune de nos places, c'est uniquement parce que celui qu'elle a tué est admis aux honneurs du fameux *bloc*, et que c'est à lui qu'iront tous les officiels hommages, tandis que son assassin gardera toutes les sympathies.

Pour notre part, s'il est permis d'avancer ici une impression personnelle, Charlotte nous étonne, nous trouble, mais ne nous séduit pas. Le cœur n'a point de rôle dans cette tragédie à jamais fameuse. L'héroïne est trop sublime pour être attendrissante. Elle est sublime lorsqu'à une question de Fouquier-Tinville elle répond : « Oh! le monstre, il me prend pour un assassin ». Sublime aussi lorsqu'on lui dit : « Qui vous a inspiré tant de haine? » et qu'elle réplique . « Je n'avais pas besoin de la haine des autres, j'avais assez de la mienne. » Elle est sublime encore lorsque, pour s'acquitter envers son avocat, elle le charge de payer ses petites dettes; elle est sublime toujours, dans son intrépidité devant l'échafaud, dans ses lettres, dans ses moindres paroles, dans ses silences, dans son calme, dans sa sérénité grave et simple. Son ancêtre Corneille, à ses plus belles heures d'inspiration, eût écrit pour elle un rôle dépassant en grandeur toutes ses autres conceptions, qu'il n'eût point inventé, avec tout son génie, la contenance et les répliques qu'elle trouva sans effort dans son propre naturel.

Voilà pourquoi, d'après nous, Charlotte reste un froid problème. Le drame serait poignant s'il était humain, mais il ne l'est point; il se passe au-dessus des réalités. Pour comprendre et aimer Charlotte, il faudrait l'égaler en héroïsme ou en folie.

III.

LA ROBE, LES CHEVEUX ET LE CRANE DE CHARLOTTE CORDAY.

Au salon de 1880, quatre artistes avaient exposé un portrait de Charlotte Corday. M. Aviat la représentait vêtue d'une robe blanche; M. Werts avait imaginé une toilette rayée bleu clair et bleu foncé; M. Clère l'habillait d'une jupe vieux rose ornée de petites fleurs d'un rose plus vif; le quatrième, dont j'ai oublié le nom, nous la montrait couverte de la chemise rouge des parricides.

Est-il donc impossible de savoir quel costume portait Charlotte le 13 juillet 1793 ? Ce détail, qui paraîtra certainement insignifiant à bien des gens, a donné lieu jusqu'ici à tant d'avis différents, qu'il est temps de résumer la question et d'en fixer la solution.

Tous les peintres contemporains de la Révolution, Hauer, Garneray père, Hocquet, Monnet, Brion, Denay, Dumoulin ont adopté la robe blanche. Tous les graveurs, au contraire, ont gratifié l'héroïne d'une robe rayée. Affaire de métier, de procédé, *d'effet* : on se figure difficilement tout ce que les dessinateurs sacrifient de vérité historique aux nécessités de leur art; il faut même se féliciter de ce qu'aucun d'eux ne se soit inspiré d'une tragédie de l'époque où l'auteur, manifestement hanté du souvenir de Judith, montre Charlotte *parée de tous ses atours* et *accompagnée de sa suivante*, pénétrant *dans la tente de Marat* pour lui révéler des secrets qui le rendront *maître de la ville*, et, pour mieux affirmer la sincérité de ses paroles, elle lui laisse deviner l'empire qu'il exerce sur son cœur. Marat ébloui, subjugué, *ordonne vite un festin*, et c'est là, dans un tête à tête qui promettait d'être aimable, qu'a lieu le dénouement fatal. Sans doute, dans quinze ou vingt siècles, on racontera ainsi l'histoire de Charlotte Corday.

Ce n'est, d'ailleurs, ni les peintres ni les écrivains modernes qu'il faut consulter si l'on veut connaître d'une manière précise les détails pittoresques des événements de l'histoire; trop d'arrangeurs sont passés par là; dans le fait qui nous occupe, il n'y a qu'une source d'informations indiscutables, c'est le dossier même du procès criminel où sont consignées les déclarations des témoins. Or, Catherine Evrard, — en matière de toilette la déposition d'une femme est irréfragable, — raconta à Montané, président du tribunal, que, le samedi 13, entre huit et neuf heures du matin, une femme *vêtue de brun portant un chapeau noir,* est venue demander le citoyen Marat.

Laurent Bas, le commissionnaire qui se trouvait le même jour à sept heures et demie du soir chez l'Ami du peuple, et qui se jeta sur Charlotte et la maintint pendant assez longtemps, déclare, au contraire, qu'il vit une *personne du sexe* descendant d'une voiture de place, en déshabillé moucheté, chapeau à haute forme avec une cocarde noire et portant un éventail. C'était là sans doute son chapeau du matin. Quant à la robe, soit à cause de la chaleur, soit pour tout autre motif, elle l'avait changée entre ses deux visites.

Il y a un fait qui ressort, d'une façon évidente, de toutes les dépositions, de tous les procès-verbaux, c'est que Charlotte, par la décence de son maintien, par l'élégance de sa tenue, plus encore que par son inexplicable sang-froid, produisit sur tous les gens qui envahirent la maison aussitôt le crime commis, une impression assez étrange, qui tenait à la fois de l'admiration et du respect, avec autre chose d'indéfinissable qu'excusait peut-être la liberté de mœurs du temps, le tempérament viril de la jeune fille et son imperturbable aplomb... A part Laurent Bas, qui, petit de taille, rageur et peu robuste, se vanta d'avoir *jeté le monstre à terre et de l'avoir retenu par les mamelles*, personne ne toucha Charlotte. Quand on lui eut lié les mains dans l'antichambre, on la conduisit dans le salon, dont les dimensions assez vastes se prêtaient mieux aux interrogatoires. La lutte avec le commissionnaire, la position des bras attachés derrière le dos, avaient dérangé le fichu de la jeune fille : tandis qu'on la fouillait (1), il s'entr'ouvrit et laissa apercevoir la naissance de la poitrine. Charlotte se courba en avant par un mouvement de pudeur instinctive, et pria qu'on lui déliât les mains afin qu'elle pût se rhabiller. On accéda à sa demande, elle se tourna contre le mur, rajusta son corsage, abaissa ses manches et remit ses gants pour parer aux meurtrissures des cordelettes (1). Puis, avec le calme qui ne l'avait pas abandonnée un instant, elle fit de nouveau face aux commissaires qui l'interrogeaient. Ils étaient là, remplissant le salon, dévorant des yeux l'héroïne, cherchant tous à jouer un rôle dans cette tragédie, qu'ils trouvaient *digne de l'antiquité,* de cette antiquité alors si grotesquement parodiée. Il y avait là des gens amenés par la simple curiosité, car ils n'avaient rien à y faire, tel Chabot, par exemple, qui s'attira de Charlotte une ironique parole de mépris. Et pendant que les interrogatoires se succédaient, que chacun cherchait à la faire parler, à l'approcher, à la voir, on entendait dans la chambre voisine les allées et venues des

---

(1) On trouva sur elle la gaîne en papier maroquiné qui avait servi d'enveloppe au couteau.
(2) Harmand (de la Meuse) prétend que cette scène se serait passée au Comité de Sûreté générale. Rien ne nous autorise à croire que Charlotte fut conduite aux Tuileries.

médecins autour du corps de Marat, le bruit des brosses et des torchons frottant les carrelages et les parquets qu'on lavait à grande eau, et, dans la rue, l'immense et solennelle rumeur de la foule qui s'écrasait devant la porte. Tout Paris affluait rue des Cordeliers; sans cesse un flot nouveau débordait de la rue de la Harpe, de la rue Hautefeuille, de la rue de l'Observance, de la rue des Vieilles-Boucheries, et venait se heurter à l'entassement compact des curieux qui avaient pris position sous les fenêtres de *l'Ami du peuple*. La nuit étant venue, étouffante et lourde, tous les yeux restaient fixés sur les croisées de la chambre à coucher qui se détachaient en carrés lumineux sur la façade sombre; on y voyait se dessiner, des ombres passant affairées : le bruit s'était répandu que les médecins procédaient à l'embaumement; on devait même prendre les plus grandes précautions, tant la décomposition du sang avait été prompte. Pour pouvoir stationner à côté du cadavre, on était obligé de brûler des aromates en quantité considérable, et ces flammes projetaient sur la façade des maisons situées de l'autre côté de la rue leur clarté dansante, dont le reflet éclairait d'une demi-lumière le fleuve de têtes que semblait charrier la rue. Par moments, un des battants de la porte cochère s'ouvrait et se refermait de suite avec un bruit sourd, après avoir livré passage à quelque comparse du drame qui, pressé de mille questions, se hâtait de se perdre dans la foule. Le fiacre qui avait amené Charlotte était toujours devant la maison, heurté, pressé. soulevé par la populace qui se bousculait sans rien voir.

Enfin, vers minuit, la porte s'ouvrit toute grande, une exclamation immense s'éleva de la foule; sous le porche, éclairé par des lampes ou des chandelles que portaient plusieurs personnes, apparut un groupe d'hommes poussant une femme très pâle, le chapeau bossué, les bras liés derrière le dos... C'était elle!

On dit qu'en apercevant, dans l'encadrement de la porte

cochère, cet amoncellement de têtes furieuses, exaltées, en recevant en plein visage le souffle chaud de cette foule entassée, Charlotte sentit son courage faiblir enfin, et qu'on la jeta presque évanouie dans le fiacre qui, s'ébranlant au petit pas du cheval hésitant, pouvant à peine avancer au milieu de cette mer humaine, se mit en route vers la prison de l'Abbaye.

⁂

Mlle de Corday était-elle jolie? Après avoir lu les mille descriptions dithyrambiques que l'on a faites de sa beauté, on peut en douter.

Harmand (de la Meuse) l'a dépeinte comme « étant d'une taille moyenne, plutôt fortement que faiblement constituée, ayant le visage ovale, les traits beaux, grands, mais un peu forts, l'œil bleu et pénétrant, tenant un peu de la sévérité de ses traits, le nez bien fait, la bouche belle et bien garnie, les cheveux chatains, les mains et les bras dignes de servir de modèle; ses mouvements et son maintien respiraient la décence et la grâce et ce que son malheur a voulu que je visse (lorsque son corsage s'ouvrit) digne des ciseaux de Zeuxis et de Praxitèle! »

Eh bien! en relisant ces lignes, il me vient une conviction, c'est que ce pudique libertin d'Harmand n'a rien vu du tout, et qu'il ment là comme il a menti dans tout le cours de ses *Mémoires*.

Le Répertoire du Tribunal révolutionnaire disait, au contraire : « Cette femme qu'on a dite fort jolie, n'était point jolie; c'était un visage plutôt charnu que frais, sans grâce, malpropre, comme le sont presque tous les philosophes et beaux esprits femelles. Sa figure était dure, insolente, érysipélateuse et sanguine. De l'embonpoint, de la jeunesse et une évidence fameuse(?), voilà de quoi être belle dans un interrogatoire... Charlotte Corday avait vingt-cinq ans; c'est être, dans nos mœurs, presque vieille fille, et surtout avec un maintien hommasse et une stature garçonnière; elle était sans vergogne et sans pudeur... » (1)

Je signale ces deux portraits à ceux qui pourraient croire qu'il est facile de démêler le vrai en histoire, même en se reportant aux récits des témoins oculaires. Telle chose, sublimement belle pour les uns, est exécrable et laide pour les autres; tous sont sincères, et voilà le lecteur bien éclairé.

Eh bien! c'est encore ici un humble et petit détail, inconnu, dédaigné, qui va nous apprendre la vérité. On trouva, il y a quelques années, dans les papiers de M. Georges Mancel, ancien bibliothécaire de Caen, une courte note au crayon sur un chiffon de papier. M. Mancel l'avait écrite — et datée du 10 mai 1852 — sous la dictée d'une octogénaire, la femme Berteauld, qui avait jadis connu Charlotte : cette note était ainsi conçue :

Mlle de Corday « était *gravée,* plutôt grande que petite, et *pas belle;* mais elle avait un air si doux, si doux, qu'avant qu'elle eût parlé, on l'aimait déjà : C'était un ange du Bon Dieu! »

Des traits ordinaires, mais belle cependant. Voilà bien ce que nous retrouvons dans toutes les descriptions — je parle de celles qui valent la peine d'être prises au sérieux — que les contemporains nous ont laissées de Charlotte : d'ailleurs, il existe d'elle un peti portrait ébauché au moment du procès et où nous la retrouvons telle que Mme Berteauld nous l'a montrée.

On sait l'histoire : au cours de la séance du tribunal révolutionnaire où l'on jugea Charlotte Corday, l'accusée

---

(1) A ces portraits il convient de joindre le signalement porté sur le passeport de Charlotte Corday. Ce document est ainsi rédigé : Laissez passer la C^{nne} Marie Corday natif du Mesnil-Imbert, domiciliée à Caen, municipalité de Caen, district de Caen, département du Calvados, âgée de 24 ans, taille de 5 pieds 1 pouce, cheveux et sourcils châtains, yeux gris, front élevé, nez long, bouche moyenne, menton rond, fourchu, visage oval.... etc.

s'aperçut qu'un des officiers de la garde nationale de service dans le prétoire, essayait de crayonner ses traits. Elle se tourna vers lui pour faciliter sa besogne; puis, après sa condamnation, elle obtint d'avoir avec l'artiste une entrevue d'une heure afin qu'il pût compléter son esquisse.

Le fait a été — comme tous les faits — raconté, nié, embelli, exagéré, défiguré, démenti. En somme il est authentique, mais on me permettra de l'appuyer d'un souvenir personnel.

Dans *l'étude historique* de M. de Monteyremar, ce passage m'avait vivement intéressé : « C'est au tribunal qu'Hauer dessina Charlotte Corday. Ce fut pendant les débats mêmes et non à la prison que la jeune accusée, profitant d'une interruption d'audience, coupa une boucle de ses cheveux et l'offrit à son peintre, plus ému, plus attendri qu'elle, en lui disant : « Je ne sais, Monsieur, comment vous remercier du vif intérêt que vous semblez me témoigner et du soin que vous avez pris de tracer mon portrait. Je n'ai que cela à vous offrir; veuillez le prendre et le conserver comme souvenir. »

« Ces précieux et si importants détails, qui viennent détruire la fable inventée par tous les historiens de Charlotte Corday, sans exception, ne peuvent être mis en doute un seul instant; ils nous sont affirmés par un respectable et savant ecclésiastique, M. l'abbé Dinomé; ancien curé de Romorantin (Loir-et-Cher), maintenant retiré à Orléans (où il demeure faubourg Madeleine, 59), et qui, en 1824, étant vicaire à la cathédrale de Blois (et ensuite curé à Orchères), devint l'ami du peintre Hauer, qui lui-même s'était retiré dans cette ville où il mourut en 1829. C'est de la bouche même de ce dernier, qui les lui a cent fois racontés avec plaisir et attendrissement, que M. l'abbé Dinomé tient ces renseignements qui nous permettent de rétablir les faits dans leur exactitude et leur vérité. La fable de la visite à la prison après la condamnation, inventée par les journaux du temps, reproduite ensuite par les auteurs qui ont traité cette partie de l'histoire de la Révolution, est donc désormais rejetée comme une pure invention et une inexactitude historique.

« Ce fut donc bien plus tard, aidé de ses souvenirs (ceux là sont de ceux qu'on n'oublie jamais), et de l'esquisse prise devant le tribunal Révolutionnaire, que M. Hauer composa le portrait de Charlotte Corday qui se voit aujourd'hui au musée de Versailles. Il fut acheté en 1839, dix ans après la mort du peintre, moyennant 600 francs, par la direction des musées, aux héritiers de Mme Hauer.

« Dans ce portrait incontestablement le plus ressemblant, Hauer a représenté Charlotte Corday avec des cheveux blonds, des yeux bleus et une peau d'une grande blancheur; elle tient le couteau vengeur à la main et est coiffée du bonnet avec lequel elle parut devant le tribunal révolutionnaire et qu'elle portait encore lorsqu'elle monta sur l'échafaud. Sa physionomie, quoique d'une extrême douceur, est cependant sérieuse et peut-être un peu contractée; certes il n'y a rien dans ses traits du faux héroïsme, mais un peu de la préoccupation de la triste épreuve qui lui est préparée.

« Tous les historiens de Charlotte Corday sont d'accord sur la beauté de la jeune fille, sur la couleur de ses yeux bleus et pénétrants, sur le parfait de son nez et de sa bouche, sur la régularité de ses traits doux et cependant sévères, sur le gracieux de sa tenue; mais ils diffèrent entre eux sur la taille, petite selon les uns, grande selon les autres. Si nous en croyons M. Hauer, par l'intermédiaire de son respectable ami, Charlotte Corday était grande, plutôt fortement que faiblement constituée.

« Quant à la couleur de ses cheveux, il ne peut plus s'élever de doute; elle était blonde. M. l'abbé Dinomé a reçu des mains mêmes de M. Hauer, et a eu en sa possession pendant plusieurs années, une partie de cette précieuse boucle donnée par la jeune fille à son peintre inconnu pendant les débats. Or, M. l'abbé Dinomé nous atteste que ces cheveux, dont l'authenticité était incontestable, et que malheureusement l'ignorance impardonnable d'une domestique lui a fait perdre, étaient blonds, d'un beau et véritable blond, c'est-à-dire ni rouges ni cendrés. »

Ces lignes, je l'ai dit, m'avaient frappé : un fait me paraissait en sortir d'une façon indiscutable : le peintre Hauer avait partagé avec son ami M. l'abbé Dinomé les cheveux de Charlotte, et l'abbé avait égaré la boucle qui lui avait été offerte. Mais l'autre? Celle qu'Hauer avait gardée en sa possession? Qu'était-elle devenue? Une telle relique se transmet précieusement; les héritiers du peintre sauraient sans doute dans quelle collection, entre quelles mains, elle se trouve aujourd'hui : et me voilà parti, à travers le monde, à la recherche de cette mèche de cheveux...

Les renseignements donnés par M. de Monteyremar sur l'abbé Dinomé me firent d'abord localiser mes investigations à Blois et aux environs. A force de chercher les descendants d'Hauer sur les bords de la Loire, je les découvris... à Arcis-sur-Aube où les souvenirs de Danton m'avaient attiré, et là j'eus l'honneur d'être mis en relations avec Mme Hauer (on prononce Aor), la propre belle-fille du portraitiste de Charlotte Corday.

Mme Hauer est presque un témoin oculaire d'un fait qu'elle a entendu, du moins, mille et mille fois raconter; les lettres qu'elle voulut bien m'écrire peuvent être regardées comme la vérité définitive sur l'entrevue de Charlotte et du peintre; elles fixent en outre la silhouette d'un artiste qui, seul peut-être de ses contemporains, a tenté de se faire le reporter, minutieusement exact, de la Révolution (1) et voilà pourquoi je me permets de

---

(1) Parmi les centaines de toiles, de gravures, d'estampes qui représentent l'exécution de Louis XVI, une seule œuvre peut-être semble d'une exactitude

Portrait de Charlotte Corday, peint par Hauër à la Conciergerie.
D'après l'original au Musée de Versailles.

citer quelques passages de ces intéressants souvenirs :

« Mon beau-père, m'écrit Mme Hauer, comme l'indique son nom, était d'origine allemande. Il appartenait à une famille sénatoriale d'Augsbourg chassée de cette ville au dix-septième siècle comme famille catholique ayant refusé d'embrasser la religion réformée.

« La fortune a été confisquée, la famille avec les nombreux enfants s'est réfugiée à Manheim où mon beau-père est né — 1750 — il a reçu au baptême les noms de Jean-Jacques.

« Cette famille déchue avait conservé néanmoins de belles relations et ce fut par elles que mon beau-père, élevé avec le fils de l'Électeur palatin put acquérir son talent de peintre dont il fit sa profession lorsqu'il vint à Paris après avoir été quelque temps secrétaire du cardinal de Rohan coadjuteur de l'évêque de Strasbourg.

« Je ne sais à quelle époque mon beau-père a cessé de faire des tableaux, ne connaissant pas celle où il a peint la mort de Marat (1); mais je sais qu'il s'est servi longtemps de son talent, c'était sa ressource pour vivre ayant perdu dans un procès le peu de fortune qui lui restait. J'ignore

absolue. C'est une toile d'Hauer, qui figura en 1867 à Versailles, dans une exposition de la *Société des Amis des arts* de cette ville. Dans cette toile il a évidemment sacrifié le pittoresque au document : la preuve en est qu'il a eu soin de désigner tous les personnages par des numéros correspondant à des noms placés en un lieu à part du tableau. Louis XVI y est représenté entre deux bourreaux dont l'un serait dit-on, le portrait même, — le seul, l'unique portrait — du fameux Sanson. Les exécuteurs sont vêtus de costumes de cérémonie. Le chef a la tête nue recouverte d'une perruque blonde : il porte une large cravate blanche et une redingote d'un vert foncé. La physionomie est très ordinaire, très bourgeoise. Il n'y a rien de débraillé ni de déguenillé dans le costume d'aucun des autres exécuteurs, coiffés de chapeaux hauts de forme et vêtus de redingotes marron ou noir. Le prêtre, que le peintre a désigné par ces deux mots : *le confesseur*, revêtu de son costume ecclésiastique, détourne les regards ; il est penché sur le bord de l'échafaud, du côté du carrosse, un mouchoir blanc à la main. Une seule physionomie du tableau paraît réellement ignoble et basse, c'est celle du cocher qui a conduit le carrosse et qui regarde du haut de son siège. Son nez long, son œil de fouine pourraient bien être aussi l'expression d'un souvenir qui aurait frappé l'artiste.

(1) Hauer peignit en effet la mort de Marat, tableau qui figura, croyons-nous, au salon de 1793.

ce qu'est devenu le tableau de la mort de Marat, peut-être est-il dans un de nos musées; car après la mort de mon beau-père, sur la demande du Gouvernement, ses enfants ont vendu plusieurs tableaux ayant trait à la Révolution, notamment celui de Charlotte Corday.

« Mon mari m'a raconté bien des fois les détails concernant le portrait de Charlotte Corday, et qu'il tenait de la bouche même de son père.

« Pendant le procès de Charlotte Corday mon beau-père s'était installé, avec son attirail de peintre, au tribunal révolutionnaire où il ébaucha le portrait de Charlotte Corday qui, s'en étant aperçue, affectait de se tourner vers lui pour qu'il la vît mieux. C'est elle qui, *après sa condamnation, a demandé l'autorisation de faire venir le peintre dans sa prison*, autorisation qui fut accordée d'autant plus facilement que mon beau-père était très connu du gouvernement, étant capitaine de la section de la garde nationale du théâtre Français.

« Charlotte Corday a été très calme, très résignée, pendant les quelques heures qui se sont écoulées entre son jugement et sa mort. « Monsieur, a-t-elle dit à mon beau-père, lorsqu'il est entré dans sa prison, il ne me reste plus que quelques instants à vivre; j'ai vu que vous désiriez faire mon portrait, j'ai demandé et obtenu que vous l'acheviez avant ma mort »; et s'asseyant : « Je suis prête »! dit-elle.

« Tout en posant, elle parlait avec beaucoup de calme de l'action qu'elle avait commise; loin de la regretter, s'en applaudissait pour le bonheur de la France qu'elle venait, disait-elle, de délivrer d'un monstre.

« Puis, regardant le portrait, elle donnait quelques indications pour ajouter ceci, ou retrancher cela. Mon beau-père était dans la prison depuis deux heures environ, lorsque tout à coup un *toc toc* se fit entendre à la porte. « Entrez, » dit Charlotte. La porte s'ouvrit, le bourreau parut, entra, portant les ciseaux et la chemise rouge. Charlotte n'eut que ce seul moment d'effroi! « Quoi, déjà »! puis elle pâlit. Mais se remettant aussitôt, elle prit les ciseaux de la main du bourreau, coupa une longue mèche de ses cheveux et, se retournant du côté de mon beau-père : « Monsieur, dit-elle, je vous remercie de ce que vous venez de faire pour moi. Je ne puis vous offrir, pour vous montrer ma reconnaissance, que cette mèche de cheveux (1); acceptez-la en souvenir d'une pauvre mourante, et permettez-moi de vous demander de faire une copie de ce portrait pour ma famille et de le lui envoyer. » (Ce portrait a été fait en miniature et envoyé à la famille). — Puis elle partit pour l'échafaud où mon beau-père la suivit. Les cheveux auxquels il tenait beaucoup ont été malheureusement perdus dans le déménagement de Blois à Paris, après sa mort. *Je n'ai jamais entendu dire qu'une boucle de ces cheveux ait été donnée à personne.* Mon mari l'aurait su; et comme cette perte était un véritable regret pour lui, il aurait certainement demandé à la personne qui en aurait eu de lui en redonner. Les cheveux de Charlotte étaient blonds cendrés. Mon mari les a vus et tenus souvent. »

Il ne reste donc rien du récit de M. de Monteyremar; Hauer a pénétré dans le cachot de Charlotte, a reçu de la main même de la condamnée les cheveux qu'il n'a jamais partagés avec personne et que ses héritiers ont égarés dans un déménagement. Ajoutons que le portrait peint par Hauer se trouve en effet au musée de Versailles. Eudore Soulié, dans son savant catalogue des collections dont il avait la garde, a publié, au sujet de cette toile, une notice où sont consignés la plupart des détails qu'a bien voulu me répéter Mme Hauer.

Il existe cependant une relique de Charlotte Corday. A

---

(1) On a dit que Mme Richard, femme du concierge de la Conciergerie, conserva le reste de la chevelure de Charlotte Corday.

l'exposition de 1889, se trouvait, au premier étage des Arts libéraux, dans la section d'antropologie, une vitrine assez délaissée : — il y avait tant d'autres attractions plus gaies! — Cette vitrine contenait quelques ossements humains trouvés dans le sol, au cours des travaux de fondation de la Tour de 300 mètres. Restes des huguenots tués à la Saint-Barthélemy et dont les corps charriés par la Seine auront été inhumés à cet endroit, ou fédérés victimes du massacre du Champ de Mars en 1791...? On l'ignore. A côté de ces ossements étaient rangés quelques crânes, et sur l'un d'eux une petite étiquette donnait cette indication :

CRANE DE CHARLOTTE CORDAY,
appartient à M. le prince Roland Bonaparte.

Le prince Roland Bonaparte se réserve de dire un jour comment cette relique est parvenue entre ses mains, et sur quels certificats probants s'appuie son authenticité; il possède, paraît-il, sur ce point, des documents qui ne peuvent laisser aucun doute. Disons seulement que le crâne de Charlotte avait été vu, vers 1840, par Esquiros, chez M. de Saint Albin; il a passé, depuis, je crois, chez M. Duruy, qui l'a offert au prince Roland Bonaparte.

Mais, en l'absence de données d'authentification, le crâne lui-même raconte son histoire ; du moins les savants qui l'ont étudié, MM. Topinard et Benedikt, nous ont révélé certaines particularités qui ne manquent point d'intérêt. En extrayant du compte rendu de leurs travaux écrit au point de vue technique, les quelques indications intelligibles aux simples mortels, on apprend que la couleur de la boîte osseuse, d'un jaune d'ivoire sale, luisant, lisse, indique indubitablement que la tête de Charlotte n'a jamais été inhumée. Ce crâne n'a jamais séjourné dans la terre, ni été exposé au grand air; mais au contraire préparé par macération, puis conservé longtemps dans un tiroir ou une armoire, à l'abri, en un mot, des vicissitudes atmosphériques.

C'est là une découverte assez singulière. Se trouva-t-il donc en 1793 un fanatique assez exalté pour avoir osé risquer sa vie en allant, dans la nuit qui suivit l'exécution, exhumer la tête de l'héroïne. Ou bien, faut-il croire que quelqu'un acheta, du bourreau lui-même, ce sanglant souvenir? Ou plus probablement faut-il ajouter foi à une tradition toujours niée, n'ayant eu jusqu'à présent que la valeur d'un racontar, et d'après laquelle, dans un but qui ne se peut dire, le gouvernement d'alors ordonna de porter le corps de Charlotte à l'amphithéâtre et de l'examiner soigneusement. On peut alors supposer que la tête, aurait été *préparée* par quelque médecin et conservée comme pièce curieuse.

On n'a jamais dit que les restes de Charlotte soient ainsi passés, dès 1793, à l'état de reliques, cependant le fait est acquis, et en voici une autre preuve : celui, quel qu'il fût, qui conserva le crâne, dut faire nombre de jaloux, et distribua généreusement les dents : les cinq premières de chaque côté ont été, en effet, arrachées *après la mort*. En arrière, à gauche, se voit une vaste excavation répondant à la seconde grosse molaire, qui était malade et a été arrachée un certain temps *avant la mort;* même remarque à droite. Le sujet a eu, évidemment, deux dents cariées arrachées peu de temps avant son exécution.

L'ensemble du crâne est normal, c'est-à-dire dans la moyenne, sans trace de déformation artificielle ou pathologique, sans trace de maladie, sauf sur une ou deux alvéoles, ou d'anomalie, à une petite exception près. Le front est bas, comme dans les plus belles statues grecques de femmes; l'ensemble est régulier, harmonique, avec la finesse et les courbes un peu molles mais correctes des crânes féminins; pourtant le docteur Bénédikt a trouvé dans la partie sus-nasale du front les allures d'un crâne d'homme. En résumé, dit-il, il y a des particularités anatomiques qui ne correspondent pas complètement à la perfection typique, mais qui ne semblent pas autoriser le classement de ce spécimen entre les pathologiques et atypiques.

IV.

LA BAIGNOIRE DE MARAT.

Il reste un autre témoin du drame du 13 juillet 1793, c'est la baignoire dans laquelle se trouvait Marat lorsqu'il fut poignardé par Charlotte Corday. L'histoire de ce tragique bibelot est si étrange, si étonnante son odyssée, qu'il faut lui consacrer quelques lignes.

A l'époque du percement du boulevard Saint-Germain, M. H. d'Ideville, recueillit en une série d'articles publiés au *Moniteur universel* les souvenirs qui disparaissaient en même temps que les veilles maisons du quartier des Cordeliers. Marat y tenait naturellement sa place. Lorsque, deux ans plus tard, M. d'Ideville réunit des études en volume (1), il reçut, peu après la publication de son livre, la lettre que voici :

Monsieur,

« J'ai lu votre ouvrage, *Vieilles maisons et jeunes souvenirs...* Vous avez vu le cabinet où Marat se baignait, mais je doute que vous connaissiez sa baignoire. Plus heureux que vous sous ce rapport, le bon curé de Sarzeau (Morbihan) me l'a montrée pendant les vacances, dans un hangar attenant à la basse-cour du presbytère. Ce n'est pas

---

(1) *Vieilles maisons et jeunes souvenirs*, par M. Henri d'Ideville.

une baignoire ordinaire; elle a la forme d'un sabot en cuivre ne laissant ouvert que l'orifice nécessaire pour y entrer et entièrement fermée d'ailleurs, sans doute pour conserver la tiédeur du bain. Elle n'est pas assez longue pour qu'un homme pût commodément s'y allonger... Sur la paroi supérieure elle porte deux petits crochets pouvant servir à en faire un pupitre... etc. »

La lettre était signée : Yves Ropart.

M. d'Ideville répondit, mais ne reçut aucune nouvelle lettre. Sept ans après, il vit à l'exposition des portraits du siècle la fameuse gravure de David, il pensa à la sinistre relique et s'adressa à son ami inconnu et au curé de Sarzeau. M. Yves Ropart resta muet ; mais M. le curé répondit les deux lettres suivantes :

18 juin 1885.

« Monsieur,

«... M. l'abbé Rio, frère de l'écrivain, était curé d'une paroisse du diocèse de Versailles lorsque des infirmités l'obligèrent à quitter le ministère. Il fit la connaissance d'une vieille et sainte fille, Mlle Capriol de Saint-Hilaire.

« Dès qu'elle sut qu'il allait finir ses jours à l'île d'Ars, son pays natal, elle lui demanda à le suivre avec tout son mobilier, promettant de lui laisser sa petite fortune pour être employée en bonnes œuvres; parmi ses meubles se trouvait la fameuse baignoire. Je suis arrivé à l'*Ile aux Moines* deux ou trois ans après sa mort. Comme je voyais M. Rio tous les quinze jours, je l'entendais souvent me parler de cette baignoire, m'invitant à monter au grenier où elle se trouvait, pour la visiter à loisir. Mais, soit indifférence, soit manque de temps, car j'étais toujours pressé de rentrer dans mon île, je ne l'ai pas vue de son vivant.

« Deux mois avant sa mort, il fit son testament, me nomma son exécuteur testamentaire. Sa nièce fut instituée légataire universelle et elle me donna sur ma demande la baignoire de Marat.

« 9 juillet 1885.

« ... Je ne saurais vous préciser la date à laquelle M. Rio et Mlle Capriol de Saint-Hilaire quittèrent le diocèse de Versailles ; il me semble que c'est en 1858 ou 60. Il a été curé dans deux paroisses, la dernière, si je ne me trompe c'est Meudon. Au reste il est très facile d'être fixé à ce sujet. Il suffit d'écrire au vicaire général de l'évêché de Versailles.

« Je ne doute pas que cette demoiselle n'ait eu son habitation dans l'une ou l'autre de ces deux paroisses. Son père qui était général de brigade avait donné sa démission en 1830. Je possède toutes ses décorations ainsi que son épée. Le vicaire de l'Ile d'Ars que j'ai vu hier m'a affirmé qu'il existait encore des membres de sa famille. Il n'est pas possible qu'on ne sache pas à Versailles le lieu de leur résidence et par suite de quelles circonstances cette relique est tombée aux mains de cette demoiselle...

« M. du Bodan, député, dont la résidence est à l'Ile aux Moines, avait parlé un jour à M. Thiers de cette baignoire, lui demandant s'il savait ce qu'elle était devenue. — Non, répondit-il... — Eh bien ! lui dit le député, c'est un de mes amis qui en est le possesseur. — Cela ne m'étonne pas, lui répondit M. Thiers, car, malgré toutes mes recherches, je n'ai trouvé nulle part trace de son existence.

« Si cette relique était dans une famille vulgaire ou entre les mains de quelque farceur, je ne croirais nullement à son authenticité. Mais elle repose sur le témoignage d'une vieille et sainte demoiselle morte en 1862 à l'âge de soixante-dix-huit ans. Je crois que le doute n'est plus possible. »

La singulière découverte de M. d'Ideville s'était ébruitée : le Figaro en avait dit un mot (1). Cela avait suffi à

(1) V. le *Figaro* du 15 juillet 1885.

donner l'éveil, et, un an plus tard (1) le même journal racontait en ces termes l'épilogue de l'aventure :

« Il y a environ un an (15 juillet 85), *le Figaro* publiait à cette place un article intitulé : « La Baignoire de Marat. »

« Nos lecteurs se souviennent peut-être de l'odyssée de ce bizarre objet historique dont nous faisions alors le récit. Cette relique sanglante dont une circonstance assez singulière avait révélé l'existence se trouvait au fond de la Bretagne en la possession d'un « recteur » curé doyen de la petite ville de Sarzeau (Morbihan). Le bon prêtre l'avait eue en héritage d'une vieille demoiselle royaliste et catholique, Melle Capriol de Saint-Hilaire, morte en 1862.

« La révélation du *Figaro* rendit tout à coup célèbre, un peu malgré lui, le vénérable doyen. Rien ne manqua à sa gloire. Les feuilles républicaines émirent naturellement des doutes sur l'authenticité du trésor, et des polémiques s'engagèrent à ce sujet. Le grand argument des ennemis était celui-ci : Comment un pareil objet était-il tombé entre les mains d'une vieille dévote royaliste. A notre avis, c'était précisément cette longue possession sans transmission, l'oubli, le mépris dans lequel avait été laissée la sinistre relique qui lui donnait un caractère d'authenticité.

« Melle Capriol de Saint-Hilaire, morte en 1862, se souvenait fort bien de l'acquisition faite par son père, vers l'année 1805, de la baignoire de Marat. La jeune fille avait alors quinze ans et elle a raconté souvent à des personnes encore vivantes les circonstances de cette acquisition : son père avait acheté l'objet d'un marchand de ferrailles de la rue d'Argenteuil. »

Il reste simplement aujourd'hui à suivre, à reconstituer l'existence de la baignoire de 1793 à 1805. Qu'était devenu, après la mort de Marat, le mobilier du Conventionnel ?

Au lendemain de la mort de Marat, le juge de paix de la Section du Théâtre-Français, après avoir apposé les

(1) 18 août 1886.

scellés dans l'appartement du terrible publiciste, rue des Cordeliers, procéda à l'inventaire de son mobilier. Parmi les objets qui figurent sur cet inventaire très détaillé, se trouvent, entre autres, « une bibliothèque, deux sphères, une boîte renfermant un instrument de chirurgie », mais il n'est pas question de baignoire. Marat se bornait sans doute à en faire venir une de chez le loueur le plus voisin, lorsqu'il éprouvait le besoin de prendre un bain. Rien d'impossible à ce que le loueur ait conservé, après l'avoir reprise au domicile de Marat, la baignoire où était mort l'Ami du peuple. Puis, elle aura eu le sort de toutes choses, et on l'aura vendue à la ferraille.

Quoi qu'il en soit, la chose annoncée par la grande voix du *Figaro*, fit du bruit. Le bon curé de Sarzeau voyait déjà les Anglais couvrir d'or son impayable bibelot. Il voyait déjà son église reconstruite, ses écoles bâties, son hôpital richement doté...

Baignoire de Marat.

Malheureusement, ces songes pieusement ambitieux ne se réalisèrent point, le facteur n'apportait aucune lettre timbrée de Londres, et les propositions mirifiques n'affluaient point au presbytère. Quelques offres modestes furent repoussées avec dédain ; le musée Carnavalet, dit-on, et plus tard le musée Grévin n'obtinrent que des réponses hautaines et négatives.

Toutefois le tapage fait autour de la baignoire fut loin de nuire aux habitants de Sarzeau. Des villes voisines, pendant la belle saison, on vint en pèlerinage contempler le trophée sanglant de la Révolution. Un beau jour, un industriel proposa à l'heureux propriétaire de colporter et de promener en France, à frais communs, la sinistre relique, lui promettant de réaliser ainsi d'importants bénéfices qui seraient naturellement partagés entre « le barnum » et les pauvres. M. le curé repoussa ces offres qu'il considérait justement incompatibles avec sa dignité, et ne voulut point priver les aubergistes de Sarzeau des aubaines inattendues que leur attiraient les excursions de quelques touristes.

C'était en vain, hélas! que notre pauvre curé avait escompté l'avenir. L'Amérique et l'Angleterre indifférentes restèrent sourdes; aucune négociation ne fut entamée par les cabinets européens pour acquérir la baignoire de l'*Ami du peuple*.

Il fallut bien déchanter et revenir de ses illusions. La déception fut grande! Peu à peu, toute offre cessant, et le silence menaçant de se faire à jamais autour du trésor dédaigné, la paroisse de Sarzeau, qui avait déjà vu tour à tour s'évanouir en fumée sa basilique, ses vastes asiles, ses superbes établissements scolaires, risquait fort de ne retirer aucun avantage du trésor si longtemps enfoui au presbytère et qu'un heureux hasard avait seul exhumé.

Revenu de son beau voyage au pays des rêves et rendu à la réalité, le curé de Sarzeau consentit enfin à accepter les propositions du musée Grévin. La somme était encore assez importante et le prix de la baignoire pouvait suffire à faire reconstruire en partie l'école des petites filles du bourg de Sarzeau. En effet, les Administrateurs du musée Grévin, qui n'auraient jamais consenti à payer à un industriel ou à un marchand de curiosités 3.000 francs l'objet historique en question, n'ont pas hésité, paraît-il, à verser entre les mains du vénérable ecclésiastique une somme dont ils connaissaient d'avance le charitable emploi. Ainsi ils auront fait une bonne action et à coup sûr une belle affaire.

La baignoire est en cuivre de couleur fauve presque noire; elle a la forme d'un sabot et bien telle que la représentent les gravures de l'époque et telle que le savant M. Cousin l'a décrite.

Une sorte de tabouret en cuivre est appliqué au fond de la baignoire, ce qui permettait de rester assis et d'écrire facilement. C'est sous cet escabeau que se plaçait l'appareil pour faire chauffer le bain. Le temps, on peut le dire, a singulièrement gravé son empreinte sur ce bronze familier. Il est fort probable que, depuis le 13 juillet 1793, la baignoire de Marat n'a pas été souillée par le contact de l'eau. Les taches de sang du tribun doivent y séjourner encore. En tout cas, on voit distinctement incrustées les traces horizontales des drogues sulfureuses dont se composaient les bains du conventionnel, atteint, on le sait, d'une maladie cutanée.

Et voilà comment la baignoire authentique de Marat figure, comme principal accessoire, dans la scène assez exactement reconstituée (1) qui représente, au musée Grévin, la mort de l'Ami du peuple.

(1). Nous disons *assez* exactement reconstituée et voici pourquoi : La belle scène du musée Grévin représente Charlotte près de la baignoire où gît l'homme qu'elle vient de tuer ; par la porte de la salle à manger, se précipitent dans la salle de bains, à l'appel du mourant, Simonne Evrard, le commissionnaire Laurent Bas, d'autres personnes encore.

Il y a là une inexactitude. Le coup frappé, Charlotte eut le temps de sortir de la salle de bains, de traverser la salle à manger et de gagner l'antichambre.

Sans doute pensait-elle à s'enfuir. Ce n'est que dans l'antichambre qu'elle fut saisie par Laurent Bas qui se jeta sur elle et la maintint pendant que Simonne et les autres femmes couraient au secours du blessé. C'est là, du moins, ce qu'on peut démêler au milieu des déclarations des différents témoins.

V.

L'ÉPILOGUE DU DRAME.

L'Ami du peuple mort, l'apothéose que nous raconterons terminé, la maison de la rue des Cordeliers se vida.

Un mois après le drame, Simonne Evrard, la *veuve Marat*, se présenta devant la Convention et fit un petit discours où elle ne réclamait *rien d'autre qu'un tombeau*. Elle n'avait, d'ailleurs, nous l'avons vu, aucun droit officiel au titre de *Veuve Marat* : disons aussi qu'elle ne toucha jamais de l'État aucune pension comme telle : elle survécut pendant 31 ans à celui qu'elle avait aimé ; Albertine Marat ne la quitta point : toute la famille du tribun la considérait, du reste, à l'égal d'une parente, et le journal de la Montagne publiait, en août 1793, le singulier certificat que voici :

« Quoique déjà convaincus des importants services rendus par la citoyenne Evrard au citoyen Marat, son époux, nous avons cru nécessaire, pour donner à cet acte toute l'authenticité qu'exige notre reconnaissance d'appeler en témoignage les personnes qui ont connu la situation où était réduit notre frère par les sacrifices qu'il avait faits pour coopérer à la révolution.

« Pénétrés d'admiration et de reconnaissance pour notre chère et digne sœur, nous déclarons que c'est à elle que la famille de son époux doit la conservation des dernières années de sa vie.....

« Nous déclarons donc que c'est avec satisfaction que nous remplissons les volontés de notre frère en reconnaissant la citoyenne Evrard pour notre sœur et que nous tiendrons pour infâmes ceux de sa famille, s'il s'en trouve quelqu'un qui ne partageât pas les sentiments d'estime et de reconnaissance que nous lui devons, et si, contre notre attente, il pouvait s'en trouver, nous demandons que leurs noms soient connus, ne voulant pas partager leur infamie.

« Fait à Paris, ce 12 août l'an 2e de la République Française.

« Marie-Anne MARAT, f^{me} OLIVIER, Albertine MARAT, Jean-Pierre MARAT. »

Quoi qu'on pense de la situation irrégulière de Simonne Evrard, quelque horreur qu'inspire tout ce qui touche à Marat, il y a une chose qu'on doit admirer sans réserve, c'est le culte pieux que vouèrent à sa mémoire les deux femmes avec lesquelles il avait vécu : sa maîtresse et sa sœur.

L'enthousiasme est chose éphémère en France : deux ans après sa mort, on ne songeait plus à l'Ami du peuple que pour maudire sa mémoire. Simonne Evrard et Albertine Marat, réunies par leurs sentiments et leurs souvenirs, se réfugièrent ensemble dans un étroit et pauvre logis de la rue Saint-Jacques; elles assistèrent, témoins muets et passionnés, à la débâcle du Directoire, à l'épopée impériale, à la Restauration…. Toujours elles songeaient et se disaient l'une à l'autre, avec un soupir : *S'il était là!*

Comment vécurent-elles? les jours qui suivirent la mort de Marat, il y eut, dans toute la France, un tel affolement de désespoir — feint ou véritable — que des citoyens s'imposèrent volontairement, afin de faire une rente à *sa veuve* : M. le docteur Cabanès a eu connaissance d'un document inédit par lequel le citoyen Arnoux, directeur de l'hôpital militaire de Montpellier, constituait à la *veuve Marat* « une rente annuelle de 50 livres. » Simonne Evrard avait-elle reçu plusieurs offres de ce genre ? je l'ignore ; ce qui est certain, c'est qu'elle avait sauvé du naufrage une petite rente sur l'État de 560 livres, dont elle vivait. Albertine Marat exécutait les travaux de bijouterie les plus délicats, et trouvait ainsi à gagner sa vie.

Simonne mourut, des suites d'une chute, en 1824, au n° 33 de la rue de la Barillerie ; elle n'avait que soixante ans. Albertine Marat qui n'avait, depuis 1793, cessé d'habiter avec elle, resta seule dans le pauvre appartement qu'elles avaient loué à frais communs ; elle y logeait encore en 1835. Elle y recevait parfois quelques hommes distingués, penseurs, historiens ou philosophes, avides d'entendre de sa bouche même le récit des événements de l'époque révolutionnaire. Alphonse Esquiros, Émile de la Bédollière, le colonel Maurin, Aimé Martin, venaient là faire cercle autour de la vieille femme, fière toujours du nom qu'elle portait. Ces trois derniers — collectionneurs féroces — n'attendaient que le moment où ils pourraient se partager la dépouille de celle que la misère réduisait tous les jours à abandonner une à une les épaves de sa fortune, ses souvenirs de famille que les exigences de la vie devaient la contraindre à émietter (1). C'est dans son logis de la rue de la Barillerie qu'elle fit venir Raspail à qui elle voulut transmettre différentes reliques de Marat, jugeant sans doute le jeune révolutionnaire digne de recueillir la succession du farouche démagogue de 1793.

Alphonse Esquiros a laissé une pittoresque narration de l'entrevue qu'il eut avec Albertine Marat en 1832 :

« Je hasardai, » dit-il, « dès mon retour à Paris, une visite chez la sœur de Marat qui vit encore. Elle a, dit-on, refusé de se marier pour ne point perdre un nom dont elle se fait gloire.

---

(1) V. *Marat inconnu*, par le docteur Cabanès.

« C'était un jour de pluie.

« Rue de la Barillerie n° 52 (c'est l'adresse que m'avait indiquée le grand statuaire David) je rencontrai une allée étroite et sombre gardée par une porte basse. Sur le mur je lus ces mots : *Le portier est au deuxième.*

« Je montai.

« Au second étage je demandai Mlle Marat. Le portier et sa femme s'entre-regardèrent en silence.

— « C'est ici ?
— « Oui, Monsieur.
— « Elle est chez elle ?
— « Toujours ; c'te pauvre fille est paralysée des jambes.
— « A quel étage ?
— « Au *cintième* la porte à droite.

« La femme du portier qui jusque-là m'avait regardé sans rien dire, ajouta d'une voix goguenarde :

« — Ce n'est plus une jeune fille, oui dà. »

« Je continuai à monter. L'escalier devenait de plus en plus raide. Les murs sans badigeon étalaient au grand jour la sale nudité du plâtre. Arrivé tout en haut, devant une porte mal close, je frappai. Après quelques instants d'attente, durant lesquels je donnai un dernier coup d'œil au délabrement des lieux, on ouvrit. Je demeurai frappé de stupeur. L'être qui venait de m'ouvrir et qui me regardait, c'était Marat.

« On m'avait averti de cette ressemblance presque surnaturelle entre le frère et la sœur, mais je ne la croyais pas possible à ce degré là. Son vêtement douteux prêtait encore à l'illusion. Elle était coiffée d'une serviette blanche qui laissait passer très peu de cheveux. Cette serviette me fit souvenir que Marat avait la tête ainsi couverte quand il fut tué dans son bain. Je fis la question d'usage :

— « Mademoiselle Marat ?

« Elle fixa sur moi deux yeux noirs et perçants :

— « C'est ici, entrez.

« Elle me fit passer par un cabinet sombre où l'on voyait confusément dans un coin une manière de lit. Ce cabinet donnait dans une chambre unique, assez propre, mais misérable.

« Il y avait pour tous meubles trois chaises, une table, une cage où chantaient deux serins, et une armoire ouverte qui contenait quelques livres.

« L'une des vitres de la fenêtre ayant été brisée, on l'avait remplacée par une feuille de papier huileuse qui jetait dans la chambre, par le temps de pluie qu'il faisait, un jour gras et terne...

« La sœur de Marat se plaça dans une chaise à bras et m'invita à m'asseoir à côté d'elle... Quand elle fut instruite du but de ma visite, je hasardai quelques questions sur son frère. Elle me parla, je l'avoue, plutôt de la Révolution que de Marat. Je fus seulement surpris de trouver, sous les vêtements et les dehors d'une femme du peuple, un langage assez correct, précis et véhément. J'y reconnus toutes les idées et souvent même les expressions de son frère. Aussi, me faisait-elle, au jour taciturne qui régnait dans cette chambre, un effet particulier. La terreur qui s'attache aux hommes et aux choses de 93 me pénétrait peu à peu. J'avais froid. Cette femme me semblait moins la sœur de Marat que son ombre...

« Je la surpris plusieurs fois à fixer sur moi des regards méfiants et inquisiteurs. L'humeur soupçonneuse des révolutionnaires de 93 ne s'était point endormie chez elle avec les années. Elle m'avoua même qu'elle avait besoin de prendre des renseignements sur mon *civisme*. Je la vis aussi s'emporter à quelques réflexions que je lui fis : c'était bien le sang de Marat. Les principes que son frère avait défendus lui semblaient seuls dignes d'intérêt; les détails de sa vie intime rentraient, selon elle, dans les conditions de l'homme, être calamiteux et passager, que la mort efface sous un peu de terre. J'obtins cependant d'elle, à force d'instances, quelques renseignements sur la vie et les habitudes de Marat. Elle me parla de Charlotte Corday comme d'une aventurière et d'une fille de mauvaise vie. »

Le 6 novembre 1841 on lisait dans le journal *le Siècle* :
« La sœur du fameux Marat vient de mourir, à l'âge de quatre-vingt-trois ans, dans un grenier de la rue de la Barillerie, au milieu de la plus profonde misère, et n'ayant près d'elle, à son lit de mort, qu'un épicier, son seul héritier, et une portière, l'unique amie qui lui fût restée.

« Cette dame, dont les traits, fortement caractérisés, rappelaient la figure de son frère aîné, vécut longtemps du produit de la fabrication des aiguilles de montres, ouvrage où elle excellait, dit-on.

« Elle connaissait la langue latine.

« Les infirmités venues avec l'âge, elle était tombée dans le dénûment. Quatre voisins et amis ont accompagné sa dépouille mortelle jusqu'au cimetière. »

Ce fut là toute son oraison funèbre.

Un inconnu paya 6 francs le droit de placer une croix sur la tombe que la municipalité concédait aux pauvres, pendant un an, dans l'enceinte de la fosse commune (1).

---

(1) Il existe aujourd'hui à Paris un arrière-petit-neveu de l'Ami du peuple, qui porte comme lui les prénoms et le nom de Jean-Paul Marat. Il est employé dans une maison de banque.

CHEZ DANTON.

ARCIS ET PARIS.

Vers la fin du règne de Louis XV, un limonadier s'installait dans un rez-de-chaussée du *Quai de l'École* dont toutes les boutiques avaient été jusqu'à cette époque presque exclusivement occupées par des fripiers. Le célèbre Manoury qui tenait, à quelques pas de là, un établissement, encore aujourd'hui prospère, et dont la fondation avait de longtemps précédé l'introduction en France de l'usage du café, puisqu'il avait été ouvert par un chocolatier sous Henri II, Manoury qui venait, en 1770, de révolutionner le jeu de dames en supprimant huit pions au damier (1), ne voyait pas, sans quelque inquiétude, s'élever dans son voisinage immédiat une concurrence qui semblait sérieuse.

Le nouveau cafetier n'était pas en effet un homme du commun : il se nommait Charpentier; on savait qu'il était contrôleur des Fermes et qu'en cette qualité il était possesseur d'une certaine fortune. Il avait consacré 20.000 livres à l'achat d'un fonds de limonadier et les gens bien informés du quartier se confiaient avec admiration qu'il comptait dépenser 30.000 livres pour l'arrangement de la boutique (2). Et, en effet, à la fin de 1773, les échafaudages en-

(1) Lefeuve, *les Anciennes Maisons de Paris.*
(2) *Note de Charpentier à l'administration des domaines*, citée par M. Robinet.

levés laissaient à découvert une devanture d'un style à la fois sérieux et coquet, et dont l'entablement portait cette inscription en lettres d'or : CAFÉ DU PARNASSE (1).

Le nouvel établissement était bien situé, à peu de distance du Louvre, à la descente du Pont-Neuf (2), à proximité du Palais de Justice et du Châtelet ; il devint en peu de temps le rendez-vous des hommes de loi, avocats, procureurs, employés des bureaux du Parlement ; clientèle sérieuse et fidèle qui s'y retrouvait chaque jour à la sortie des audiences, et formait là une réunion de gens tranquilles dont un contemporain (3) nous a tracé un pittoresque croquis.

« Nous croyons voir encore, écrivait-il en 1815, le maître de la maison, avec sa petite perruque ronde, son habit gris et sa serviette sous le bras. Il était rempli de prévenance pour ses clients, et il en était traité avec une considération cordiale. Une femme des plus recommandables et fille du maître de la maison, aussi douce que gracieuse, tenait le comptoir. Parmi les habitués qui paraissaient s'arrêter avec un intérêt particulier à ce comptoir, on put remarquer un petit avocat qui, d'abord fort gai et jovial, parut quelque temps après plus sérieux.

« Cet avocat était Danton. »

C'était un jeune Champenois d'Arcis-sur-Aube, pour qui l'existence était rude. Avocat sans causes, ne possédant guère que des dettes (4) gagnant fort peu dans ses

---

(1) Lefeuve.
(2) Lefeuve ne dit point à quel numéro du quai de l'École était situé le café du Parnasse. Le dictionnaire de la Tynna, ainsi que celui de Béraud et Dufey, donnent ce renseignement : « au n° 8 se trouve le passage du café du Parnasse qui communique du quai de l'École à la rue des Prêtres-Saint-Germain-l'Auxerrois. Son nom lui vient de son voisinage avec un ancien café qui se trouvait là et qui se nomme actuellement *Café du Pont-Neuf.* » La Tynna écrivait en 1812. *L'Annuaire* du Commerce, pour cette année, indique le café du Pont-Neuf comme étant au n° 10. Ce serait donc au n° 10 actuel (le numérotage n'a point changé) que se serait marié Danton.
(3) Rousselin de Saint-Albin.
(4) Michelet, *les Femmes de la Révolution.*

travaux de palais, il avait pris la très bourgeoise habitude de venir chaque soir au *Café du Parnasse* prendre une *demi-tasse* et faire une partie de dominos. Il contait volontiers à ses partners habituels qu'il était d'une bonne famille d'Arcis; mais que sa mère s'étant remariée avec un négociant nommé M. Recordin, il avait pris le parti de venir vivre à sa guise et chercher fortune à Paris. Il y était arrivé en 1780 dans la voiture du messager d'Arcis-sur-Aube, qui lui avait fait gratuitement la conduite; il était descendu modestement à l'auberge du *Cheval Noir* que tenait, rue *Geoffroy l'Asnier* un nommé Lagron, hôte ordinaire de tous les Champenois. Il prenait ses repas chez un traiteur, à l'enseigne peu prétentieuse de *la Modestie,* et paperassait tout le jour chez un procureur. D'ailleurs bon garçon, d'une gaieté franche, un peu bruyante, un peu grosse, plein d'entrain et d'enthousiasme, et ne perdant son imperturbable aplomb que lorsqu'il s'approchait, pour payer sa consommation, du comptoir où trônait la belle Gabrielle Charpentier.

Les parents de la jeune fille ne voyaient pas sans quelque ennui les assiduités de leur client. Il avait déjà lancé quelques allusions discrètes au mariage; mais le patron du café du Parnasse hésitait à donner sa fille à ce gros garçon qui ne gagnait rien et dont l'avenir ne promettait pas grand'chose. Pourtant, il était bien évident qu'il avait touché le cœur de Gabrielle. Elle admirait son esprit que l'on trouvait trop piquant, son âme que l'on trouvait trop ardente, sa voix que l'on trouvait forte et terrible et qu'elle trouvait douce (1). Lorsqu'on disait « *qu'il est laid!* » elle répétait presque comme l'avait dit une femme de Lekain : « *qu'il est beau!* »

En cela ses yeux étaient dupes de son cœur : son amoureux était laid, et pour causes. « Danton avait été nourri

(1) Rousselin de Saint-Albin, *Fragment historique.*

par une vache : cette vache fut un jour aperçue par un taureau échappé qui se précipita sur elle et donna à Danton un coup de corne qui lui arracha la lèvre. C'est à cette cicatrice que tenait la difformité de sa lèvre supérieure.

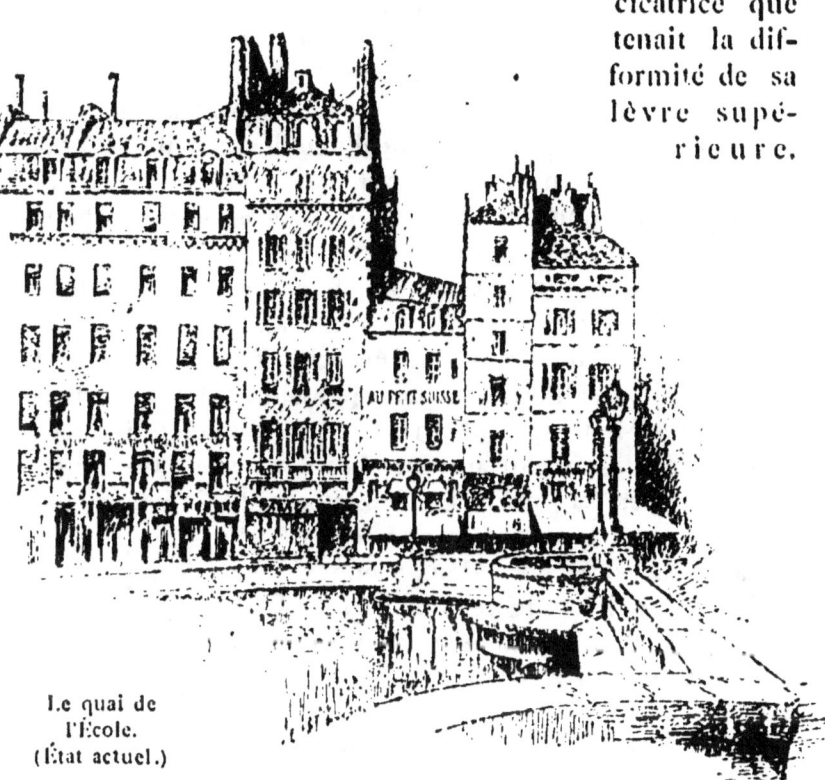

Le quai de l'École.
(État actuel.)

Quelques années plus tard, l'enfant, vers l'âge de sept ou huit ans, voulut prendre sa revanche et lutter contre un taureau; mais un coup de corne lui écrasa le nez. Un autre jour le robuste gamin croit pouvoir faire marcher devant lui les porcs de la ferme qui obstruaient l'entrée de la maison. Il les attaque à coups de fouet; mais son pied glisse, il tombe, et les porcs, devenus furieux, se ruent sur lui et lui font une terrible blessure, assez semblable à celle dont Boileau fut victime dans son enfance, au dire d'Helvétius, qui attribuait à cette blessure la disette de sentiment qu'il prétendait remarquer dans les ouvrages du poète. Quelle que soit la vérité de cette observation, elle ne serait pas applicable à Danton. Sa virilité avait été compromise, non perdue, et il conserva toute son énergie et toute sa hardiesse. A peine fut-il rétabli de ce malheureux accident, qu'entraîné par sa passion pour la natation, il faillit se noyer et fut atteint d'une fièvre maligne à laquelle vint se joindre une petite vérole très grave, accompagnée du pourpre. Tout semblait ainsi se réunir pour le défigurer » (1).

Quant à Gabrielle Charpentier, à en juger par le curieux portrait que conserve d'elle une famille d'Arcis-sur-Aube et que nous reproduisons ici, c'était une forte et fraîche fille, d'allure un peu paysanne. La collection du colonel Maurin, malheureusement vendue et dispersée aujourd'hui, contenait un fort beau plâtre de Gabrielle, modelé après sa mort. Le caractère, dit Michelet, en était la bonté, le calme et la force. Le père Charpentier, voyant l'amour des deux jeunes gens, comprenant d'ailleurs qu'il était temps de songer à l'établissement de sa fille qui venait d'avoir vingt-cinq ans, prit des renseignements, écrivit à Arcis, consulta sa femme, bref, donna son consentement, et le 9 juin 1787 un contrat fut passé par devant maître Dosfaut, notaire, entre :

« Maître Georges-Jacques Danton, avocat ès-conseils du

---

(1) Rousselin de Saint-Albin, *Fragment historique.*
Le même écrivain note cette observation justifiée par un certain nombre d'exemples assez frappants, que beaucoup de personnages qui ont joué un rôle dans la révolution avaient été fortement atteints par la petite vérole et en étaient restés marqués assez profondément. Ainsi Mirabeau, Danton, Robespierre, Camille Desmoulins étaient ce qu'on appelle vulgairement très *grêlés*. Cette circonstance, ajoute-t-il, serait-elle un indice qu'il y avait chez ces hommes un principe d'humeur âcre, énergique, qui avait besoin d'éclater par une violente crise, et qui se révélait le jour où l'action intellectuelle était portée chez eux aux plus grands développements?

Roi, demeurant à Paris, rue de la Tixeranderie (1), paroisse Saint-Jean en Grève, fils de défunt sieur Jacques Danton, bourgeois d'Arcis-sur-Aube, et de dame Jeanne-Madeleine Camus, sa veuve, actuellement épouse du sieur Jean Recordin, négociant audit Arcis-sur-Aube, logée chez ledit sieur son fils, à ce présente,

« Et

« Sieur François-Germain Charpentier, contrôleur des fermes, et dame Angélique-Octavie Soldini (2), son épouse, demeurant à Paris, quai de l'École, paroisse Saint-Germain l'Auxerrois, stipulant en leurs noms et pour demoiselle, Antoinette-Gabrielle Charpentier, leur fille majeure, demeurant avec eux. »

Les époux étaient unis sous le régime de la communauté. Les biens du futur consistaient « en un office d'avocat au conseil, acquis de M. Charles-Nicolas Huet de Paisy. Quant à la *demoiselle*, ses père et mère lui donnaient une somme de 18,000 livres; et, pour s'acquitter de cette somme, ils déchargeaient ledit Danton de celle de 15,000 livres qu'ils lui ont prêtée le 19 mars dernier pour acheter sa charge et lui remettent 3,000 livres en espèces sonnantes. En outre, la demoiselle apporte en dot 2,000 livres provenant de ses gains et épargnes (3).

On le voit, les nouveaux époux n'étaient pas riches. Danton venait, il est vrai, de se rendre acquéreur d'une charge d'avocat au conseil du roi, grâce à une avance de 15,000 livres que le beau-père avait faite sur la dot et à quelque argent qu'avaient généreusement prêté des compatriotes; mais la charge n'était rémunératrice qu'en pro-

---

(1) Vis-à-vis des *deux Portes*. Archives nationales. Papiers des *Commissaires au Châtelet*.
(2) *Le Catalogue de l'exposition de la Révolution* en 1889 mentionne : n° 897 Portrait de M. Soldini, aïeul de la femme de Danton, — n° 898 Portrait de Mme Soldini, aïeul de la femme de Danton, pastels par Vigé de la collection de M. le docteur Robinet.
(3) Archives nationales. Document cité par M. Robinet.

portion du savoir-faire du titulaire, et les travaux de chicane n'étaient ni dans les goûts ni dans les aptitudes de Danton, esprit vaste, grandement ambitieux, et qui n'était pas l'homme d'un travail journalier. Aussi l'actif du jeune ménage se limitait-il aux 5,000 livres d'espèces sonnantes mises dans la communauté par Gabrielle; encore servirent-elles, peut-être à l'acquittement de quelques dettes du mari; car on nous le représente, aux débuts de son mariage, nourri par son beau-père, qui dit-on, lui donnait quelques louis par mois. Quand les vivres manquaient absolument au ménage, on s'en allait pour quelque temps au bois, à Fontenai près Vincennes, où Charpentier avait une petite maison.

Quelques jours avant son mariage, le 17 mai 1787, — la bénédiction nuptiale fut donnée le 14 juin à Saint-Germain l'Auxerrois, — Danton, dans l'intention de quitter son logement de garçon de la *rue de la Tixeranderie*, avait arrêté « un appartement au premier étage au-dessus de l'entresol dans une maison rue Guénégaud et en avait remis le denier à Dieu au sieur Paschal, propriétaire ou principal locataire de ladite maison; mais s'étant aperçu du voisinage d'un serrurier et d'un sellier, métiers à marteaux qui occasionnent beaucoup de bruit et qui sont très nuisibles aux personnes de cabinet, il voulut profiter de la faculté accordée à tous locaires en pareille circonstance, c'est-à-dire de retirer du dit sieur Paschal le denier à Dieu qu'il lui avait remis... (1). »

Ce n'était probablement là qu'un prétexte; sans doute, dans l'espoir d'un prochain mariage qu'il trouvait avantageux, Danton rêva-t-il une installation confortable; mis au courant de ses projets, le père Charpentier, homme d'affaires et économe, lui imposa-t-il son *veto;* — ce qui est

---

(1) Pièce trouvée, par M. Campardon dans les *Papiers des commissaires du Châtelet* (Archives nationales) et citée par M. Jules Claretie, *Camille Desmoulins, étude sur les Dantonistes.*

Mme Recordin, mère de Danton.

D'après une peinture conservée à Arcis-sur-Aube.

vrai, c'est que, dans les débuts de leur union, Danton et sa femme durent habiter chez le beau-père, car ce n'est que quelques années après que nous retrouvons le ménage logé au n° 1 de cette *Cour du Commerce* qui avait été formée en 1776 sur l'emplacement d'un jeu de paume. Alors la Révolution avait éclaté, la charge d'avocat au conseil avait été remboursée, et Danton, à la tête de quelque argent, avait enfin pu réaliser son rêve de *se mettre dans ses meubles*.

Il avait pour voisin, à l'étage inférieur, M. et Mme Desmoulins (1). Les deux ménages se faisaient volontiers visite. Danton aimait la vie intime, les soirées passées en famille ou avec quelques amis, il aimait tendrement sa jeune femme; il avait très souvent chez lui sa respectable mère et l'une de ses sœurs pour laquelle il avait la plus vive affection. Sa belle-sœur, Mme Victor Charpentier, artiste de mérite, venait aussi quelquefois partager la familiale et heureuse existence qu'on menait Cour du Commerce. Gabrielle, devenue enceinte à la fin de l'année 1789, accoucha d'un fils qu'on nomma Antoine et qui fut baptisé à Saint-Sulpice le 18 juin 1790; l'existence du ménage Danton s'écoulait des plus bourgeoises et des plus calmes; le mari était aimant et dévoué; la femme douce et bonne était d'une grande et sincère dévotion ; c'était là le seul point où l'union des deux époux était imparfaite. Du reste, le sceptique mari se borna toujours, envers les croyances qu'il n'avait plus, à des railleries légères, qu'il rachetait par une tolérance complète, conduisant lui-même sa femme jusqu'aux portes de l'église.

Quelle transformation s'opéra dans l'âme de Danton quand il se sentit père? Ceci n'est point facile à démêler. Pour qui juge sans esprit de parti, d'après les faits, et, j'oserai

---

(1) Du moins ce fait ressort des recherches faites par M. Jules Claretie. Nous acceptons cette tradition, bien que, à notre avis, si Camille habita la Cour du Commerce, ce ne fut que bien peu de temps. Son appartement était situé place de l'Odéon, au dessus du café Voltaire actuel.

dire, *d'après les menus faits,* puisque nous nous sommes interdit de recueillir dans ce travail autre chose que les détails intimes repoussés ou dédaignés par les grands historiens, il y a dans la vie de Danton trois périodes bien distinctes.

C'est d'abord le garçon turbulent, insoumis, exubérant de force et de vie, un peu aventurier, passablement *casse-cou*, qui se jette dans l'existence en homme qui n'a rien à ménager et qui compte sur quelque hasard pour se faire un sort. Dès que l'influence de Gabrielle Charpentier se fait sentir, dès que cette femme évidemment droite, saine d'esprit, courageuse, apporte dans la communauté le calme, la prévoyance, l'économie et quelque bien-être, Danton devient un bon bourgeois, ami du confortable, ayant du vin dans sa cave, traitant ses amis et rêvant d'arrondir sa fortune. C'est sa seconde incarnation. Nous verrons que plus tard, quand la révolution déchaîna toutes ses passions, quand Gabrielle Charpentier fut morte, Danton donna libre cours à son impétueuse nature : il semble qu'il voulût épuiser la somme de jouissances qu'il se croyait dues ; en convive qui sait que la table n'est que louée, il mettra les morceaux doubles. — C'est la troisième période, celle qui lui valut de Vadier le surnom de *turbot farci*.

Mais nous n'en sommes point là encore. En 1790, la révolution se dessine à peine, et Danton ne se doute point encore du rôle qu'il est appelé à y jouer. Il aime à retourner dans son Arcis, d'où il est parti, quelques années auparavant, pauvre et sans situation : il ne semble pas fâché de montrer à ses compatriotes qu'il a su se tirer d'affaires ; il n'est pas éloigné peut-être de l'idée de devenir quasiment le seigneur de sa province, et de faire un peu envie aux bons bourgeois arcisiens qui se rappellent encore l'avoir vu gaminer dans les rues de la ville. Ambition bien innocente, certes, et plût au ciel qu'il n'eût jamais été animé que de celle-là !

Il y a aujourd'hui une école, — nous allions dire une *cha-*

pelle — qui fait profession d'admirer Danton sans réserves : ces enthousiastes, dont nous ne suspectons d'ailleurs en aucune façon la bonne foi, se récrieront disant qu'un tel homme n'éprouva jamais de passion si mesquine, que sa grande âme ne brûlait que de l'amour de la Patrie... théories connues, et qui ne peuvent aller contre ce fait qu'en 1791 Danton, soupçonnant si peu le rôle que l'avenir lui réservait, achetait à Arcis, dans l'intention bien évidente de s'y fixer, une grande propriété mise en vente par M. Piot de Courcelle.

Il y avait loin de la modeste maison où Danton était né (1) à cette confortable demeure — presque château — dont il se rendait acquéreur. — Située sur une place, en face du pont, sur le bord de l'Aube, elle présentait — elle

Maison de Courtois.   Maison de Danton à Arcis, façade sur la place Danton. (État actuel.)

présente encore, car elle n'a pas changé, — sa longue façade, d'un rez de chaussée surélevé d'un étage, assez régulière-

(1) La maison natale de Danton à Arcis n'existe plus. Elle a cédé la place à une école.

ment bâtie. Du côté des jardins, les communs et dépendances forment une grande cour d'où l'on aperçoit le parc occupant une superficie de près de onze hectares, entre la rue de Chalon, la ruelle des Plantes, le chemin des Isles et la ruelle des Quittancés.

Ah, ce parc! c'était la continuelle préoccupation de Danton; il ne songeait qu'à l'arrondir, achetait les héritages limitrophes, faisait des échanges de terrain. Tel qu'il est aujourd'hui, entouré de haies vives percées de deux portes charretières, l'une sur la rue de Châlon, l'autre sur le chemin des Isles, il ressemble plutôt à un enclos de ferme qu'à une propriété d'agrément; mais il est facile de voir que le domaine est resté à l'état de formation et que Danton n'a pas eu le temps d'en achever la toilette : un ruisseau — le Pleuvard — le traverse dans toute sa largeur, affectant des méandres qui rappellent les douces rivières de Trianon; tel qu'il est il évoque la pensée d'un rêve de propriétaire campagnard amateur du bien-être et du repos, rêve brusquement interrompu (1).

Danton l'aimait cette terre où il comptait passer ses vieux jours; il y allait souvent, y recevait ses compatriotes et les y traitait largement dans une grande salle à manger qui n'a point subi, depuis cent ans, de transformations notables. La tradition d'Arcis a conservé le souvenir d'un de ces dîners : c'était dans les premiers jours de Novembre 1793; vers la fin du repas, un voisin entra dans la salle, apportant les nouvelles de Paris, qui venaient d'arriver par le courrier : les Girondins étaient morts..... Et l'on vit Danton, rouge de colère, se lever de table, marcher à grands pas dans la chambre, criant : « les misérables! Nous y passerons tous! Ils décapiteront la république! » On montre aussi, au premier étage, la chambre à coucher, avec la large

---

(1) La propriété de Danton appartient aujourd'hui à M. Robin, marchand de bois, à Arcis.

alcôve qui abritait, sous son lambris à moulures Louis XV, les lits jumeaux de Danton et de Gabrielle Charpentier. Des fenêtres de cette pièce les regards plongent sur tout le jar-

Maison de Danton à Arcis ; façade sur le parc (état actuel).

din ; le dur tribun se plaisait dans la contemplation des champs et des bois. Il faut insister sur ce contraste de son caractère : il avait pour la campagne l'amour de ceux qui ont beaucoup peiné, pour qui la vie de Paris a été rude.

Il avait pour voisin à Arcis un de ses collègues à la Convention, dont il convient de dire quelques mots. La maison qui, en face du pont, fait l'angle avec celle de Danton, appartenait, il y a cent ans, au conventionnel Courtois. Celui-là, simple fabricant de sabots, rêvait aussi de vie confortable et large : seulement, plus habile que Danton, il réussit. Parti d'Arcis comme député à la Législative, puis à la Convention, ayant pour tout bagage un certain fonds d'instruction classique qui lui fournissait un complet répertoire de citations tirées des auteurs anciens, il vécut dans l'ombre de Danton tant qu'il crut profitable de se recommander d'un tel personnage ; il s'effaça ensuite discrètement, jusqu'à

Thermidor; et une fois le danger passé, il se posa crânement en sauveur du pays. On sait que la Convention le chargea de l'examen des papiers trouvés chez Robespierre. Le coup d'état du 18 Brumaire n'eut pas de plus chaud partisan que lui; il entra au Tribunat; mais une accusation de concussion le contraignit à se séparer de ses collègues; il le fit sans regrets, la politique l'ayant enrichi. Il quitta Paris et se fixa, non point à Arcis, mais à Rambluzin, petit village du département de la Meuse.

Les paysans de Rambluzin n'avaient pas bonne idée de leur nouveau seigneur : il avait des meubles somptueux qui semblaient venir en droite ligne du garde-meuble des Tuileries et des livres richement reliés, dont bon nombre portaient des initiales et des écussons qui n'étaient pas ceux de Courtois. Cela se répétait tout bas tant que dura l'Empire : on le dit bien haut dès que survint la Restauration. Mais Courtois était bien tranquille : il croyait avoir mis tous les atouts dans son jeu. Dès que fut promulguée la loi du 12 Janvier 1816, condamnant à l'exil les régicides qui avaient signé l'acte additionnel, l'ancien concussionnaire, qui se trouvait atteint, fit discrètement savoir à son *auguste souverain* que, lors de l'examen des papiers de Robespierre, il avait cru devoir soustraire des cartons où elles étaient renfermées, *des pièces du plus grand intérêt pour la famille royale*, et il offrait de céder ces pièces en échange d'une mesure de clémence. La réponse des autorités fut ce qu'elle devait être : on dépêcha à Rambluzin un peloton de gendarmerie, on cerna sa maison et on s'empara de ses papiers : l'ancien conventionnel ne s'était pas vanté; on découvrit en effet chez lui le testament autographe de Marie-Antoinette, une lettre de la Reine à sa fille, différentes reliques du Dauphin, des cheveux de la Reine, son petit trousseau de prisonnière... etc.., Le tout fut envoyé à Paris; puis on donna à Courtois un passeport pour la Belgique. C'est ainsi que le testament de Marie-Antoinette, réputé perdu pendant de longues années, prit place aux archives royales (1).

Si nous avons conté cette histoire qui paraîtra sans doute un hors d'œuvre, c'est que le contraste est frappant entre ces deux voisins, Courtois et Danton, qui, partis tous deux du même point, ont suivi une voie si différente et ont eu des fortunes si diverses. La comparaison est, il faut le dire, tout en faveur de Danton, et les Arcisiens, ne s'y sont pas trompés; le souvenir qu'ils ont gardé de leurs deux conventionnels est bien dissemblable. Cette sorte d'instinct de la province, qui est fait de mille observations patientes, de racontars, de suppositions, de déductions lentes et ingénieuses, a classé Courtois parmi les aventuriers politiques dont la seule habileté consiste à pêcher en eau trouble : parlez de Courtois à Arcis, l'on vous fera comprendre prudemment que ses compatriotes l'ont renié, n'ont, tout au moins aucun souci de sa mémoire. Danton, lui, est l'objet de toutes les indulgences. Ni le 10 Août, ni Septembre,

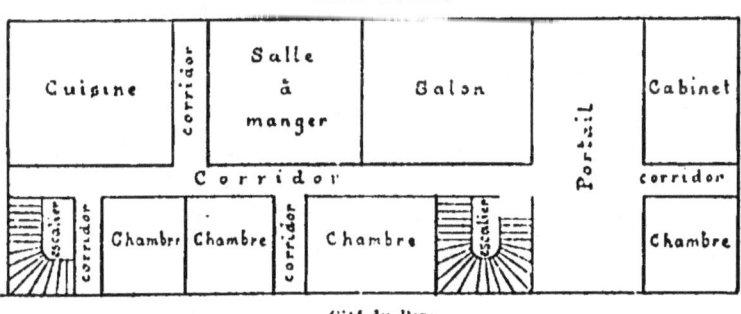

Maison de Danton à Arcis. Plan du rez-de-chaussée.

ni la mort du Roi, ne gênent en rien la quasi admiration que ses compatriotes lui ont vouée : il faut dire que

(1) Voir sur ce personnage la belle et curieuse étude de M. Eugène Welvert : *le Conventionnel Courtois.*

dans ce souvenir la politique n'entre pour rien. Les Arcisiens de 1792 voyaient en Danton un enfant du pays devenu célèbre et resté bon garçon, pas fier, pas dédaigneux, revenant avec plaisir dans sa petite ville et disant volontiers bonjour aux gens qui étaient honorés de ses poignées de mains. La génération suivante a connu et estimé les fils du conventionnel ; elle a apprécié leur discrétion, leur retenue, les services qu'ils ont rendus à la ville ; cette sorte de culte s'est étendu jusqu'à Gabrielle Charpentier qui a laissé également à Arcis un souvenir de douceur et de bonté qui y subsiste encore. Ceci est précieux à noter, car c'est une indication certaine de ce que fut Danton dans sa vie privée : c'est-à-dire bon bourgeois, simple, affable et franc compagnon : c'est à cet homme que la ville d'Arcis a élevé une statue, et non au fougueux politicien, dont elle ne se soucie guère : telle est la province.

Mais les temps étaient venus où ce bonheur fait d'amour et assaisonné de médiocrité, allait crouler, en même temps que le vieux monde, sous la tourmente révolutionnaire.

Danton qui en sa qualité d'ancien président du club des Cordeliers ; Danton qui au 14 Juillet, dans les journées des 5 et 6 octobre, s'était montré partout pour exciter le peuple du geste et de la voix (1) ; Danton qui passait pour le plus redoutable ennemi du parti de la cour et que les électeurs parisiens avaient nommé substitut du procureur de la commune, Danton ne pouvait se désintéresser des événements à l'approche du 10 août. La municipalité parisienne prenait en main la direction de l'émeute ; Danton..... mais ce n'est pas lui que nous voulons suivre pendant ces terribles jours ; c'est la pauvre femme qui, les larmes aux yeux, en proie à des terreurs nerveuses, écoutait, en pressant son enfant sur son sein, les hurlements de l'émeute triomphante qui grondaient dans la rue. Une lettre de Lu-

(1) Ph. Le Bas, *Dictionnaire encyclopédique : la France*.

cile Desmoulins nous permet de suivre heure par heure les angoisses de Gabrielle Danton (1).

« Le 8 août (2), » dit Lucile, « je suis revenue de la campagne. Déjà les esprits fermentaient bien fort. On avait voulu assassiner Robespierre. Le 9 j'eus des Marseillais à dîner ; nous nous amusâmes assez. Après le dîner, nous fûmes tous chez M. Danton. La mère pleurait ; elle était on

Maison de Danton à Arcis. Plan du premier étage.

Côté de la Place.

Chambre à coucher	Chambre à coucher	Chambre à coucher	Salon	Chambre
Corridor				
Chambre	Chambre	Chambre à coucher de Danton	Chambre à coucher	Chambre

Côté du Parc.

ne peut plus triste, son petit avait l'air hébété ; Danton était résolu. Moi je riais comme une folle. Ils craignaient que l'affaire n'eût pas lieu. — « Mais peut-on rire ainsi ! répétait madame Danton. — »

Le tocsin sonne, la foule, sous les fenêtres, crie : *Vive la Nation;* chacun s'arme, et Desmoulins paraît avec un fusil. Alors la pauvre Lucile pleure et son Camille la rassure en lui disant qu'il ne quittera pas Danton. Celui-ci, après s'être couché un moment, partit enfin dans la nuit pour l'hôtel de ville. « Le tocsin des Cordeliers sonna, il sonna longtemps. Seule, baignée de larmes, à genoux sur la fenêtre, cachée dans son mouchoir, » Lucile

---

(1) Lettre citée par M. de Beaumont-Vassy, dans ses *Mémoires secrets du dix-neuvième siècle.*
(2) Danton était aussi tenté le 8 d'un voyage à Arcis-sur-Aube.

écoutait le son de cette fatale cloche. Madame Danton était là, près d'elle, accablée aussi et songeant (1). De temps à autre, dans la nuit, des messagers venaient donner aux pauvres femmes quelques nouvelles vagues, tantôt consolantes, tantôt alarmantes. Le jour venu, Madame Danton se sentant prise d'une fièvre, d'un appétit de mouvement, remonta chez elle, puis, n'y pouvant tenir, redescendit chez son amie. Lucile fit mettre dans le salon un lit de sangle pour Gabrielle, et les deux femmes, ne pouvant dormir, essayaient, vers l'aube, de déjeuner, de lire, d'oublier.

Tout à coup Lucile, écoutant, dit : « On tire le canon! » Madame Danton prête l'oreille, entend, pâlit, se laisse aller et s'évanouit. « Je la déshabillai moi-même, dit Lucile; j'étais prête à tomber là, mais la nécessité où je me trouvai de la secourir me donna des forces. Elle revint à elle. »

Puis c'est une voisine qui va hurlant que tout cela est la faute de Camille. C'est le boulanger qui ferme la porte au nez de Lucile lorsque les deux femmes veulent passer par sa boutique pour sortir de la Cour du Commerce. Enfin Camille revient; mais le 11, par précaution, le ménage Desmoulins coucha rue de Tournon, chez Robert, un ami. Les bruits les plus contradictoires couraient dans la ville : « On brise les glaces dans le château, dit Lucile; on nous a rapporté des éponges et des brosses de la toilette de la Reine... le lendemain 12, en rentrant, j'appris que Danton était ministre.. » (2).

L'étonnante nouvelle était vraie. Le petit avocat que le messager d'Arcis avait amené gratuitement à Paris, le jeune homme sans avenir auquel le limonadier Charpentier hésitait à donner sa fille, s'installait, le 14 août 1792 dans l'antique et somptueux hôtel de la chancellerie de France, et, du haut de ses balcons il pouvait voir, sous ses fenêtres,

---

(1) Jules Claretie. *Camille Desmoulins*.
(2) Il avait été élu par 222 voix contre 62. (Philippe Le Bas.)

Portrait de Gabrielle Charpentier, première femme de Danton.

D'après une peinture conservée à Arcis-sur-Aube.

les débris de la statue du grand roi joncher le pavé de la place Vendôme. Évidemment il eut l'illusion que sa présence au pouvoir allait rendre la France excessivement heureuse...!

Et Gabrielle ; que dut-elle penser en s'installant dans la somptueuse et aristocratique demeure des Miromesnil et des Maupeou ? Qui dira les cauchemars de cette petite bourgeoise transplantée du comptoir du café de l'École, sous les dais à panaches de plumes blanches, à courtines de brocard, qui avaient abrité des duchesses ? Il est certain que cette vertigineuse fortune tua le bonheur du ménage. Danton fut pris de ce besoin de jouissances que donnent les grandeurs. Jadis il aimait sa femme ; ministre, il se prit à *aimer les femmes*. On s'en aperçut et l'on chercha à en profiter. Michelet assure que le parti d'Orléans essaya, de l'ensorceler, en lui dépêchant une intime amie du prince, la belle Mme de Buffon... La pauvre Gabrielle ne tenta pas une lutte inutile, elle se tut et pleura ; lorsque, six semaines après le 10 août, elle revint au triste appartement de la Cour du Commerce, elle était mourante. La tradition d'Arcis, où elle était allée à différentes reprises, passer quelques jours, la représente comme une femme résignée et pieuse, naturellement mélancolique, d'un caractère timide : elle avait eu au commencement de l'année un second fils, François-Georges, né le 2 février 1792, qu'elle n'avait pu allaiter et qu'elle avait envoyé en nourrice à l'Isle-Adam. Les émotions de cette tempêtueuse année 1792, son élévation subite, la responsabilité terrible encourue dans les massacres de septembre par celui qu'elle aimait, tout cela avait brisé cette âme faite pour la vie intime et les douces joies du ménage. Maintenant elle passait ses journées, seule, toujours enfiévrée de nouvelles craintes, de nouveaux soupçons. Le mari, jadis assidu et fidèle, rentrait à peine de temps à autre à la maison ; après six semaines de ministère, il avait été élu député à la Convention et s'était lancé dans le tourbillon de la politique militante, lui consacrant ses ardeurs et sa vie.

Comme il semblait, à la pauvre femme, triste et désolé ce grand appartement de la Cour du Commerce où le ménage s'était installé si joyeux quelques années auparavant ! comme elle semblait déserte l'alcôve aux rideaux de cotonnade jaune, abritant deux couchettes jumelles, dont l'une restait presque toujours vide ! Danton passait ses nuits au club, quittait Paris pendant plusieurs jours, partait en mission... Elle l'aimait toujours : lui, avait bien d'autres affaires, ma foi ! Il partit pour la Belgique ; les yeux pleins de larmes, elle lui fit ses adieux ; puis, toute seule, abandonnée pour cette ingrate et dévorante rivale qui s'appelle la politique, elle mourut...

Quel drame que la Révolution ! et que de drames on découvre en fouillant dans la grande ombre qu'elle étend sur l'histoire !

Trois mois après Danton, en épousait une autre, une autre que, blasé pourtant, il se mit à aimer comme un écolier de vingt ans. Sans doute, c'est le souvenir de la pieuse Gabrielle Charpentier qui causa ce miracle ; en lui disant adieu pour toujours, elle l'avait presque fiancé à une délicate et jolie fille de quinze ans, Louise Gély, dont le père était employé dans les bureaux d'un ministère.

Louise Gély avait peur de Danton ; élevée dans l'esprit des principes religieux, dans les préjugés sociaux de l'ancienne bourgeoisie, elle avait en horreur la révolution et les révolutionnaires. Elle fit tout ce qu'elle put pour rebuter son terrible amoureux... elle exigea qu'il se confessât, qu'il s'agenouillât devant un prêtre catholique, et *non jureur*, comme on disait alors. Sa main était à ce prix.

.•.

Vers le milieu de juin 1793, un homme, « débraillé dans un habit de drap écarlate, le col nu dans une cravate dénouée tombant plus bas que le jabot, botté de bottes à revers, » frappait à la porte d'une maison close, dans une des plus désertes rues des environs de Saint-Germain des Prés : personne ne vint ouvrir; il frappa de nouveau : alors il entendit un pas descendre prudemment l'escalier, et une vieille femme entr'ouvrit la porte.

— « Le citoyen abbé est-il chez lui? demanda l'homme.

— « Mais, citoyen, il n'y a pas d'abbé dans la maison. »

L'autre eut un haussement d'épaules, et, poussant la porte entra dans l'allée.

« — L'abbé m'attend, dit-il, j'ai besoin de le voir; c'est urgent.

— « Monsieur vient donc pour les sacrements; c'est différent; il faut me pardonner, voyez-vous; on est tenu à tant de précautions... on craint toujours l'invasion de ces démons du tribunal...

— « C'est bon, interrompit l'homme, conduisez-moi à monsieur l'abbé. »

La vieille servante prit les devants, monta quatre étages et frappa à une petite porte; dans la chambre où elle introduisit l'inconnu, un prêtre en soutane marchait à grands pas, lisant son bréviaire. Il s'arrêta en voyant entrer le nouveau venu, et le considéra un instant; d'un coup d'œil il le jugea : le visiteur avait les cheveux hérissés, quoiqu'on y vît un reste de coiffure et d'apprêts : « Il y avait de la crinière dans sa perruque. Il avait la petite vérole sur la face, une ride de colère entre les sourcils, le pli de la bonté au coin de la bouche, les lèvres épaisses, les dents grandes, un poing de portefaix, l'œil éclatant. » Le prêtre le reconnut et pâlit : c'était Danton.

— « Monsieur l'abbé, dit un peu gauchement celui-ci, je viens me confesser : serez-vous assez bon pour m'entendre et pour m'absoudre ?

— « Mettez-vous à genoux, mon fils; » et tandis que le prêtre fermait son livre de prières, et qu'il s'asseyait dans un fauteuil de paille, Danton s'agenouillait sur un prie-

Dieu de sapin, et, devant un crucifix pendu au mur, joignant les mains, inclinait sa grosse tête crépue.

De tous les spectacles que la chronique révolutionnaire a légués à l'étonnement de la postérité, celui-ci est, sans doute, l'un des plus inattendus, et des plus grands aussi. Ce prêtre, qui s'appelait M. de Kéravenan, et qui devint plus tard curé de Saint-Germain des Prés, ce prêtre n'avait pas prêté le serment exigé par la Constitution : depuis huit mois il se cachait dans Paris; être connu d'un des hommes du gouvernement d'alors, c'était pour lui la mort assurée; et voilà qu'il voyait entrer dans sa retraite l'homme qui avait créé le sanglant tribunal révolutionnaire, l'homme dont les larges mains avaient déraciné l'antique monarchie catholique... et devant lui, pauvre prêtre traqué comme un être malfaisant, hors la société, hors la loi, cet homme venait s'agenouiller et demander le pardon de ses fautes.

L'abbé de Kéravenan leva les yeux au ciel, implorant la miséricorde divine, et, se penchant, écouta cette grande voix qui faisait trembler le vieux monde, essayer de se faire humble et murmurer :

— « Mon père, je m'accuse... »

Ici l'histoire doit s'arrêter; jamais, on le devine, le secret de cette étrange et solennelle entrevue n'a été violé; lorsque, dans les premières années de ce siècle, les gens voyaient passer dans les rues qui entouraient l'église de Saint-Germain des Prés, un vieux prêtre à cheveux blancs, silencieux et rêveur, ils se disaient, en reconnaissant l'abbé de Kéravenan : « il a entendu la confession de Danton. » Mais on n'en sut jamais davantage; ce qui ne peut être mis en doute, c'est le fait lui-même.

Louise Gély, élevée dans une famille bourgeoise de vieille roche, était toute dans la tradition de l'ancien régime Elle éprouvait, nous l'avons dit, près de Danton de l'étonnement et un peu de peur, bien plus que d'amour. Il avait beau limer ses dents, accourcir ses griffes, elle n'était nullement rassurée devant ce monstre sublime. La famille crut l'arrêter court en lui présentant un obstacle qu'elle croyait insurmontable, la nécessité de se soumettre aux cérémonies catholiques. Mais Danton aimait; il courut s'incliner devant le prêtre réfractaire qu'on lui désigna; le mariage fut célébré dans une mansarde, devant une table transformée en autel... comme dans les cérémonies pieuses de la religieuse Bretagne, à l'époque des guerres de Vendée. Et c'était le mariage de Danton!

Tout a été dit ailleurs sur le rôle politique de Danton pendant cette année 1793; mais nous conservons la prétention de croire que la façon toute mesquine, mais toute nouvelle, dont nous essayons de faire l'histoire des hommes par les choses, peut nous donner sur la psychologie de Danton des aperçus inédits.

On sait comment on a expliqué ce second mariage. Danton, a-t-on dit, éperdu d'amour pour une jeune fille de seize ans, se fit humble, se fit mouton, sacrifia tout pour la posséder, voulant être heureux du moins pendant quelques mois, puisqu'il savait qu'il devait mourir. Eh bien! Arcis nous a montré Danton tout autre. Nous l'avons vu là songeant à l'avenir, arrondissant la propriété de campagne où il comptait se retirer un jour, faisant des projets d'avenir, rêvant de s'en aller chez lui, pour y vivre dans le bien-être et dans le calme avec sa femme et ses enfants. La mort de Gabrielle Charpentier vient tout à coup anéantir ces projets, et, sans nul doute, Danton, repris subitement d'une crise d'insouciance voluptueuse, crut calmer sa douleur en se laissant aller à ses violentes passions; mais bien vite le bon bourgeois qui était en lui souffrit de cette vie de plaisirs et de satisfactions sensuelles: en épousant Louise Gély, fille d'un huissier audiencier qu'il avait connu au parlement, et à qui il avait fait obtenir, depuis la révolution, une place lucrative à la Marine, Danton voulait recommencer son rêve interrompu. Il était las de la Révolution, il éprouvait le désir de fixer son propre sort. On a prétendu qu'en s'unissant à cette enfant de seize ans, il n'avait eu d'autre but que de finir joyeusement la vie ; il voulait la recommencer, au contraire, et tout autre qu'il l'avait jusqu'alors vécue.

Et tout de suite, il se reprend à songer à son cher Arcis : son idée fixe semble être d'y retourner au plus vite, d'y emmener sa jeune femme, ses deux enfants, de s'y faire oublier et d'y oublier surtout... En novembre 1793, il est à Arcis, il ajoute un petit bois à sa terre (1); en décembre suivant il y retourne encore : cette fois il fournit l'arbre que ses compatriotes veulent dresser sur une des places de la ville comme un symbole de liberté : le procès verbal de la cérémonie est intéressant, quoique d'une rédaction naïve; c'est un croquis de la vie provinciale pendant la terreur qui mérite d'être conservé (2).

« Le 30 frimaire, an II, le bureau a vaqué à cause de la fête de la décade, jour indiqué par le procès verbal du 24 frimaire, suite de la délibération de l'assemblée de la masse des citoyens réunis le 20 frimaire, par laquelle il avait été arrêté que l'arbre de la liberté serait planté au dit jour.

« L'arbre était déposé près de la maison du citoyen Danton, qui l'a fourni. Tous les citoyens de la garde ont dirigé leur marche avec les citoyens des corps constitués, et les citoyennes, dans l'ordre suivant :

« De la place d'Armes (3), la garde a ouvert, sous ses drapeaux, la marche sur deux lignes, précédée de ses tambours, et ayant à sa tête son commandant ordinaire. Les officiers municipaux suivaient la garde sur la ligne droite; les membres du Tribunal sur la ligne gauche; ceux de l'administration du district tenaient le milieu; les membres du comité de surveillance étaient ensuite; la marche était fer-

(1) Nous avons sous les yeux l'acte passé en cette circonstance.
(2) Nous devons cette curieuse pièce à l'obligeance de M. Lhuillier, d'Arcis. qui nous a fourni nombre de renseignements inédits sur les séjours de Danton dans sa ville natale. Nous le prions de recevoir ici nos remerciements.
(3) Aujourd'hui place de la Halle.

mée par la gendarmerie et un nombre infini de citoyens, de citoyennes, et enfants d'amis et amies de la liberté.

« Au milieu des deux lignes, formées comme dit est, étaient pompeusement portés par huit sans-culottes, bons patriotes, les bustes de Brutus, Pelletier, Marat et Chalier, sur qua-

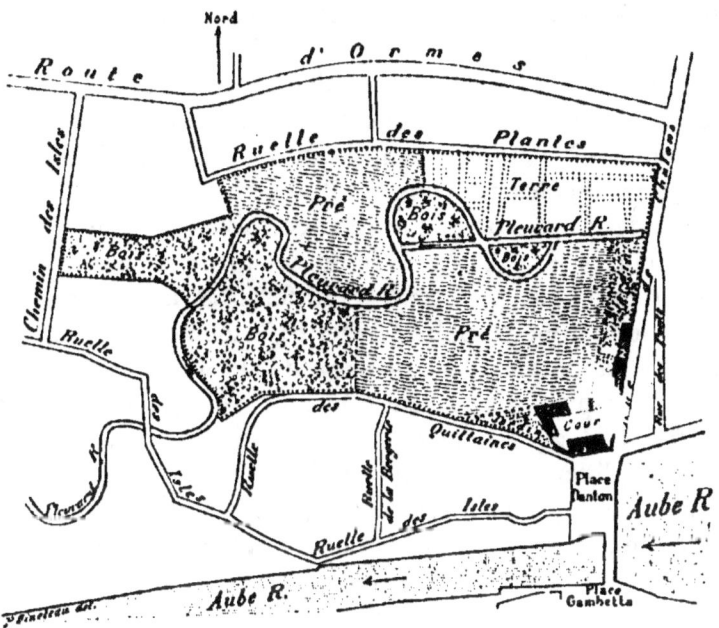

Plan de la propriété de Danton, à Arcis.

tre brancards faits à ce sujet. Ces bustes étaient accompagnés et suivis de jeunes citoyennes habillées de blanc, ceintes de ceintures tricolores, et portant des baguettes entourées de lierre, au haut desquelles se trouvaient sur une bande de papier inscrits les noms d'*Égalité, Liberté, Fraternité, Mort aux tyrans, Paix aux patriotes*. Les tambours battaient la marche au pas ordinaire, et, quand ils avaient cessé de battre, les citoyennes accompagnant les bustes susdits, chantaient un couplet de l'hymne des Marseillais;

ensuite les tambours reprenaient, et successivement la marche s'est ainsi suivie jusqu'à ce que tous les assistants à cette cérémonie aient été arrivés où était l'arbre destiné à être planté.

« Arrivés à cet endroit, les jeunes citoyennes ont chanté et répété le couplet : *amour sacré de la Patrie* et tous les assistants ont chanté et répété le refrain : *aux armes* etc..

« Ensuite l'arbre a été conduit en avant des lignes par différents bons patriotes, sans culottes, et décorés de rubans tricolores, à l'endroit où il devait être planté. En l'accompagnant tous les citoyens et citoyennes n'ont cessé de chanter, et les tambours de battre successivement la marche des Marseillais jusqu'à l'arrivée de cet arbre à l'endroit où il devait être planté. Y étant, les différentes dispositions faites pour le planter et pour le mettre à même dans les terres neuves rapportées dans un trou de six pieds de profondeur sur neuf pieds carés, ouvert à ce sujet conformément à l'arrêté du 24 frimaire, les assistants et assistantes ont chanté différents couplets analogues à la cérémonie, et, auparavant que d'élever l'arbre, tout étant disposé pour le faire, le citoyen Vinchon (1) a prononcé le discours qu'il avait à prononcer pour faire sentir au peuple combien il devait préférer les fêtes civiques à celles de l'ancien culte qu'il leur a peint *(sic)* comme celles de l'erreur et de la superstition; et leur a fait sentir combien celles-ci étaient plus belles, puisqu'elles étaient celles de la vérité et de la raison. Le discours du citoyen Vinchon a été applaudi et suivi des cris : Vive la République!

« L'arbre à l'aide des dispositions faites, s'est élevé si promptement que tous les assistants ont cru que cette célérité était plutôt l'effet de la nature que de l'art. La hauteur de l'arbre de 40 pieds au moins, avec tout son houppier, et

---

(1) Ancien curé d'Herbisse.

la grosseur d'environ un pied et demi de tour, paraissait en effet, présenter tant de difficultés pour son élévation, qu'elle a paru plus aidée dans sa célérité par la nature que par les dispositions prises pour les diriger.

« Pendant que l'on couvrait de terre son pied, il a été chanté une infinité de couplets plus révolutionnaires les uns que les autres, et l'ordre qui a régné dans les différents chants était si complet, que l'on eût dit que tous les chanteurs et chanteuses étaient musiciens et musiciennes. L'arbre étant assis, toute la garde a déposé autour les armes, et les porteurs de drapeaux leurs drapeaux, et toute la famille patriotique, amie de la liberté et de l'égalité, a dansé des rondeaux autour en chantant des couplets qui respiraient le patriotisme le plus pur.

« Cette cérémonie, qui a duré plus de trois à quatre heures, n'a pas paru avoir duré une minute; la joie était peinte sur tous les visages, et tout respirait cet air de liberté et cette naïveté de plaisir, vraie jouissance de la simple nature. Tous les citoyens et citoyennes se sont ensuite donné, en signe de fraternité, l'accolade patriotique, et au milieu des salves de canon les cris de : Vive la République! Vive la Montagne! se faisaient entendre de toutes parts. Les bustes de Brutus, Marat, Pelletier et Chalier ont été ensuite en pompe reportés, avec tout l'accompagnement de ceux et de celles qui avaient assisté à la cérémonie, à l'endroit ordinaire où ils restent en dépôt; et de jolies chansons étaient dans cette conduite chantées par tous les citoyens et citoyennes, qui, par leurs regrets d'abandonner le lieu où ils restent en dépôt, ont bien prouvé la douleur qu'ils avaient ressentie à la mort de leur modèle.

« Les officiers municipaux ont ensuite fait sentir aux assistants et aux assistantes combien ils étaient satisfaits des preuves de candeur qu'ils avaient montrées dans cette fête, et les ont invités à un bal qu'ils ont annoncé pour passer le restant du jour de la décade, dans la ci-devant église des

Cordeliers (1), où tous les citoyens et citoyennes ont indistinctement dansé jusqu'à minuit, heure à laquelle tout le monde a senti qu'il était temps de se retirer. Quatre coups de canon avaient annoncé la fête; douze autres l'ont entretenue et finie. Différents repas se sont donnés pour cette fête, et à toutes les tables on y entendait chanter les hymnes et les chansons analogues à la circonstance.

« Toute la fête a été bien commencée, bien soutenue, et la manière dont cette première décade a été célébrée annonce que bientôt la commune d'Arcis serait parfaitement tout entière à la hauteur des circonstances, et que l'esprit d'erreur et de superstition céderait sa place à celui de la raison et de la vérité.

« Fait et arrêté les jours et an susdits. »

Ah! s'ils avaient su, les Arcisiens, que leur Danton s'était confessé! mais peut-être bien doutaient-ils : l'immense majorité des Français n'a jamais pris au tragique ces déclamations officielles et obligées contre les ténèbres de l'obscurantisme : on savait que cela n'était mis que pour la forme, et l'on n'y attachait pas d'importance!

C'est sans doute en décembre 1793 que Danton vit Arcis pour la dernière fois. Il revint à Paris pour la lutte suprême. C'est là, dans son appartement de la Cour du Commerce que nous le retrouvons aux premiers jours de 1794.

Les passants voyaient il y a quelque quinze ans, dans la rue de l'École-de-Médecine, une haute maison, sévère d'aspect, avec d'étroites fenêtres à jalousies, et un vaste porche lourdement cintré. Les gens du quartier la connaissaient bien : ils l'appelaient la *maison de Danton*. Tout proche était l'arcade à fronton triangulaire de la vieille fontaine des Cordeliers : ensuite venait, à l'angle de la rue

---

(1) C'est sur son emplacement qu'a été construit le tribunal.

du P:on, une antique masure à tourelle; puis la maison de Marat; enfin, joignant l'École, un immeuble qu'avait habité le cordonnier Simon. Et ce coin révolutionnaire, irrégulier, cahotant, penché, était amusant à voir, avec des liserons aux fenêtres, des badigeons fanés aux devantures,

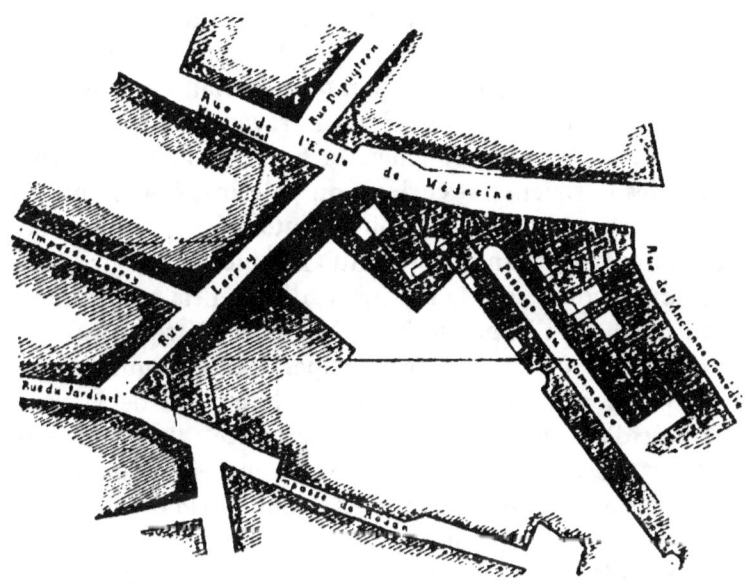

Plan de la cour du Commerce et des rues adjacentes, avec le tracé actuel du boulevard Saint-Germain.

(26. Fontaine des Cordeliers. — 32 et 34 maison de Danton.)

des balcons de fer à toutes les croisées, et, tout en haut, un entassement d'énormes cheminées, surmontées d'une forêt de tuyaux à girouettes.

Aujourd'hui, rien de tout cela ne subsiste : une sorte de place luxueusement bitumée et plantée des classiques marronniers municipaux succède à ce pittoresque carrefour. L'art de la voirie a de ces nécessités mytérieuses. Puis, un beau jour, un architecte a tiré des lignes, tracé un plan, dit : « C'était là » et l'on a décidé qu'on élèverait à cette place même le monument de Danton, en expiation, sans doute, de sa maison démolie.

Eh bien, je préférais la maison : les vieilles demeures ont une sorte d'âme, faite du bonheur que les gens y ont laissé, des peines qu'ils y ont subies, de toutes sortes de choses à jamais finies, et vivantes pourtant. Les détails les plus intimes y prennent un charme suggestif : des marches d'escalier usées, un clou rouillé planté dans une boiserie, le marteau d'une porte sur lequel tant de mains se sont posées !

Lorsqu'on creusa, en 1876, à travers la vieille rue des Cordeliers, la large tranchée du boulevard Saint-Germain, bien des Parisiens, — curieux ou pèlerins, — vinrent visiter l'appartement qu'avait habité Danton. Le quartier croulait de toutes parts; dans la Cour du Commerce, aujourd'hui réduite de moitié, on se montrait, d'abord, la boutique basse qui avait été l'imprimerie de Marat et l'étroit appentis où l'on avait, sur des moutons, expérimenté la guillotine (1). Puis l'on montait chez Danton : le porche de la maison servait d'entrée à la Cour du Commerce : l'escalier était à gauche, assez large, mais sombre; l'entresol dépassé, on se trouvait au premier étage devant une porte de bois, peinte en brun, à deux battants : c'était là.

Rien n'avait été changé depuis cent ans, si ce n'est peut-être les papiers de tenture, et, bien que toutes les pièces fussent vides, on pouvait, grâce à l'inventaire du mobilier retrouvé par M. le docteur Robinet, reconstituer, jusqu'au moindre détail, l'intérieur intime du fougueux tribun.

D'abord, c'était une antichambre assez vaste, meublée de de deux armoires en noyer, d'une petite table-bureau et d'une chiffonnière d'acajou : dans un coin sombre était dissimulé un panier à chauffer le linge. Le grand salon qui suivait, éclairé de deux fenêtres ouvrant sur la rue et drapées de rideaux de coton était tendu en papier arabesque, collé

---

(1) Ces deux maisons existent encore.

sur toile. Deux hautes portes de boiseries placées en face des fenêtres, et deux glaces à trumeaux, l'une sur la cheminée, l'autre entre les deux croisées, surmontant une grande console à dessus de marbre et à galerie de cuivre, donnaient à cette pièce un aspect assez solennel. Elle était meublée, dans le joli style de l'époque, d'un canapé à deux coussins, de six fauteuils en satin fond vert ordinairement recouvert de leurs housses de toiles, de dix chaises de paille à dossier en forme de lyre et d'une table en bois de noyer qu'ornementait bourgeoisement un service à café de six tasses et soucoupes en porcelaine décorée de fleurs peintes. Dans le petit salon voisin, six fauteuils en bois blanc et recouverts de velours d'Utrecht rouge, étaient rangés autour d'une table d'acajou ; devant un secrétaire *à tombeau*, garni d'une tablette de marbre, était un

Maison de Danton,
rue des Cordeliers.
D'après un dessin pris en 1850.

grand fauteuil dont l'assise était un coussin de basane verte. La chambre à coucher, qui venait ensuite, contenait une commode, une chiffonnière et un clavecin d'acajou, un miroir de toilette à cadre d'ébène, six chaises et deux fauteuils de paille. L'alcôve, fermée de rideaux de toile jaune, abritait deux couchettes basses, à colonnettes Louis XVI. A côté de cette alcôve s'ouvrait un cabinet de toilette.

Trois autres pièces prenaient jour sur la cour du Commerce; l'une d'elles était la salle à manger, éclairée par une fenêtre drapée de rideaux de coton, et dont les placards contenaient trois douzaines d'assiettes en faïence et deux douzaines de verres, plus un verre à pied; l'autre était certainement le cabinet de travail de Danton, à en juger par l'inventaire qui relève « une table couverte d'un tapis vert; une autre petite table à quatre pieds, un grand bureau de bois de placage couvert en cuir, à trois tiroirs, deux chandeliers de cuivre, huit planches entablettées, supportant des cartons remplis de journaux, deux fauteuils recouverts de satin fond blanc et deux chaises. »

Pour compléter cet inventaire du confortable intérieur de Danton — tout n'est-il pas intéressant de ce qui peut aider à reconstituer la psychologie de ces hommes de la Révolution dont les idées ont bouleversé le monde — ajoutons encore que son domestique se composait, en 1794, de deux servantes, dont l'une se nommait Catherine Motin et l'autre Marie Fougereot; une cuisine bien garnie, ayant vue sur une petite cour sombre, et diverses pièces de service composaient les dépendances de son appartement; la cave contenait une assez bonne provision de vin blanc et rouge en fûts et en bouteilles, et il possédait, logés dans les écuries de *l'hôtel de Tours*, situé rue du Paon, un cabriolet, un cheval et une jument.

Voilà, tel que l'imagination, aidée de l'inventaire des meubles de Danton pouvait le reconstituer, quel était l'intérieur du tribun. Mais nous voulions mieux : pour compléter notre modeste galerie révolutionnaire, il nous fallait y joindre un plan de cet appartement de la Cour du Commerce où celui qu'on a appelé, injustement peut-être, l'homme de septembre, avait vécu, aimé, pleuré...

La chose n'était point aisée : la maison, démolie depuis dix-sept ans, appartenait, lors de l'expropriation, à des mi-

Fronton de la porte de la maison de Danton, rue des Cordeliers.
Collection de M. Victorien Sardou.

neurs, les héritiers Girardot (1). Ceux-ci étaient eux-mêmes représentés non point par un notaire, mais par un agent

---

(1) Lefeuve fait une erreur en disant (*Histoire des rues de Paris*) que Danton habitait un immeuble appartenant à Ducellier. Celui-ci ne possédait que le milieu de la Cour du Commerce, et non pas la maison faisant face sur la rue des Cordeliers. Nous avons pu nous en assurer en feuilletant les papiers de Ducellier, mis complaisamment à notre disposition par MM. Feugères-Desforts, ses descendants. L'erreur de Lefeuve provient sans doute de ce que Danton a habité pendant quelques mois la maison, par laquelle on entre de la rue de l'Ancienne Comédie dans la Cour du Commerce : cette maison appartenait en effet à Ducellier. Mais l'autre, la grande, celle de la rue de l'École de médecine, portait en fronton, comme on peut le voir par la gravure ci-jointe les initiales de son propriétaire et ces initiales sont A. G. (Girardot?)

d'affaires de la rue Saint-Martin, mort depuis plusieurs années. Il était donc impossible de retrouver la trace des titres anciens de la propriété et des plans qui pouvaient y être annexés.

Le problème se posait ainsi : étant donnée une maison qui n'existe plus, retracer ses dispositions intérieures, en se passant des documents qui servent ordinairement à ce genre de reconstitution.

Dans l'espoir de dégager l'x de cet inconnu, je me fis policier. Je parcourus les environs de la Cour du Commerce, entrant dans les vieilles maisons, interrogeant les concierges, éveillant les souvenirs des anciens du quartier. J'appris ainsi que le premier étage de la maison Girardot, était, lors de l'expropriation, divisé en deux appartements.

L'un loué à bail, l'autre faisant partie de l'hôtel Molinier qui occupait un assez grand emplacement en ce vaste immeuble, et dont la table d'hôte jouissait d'une certaine réputation dans le monde des étudiants. On m'indiqua même, complaisamment, une antique femme de ménage, M^{me**}, qui avait tenu, à la pension Molinier, l'office de bonne à tout faire, et qui pourrait me donner sur les aménagements de la maison, des renseignements précieux.

Ceci, dira-t-on, n'est plus de l'histoire. J'y consens. Mais, outre qu'il me semble de mon devoir strict d'éclairer mes lecteurs sur la valeur des documents topographiques que je leur présente, un fureteur narrant ses bonnes fortunes me paraît mériter la même indulgence qu'un chasseur qui conte ses exploits ou qu'un alpiniste qui décrit ses ascensions.

Je me mis donc en quête des derniers locataires de l'appartement de Danton, et il faut bien croire qu'il y a un dieu pour les chercheurs comme il y en a un pour les ivrognes, car mes investigations eurent un plein succès. M. Delahaye, actuellement directeur de la *Réforme du bâtiment*, avait jusqu'en 1876, habité toutes les pièces composant le grand appartement du Conventionnel. M. de Jouvencel, ancien député, occupait, au temps de l'Empire, en qualité de pensionnaire de l'hôtel Molinier, l'autre partie du premier étage. En interrogeant leurs souvenirs, en éveillant leur attention sur tel ou tel détail révélé par l'inventaire dressé après la mort de Gabrielle Charpentier, je

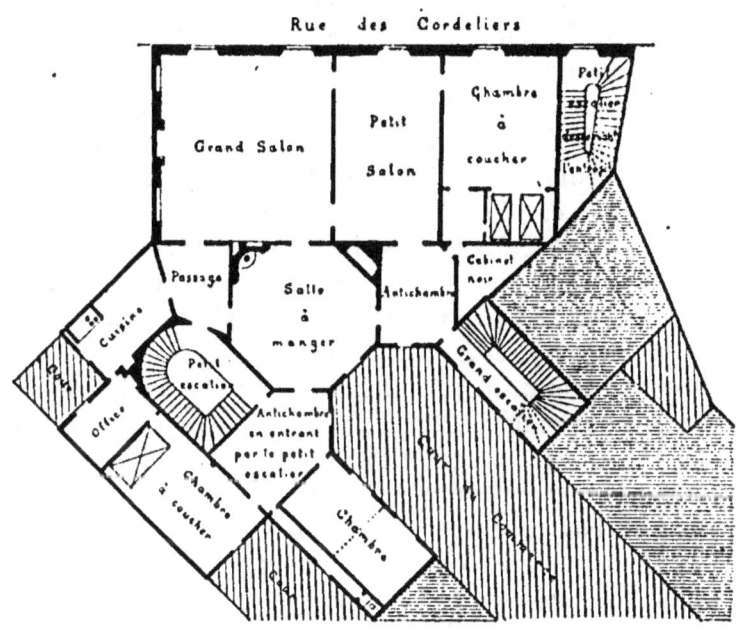

Plan de l'appartement de Danton.
Reconstitué à l'aide du cadastre de 1802, des plans d'expropriation de 1876, de l'inventaire dressé après la mort de Gabrielle Charpentier et des souvenirs des derniers locataires de l'immeuble.

parvins à tracer un plan aussi exact que possible : à mesure qu'ils parlaient, je reconstruisais, par la pensée, cette vieille maison oubliée ; je revoyais le large escalier de pierre, et l'antichambre éclairée sur la Cour du Commerce, et les deux salons, et la chambre à coucher, et la salle à manger octogonale et ce grand cabinet de travail (1) où Danton préparait ces tonitruantes harangues qui secouaient le vieux monde.

Ici était la chambre de Louise Gély; là le cabinet noir où l'on entassait les journaux; et d'insignifiants détails, la place des cheminées, les placards, la hauteur des plafonds, l'étroitesse de la cuisine, m'intéressaient plus que toutes les tirades à effet des grands historiens.

Je revoyais Danton, assis un soir de mars, près du foyer de sa chambre à coucher, le corps penché dans l'âtre, abîmé dans ses réflexions : parfois il tisonne avec violence. Sa jeune femme est là, muette, le regardant. Tout à coup on entend résonner sur le pavé de la rue le pas d'une patrouille qui s'arrête : il y a du bruit dans l'escalier des jurons, des cris... Danton se lève brusquement : « on vient m'arrêter, » dit-il. Louise Gély, blême d'épouvante, entoure de ses bras son mari; lui, frénétiquement, la baise au front, en lui répétant : « N'aie pas peur, ils n'oseront! »

Il y a encore, sur le boulevard Saint-Germain, une ligne d'anciennes maisons à pignons irréguliers, à fenêtres étroites; c'est tout un côté de la rue des Cordeliers, que le hasard de l'alignement a respecté; c'étaient les *vis-à-vis* de Danton. Par la pensée on se représente ces vieilles façades brutalement éclairées de la lumière des torches, avec, à toutes les croisées, des têtes effarées qui se montrent, qui s'interpellent, qui s'interrogent; on entend des cris de femme, et, dans la rue, contre ces devantures, au milieu d'un groupe, un homme se retourne et, d'une voix tonnante, crie : « Adieu, adieu! » C'est Danton qu'on emmène...

On dit que lorsqu'il monta les marches de l'échafaud, il

---

(1) C'était en effet une pièce de grandes dimensions : divisée en cloison, elle formait en 1876, deux chambres à coucher.
(2) Le fait a été raconté par Mme Gély mère, quelque temps après la mort de Danton.

eut, en pensant a sa Louise, un moment de faiblesse : « O ma pauvre femme, dit-il, je ne te verrai donc plus... » et il s'attendrit; mais tout à coup. « Allons Danton pas de faiblesse! » et il se raidit pour mourir. A ce moment, il aperçut dans la foule groupée autour de l'échafaud un homme qui lui faisait signe. C'était l'abbé de Kéravenan... Danton inclina la tête, et, mentalement reçut une suprême absolution.

Toutes ces choses sont d'une grandeur épique et terrifiante; le roman de Danton fait presqu'oublier son histoire. En songeant aux tempêtes de passion qui grondaient dans son cœur, on ne peut s'empêcher d'établir une comparaison entre lui et son froid rival, Robespierre, ce pédant compassé et prétentieux qui n'aima jamais que soi-même et sacrifia tout sentiment humain à sa rampante et fanatique ambition.

.·.

Une chose m'a souvent frappé; c'est l'indifférence avec laquelle les historiens enregistrent la fin des victimes de l'échafaud révolutionnaire : on les suit dans la funèbre charrette, on donne — si l'on en a — quelques détails sur la scène suprême dont la guillotine était le théâtre, puis, le couteau tombé, on tourne le feuillet et l'on passe à d'autres. Le drame pourtant ne finissait point là; il se continuait plus tragique, plus émouvant peut-être. Ces hommes, pleins de force et de vie, que la révolution envoyait à la boucherie, laissaient aux prises avec l'existence, quelque chose de leur chair et de leur sang : ils avaient des parents, des femmes, des enfants, qui, attérés, tapis au fond de leurs demeures, guettaient, dans d'atroces angoisses, les clameurs des marchands de journaux annonçant que la fournée du jour était expédiée...

Vous représentez-vous quelle dut être l'épouvante de Louise Gély, cette jeune femme de dix-sept ans, toute brûlante encore des derniers baisers de Danton, restée veuve avec deux enfants qui n'étaient pas les siens? Sans doute elle entraîna les petits hors de la maison maudite; affolée, fuyant l'horrible cauchemar, sans tourner la tête, elle courut chez ses parents, se réfugia là, vaincue, brisée, anéantie : elle n'avait point aimé Danton, a-t-on dit, et ne l'avait épousé que par crainte : aussi, quand le mauvais rêve fut passé, quand la Terreur finit, elle reprit goût à la vie. Elle était si jeune, vingt ans, à peine! Dans les dernières années du siècle, ayant repris son nom de jeune fille, elle se remaria; elle entra dans une très honorable famille bourgeoise dont le nom a marqué dans les annales de notre siècle. Avait-elle oublié qu'elle était la veuve de Danton? La chose est bien impossible : mais elle avait jeté un voile sur son passé : jamais on entendit sortir de sa bouche une seule allusion à son premier mariage.

Ce tragique souvenir la laissait impassible; elle en avait conservé une sorte d'horreur impénétrable et muette : on dit qu'une fois seulement, elle fit le voyage d'Arcis afin de régler définitivement les questions d'intérêts pendantes entre elle et les fils de Danton; mais ce n'est là qu'une tradition : elle mourut fort âgée, il y a quelque trente ans.

Les deux enfants (1) de Gabrielle Charpentier avaient été, presqu'aussitôt après la mort de leur père, renvoyés à Arcis-sur-Aube. Orphelins, sans ressources, ils s'étaient

---

(1) Gabrielle Charpentier avait eu de Danton trois enfants : Antoine, Georges et François. Ce dernier est mort à Arcis en bas âge en 1789. On a prétendu en outre que Louise Gély était enceinte lors de la mort de Danton. C'est là une fable : l'inventaire dressé après la mort du conventionnel ne porte nulle mention d'un « curateur au ventre. » Jamais MM. Antoine et Georges Danton qui avaient conservé quelques relations avec leur belle-mère n'ont eu partage à faire avec un enfant de second lit, et toujours ils ont affirmé qu'il n'y en avait jamais eu. Le père de Danton s'était, lui aussi, marié deux fois, et c'est lui qui en mourant avait laissé enceinte sa seconde femme Marie-Madeleine Camut. Elle accoucha d'un enfant posthume qui ne vécut que peu de temps. Le conventionnel était du second lit, et quand il est mort, il n'avait plus qu'une sœur qui est décédée en 1814, supérieure de l'hôpital d'Arcis. C'est elle dont parle Balzac dans « le député d'Arcis ».

vus tour à tour recueillis par le père Charpentier, puis par leur oncle, et enfin par leur grand'mère Recordin. Ils vécurent. Eux aussi gardaient le silence sur les scènes que leurs yeux d'enfants avaient vues et qu'ils n'avaient pas oubliées. Parvenus à l'âge d'homme, ils vivaient seuls, dans cette grande maison d'Arcis où Danton espérait passer ses vieux jours. Les Arcisiens les respectaient, les plaignaient peut-être. Écrasés par le nom qu'ils portaient, Antoine et Georges Danton, se tinrent toujours à l'écart, menant l'existence découragée de bourgeois de petite ville. Antoine avait quelque goût artistique : il dessinait agréablement. On a de lui une lithographie représentant le pont d'Arcis et la place de la ville, vus de la maison Danton : mais la réserve de ces deux hommes était telle qu'il ne signa même pas cette œuvre qui porte le nom d'un ami chargé de la graver. Georges était le portrait vivant de son père, avec cette dissemblance pourtant, qu'il était taciturne et sauvage, d'une susceptibilité nerveuse extraordinaire : sa petite enfance avait imprimé à son caractère une trace indélébile. En 1848 les habitants d'Arcis, voulant imiter l'exemple de toutes les communes de France, résolurent de planter un arbre de la liberté, et, en souvenir de la première république, on décida de demander aux fils de Danton un des peupliers de leur jardin. Le conseil municipal, la musique, une foule de curieux, se rendirent à la maison Danton : les deux frères s'avancèrent sur le seuil : aussitôt les acclamations éclatent, la musique joue, toutes les voix entonnent la *Marseillaise*.

A la vue de tout cet appareil, en entendant tout ce bruit, Georges Danton subit une telle commotion qu'il tomba évanoui : il mourut deux mois après.

Quel souvenir avait donc envahi subitement sa pensée? Quelle vision avait évoqué le chant de l'hymne révolutionnaire? Sans doute, le voile de sa mémoire s'était-il tout à coup déchiré, lui montrant la vieille maison de la cour du

Commerce où il avait vécu enfant, la rue des Cordeliers pleine d'une foule hurlante, les hommes qui venaient chercher son père, les cris d'épouvante de Louise Gély..? Peut-être le spectre de septembre lui était-il soudain apparu ?

Antoine, l'aîné, resta seul : il vivait, presque reclus, avec une femme de charge, Mme Rivière, qui partageait sa solitude. Une fille naquit de cette cohabitation. Il adopta cette enfant, bien qu'il se refusât toujours à épouser la mère. On dit même à Arcis, que si Sophie Rivière avait mis au monde un fils, Antoine Danton ne l'eût pas adopté afin de ne pas perpétuer la race de Danton. C'est une croyance générale que les deux fils du révolutionnaire ont laissé systématiquement tomber leur nom.

Antoine mourut en 1858 : sa fille naturelle et adoptive épousa un riche notaire d'Arcis, M. Menuel, dont le fils, Georges, fit de mauvaises affaires. Sa banqueroute entraîna la ruine d'un nombre considérable de personnes de la ville. Tout fut vendu chez lui, y compris la maison du conventionnel, et, du jour au lendemain, Mme Menuel se trouva dans le dénuement le plus complet. Elle vit aujourd'hui à Troyes, chez une vieille parente sans ressources.

LE CLUB DES JACOBINS.

Les graves esprits qui déplorent — il y en a! — l'indifférence qu'inspire actuellement aux gens la politique, ne réfléchissent pas sans doute à ceci : cette chose décevante a eu la vogue pendant près d'un siècle, et dame! c'est bien long!

De tous les amusements qu'on a offerts aux Parisiens, il n'y en a pas eu, dès l'abord, de mieux accueilli, de plus apprécié. C'était si nouveau! Le jour où l'on fit savoir aux simples bourgeois qu'on allait jouer à se gouverner soi-même, la joie fut générale. Le pouvoir avait été jusque-là un sport de luxe, réservé à quelques grands politiques de race ou de carrière, qui se transmettaient de père en fils les secrets de l'État et le poids des charges publiques.

Les bourgeois se jetèrent en affamés sur cette distraction nouvelle. A lire dans les comptes rendus l'ardeur que les députés du tiers mirent, dès les premières séances des états généraux, à l'accomplissement de leur mission on croirait que ces braves gens ont jusqu'alors subi une effroyable contrainte, et qu'ils sont enfin rendus à leur fonction naturelle qui est de faire des discours, d'en écouter, de combiner des projets de constitution, d'écrire d'interminables articles politiques et de discuter à perte de vue sur tout ce qui touche au gouvernement. Deux séances par jour les satisfont à peine; cent journaux éclos en un mois ne leur suffisent pas... On avait cru ouvrir, en leur donnant le droit de parler, une soupape de sûreté; mais la machine était chargée depuis trop longtemps et ce fut une explosion. Le malheur, c'est que, témoins du plaisir que leurs commettants trouvaient à la chose, tous les Français jugèrent qu'elle devait constituer une délicieuse jouissance : et comme tout le monde ne pouvait raisonnablement faire partie de l'Assemblée constituante, ils voulurent au moins s'en donner l'illusion, en posséder une réduction, avoir chez soi une tribune, une droite, une gauche, des procès-verbaux, des rappels à l'ordre, prononcer des discours, faire des motions, jouer au parlementaire comme les enfants jouent au soldat... et voilà pourquoi sont nés les clubs et comment dérailla la révolution.

On se ferait une idée très fausse de l'existence d'un provincial député aux états généraux en l'assimilant à la vie d'un homme politique d'aujourd'hui. Levé dès l'aube il courait à l'Assemblée pour la séance du matin, écoutait les discours — de vrais discours, en plusieurs points, imités des harangues de Tite-Live, mais plus longs — passait aux bureaux de la Commission dont il était membre, écrivait à ses commettants de belles lettres où il rendait compte de ses travaux et peignait en termes nobles l'état de l'esprit public; retournait à la séance de l'après-midi, allait aux réunions de son ordre, adressait quelqu'article à un journal, mettait par écrit le discours qu'il n'avait pu ou su prononcer devant l'Assemblée, et qui lui pesait. — C'était la mode alors de ces harangues écrites, invariablement publiées sous le titre *Opinion de M.... sur...* Enfin, le soir venu, le malheureux se réunissait à quelques collègues, et l'on recommençait à s'entretenir des affaires publiques. Comme on ne peut pas toujours parler sans boire un peu, ces colloques se tenaient dans quelque café de Versailles. Les députés bretons avaient fait choix, eux, du café d'Amaury, situé dans un quartier assez central de Versailles; ils se réunissaient là chaque soir, et l'on avait baptisé cette parlotte intime d'un mot nouveau alors — et anglais, ce qui lui donnait une sonorité très parlementaire : on l'appelait le *club* Breton. Bien des députés de l'Est et du Nord s'y joignaient d'ailleurs à leurs collègues de l'Ouest. Amaury, le propriétaire du café, était un homme important. Bien avant la révolution il était connu pour un libéral, et, par cette sorte de mystérieuse alliance, cette secrète et puissante confraternité qui unissaient alors tous les ennemis de l'ancien régime, c'est chez lui qu'allèrent tout droit, comme à un centre indiqué, recommandé d'avance, les députés du parti libéral qui arrivaient à Versailles des différents points du royaume.

La maison Amaury existe encore; elle porte le n° 44 de la rue de la Pompe, et l'une de ses façades borde l'avenue de Saint-Cloud. D'après la tradition, la salle fréquentée par les députés était la première au rez-de-chaussée, celle qui donne sur la petite place formée par la jonction de la rue de la Pompe et du côté gauche de l'avenue de Saint-Cloud. Le café occupait aussi l'entre-sol où se réunissaient peut-être les députés quand ils voulaient délibérer en secret. Sous la Restauration et le Gouvernement de Juillet, le café Amaury servait encore de rendez-vous à tous les libéraux. Il n'y a pas quarante ans qu'un M. Augé, avocat consultant, avait l'habitude d'aller dans ce café et d'y occuper la place que, disait-il, prenait toujours Robespierre; et cet avocat avait assisté à Versailles au début de la Révolution, assez âgé dès lors pour bien voir et se rappeler (1).

Quand, en octobre, l'Assemblée transféra à Paris le lieu de ses séances, les députés des provinces éloignées, et qui, pour la plupart, n'étaient jamais venus dans la Capitale, éprouvaient, bien plus qu'à Versailles, une espèce de terreur à l'idée d'être isolés et pour ainsi dire perdus au milieu de cette immense cité. Aussi cherchèrent ils presque tous à se loger le plus près possible de l'Assemblée pour

---

(1) Renseignements fournis par M. le professeur Thénard. Aulard, *la Société des Jacobins*.

s'y retrouver en cas d'événements ; mais ils désiraient aussi qu'on établit un point de réunion pour se concerter sur la direction des affaires publiques. Ils s'adressèrent aux personnes en qui ils avaient confiance et dont le domicile était habituellement fixé dans la capitale. On fit des recherches dans les environs de l'Assemblée et on loua pour deux cents francs par an le réfectoire du couvent des Jacobins, et pour une somme pareille le mobilier qui consistait en chaises et tables pour le bureau.

Le club breton s'était, lui, dès l'arrivée de l'Assemblée à Paris, établi place des Victoires n° 7 ; se fondit-il avec celui qui s'installait aux Jacobins? L'absorba-t-il au contraire en allant se joindre à lui? La chose est de peu d'importance. Ce qui est certain, c'est que pour 400 francs, venait d'être créé le plus terrible et le plus puissant des instruments de la révolution.

Les Jacobins (1) réformés de la rue Saint-Honoré devaient leur existence au père Sébastien Michaëlis qui, ayant obtenu de Louis XIII et de la reine sa mère, régente du royaume, la permission d'établir à Paris un couvent des frères Prêcheurs, fut aidé dans cette entreprise par Henri de Gondi, évêque de Paris. Ce prélat fit don aux religieux d'une somme de 50,000 livres, et ce secours, joint aux libéralités des S¹ Tillet de la Buissière et de quelques autres personnes pieuses, les mit en état d'acheter un enclos de dix arpents où ils firent construire le couvent et l'Église qui devaient acquérir, cent quatre-vingts ans plus tard, une célébrité inattendue.

Les constructions n'avaient rien de remarquable. L'entrée

(1) Sept *frères prêcheurs* vinrent en 1217 se loger à Paris et fondèrent une chapelle dédiée à Saint-Jacques. C'est d'elle que la rue Saint-Jacques, primitivement appelée *Grand'rue* ou rue *Saint-Benoit* prit son nom actuel. A l'époque de la Révolution, les *frères prêcheurs* possédaient trois maisons à Paris : le couvent de la rue Saint-Jacques auquel ils devaient leur surnom de *Jacobins*; celui de la rue Saint-Honoré, dont il sera exclusivement parlé dans cet article, et le noviciat de la rue Saint-Dominique, devenu l'église Saint-Thomas d'Aquin.

du couvent était formée, sur la rue Saint-Honoré, à l'endroit même où s'ouvre aujourd'hui la rue du marché Saint-Honoré, par trois arcades : celle du milieu donnait passage aux voitures; les deux autres, plus basses, réservées aux piétons, étaient surmontées de niches où se voyaient, à droite la statue de saint Dominique, à gauche celle de Sainte-Catherine de Sienne (1).

Quand on avait passé sous ce portail, ou se trouvait dans une assez vaste cour carrée, au milieu de laquelle s'avançait l'église, appuyée, du côté de l'abside, aux bâtiments du couvent. Ces constructions étaient d'une très grande simplicité : le cloître seul, qui occupait le centre du monastère avait

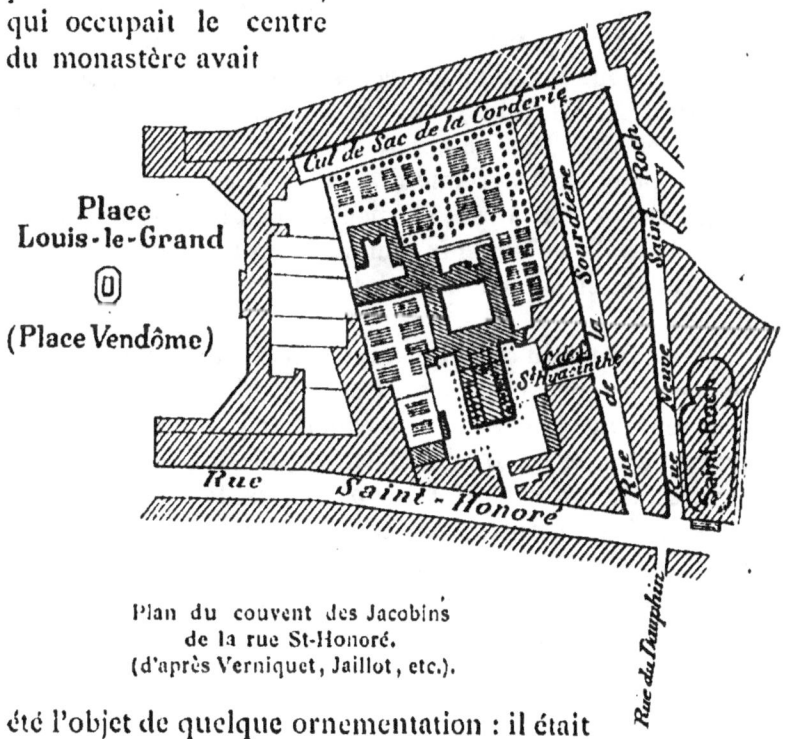

Plan du couvent des Jacobins
de la rue St-Honoré.
(d'après Verniquet, Jaillot, etc.).

été l'objet de quelque ornementation : il était

(1) Thierry, *Guide du voyageur et de l'étranger*, 1787. — Millin, *Antiquités de Paris*, 1791. — Germain Brice, *Description de Paris*, 1727.

même peint à fresques, mais fort dégradé à l'époque de la Révolution.

L'installation du club fut tout d'abord des plus rudimentaires. Je n'ai pu décider s'il occupa le chapitre ou le réfectoire; ce qui est certain, c'est qu'il se tint, d'abord, dans une salle du rez de chaussée, et toute voisine de l'Église. Cette salle, a dit M. Ph. Lebas, semblait prédestinée à cette célébrité populaire; « c'était là, en effet que *sous Henri III, étaient tenus les états de la ligue...* » et ceci aurait bien pu arriver, en effet, si le couvent des Jacobins n'avait point été fondé seulement sous le règne de Louis XIII.

La première séance eut lieu un dimanche matin; quinze ou vingt députés à peine y assistaient, et dans ce nombre on comptait très peu de survivants du club Breton : c'étaient surtout des Angevins et des Francs-Comtois, Leclerc, Pilastre, la Révellière-Lepeaux : comme la salle était vaste, et que les membres du club étaient peu nombreux, pendant les premières semaines, les moines du couvent prirent peu à peu, en manière de distraction, l'habitude de venir assister aux réunions : on les voyait en robes blanches et en capuchons noirs, massés en groupe au fond de la salle.

Mais le nom du club, qui s'appelait encore le *club Breton*, n'était plus en harmonie avec sa composition : il imprimait à la réunion un caractère provincial particulier, qui contrastait avec la nature générale des questions qui y étaient traitées. On proposa celui de *Société des Amis de la Constitution* qui fut adoptée; mais le peuple disait les *Jacobins,* et c'est l'appellation qui a survécu.

Dès les premiers jours de 1790 la Société régularisa son existence, adopta des mesures d'ordre, établit des règles pour l'admission et la réception de ses membres. C'était une puissance qui se sentait grandir d'heure en heure et qui se préparait au rôle nouveau que les circonstances allaient lui assigner. Pour être admis au club, il n'était plus nécessaire de faire partie de l'Assemblée constituante. Tout candidat, proposé à l'admission, devait avoir deux parrains qui répondaient de sa moralité et de son civisme, puis sa réception était soumise aux chances du scrutin. Un bureau fut alors composé : on créa des officiers, des censeurs chargés de l'ordre et de la police des réunions. Ces derniers, entre autres, étaient préposés à la vérification de la carte d'entrée dont chaque membre était porteur, et ce fut peut-être une des premières réalisations des théories égalitaires de l'époque, que de voir un jour le chanteur Laïs et le duc d'Orléans exerçant ensemble, le même jour, ces modestes fonctions (1).

Les journalistes, les avocats, les gens de lettres, toute cette génération enthousiaste, impatiente de mettre la main aux affaires publiques et qui se croyait appelée à gouverner la France, tous ces esprits inquiets, tous ces caractères hasardeux, toutes ces âmes irritées qui se rencontrent au début des révolutions envahirent bientôt le club des Jacobins et modifièrent sa physionomie et son allure. On y parlait avec une véhémence et une exagération qui remuaient et faisaient vibrer toutes les fibres populaires; les discussions législatives y étaient paraphrasées, expliquées avec violence; enfin, de là commençait à partir cette initiative puissante qui était destinée à modifier toutes les institutions et à renverser le trône lui-même.

Mais nous ne devons pas oublier que la topographie seule est de notre domaine et que nous n'avons point à écrire l'histoire politique du club des Jacobins ; histoire qui, du reste est à faire et qui serait fort au dessus de notre compétence.

La *Société des amis de la Constitution* existait depuis trois mois à peine, que déjà le local où elle s'abritait était devenu trop étroit pour le nombre des membres qui s'aug-

---

(1) Ph. Le Bas, *la France pittoresque*.

mentait sans cesse. On chercha un autre emplacement, dans le même quartier, afin de ne point s'éloigner du Manège où siégeait l'Assemblée; mais les Pères Jacobins, qui étaient admis à titre de faveur, aux séances du club, et qui le voyaient à regret s'éloigner de leur maison, offrirent la vaste salle de leur bibliothèque logée dans le comble de l'église et occupant toute la longueur de l'édifice. C'était une longue pièce, bien aérée, bien voûtée, fort éclairée par six hautes fenêtres en mansardes, et ornée de portraits de dix-huit religieux célèbres de l'ordre de Saint-Dominique. A chaque extrémité se trouvait un cabinet où l'on renfermait les livres précieux : dans l'une de ces petites salles on avait pratiqué un escalier conduisant au cabinet des livres imprimés sur vélin.

On se représente ordinairement le club des Jacobins comme un lieu sinistre, tenant le milieu entre la tabagie et le tapis franc. L'imagination évoque le souvenir de séances orageuses, de discussions bruyantes, d'orateurs en bonnets rouges, de tricoteuses hurlant dans les tribunes... quelque chose comme une de ces réunions anarchistes d'aujourd'hui où l'on chante des refrains révolutionnaires et où l'on imite des cris d'animaux. Rien n'est moins exact qu'un tel tableau. Les Jacobins apportaient à leur réunion plus de calme et de décence peut-être que l'Assemblée du Manège elle-même : si l'on n'avait, pour s'en convaincre, le journal de leurs séances et le compte rendu de leurs travaux, un léger détail, fort insignifiant en apparence, suffirait à l'indiquer : en offrant aux membres de la Société la salle de la Bibliothèque, les Pères Jacobins n'avaient point songé à enlever les 21.000 volumes, rares et précieux pour la plupart, qui en occupaient le pourtour. Ils restèrent là, sur leurs rayons, tant que dura la fameuse société ; ce ne fut que beaucoup plus tard que, devenus biens nationaux, on les transporta au couvent des Capucins, près du Manège, où on les entassa dans une chapelle vide. On ne prit même pas la précaution de retirer de la salle du club un assez sin-

Porte du couvent des Jacobins, sur la rue Saint-Honoré,
d'après une gravure de l'époque révolutionnaire.

gulier tableau placé au-desssus de la porte d'entrée de la galerie. Cette peinture allégorique, que Piganiol attribue à un

élève de Simon Vouët, représentait saint Thomas d'Aquin, le plus illustre des théologiens dominicains, assis sur une fontaine qui jetait l'eau de la vérité par une multitude d'ouvertures. Cette fontaine était entourée de moines appartenant aux différents ordres religieux et qui, tous, s'empressaient d'aller remplir leur tasse de ce précieux breuvage. Seul, sur le devant du tableau, un père jésuite, sa cruche à la main, hésitait fort à s'approcher. Les Jacobins, ainsi que bon nombre d'autres ordres religieux, se permettaient volontiers ces innocentes plaisanteries contre l'illustre Compagnie dont ils jalousaient quelque peu les succès.

Le décor, on le voit, était loin de ressembler à celui que les artistes ayant illustré les diverses histoires de la Révolution se sont obstinés à nous montrer. Au lieu de la salle basse et enfumée qu'ils nous dépeignent tapissée d'emblèmes révolutionnaires, et où s'entassent, sans ordre, les traditionnels sans-culottes à figures sordides, il faut se représenter une longue galerie garnie dans tout son pourtour de bancs en amphithéâtre : d'un côté, sur une estrade, le fauteuil du président ; au-dessous, la table où travaillent les secrétaires, et en face, l'étroite et haute chaire où se place l'orateur. Comme fond au tableau s'estompent, entre les carrés remplis de livres, de graves figures peintes de dominicains, drapés dans leurs robes blanches, de sombres silhouettes de juges aux tribunaux d'inquisition. Même un autel pour dire la messe avait été conservé et se dressait à l'extrémité de la salle du club.

Les séances avaient lieu le soir, tous les deux jours, à peu près régulièrement. Elles commençaient à huit heures, et se terminaient vers dix heures et demie. Qu'y faisait-on ? On y parlait, et, il faut bien l'avouer, on y parlait souvent pour ne rien dire. La société des Jacobins était une force incontestable, mais une force d'influence plutôt que d'action. Ceux de ses membres qui étaient députés y venaient prendre le vent de l'opinion publique ; les autres y recevaient un mot d'ordre ; mais, à part ce résultat, très appréciable du reste, on n'y faisait rien et l'on n'y pouvait rien faire. M. Aulard

L'Église des Jacobins, où le club tint ses séances.
(D'après une gravure de l'époque.)

a publié un compte rendu détaillé de chacune des séances : l'ouvrage, quand il sera terminé, fournira cinq gros volumes de 700 pages : recueil précieux de document inédits, très utile à consulter, mais impossible à lire. L'esprit est vite las de ces continuelles harangues très pompeuses, très gonflées et très vides.

..... « Des nuages obscurcissaient notre horizon politique; mais la liberté a porté ses rayons lumineux jusque dans les antres où l'intrigue trouvait ces manœuvres funestes.... le nation française se flatte d'avance que les temps où on a voulu l'humilier sont passés.... etc. »

Voilà le genre : les orateurs se succèdent à la tribune, enfilent des périodes, parlent continuellement de vaincre ou de mourir, vantent leur propre civisme, exaltent leurs vertus... J'imagine que c'est à la tribune des Jacobins qu'ont pris naissance ces métaphores fameuses, dont le succès fut si grand et l'effet si durable qu'elles sont encore présentables, aujourd'hui, dans certains milieux, telles, par exemple : *l'hydre de la tyrannie, les droits sacrés d'un peuple libre, le gouvernement des prêtres, le flambeau de la guerre civile...* etc.

En 1791 la société des Jacobins était à son apogée : le nombre des membres avait augmenté dans une telle proportion que la bibliothèque devenait, à son tour, trop étroite pour contenir la foule qui s'y pressait à l'heure des séances. Le monastère tout entier était tombé aux mains de la nation : il n'y avait plus à se gêner avec les moines qui, peu à peu, avaient quitté le couvent; on résolut de se mettre à l'aise et de choisir l'église elle-même comme lieu des réunions. On descendit s'y installer le 29 mai 1791.

L'église des Jacobins était une construction sans style, mais où se trouvaient quelques monuments intéressants. Le maître-autel était décoré d'un excellent tableau de Porbus représentant une Annonciation. Le beau tombeau du maréchal de Créquy, sculpté par Coisevox, celui de Pierre Mignard et de sa fille la comtesse de Feuquières, étaient placés dans les chapelles de la nef. Ils en ont été retirés après la Révolution et on les transporta à Saint-Roch où ils sont encore. Le club ne changea rien à la disposition générale de l'église et à sa décoration. On se contenta d'établir tout autour de la nef des gradins plus étendus et plus hauts que ceux primitivement placés dans la bibliothèque; on conserva d'ailleurs la même distribution : la tribune des orateurs reprit sa place en face du bureau du président. Comme on avait créé, en imitation de l'Assemblée du Manège, plusieurs comités permanents, le club s'étendait dans divers locaux du couvent, transformés en bureaux; plus de mille sociétés de province correspondaient avec la société-mère, et cette incessante communication nécessitait un certain nombre d'employés et un assez vaste emplacement.

Au réfectoire, où les Amis de la Constitution avaient, au début, probablement tenu leurs séances, ils avaient été remplacés par une sorte de club-annexe qui ne devait pas manquer d'un certain pittoresque. Un nommé Dansart y faisait, sur des sujets politiques, des conférences aux ouvriers du quartier. Ceci peut passer pour un signe du temps : tandis que, dans l'église des Jacobins les bourgeois jouaient à l'Assemblée, tout à leur porte, les ouvriers jouaient aux Jacobins : du haut en bas de l'échelle sociale le peuple de France était alors transformé en petits parlements intimes : il y en avait pour tous les goûts et pour toutes les bourses. En somme le club des Jacobins se recrutait principalement dans la bourgeoisie; ses membres avaient, pour la plupart, reçu une certaine instruction : les discours qu'ils prononçaient, dénotent un niveau intellectuel assez élevé, quoique bon nombre de motions fussent tout simplement ridicules. On ferait un recueil des propositions saugrenues qui furent portées à cette tribune, et en quel pompeux langage !

« Messieurs, s'écrie un jour (1) un membre, et non des moins fameux, Messieurs, je demande que nous prenions l'engagement solennel de n'employer le sucre dans aucun de nos aliments, si ce n'est en cas de maladie, jusqu'à ce qu'il soit redescendu, je ne dis pas à un terme moyen auquel la fortune de la plupart d'entre nous pourrait atteindre, mais à un prix assez médiocre pour que les citoyens moins fortunés puissent aussi l'acquérir.... Qui d'entre nous pourrait trouver quelque douceur dans une jouissance dont il saurait que la portion du peuple la plus considérable et la plus précieuse est privée? Je demande que nous nous abtenions de sucre jusqu'à ce qu'il ne vale plus que vingt ou vingt-cinq sols tout au plus; qu'on ne voie plus sur la table du patriote, même le plus riche, cette denrée proscrite; que, par ce trait nouveau, le peuple soit encore averti que ces Jacobins tant

---

(1) Séance du janvier 1791. Discours de J. B. Louvet.

calomniés sont de vrais amis...... cet exemple, sera, n'en doutez pas, imité dans la capitale entière, et bientôt par tous les départements de l'empire. Que la nouvelle s'en répande au delà de l'Europe ; qu'en la recevant, le grand Washington et ses magnanimes compagnons d'armes se félicitent de leurs alliés..... etc. »

Il faudrait ne pas connaître l'époque révolutionnaire pour douter un instant que toute la salle, avec transport, acclama la proposition. Même Manuel mit une surenchère; il fit la motion qu'on s'abstînt non seulement de sucre, mais aussi de café (1), ce qui fut également voté par acclamations : il serait curieux de savoir, combien de Jacobins, en sortant de cette séance, allèrent, par habitude, prendre leur *demi-tasse* au café voisin.

Pourtant, quelque sublime que fût ce dévouement, encore faut-il se figurer que bien des Parisiens devaient tendre l'oreille au récit de cette belle action : le sucre et le café étaient chers et rares par ce temps de disette, et, apprendre comme cela, tout à coup, qu'il y avait des frères qui en consommaient tous les jours, était une révélation désagréable. Les membres du Club des Jacobins, qui, auprès des aristocrates, passaient pour les pires démagogues, étaient, — juste retour des choses d'ici-bas, — des aristocrates eux-mêmes aux yeux du pauvre peuple, qui lui, se privait depuis longtemps de sucre et de café, sans avoir l'idée de se glorifier de cette abstinence forcée.

C'est là ce qu'avait compris ce Dansart dont nous citions le nom tout à l'heure : il avait imaginé, nous l'avons dit, de lire et d'expliquer les décrets de l'Assemblée nationale aux ouvriers du quartier. De la sorte, ceux-ci n'avaient rien à envier aux bourgeois, et pouvaient dire, en se re-

---

(1) « M. Collot d'Herbois observe que « les personnes qui travaillent de cabinet ne peuvent passer la nuit qu'avec des tasses de café » — M. Louvet pardonnera volontiers à l'auteur de l'*Almanach du Père Gérard*. » Procès-verbal de la séance du 30 janvier 1792.

dressant : « *je vais aux Jacobins... je vais à mon club...* »

Les réunions de cette sous-société avaient lieu les soirs de dimanches et de fêtes : elles se tenaient à l'ancien réfectoire, « d'où il résulte, disait Millin (1) que l'âme reçoit une nourriture salutaire dans ce lieu si souvent témoin de la gourmandise dominicaine! » ce qui est une vraie phrase de Jacobin.

Dansart avait surtout comme public les artisans et les marchands de fruits et de légumes du quartier qui amenaient là leurs femmes et leurs enfants. « Il apporte chaque fois, raconte *La Chronique de Paris* (2), un bout de chandelle dans sa poche avec un briquet et de l'amadou; et dernièrement la lumière étant sur le point de manquer, plusieurs des assistants se cotisèrent pour faire l'emplette d'une autre chandelle qui fit durer la séance jusqu'à dix heures du soir, à la grande satisfaction de toute l'Assemblée. » .... sauf les enfants, probablement. Cette réunion méritait bien, on le voit, le nom de société fraternelle qu'elle s'était donnée (3).

La société fraternelle était en relations constantes avec le grand club son voisin. Son nom revient souvent dans le compte rendu des séances de la société des Jacobins que publie M. Aulard. Nous avons déjà cité cet important travail, et il faut reconnaître que, derrière lui, il reste bien peu de choses à glaner, même dans le modeste sillon que nous suivons. Nous y pouvons relever cependant quelques détails précis qui complèteront la physionomie du local où le fameux club tenait ses assises. Peu à peu, ce local perdait le caractère ecclésiastique qu'il devait à la destination première : les gradins élevés tout autour, dissimulaient l'entrée des chapelles; en outre, comme le

---

(1) *Antiquités nationales.*
(2) Du 21 novembre 1790.
(3) On trouve aussi, en 1791, aux Jacobins, une société *des deux sexes;* mais tout nous porte à croire que celle-ci est la même que la société fraternelle.

public admis aux séances devenait chaque jour plus nombreux, on décida (1) la construction de deux tribunes, aux extrémités de la salle et la construction de l'une d'elles nécessita le déplacement de l'autel. Dans son remarquable ouvrage sur les *anciennes bibliothèques de Paris*, M. Franklin assure que ces tribunes pouvaient contenir chacune 1500 spectateurs : cela paraît énorme, car l'église des Jacobins était de dimensions assez restreintes. M. Franklin se méprend, d'ailleurs, sur le local où l'on établit ces galeries : il les place dans la bibliothèque que la *Société des amis de la Constitution* avait évacuée depuis six mois lorsque leur construction fut décidée.

L'entrée à ces tribunes était subordonnée à la présentation d'une carte qui n'était pas toujours facile à obtenir. Nul étranger ne pouvait y être admis pour plus d'un jour; les membres des sociétés affiliées, recevaient, sur la présentation de leur diplôme, une contre-marque valable pour trois semaines ; et afin qu'aucun intrus ne pût se glisser dans la partie de la salle réservée aux membres actifs de la société, ceux-ci devaient porter, pendant toute la durée de la séance, leurs cartes à la boutonnière. Malgré ces précautions un certain tumulte se produisait souvent dans les tribunes, tumulte provenant « de la condescendance trop facile avec laquelle la société a admis les dames dans son sein ». Ceci est du style de Louvet qui conclut en proposant que les « dames ne soient plus admises sous quelque prétexte que ce soit ».

L'ornementation de la salle occasionna peu de frais. On s'était contenté d'abord, à l'imitation de la *Société des amis de la Révolution de Londres,* de placer devant la tribune les drapeaux des nations anglaise, américaine et française (2), puis on vota l'érection des bustes du docteur Price et de Fran-

---

(1) Séance du 19 octobre 1791.
(2) Séance du 4 Décembre 1791.

klin (1), auxquels on ajouta celui de Mirabeau : un membre réclama le même honneur pour Jean-Jacques Rousseau ; un autre encore fit décréter un buste à Sidney — très à la mode à cette époque. — Un troisième enfin demanda celui de l'abbé Mably, et toutes ces propositions furent votées. On discuta (2) ensuite le placement de ces images : auquel, de ces héros de la liberté et de la philosophie, devait revenir la première place. Jean-Jacques serait-il à la

(1) Le sculpteur Dufourny offrit à la société le buste de Franklin qu'il avait fait d'après nature.
(2) Séance du 29 Janvier 1792.

Plan du marché St-Honoré avec le tracé de l'ancien couvent des Jacobins.

droite de Mirabeau? ou Mirabeau céderait-il sa place à Jean-Jacques? La question resta sans solution.

Au milieu de la salle était déposée une pierre de la Bastille, naturellement : le patriote Palloy qui s'était adjugé le droit de débiter la vieille forteresse en petits morceaux, n'aurait pas manqué une semblable occasion d'écouler sa marchandise. On y voyait aussi différents bibelots, des piques offertes par les hommes du 14 juillet, des autographes de Mirabeau, une lettre de cachet *en blanc* signée *Louis*, et contresignée baron de Breteuil... etc.

Tout cela était assez mesquin : ces terribles hommes de 1793 étaient doués d'une certaine naïveté qui se retrouve dans le détail du décor où ils jouèrent leur rôle. Mais à quelque parti qu'on appartienne, il faut reconnaître que, de cette église des Jacobins, dont nous avons tenté la reconstitution est sortie toute la révolution : la Convention, avec son pouvoir absolu, avec ses comités tout puissants, était peu de chose à côté de ce club fameux qui dirigeait les évènements, qui communiquait sa « *température* » à toute la France. La preuve en est que, sitôt que les Jacobins furent vaincus, l'Assemblée entra aussitôt dans une ère de faiblesse, d'égoïsme et d'inertie.... préférable peut-être, néanmoins, à l'ère de sang à laquelle elle succédait.

Ainsi qu'il arrive toujours en politique, ce fut un des plus fougueux jacobins qui se chargea de porter à la société dont il avait été l'un des adeptes, le coup fatal. Le boucher Legendre, tour à tour maratiste, dantoniste, hébertiste, robespierriste, thermidorien, s'en vint un jour de novembre 1794, mettre les scellés sur la porte de l'église des Jacobins.

La vengeance des Thermidoriens fut cruelle : imitant le grand roi dans sa rancune contre Port-Royal, ils décidèrent que le couvent de la rue Saint-Honoré serait détruit, qu'il n'en resterait pas pierre sur pierre, et qu'à la place où avait si souvent triomphé Robespierre, s'élèverait une halle qui prendrait le nom de *marché du neuf Thermidor* (1).

C'était piétiner un ennemi vaincu.

(1) Aujourd'hui marché Saint-Honoré.

LES CORDELIERS.

J'hésite beaucoup à dire en quel endroit de Paris se tint le club des Cordeliers.

Cet aveu étonnera sans doute bien des gens, et il est assez naturel de penser que le club des Cordeliers se réunissait aux Cordeliers même. Je l'ai cru naïvement pendant bien longtemps : mais, en fait d'histoire, la vérité, qu'on représente toujours, à tort, absolument nue, est, au contraire, couverte d'impénétrables voiles dont elle ne se laisse dévêtir qu'après de longues supplications et en faisant bien des manières. Jugez-en.

La société des *Amis des droits de l'homme et du citoyen*, fondée en juillet 1790 par les membres du district des Cordeliers, portant le nom de club des Cordeliers, siégeait-elle dans le couvent des Cordeliers ? — Oui, répond le simple bon sens, et la tradition est d'accord avec lui — Non, répond M. Aulard (1) — Et devant la compétence du savant professeur du Collège de France, il ne reste qu'à s'incliner. "Le club, dit-il, siégea, en effet, jusqu'au mois de mai 1791, dans l'église des Cordeliers, mais la municipalité l'en chassa à cette époque, et la société s'installa dans la *Salle du Musée*, rue Dauphine, où elle siégeait encore le 22 frimaire an II.

Admettons donc la *Salle du Musée*, et voyons ce qu'était ce local. Lefeuve (1) va nous le dire :

(1) La grande encyclopédie.
(2) *Histoire de Paris, rue par rue, maison par maison*, par Lefeuve, t. II, p. 440.

« Le philologue Court de Gébelin, qui fut censeur de la librairie, fondait en l'année 1780, dans le double hôtel portant aujourd'hui (en 1859) les nos 16 et 18 de la rue Dauphine, une société savante, le *Musée de Paris*. L'auteur dramatique Cailhava, qui en était membre, s'y mit à la tête d'une coterie hostile au fondateur… et Court de Gébelin finit par fermer le Musée un jour où la société devait tenir grande séance. Elle ne se réunit que plusieurs mois après dans les salles du *Musée scientifique* de Pilastre des Roziers, rue Sainte-Avoye (du Temple), sous la présidence de Cailhava, qui ne rentra au *Musée de Paris* qu'après la mort de son rival à la fin de 1785. La réunion des deux sociétés fut suivie de transformations qui laissaient en 1787 le local de la rue Dauphine à la disposition de la Francmaçonnerie : la loge des Neuf-Sœurs y avait pour président le duc d'Orléans. Le club des Cordeliers tonna dans l'autre hôtel (le no 18) de même origine, si ce n'est dans les anciennes salles du musée… »

Voilà donc M. Aulard d'accord avec Lefeuve, et, c'est bien au *Musée de Paris* que se réunissaient les membres du Club des Cordeliers. Ce point acquis, il ne nous restait plus qu'à reconstituer l'histoire et le décor de ce local aujourd'hui totalement oublié. Mais voilà qu'en remontant, à travers les diverses descriptions qui se sont succédées depuis un siècle, nous nous heurtons à cette indication de Thiéry. Notons d'abord que Thiéry, qui écrivait en 1787 son nouveau *Guide des amateurs et des étrangers*, n'avait prévu ni Lefeuve, ni M. Aulard. « La Société, dit-il, connue sous le nom de *Musée de Paris*, s'est assemblée d'abord à l'hôtel Impérial, rue Dauphine. Mais l'emploi divers de ce dernier local l'a porté à se retirer chez les R R. P P. *Cordeliers*, dont les salles vastes et tranquilles, convenaient mieux aux assemblées du Musée. »

Ainsi donc le fameux club se transporta, en 1791, de l'église des Cordeliers dans la salle du Musée de Paris.

C'est un fait établi. Mais le Musée de Paris s'était transporté lui-même, dès 1787, de la rue Dauphine, au couvent des Cordeliers. De sorte que ce chassé-croisé réduit à néant le déménagement de la société des *Amis des droits de l'homme et du citoyen*, et qu'on peut assurer qu'elle ne quitta jamais le vieux monastère dont elle tirait le nom sous lequel elle vivra dans l'histoire.

Comme, si modeste soit-elle, notre opinion nous paraît reposer sur un fait indiscutable, nous nous arrêterons, si vous le voulez bien, à ceci, c'est que le club des Cordeliers n'émigra jamais rue Dauphine (1). Ceci posé, tâchons de retrouver sur toutes les constructions neuves de l'école pratique de médecine, qui s'élève aujourd'hui à la place de l'ancien couvent, l'endroit précis où, suivant la pompeuse expression de Lefeuve « tonna » le fougueux club qui fut une des puissances de la Révolution.

***

Un couvent, aux siècles derniers, n'était pas, comme de nos jours, une de ces modestes habitations, proprettes et calmes, ensevelies dans le silence d'un jardin de faubourg, et dont l'entrée, surmontée d'une croix, se distingue à peine des autres portes de la rue : un couvent, c'était une ville qui avait son histoire, ses lois propres; dont la vieille enceinte avait soutenu des sièges; dont les constructions s'entassaient d'année en année, depuis la robuste et sévère tour abbatiale, vieille de dix siècles, jusqu'à l'élégant pavillon Louis XV, abritant sous ses arabesques de plâtre quelque sainte de style pompadour, au bout d'une allée de jardin.

---

(1) Ajoutons que chaque fois qu'un des contemporains de la Révolution, tel que Mercier ou Dulaure, parle du Club des Cordeliers, il le place au couvent et non ailleurs. On lira tout à l'heure un passage du livre de Roussel d'Épinal, écrit en 1793, qui ne laisse aucun doute à cet égard.

LES CORDELIERS.   335

La maison des Cordeliers devait être, à ce point de vue, l'une des plus intéressantes du vieux Paris, en étant une des plus anciennes. Lorsqu'on commença, il y a six ou sept ans, les travaux de la nouvelle école pratique de médecine, le terrain déblayé donnait assez exactement l'idée de l'espace occupé autrefois par les bâtiments et les jardins du couvent. Il s'étendait depuis la rue Antoine Dubois, jusqu'aux murs du lycée Saint-Louis; il touchait à la rue Monsieur le Prince à l'ouest et à l'église Saint-Côme à l'est ; laquelle église Saint-Côme s'élevait dans l'angle formé aujourd'hui par la rue Racine et la rue de l'École de Médecine.

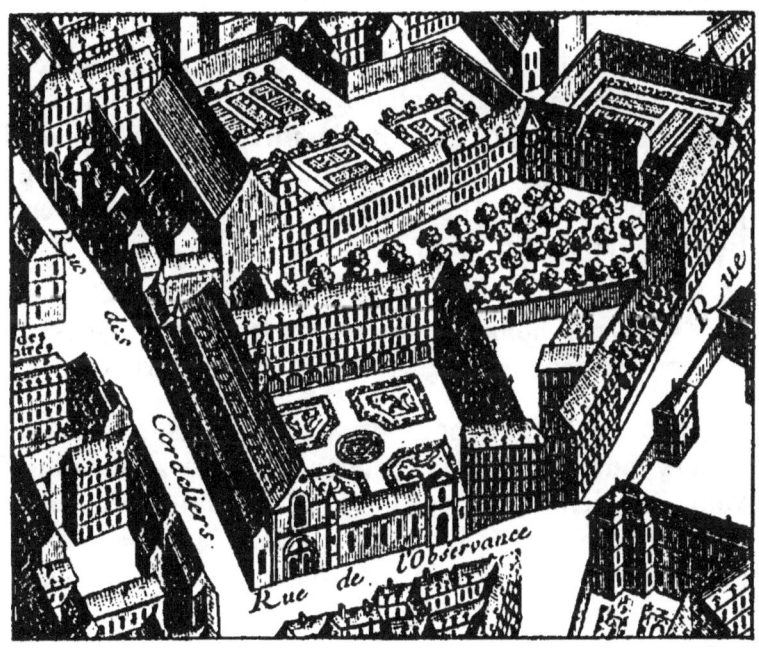

Vue cavalière du couvent des Cordeliers, d'après le plan de Turgot.

Autour de cette vaste cité conventuelle, se pressait un quartier populeux, dont la principale artère était la rue des Cordeliers. En y entrant par la rue de la Harpe, aujourd'hui élargie et transformée en boulevard Saint-Michel, on trouvait d'abord à gauche Saint-Côme, petite et simple église paroissiale où se voyait le tombeau de M. de la Peyronnie premier chirurgien du roi. Tout à côté, sous ce singulier dôme qui avait abrité la confrérie des chirurgiens de Saint-Côme, était logée l'école gratuite de dessin; elle comptait en 1789, 1500 élèves, et c'est une des rares institutions de l'ancien régime qui aient résisté à toutes nos révolutions : chose remarquable, elle n'a même pas déménagé; elle habite encore ces vieilles constructions de l'académie de chirurgie élevées en 1691 par les architectes Charles et Louis Joubert, et dont elle a pris possession en 1767, lorsque le roi fit construire un peu plus loin dans la même rue les beaux bâtiments de l'école de médecine, sur l'emplacement du collège de Bourgogne. La porte de la salle des cours de l'école de dessin est encore aujourd'hui ornée d'un ordre ionique et de quelques sculptures et porte, en l'honneur de la chirurgie qui en fut la première hôtesse, cette inscription :

AD CŒDES HOMINUM PRISCA AMPHITHEATRA PATEBANT;
UT LONGUM DISCANT VIVERE NOSTRA PATENT.

Mais continuons notre voyage dans la rue des Cordeliers; aussi bien nous longeons les dépendances du couvent; ces vieilles maisons — aujourd'hui numérotées 11 et 13 — en font partie, et au fond de leurs allées sombres, on aperçoit les murs noirs percés de hautes fenêtres ogivales du réfectoire des religieux.

A la hauteur de la rue Hautefeuille, la rue de l'École de Médecine aujourd'hui s'élargit et forme place : c'est là, sur cette place même, que s'élevait la masse énorme de l'église *Sainte-Madeleine des Cordeliers*, dont l'entrée était dans la rue de *l'Observance*. A droite, faisant face aux bas côtés

LES CORDELIERS. 337

de l'église absente, s'étendent les colonnades de l'école de médecine, qui passait alors comme « le second, en beauté, des monuments de la capitale » (1). Tout contre, au coin de la rue Hautefeuille, s'arrondit encore le chœur de l'ancienne chapelle des Prémontrés, qui de nos jours est devenue un café, puis un bureau de poste (2); le vieux couvent des Prémontrés (3) ouvrait, sur la rue Hautefeuille, son large porche où prenait naissance un antique et superbe escalier, à rampe de fer ouvragé.

L'école de médecine franchie, la rue des *Cordeliers* se resserre, les vieilles maisons s'entassent; quelques unes, du côté gauche, ont survécu aux démolitions, et font cahoter, en face des murailles blanches et sans histoire des nouveaux bâtiments de l'école, leurs façades grimaçantes et pittoresques qui ont vu tant de choses. De leurs fenêtres, ouvertes aujourd'hui sur le bouquet d'arbres du boulevard Saint-Germain, le regard pouvait plonger dans l'appartement de Danton ou dans celui de Marat; et pour qui aime à revivre en esprit dans le passé, ces masures à pignon, objet du mépris des amateurs d'alignement, sont des témoins muets qu'on ne cesse pourtant d'interroger, comme s'ils pouvaient répondre. Le drame est fini; les acteurs sont morts; mais elles sont le reste du décor dans lequel de grandes scènes se sont jouées et c'est pour cela que nous les aimons.

*
* *

L'église des Cordeliers était l'une des plus vastes de Paris (4). Saint Louis en avait acheté l'emplacement à l'abbaye de Saint-Germain des Prés, pour en faire don à une co-

---

(1) Thierry, *Guide de l'Amateur et de l'Étranger*, 1787.
(2) Elle est aujourd'hui fermée et sera probablement bientôt démolie.
(3) Détruit en 1889.
(4) Elle avait 320 pieds de longueur et 90 de largeur. C'est sur son emplacement exact qu'a été ouverte la place actuelle de l'École de Médecine.

lonie de religieux de Saint-François-le-Séraphique, installés à Paris depuis 1217, et qui, à l'exemple de leur patron, portaient une corde en guise de ceinture.

L'église nouvelle fut consacrée en 1262 sous l'invocation de Sainte-Madeleine; mais le 19 novembre 1580, à neuf heures du soir, un incendie s'y déclara avec une violence inouïe; le feu dura trois jours et l'église entière fut consumée; c'est à grande peine qu'on sauva les constructions adjacentes. « Un cordelier, décédé plus tard à Pontoise, déclara à la mort qu'il avait été innocemment l'auteur de ce sinistre. Ce religieux (1) voulant achever son office, avait pris une bougie qu'il attacha au lambris de la chapelle de Saint-Antoine-de-Padoue, où il y avait déjà quantité de vœux de cire attachés, et, s'étant endormi, le feu y prit et gagna avec tant de fureur, qu'en un instant tout le comble fut embrasé sans qu'il fût possible d'y apporter du secours » (2).

L'église des Cordeliers fut reconstruite et de nouveau consacrée en 1606. On n'en pouvait guère trouver de plus incommode et de plus désagréable; pourtant on y voyait plusieurs tableaux intéressants, et un grand nombre de familles nobles y avaient leurs sépultures; citons les Longueil, les Besançon, les Lamoignon, les Bullion et, entre autres personnages connus, le comte de Saint-Pol « qui eut la teste tranchée dans la Grève le 19 décembre 1475 devant un si grand concours de peuple que l'on y pouvait compter plus de deux cent mille personnes : ce qui marque — c'est Germain Brice qui fait cette judicieuse réflexion — que ce n'est pas d'aujourd'hui que la ville de Paris est très peuplée. »

Le roi Dom Antoine de Portugal était également inhumé

---

(1) « Pris de vin » ajoute Dulaure pour agrémenter l'anecdote. Germain Brice qui rapporte ce fait, et à qui Dulaure l'a certainement emprunté, ne dit pas un mot de l'ébriété de l'imprudent religieux.
(2) Germain Brice.

dans l'église des Cordeliers, ainsi que François de Belleforest l'auteur des *Annales de l'histoire de France* et d'une sorte de roman de chevalerie où Shakespeare a puisé tout le sujet de son Hamlet. Belleforest était mort en 1583.

Avec ses tombeaux, sa

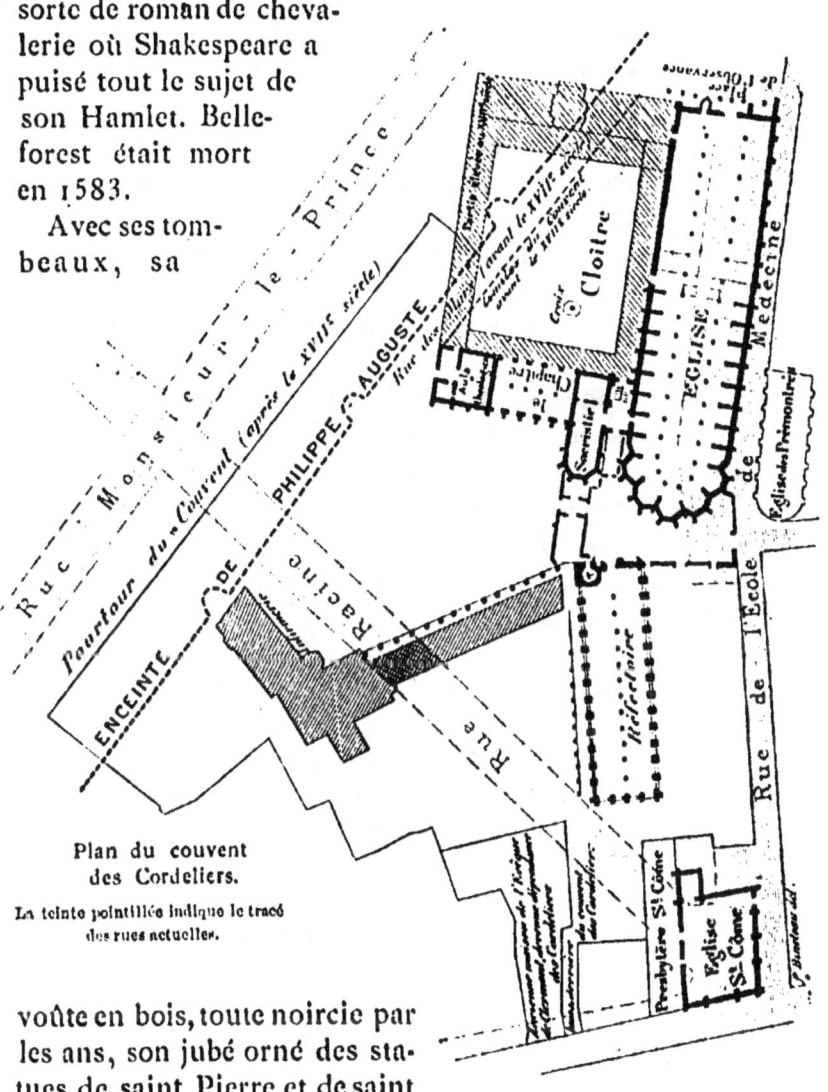

Plan du couvent des Cordeliers.

La teinte pointillée indique le tracé des rues actuelles.

voûte en bois, toute noircie par les ans, son jubé orné des statues de saint Pierre et de saint Paul, son maître autel flanqué de colonnes de marbre, son portail gothique où se voyait une statue de saint Louis « estimée des antiquaires et regardée comme fort ressemblante » l'église des Cordeliers, très sombre, très étroite, très longue, très incommode, était cependant, si l'on peut se servir de cette expression, une des plus populaires de Paris. On y célébrait des messes en musique qui jouissaient, vers la fin du dix-huitième siècle, d'une réputation méritée; les orgues, fort estimées, étaient touchées par un artiste fameux nommé Miroir. Chaque année, le 8 mai, jour de l'apparition de Saint-Michel, s'y tenait l'assemblée générale des chevaliers de l'ordre de Saint-Michel « en présence d'un commandeur des ordres du Roi, commis à cet effet par Sa Majesté. » C'est également dans l'église des Cordeliers que les membres de l'Académie française faisaient célébrer les services d'usage à la mort de leurs confrères.

Le couvent lui-même était une de ces curiosités que les Parisiens aiment à montrer aux étrangers : Le réfectoire (1) et la cuisine avaient une réputation analogue à celle qu'ont encore leurs similaires aux Invalides. Le gril, le fameux gril monté sur quatres roues et sur lequel pouvait rôtir toute une mannequinée de harengs, faisait surtout l'admiration des badauds.

On pénétrait dans le monastère par une haute porte, située sur la même ligne que le portail de l'église, c'est-à-dire rue de l'Observance (actuellement rue Antoine Dubois, à peu près vis-à-vis la maison portant aujourd'hui le n° 4), et désignée par cette inscription :

LE GRAND COUVENT
DE L'OBSERVANCE DE SAINT-FRANÇOIS
1673

---

(1) C'est la seule construction du couvent qui soit encore debout à l'époque actuelle. Il contient aujourd'hui les collections du musée Dupuytren; mais il a — intérieurement du moins — quelque peu changé d'aspect. Il était jadis divisé, dans le sens de la longueur, par des poteaux en bois soutenant le plancher du dortoir des jeunes moines. Une sorte de cabinet surélevé, ménagé entre contreforts du côté gauche, formait une chaire pour la lecture pendant les repas.

Toute la partie joignant l'église datait en effet du dix-septième siècle. C'était d'abord un large porche sous lequel montait à droite le grand escalier, et desservant les bâtiments des hôtes, les bureaux, les parloirs. Ce porche franchi, on était dans le cloître « vaste carré oblong, dit Piganiol, au milieu duquel il y a un parterre et d'une même symétrie, à cela près cependant que le corps du bâtiment du côté de l'église n'a été élevé que d'un étage, afin de ne pas ôter le jour aux chapelles, au lieu que les trois autres corps du bâtiment sont élevés de trois étages et contiennent plus de 100 chambres. Le cloître consiste en quatre corridors voûtés correctement, et dont les arceaux en cintres très surbaissés, sont fermés par des grilles de fer qui ont été faites aux dépens de plusieurs personnes dont on a eu soin de conserver la mémoire en y faisant mettre leurs armes. Ces bâtiments furent commencés en 1673 et achevés dix ans après, comme il paraît par cette inscription mise au-dessus d'une porte qui est à côté du chapitre :

HOC CLAUSTRUM
DECENNIO ELABORATUM
EXTREMAM OBTINUIT MANUM
ANNO 1683.

L'un des côtés de ce préau, celui opposé à l'entrée, contenait, en un corps de bâtiment perpendiculaire à l'axe de l'église, la sacristie, le chapitre et l'*Aula theologica* qui n'était autre que l'ancienne salle où se réunissaient les théologiens de l'ordre.

La sacristie était une véritable chapelle, de style gothique, séparée du chœur de l'église par un passage couvert : on y avait enfermé l'oratoire primitif du temps de saint Louis, la petite chapelle qui avait précédé la construction de la première église, et on y conservait les objets sacrés.

La salle du chapitre s'ouvrait dans le cloître par cinq arcades gothiques; une grande fresque représentant en perspective l'église même du couvent en occupait tout un pan de mur; une haute boiserie formait le lambris au-dessus duquel s'alignaient les portraits des cardinaux, patriarches, généraux, saints et saintes de l'ordre de Saint-François.

Une porte mettait en communication le chapitre avec la salle de théologie qui avait aussi sous le cloître une entrée particulière au-dessus de laquelle une table de marbre noir, portait ces mots :

AVLA THEOLOGICA (1)

Si cette longue reconstitution avait besoin d'une excuse, nous ferions valoir que la topographie des Cordeliers est ici tentée pour la première fois, et qu'elle a fait, de notre part, l'objet de bien patientes et souvent de bien décevantes recherches; mais, comme cette remarque n'allègerait en rien cette copieuse description, hâtons-nous de la terminer pour revenir au plus vite à l'objet particulier de notre travail.

Un bâtiment bas servant de dortoir aux officiers (?), mettait en communication l'abside de la sacristie avec le réfectoire. Là se greffait une vieille et longue bâtisse, contemporaine des origines du monastère, et qui comprenait de grandes galeries, les quatre salles contenant la bibliothèque, et qui se terminait par le haut et sombre corps de logis où l'on avait logé l'infirmerie. Un vaste jardin, planté d'allées couvertes et de berceaux s'étendait entre cette antique bâtisse et les bâtiments du cloître; un immense potager s'étendant jusqu'aux murs du collège d'Harcourt occupait le reste de l'enclos.

Tel était, au commencement de la révolution, le couvent

---

(1) Cette plaque de marbre, de très petite dimension, a été conservée et se trouve au musée Carnavalet.

des Cordeliers. Il faut dire que tous les bâtiments que nous venons d'énumérer étaient bien loin d'être occupés. Depuis le commencement du dix-huitième siècle le recrutement de l'ordre se faisait difficilement. Soit que la règle fût trop sévère, soit que les vocations fussent attirées vers des ordres religieux plus en vue, le couvent des Cordeliers

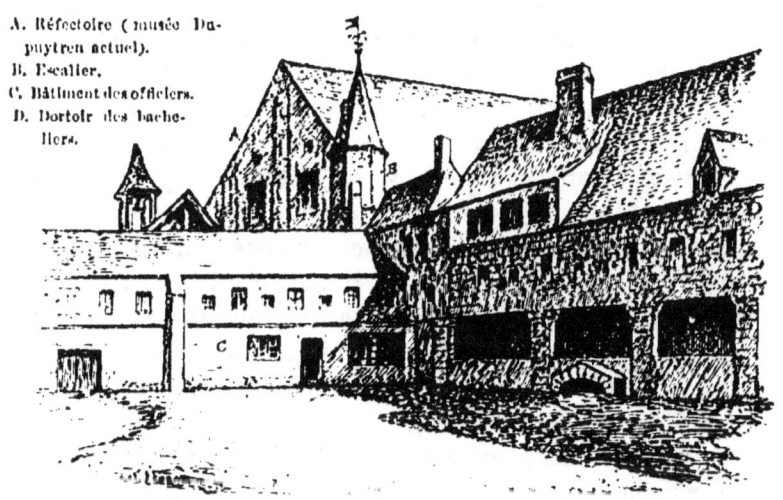

A. Réfectoire (musée Dupuytren actuel).
B. Escalier.
C. Bâtiment des officiers.
D. Dortoir des bacheliers.

Couvent des Cordeliers.

était devenu trop grand pour le petit nombre de novices. On chercha à tirer partir de ces vastes terrains; un projet de désaffectation fut dressé par les architectes officiels. Il faut dire que la magnificence des nouvelles constructions de l'école de médecine élevée, nous l'avons dit, en 1776, faisait désirer la création d'une place destinée à dégager la colonnade de Gondouin étouffée par le voisinage immédiat de l'église des Cordeliers qui lui faisait vis-à-vis. Et, dès lors, on songea à réduire de moitié la longueur de cette église, à transporter dans la partie conservée les services paroissiaux de l'église Saint-Côme destinée à être abattue, et à transformer le cloître du couvent en une enceinte cellulaire dont le besoin se faisait sentir.

La révolution arrêta ces projets; mais le couvent des Cordeliers était condamné d'avance, et elle ne fit que mettre à exécution, en le modifiant quelque peu, un verdict déjà prononcé.

Car depuis 1785 déjà, diverses institutions entièrement laïques avaient envahi le couvent : dans l'immense galerie « formant le dessus du cloître du côté de l'église » on avait logé les soixante ingénieurs ou dessinateurs qui, sous les ordres de l'architecte Verniquet, avaient entrepris de lever un plan exact et détaillé de la ville de Paris. Œuvre immense et dont les planches, réduites par la gravure, que nous possédons aujourd'hui ne peuvent donner qu'une idée imparfaite. Le tracé de chacune des rues était, sur la minute originale, rapporté à six lignes pour toise. Chaque propriété de maisons, terrains, jardins, cours, y figuraient « *à un pouce près* »; les églises et autres monuments publics y étaient détaillés; la cité seule formait un plan de *plus de trente pieds de long*.

Hélas! il y a quelques années, en furetant dans les greniers de Carnavalet, j'avisai sur le haut d'une armoire un tas de rouleaux de vieux papiers moisis, effrités, en lambeaux... C'étaient les minutes de l'admirable plan de Verniquet, sauvées de l'incendie de l'hôtel de ville... mais sauvées à l'état de chiffons, de loques, roussies par le feu, inondées par l'eau, jaunies par la fumée, illisibles, tombant en poussière dès qu'on les touche...

Outre les dessinateurs de Verniquet, le couvent des Cordeliers abritait encore nous l'avons vu, depuis 1785, le musée de Paris, vaste société composée de gens de lettres, de savants et d'artistes, et divisée en quatre classes : 1º celle des membres actifs, 2º celle des associés, 3º celle des muséennes ou associées honoraires, 4º celle des Correspondants. Le nombre des membres actifs du musée de Paris

Le cloître et le club des Cordeliers en 1793.
Reconstitués d'après divers plans inédits et descriptions de l'époque.

était limité à soixante; ils s'assemblaient tous les mardis, de cinq heures à neuf heures du soir, dans l'ancienne salle théologique du couvent. L'emblème de cette société, qui n'était autre que l'ancêtre de notre institut actuel, était une ruche entourée d'abeilles avec cette devise : *Labor intus et extrà*.

C'est dans la salle théologique, occupée, un soir de chaque semaine seulement, par le musée de Paris, que se tint, pendant toute la durée de la Révolution le club des Cordeliers. Les anciennes descriptions du Couvent nous donnent la situation exacte de cette *Aula Theologica* qui, après avoir entendu pendant des siècles les discussions dogmatiques des disciples de Saint-François, eut à subir, sur ses vieux jours, les élucubrations de Hébert, de Legendre et de Fournier *l'Américain*. Au sud du chœur de l'église se trouvait, nous l'avons dit, la sacristie, qui n'était elle-même séparée que par un mur de la salle du Chapitre. Tout à côté du chapitre, dans le même corps de bâtiment perpendiculaire à l'église, était cette fameuse *Cour théologique*, dont la porte s'ouvrait ainsi sous le cloître à l'angle sud du préau, juste à l'emplacement aujourd'hui occupé, dans l'école pratique de médecine par un des amphithéâtres d'anatomie.

Nous sommes bien obligés d'arrêter ici notre reconstitution; de l'intérieur de cette salle, de ses dispositions, de ses dimensions même nous ne savons rien; très certainement les fenêtres qui l'éclairaient prenaient jour d'un côté sur le cloître et de l'autre sur le jardin : l'aspect devait être celui d'une salle basse, voûtée, avec ses baies en ogives, car la salle faisait partie des anciennes constructions du monastère, auxquelles on n'avait point touché, en se contentant d'y appliquer, au dix-septième siècle un cloître de style plus moderne. La seule description — et à peine peut-on donner ce nom aux lignes qui vont suivre — se trouve dans ce curieux livre : *le château des Tuileries* (de Roussel d'Épinal) auquel nous avons déjà fait des emprunts. « *Une Chapelle* assez vaste, dit le narrateur, servait de local au club des Cordeliers; malgré les mutilations qu'on y avait faites, *on retrouvait encore à la voûte des traces de dévotion.* Cette enceinte présentait un ovale tronqué à ses extrémités, garni de bancs de bois en amphithéâtre, surmonté d'espèces de tribunes : l'ovale était coupé dans sa longueur d'un côté par le bureau du président et par la tribune des orateurs de l'autre. Environ 300 personnes de tout âge et de tout sexe garnissaient ce local; leur costume était si négligé et si crasseux qu'on les aurait pris pour une réunion de mendiants. Derrière le président était collé sur le mur le tableau de la déclaration des Droits de l'homme, couronné de deux poignards en sautoir. Les bustes en plâtre de Brutus et de Guillaume Tell, placés de chaque côté, semblaient mis là exprès pour servir de gardien du tableau. En face, derrière la tribune, figuraient pour pendants les bustes de Mirabeau et d'Helvétius, avec celui de J.-J. Rousseau au milieu. De grosses chaînes rouillées, rangées en feston au-dessus de leurs têtes, servaient de couronnement. On me dit qu'on avait tiré ces chaînes de la Bastille; mais j'ai appris depuis qu'elles avaient été achetées sur le quai de la ferraille. »

La société des Amis des droits de l'homme et du citoyen dut s'installer là vers la fin de mai 1791. Ce n'est, en effet, qu'une hypothèse : car le club des Cordeliers, si souvent cité, est une de ces choses dont on parle beaucoup sans en rien connaître. Tenait-il un registre de ses délibérations? On l'ignore : en tous cas il n'a pas été conservé. Les documents imprimés à son sujet sont peu nombreux et extrêmement rares. On n'a point oublié cependant que le Club eut sur la marche de la révolution une influence néfaste et désastreuse. C'était un volcan, toujours en éruption, répandant sur la ville un torrent ininterrompu de motions sanguinaires et de déclamations insurrectionnelles. C'est tout dire que rappeler, qu'en regard des Cordeliers, les

Jacobins passaient pour réactionnaires, quoique plusieurs hommes politiques fissent simultanément partie des deux clubs.

Ce furent les Cordeliers qui les premiers, à l'époque de la fuite de Varennes, émirent l'idée, pure utopie à cette époque, d'organiser le Gouvernement républicain : ils adressèrent à cette occasion à l'Assemblée une déclaration fameuse :

« Nous voilà donc au même état où nous étions après la prise de la Bastille : libres et sans Roi. Reste à savoir s'il est avantageux d'en nommer un autre. Nous vous conjurons, au nom de la patrie, ou de déclarer sur-le-champ que la France n'est plus une monarchie, qu'elle est une république, ou au moins d'attendre que tous les départements, que toutes les assemblées primaires aient émis leurs vœux sur cette question importante, avant de penser à replonger une seconde fois le plus bel empire du monde dans les chaînes et les entraves du monarchisme. »

Il se trouvait même au nombre des membres du club des Cordeliers, quelques beaux esprits qui ne reculèrent pas devant l'ingrate besogne de démarquer et d'arranger des vers de Voltaire pour les appliquer à la circonstance.

> Songez qu'au Champ de Mars, à cet autel auguste,
> Louis nous a juré d'être fidèle et juste.
> De son peuple et de lui tel était le lien,
> Il nous rend nos serments lorsqu'il trahit le sien.
> Si parmi les Français il se trouvait un traître
> Qui regrettât les rois et qui voulût un maître,
> Que le perfide meure au milieu des tourments,
> Que sa cendre coupable abandonnée aux vents
> Ne laisse ici qu'un nom plus odieux encore
> Que le nom des tyrans que l'homme libre abhorre.

Les Parisiens lisaient ces étranges élucubrations avec plus de curiosité que de sympathie; on cite même ce quatrain hardi qu'on trouva un jour écrit sur une affiche émanant du club, apposée à la porte de la ci-devant église des Cordeliers.

> Sur vos grands intérêts, peuple, instruisez-vous mieux !
> Pleins d'une égale barbarie
> Deux sortes de tyrans menacent la patrie :
> Le despote et le factieux.

Factieux ils l'étaient, et de la plus dangereuse espèce, n'eussions-nous pour témoin que cette sauvage déclaration :

« Les Français libres, composant le club des Cordeliers, déclarent à leurs concitoyens qu'ils renferment autant de tyrannicides que de membres, qui tous ont juré individuellement de poignarder les tyrans qui oseront attaquer nos frontières ou attenter à notre constitution de quelque manière que ce soit.

Legendre, président,
Collin, Champion, secrétaires. »

Ce Legendre qui présidait à cette réunion d'énergumènes était un homme bien étonnant : quelques lignes consacrées à esquisser cette sinistre figure ne seront pas ici déplacées, car le boucher Legendre habitait, tout comme le cordonnier Simon, Marat et Danton, cette vieille rue des Cordeliers, à l'endroit où elle prenait, de vingt-deux étaux de bouchers, le nom de rue des Boucheries Saint-Germain.

Ce fougueux terroriste qui, à en croire Mercier, ne savait pas lire, était resté boucher jusque sur les bancs de la Convention : son éloquence ne manquait pas d'une certaine énergie; c'est lui qui, quelques jours avant le supplice du Roi s'écriait à la tribune des Cordeliers : « égorgeons le cochon ! faisons autant de quartiers qu'il y a de départements pour en envoyer un morceau à chacun : la tête restera à Paris suspendue à la voûte de cette salle! » Plus tard il proposait de mettre en réquisition les étaux des bouchers pour y hacher les aristocrates et les riches. « Quant à moi, ajoutait-il, j'éventrerais avec plaisir un noble, un riche, un homme d'État ou un homme de lettres, et j'en mangerais le cœur. » Du reste, aux premiers jours de la révolution, il avait lui-même quitté son étal pour s'adonner à la politique, et c'était uniquement par un bon sentiment de confraternité envers son ancienne confrérie qu'il se montrait sans doute si farouche partisan du dépeçage des aristocrates. Quoique député, d'ailleurs, il n'avait pas abandonné son logement de la *rue des Boucheries* dont les ruisseaux lui plaisaient peut-être, rougis par le sang qui y coulait à toute heure du jour (1). Legendre se montra jusqu'à la fin voisin serviable et prévenant, car il légua en mourant son corps à l'école de chirurgie « pour être encore, après son décès, utile à l'humanité. »

*
* *

Mais les grands jours des Cordeliers furent sans contredit ceux qui virent les funérailles de Marat.

A la première nouvelle de l'assassinat, Paris, énervé par trois ans de révolution, surexcité par l'étrangeté des circonstances du drame, Paris était mûr pour une de ces crises de folies telles qu'il en compte quelques-unes dans son histoire. On s'arrachait fièvreusement les feuilles qui relataient les détails du crime; le commissionnaire Bas étant venu le dimanche soir aux Jacobins, fut fêté, applaudi, embrassé, porté de mains en mains. C'était un petit homme débile, qui, dans sa rage, s'était jeté sur

---

(1) Il ne fallut rien moins que l'institution des abattoirs de la ville pour purifier la rue des Boucheries.

Charlotte et l'avait terrassée; ce fait de s'être colleté avec une femme le faisait passer pour un personnage extraordinaire, un héros; il fallut qu'il racontât sa belle action dans ses moindres détails, et, quand il eût fini, qu'il recommençât... Il s'exécuta d'ailleurs sans se faire prier.

Les Cordeliers, de leur côté, sollicitèrent l'autorisation de déposer dans le lieu de leurs séances le cœur de *l'Ami du peuple*, ce qui leur fut accordé. Il y eut même, suivant un mot célèbre, des *surenchères;* un pétitionnaire admis à la barre de la Convention demanda que le corps de Marat, embaumé, entreprît un voyage à travers la France et fût porté dans tous les départements. « Que dis-je? — ajouta-t-il — il faut que toute la terre voie les restes de Marat. » Ceci ne parut pas exagéré; mais il y avait un obstacle grave à ce que cette patriotique motion fût prise en considération. C'est que les restes du grand homme n'auraient point supporté le voyage.

L'autopsie du corps de l'Ami du peuple avait été faite par le citoyen Deschamps, chirurgien major de l'hôpital de la Charité, dès le lendemain de la mort, le 14 juillet, dans la maison même de Marat, au premier étage de cette maison de la rue des Cordeliers que nous avons décrite (1). L'embaumement eut lieu immédiatement. Toutefois, comme le peintre David méditait un programme de funérailles *dans le genre antique* où devait figurer sur une estrade portative le corps nu du tribun, théâtralement drapé, on n'embauma que les parties basses du torse et les jambes : la face et la poitrine étant réservées par les chirurgiens « *pour être exposées aux yeux de ses concitoyens* ». Mais la nature faisait son œuvre et l'on dut renoncer à ce projet : il devint même impossible, tant la décomposition fut rapide, de terminer l'embaumement au domicile de Marat; la *préparation* du cœur et

---

(1) Voir ci-dessus : Trois journées de Charlotte Corday.

des entrailles eut lieu pendant la nuit dans le jardin des Cordeliers, et l'on brûlait autour des opérateurs des herbes aromatiques qui jetaient sur cette scène sinistre d'étranges reflets. Quatre élèves en chirurgie avaient retiré le cadavre du lit où il reposait pour le placer dans un cercueil de plomb qu'on ne ferma point; le lendemain 15 juillet, la dépouille de l'Ami du peuple était portée à l'église; on avait renoncé, en effet, à l'exposer sous le porche de la maison mortuaire, eu égard à des difficultés locales. C'était à l'aube; la foule qui stationnait là depuis l'avant-veille s'était lassée et la rue restait à peu près déserte; sous un ciel clair et déjà rosé des premiers reflets du soleil levant, six hommes, d'un pas rythmé et lourd, portèrent le cadavre recouvert d'un drap jusqu'à l'église du couvent; on rouvrit pour la circonstance le portail de la rue de l'*Observance* fermé depuis deux ans, et que décorait la statue de saint Louis, la couronne fleurdelysée en tête et le sceptre de justice en main. Marat fut déposé dans une des chapelles sur quelques planches qui se trouvaient là, en attendant la construction de l'autel qu'on lui destinait (1). Cependant David s'occupait des préparatifs de la cérémonie officielle. Il avait fait bâtir, au milieu de la nef de l'église, une estrade de quarante pieds d'élévation, ornée de tentures tricolores. Sur cet autel on déposa le corps recouvert d'un drap mouillé qui simulait les plis de marbre des statues antiques. Pour combattre la putréfaction on brûlait continuellement des parfums autour du catafalque et on répandait des odeurs; aux deux côtés on avait exposé la baignoire et la chemise teinte du sang du tribun. Puis l'on ouvrit les portes. La foule qui pendant toute la journée, ne cessa de se presser autour de cette ex-

(1) Lefeuve, dans son histoire des rues de Paris, affirme que le corps de Marat fut provisoirement déposé à l'amphithéâtre Saint-Côme (actuellement école de dessin) en attendant que l'église des Cordeliers fût prête à le recevoir. Je n'ai trouvé nulle mention de ce fait.

hibition, contemplait avec admiration des monceaux de volumes entassés dans les chapelles latérales. On se répétait que c'étaient là les œuvres de Marat et l'on admirait la fécondité de son esprit! Ces volumes n'étaient autres que ceux de la bibliothèque du couvent, déposés là en attendant leur transport dans quelque dépôt public.

Il avait été décidé que l'ami du peuple serait inhumé sous un tertre de rochers au milieu de l'ancien jardin du couvent. Le chemin était court de l'église à l'emplacement de la sépulture, quelques centaines de pas à peine; mais on avait paré à cet inconvénient en faisant suivre au cortège un parcours qui permit à la foule de se dérouler et de s'étendre sur plusieurs points. La cérémonie commença le mardi 16 juillet vers cinq heures du soir. Le corps de Marat était déposé sur une sorte de lit de repos élevé sur des gradins et traîné par douze hommes (1). Autour du char funèbre des jeunes filles vêtues de blanc et des jeunes garçons portaient à la main des branches de cyprès; la Convention suivait tout entière; puis venaient les autorités; puis la foule, divisée par groupes, suivant les bannières des sec-

(1) « On n'osa pas exposer son ignoble face à la dérision publique, attendu qu'il avait toujours été d'une laideur infâme et qu'on n'avait jamais pu lui fermer les yeux qu'il avait naturellement louches et qui s'étaient retournés. On n'avait pu venir à bout de lui fermer la mâchoire non plus, et l'on avait pris le parti de lui couper la langue parce qu'elle sortait de la bouche : mais le peintre David avait eu beau faire, l'on ne put jamais accommoder cette figure de Marat de manière à ce qu'elle ne fut pas d'une abomination hideuse, et ceci fit prendre la détermination de ne rien montrer. On voyait cependant sortir par-dessous le drap tricolore qui était relevé de côté, comme en draperie, un avant bras droit dont la main tenait une plume de fer; et comme il y eut des gens qu'on avait apostés pour aller baiser cette main morte et cette plume allégorique qui étaient censées devoir être celle de *l'Ami du peuple,* il en résulta je ne sais quel dérangement qui fit tomber cet appareil d'avant-bras et de fil d'archal..... et l'on vit par là que ce membre avait été fourni par un autre cadavre que celui de Marat. Les journaux ne s'avisèrent pas d'en parler. »
Ces curieux détails nous sont fournis par le rédacteur des Mémoires (apocryphes) de Mme de Créquy. Évidemment ces mémoires ne méritent aucune confiance; c'est une macédoine d'anecdotes, très piquantes pour la plupart, et très bien mises en œuvre, mais avec une telle insouciance de la vérité historique qu'on ne peut y puiser rien de sérieux. Cependant nous avons noté ce passage qui peut être l'écho d'un racontar éclos au moment des funérailles de Marat.

tions. Cet immense cortège s'avançait dans un désordre qu'un contemporain indulgent trouve « en quelque sorte imposant... » et qui dut être une indescriptible cohue. Il suivit la rue des Cordeliers, passa par la rue de Thionville (Dauphine), traversa le Pont-Neuf, longea le quai de la Ferraille, revint par le Pont au change, remonta jusqu'au Théâtre français (*Odéon*), et de là se rendit aux jardins des Cordeliers où il arriva un peu après minuit. La foule des curieux massés dans les rues étroites, entassés sous les portes, accrochés aux balcons et juchés jusque sur les toits, regardait passer cette étrange pompe funèbre, dont les figurants chantaient, sur des airs patriotiques, des hymnes révolutionnaires. De cinq en cinq minutes on tirait le canon au Pont-Neuf. Enfin la populace, grisée de chaleur et de poussière, s'engouffra dans le couvent des Cordeliers par la porte située en face de la rue Hautefeuille passa, sous l'ancien dortoir des officiers, au pied des sévères murailles de ce réfectoire qui existe encore, et pénétra dans le jardin où mouraient des illuminations allumées trop tôt.

Le sculpteur J.-F. Martin avait imaginé d'élever au milieu du parterre, en guise de tombeau, un tertre formé de bloc de pierre simulant un entassement de rochers granitiques, symbole de l'inébranlable vi-

Tombeau de Marat dans le jardin des Cordeliers.

gueur de *l'Ami du peuple*. Dans une ouverture pratiquée entre deux de ces blocs s'ouvrait une sorte de souterrain fermé par une grille en fer. Au dessus de cette pittoresque entrée était placée provisoirement une urne funéraire qui contenait le cœur de celui qui avait tant aimé la patrie (1); deux autres boîtes de métal devaient prendre place à côté de la bière; l'une renfermait les entrailles et l'autre les poumons de la victime. Sur la demande de Dufourny les œuvres de l'infatigable journaliste furent aussi déposées dans la tombe.

Au-dessus du tertre qui recouvrait le dernier asile de Marat, s'élevait une sorte de pyramide quadrangulaire surmontée d'une urne avec cette inscription :

> ICI REPOSE MARAT
> L'AMI DU PEUPLE, ASSASSINÉ PAR LES
> ENNEMIS DU PEUPLE
> LE 13 JUILLET 1793 (2).

Tout autour du monument avaient été plantés des arbustes et des fleurs : on déposa le corps à la porte du caveau,

---

(1) Alfred Bougeart, *Marat*.
(2) Voici le devis des frais occasionnés par la construction du monument et les illuminations du jardin : on y relèvera divers détails qui compléteront notre très succinct récit :

Martin, sculpteur, pour la construction du tombeau......	2400 l.	5
Blin, plombier, pour la fourniture du cercueil...........	315	
Moginot, maçon, pour la fouille de la fosse.............	108	12
Legrand, treillageur, pour le treillage et le devis.........	226	
Haser, maçon, pour le transport de matériaux et autres objets...	58	18
Gosse, menuisier, pour objets relatifs à l'illumination....	104	
Doissier, tapissier, pour tentures.......................	108	
Ditteberlot, architecte, pour menues dépenses faites par lui.	65	15
Pitrout, pour fournitures de vinaigres, etc...............	30	16
Considère, limonadier.................................	16	16
Berger, pour journées.................................	12	
Dubocq, pour fourniture de vin........................	11	9
Thenetin, id. de son................	12	
Millier, épicier.......................................	6	10
Bobert, marchand de vin..............................	7	10
Maille, pour fourniture de vinaigre.....................	4	16

puis les discours commencèrent; et pendant toute la nuit, à la lueur des torches placées dans les branches des arbres « dont les feuilles légèrement agitées réfléchissaient et multipliaient une lumière douce et tendre, » la foule ne cessa de se porter en masses compactes et pressées vers le jardin des Cordeliers, et de défiler devant la tombe (1).

Pour journées et nuits	42 l.		
Pour id.	11		
Pour troupe et personnel	2	104	20
Pour journées et boissons	13		
Pour fourniture satin turc	35		
Lothier, épicier, pour fournitures de flambeaux lampions et rats de cave, modérés, d'après les informations prises chez plusieurs épiciers, à la somme de		1904	16
Danany, commissaire, pour différentes dépenses acquittées par lui		46	12
A laquelle somme il convient d'ajouter, pour honoraires du C. Fouquet, qui a fait la vérification de tous les mémoires, pris les renseignements nécessaires des commissaires de la section, à la somme de 60 livres, ci		60	
Total général à payer en attendant le mémoire réglé de l'embaumement du corps de Marat		5608 l. 2 s. 8 d.	

Pièce publiée, d'après l'original conservé aux Archives nationales, par la *Revue rétrospective* et par M. le docteur Cabanès.

(1) Cette cérémonie dut frapper fortement l'imagination populaire, car, peu de temps après on la mettait au théâtre. M. Vatel, dans sa bibliographie dramatique de Charlotte Corday, cite cette pièce : *l'Ami du peuple* ou la mort de Marat, fait historique en 1 acte, suivi de sa pompe funèbre, représenté pour la première fois sur le théâtre des Variétés amusantes, boulevard du Temple, le 8 août 1793, par le citoyen Gassier Saint-Amand.

Ce drame se terminait par la représentation d'une pompe funèbre fort curieuse : 4 candélabres antiques remplis de parfums brûlent aux quatre coins du théâtre. Marche de guerriers et de femmes, chœur de Romains portant la statue de Brutus..., le corps de Marat sur un lit de parade.

La citoyenne Evrard, couverte d'un voile noir et accompagnée de deux femmes, porte son cœur sur un bassin.

Chœur sur l'air : *Je m'abandonne*, de Mengotzi.

> O sort funeste
> Un fer barbare
> Dans le Ténare
> Plonge Marat.
> (*Roulement de tambour.*)
> Qu'à l'instant même
> Par le supplice
> La mort punisse
> Cet attentat.

Le tonnerre gronde, une pluie de roses tombe sur le corps; alors on entend une musique douce. Monologue de la Liberté qui pose une couronne sur la tête de Marat. La Renommée sonne de la trompette. On bat aux champs.

Quand tous les assistants se furent retirés, on reprit, en présence du chirurgien Deschamps, le cercueil qu'on avait placé provisoirement à l'entrée du caveau. Il fut définitivement scellé vers deux heures du matin, puis on le descendit sous le monument dont on maçonna l'entrée. Le surlendemain (18 juillet) eut lieu la fête de la translation du cœur de Marat au Club des Cordeliers, vingt-quatre membres de la Convention et douze de la Commune assistaient à cette nouvelle cérémonie. A cette occasion on prolongea encore la route dans le jardin du Luxembourg; on avait élevé à différents intervalles des reposoirs où chacun avait apporté pour ornement ce qu'il avait de plus beau (1).

L'urne fut suspendue à la voûte de l'ancienne *aula theologica* aux applaudissements de tous les membres du club.

Le cœur de *l'Ami du peuple*, pendu à la voûte de la salle des Cordeliers, ce cœur qui, vivant, était demeuré inaccessible à d'autres sentiments que la haine, sembla communiquer son fiel, sa rage et son fanatisme à tous les membres du club. Il y avait là Vincent, Ronsin, Proly, Dubuisson, Pereyra, le fou Clootz — cet Allemand qui fut, dit un panégyriste, la plus grande figure de la révolution française (2) — Momoro qui avait fait de sa femme une déesse de la Raison — Hébert surtout, l'odieux *Père Duchesne*, qui, peu à peu, avait pris, dans cet extravagant conseil, la première place. Nous n'avons point à tenter ici l'histoire du Club des Cordeliers, en tant qu'assemblée politique, ni à étudier son influence sur la marche de la révolution; mais la silhouette d'Hébert doit nous arrêter un instant. Ce croquemitaine était un fort bel homme, d'une figure ouverte, enjouée et bienveillante. « Sous le masque rébarbatif qu'il avait adopté, il cachait l'extérieur le plus agréable et les

(1) Bougeart, *Marat*. Je n'ai pu, dans les archives du garde-meuble, retrouver trace de l'urne de porphyre dans laquelle fut enfermé le cœur de Marat.
(2) G. Tridon, *les Hébertistes*.

manières les plus élégantes (1). » Desgenettes, le chirurgien en chef de l'armée d'Orient, compatriote et ami d'Hébert qu'il avait aidé aux temps difficiles où le futur démagogue préludait à ses hautes destinées futures en vendant des contremarques aux portes des théâtres, Desgenettes nous a laissé un bien précieux croquis de ce qu'était Hébert homme privé : « J'avais rencontré, dit-il (2), à la Grève, ou plutôt sous l'arcade Saint-Jean, mon compatriote et presque condisciple Hébert qui m'avait témoigné, avec la satisfaction qu'il éprouvait en me revoyant, combien il avait souvent regretté que je fusse absent de la capitale aux premiers jours de la Révolution. « Vous auriez sûrement joué un rôle important, me disait-il; mais vous arrivez quand tout est à peu près fini; je demeure assez près d'ici, rue Saint-Antoine, en face du passage de ce nom, qui débouche rue du Roi deux Siciles (Sic). Mon petit logement est au troisième sur le devant. Je n'ai point oublié du tout, et vos constantes bontés, et tout ce que je vous dois, je veux parler de l'argent si généreusement prêté, car je n'oserais rappeler et ne pourrais compter celui que vous avez souvent donné pour moi chez les traiteurs des rues de la Parcheminerie, de Mâcon et de la Grille du Carrousel. Sans vous et les honnêtes Parisot de la rue des Noyers, je serais mort de faim..... Je ne puis répondre, Monsieur, des heures auxquelles je suis chez moi, où je dîne pourtant tous les jours, et où je m'estimerais aussi honoré qu'heureux de vous posséder. Mais vous êtes sûr de trouver toujours mon épouse, car je suis marié. Mme Hébert est une ex-religieuse de la Conception Saint-Honoré, jeune et fort spirituelle. Malgré son ardent patriotisme elle a conservé beaucoup de piété, et, comme je l'aime tendrement, je ne la contrarie point sur cet article et me borne à de simples plaisanteries. »

(1) Lairtullier, *Hommes célèbres de la Révolution*.
(2) *Souvenirs de la fin du XVIIIe siècle et du commencement du XIXe ou mémoires de R. D. G.*

Desgenettes n'avait point manqué de se rendre à l'invitation ; il entra dans un appartement propre et meublé avec goût, décoré de bonnes gravures ; la citoyenne Hébert(1) vaquait aux apprêts du dîner : c'était un intérieur calme, bourgeois, aimable, qui contrastait singulièrement avec les répugnantes élucubrations du Père Duchesne. Hébert était de ces révolutionnaires — très nombreux — que, depuis longtemps, une facétie populaire compare aux radis, rouges en dehors, blancs en dedans.

On sait, d'ailleurs, comment Robespierre mit fin à la comédie : Hébert et sa bande furent guillotinés le 24 mars (4 germinal) 1794. La consternation fut grande aux Cordeliers, et la peur adoucit singulièrement ces fougueux terroristes. Le 28 ventôse, ils envoyaient une députation aux Jacobins pour solliciter une réconciliation. Les Jacobins répondirent avec hauteur qu'ils ne correspondraient avec les Cordeliers que lorsque ceux-ci se seraient régénérés par une épuration. S'épurer, c'était se dissoudre ; et la Société des droits de l'homme et du citoyen ne dut pas survivre longtemps à ces évènements : on ne sait ni à quelle date, ni comment elle disparut (2).

L'antique monastère où elle avait tenu ses séances ne lui survécut pas longtemps. L'architecte Gondouin qui avait bâti l'école de médecine, et qui souffrait de voir son chef d'œuvre étouffé par les hautes constructions de l'église, guettait le moment favorable à l'exécution d'une place qui mettrait en valeur sa colonnade. Les architectes sont de terribles démolisseurs : pour donner du recul à l'une de leurs œuvres, ils détruiraient sans pitié des merveilles. La vieille église des Cordeliers fut victime de sa moderne voisine : on l'abattit, Gondouin triompha. La sacristie, les salles du chapitre et de théologie furent également démo-

---

(1) Elle s'appelait Marie Goupil. Elle fut guillotinée quelques jours après Hébert, en même temps que Lucile Desmoulins.
(2) *La Grande Encyclopédie :* Article *Cordeliers.*

lies (1). Le cloître et le réfectoire furent seuls conservés. Celui-ci existe encore et n'a subi aucune modification. Après avoir reçu sous Charles X le nom de manufacture de mosaïque, il est devenu, vers 1840, le musée Dupuytren. Il attend une restauration prochaine. Dieu veuille qu'on ne le restaure pas trop! Quant au cloître il subit successivement des fortunes bien diverses. On en fit d'abord une prison. Gondouin y avait appliqué, faisant face à la grille de l'école de médecine, une fontaine de style tombeau qui devint plus tard le portique de l'hôpital des Cliniques installé dans ce qui restait des bâtiments du couvent : on utilisa les jardins en y élevant plusieurs pavillons de dissection. Ceci dura jusqu'en 1877. A cette époque furent commencés les travaux de l'école pratique de médecine : le cloître lui-même fut alors attaqué. Au cours des travaux on reconnut qu'il avait été élevé au XVIIe siècle sur des fondations composées de très anciennes pierres, dont quelques unes présentaient encore des traces de sculptures, et qui provenaient sans nul doute des débris de la primitive église, incendiée en 1580. Les piliers du préau portaient encore les traces des ferrures maintenant les belles grilles jetées au vieux fer à l'époque de la Révolution; on découvrit, sous l'emplacement de l'église, plusieurs cercueils encore intacts, notamment ceux contenant les restes de plusieurs gentilshommes de la famille de Bullion, inhumés dans la chapelle qui portait leur nom. Ces cercueils, après être restés quelque temps déposés dans le bureau de l'architecte, furent réclamés par M. le marquis de Galard, descendant de la famille de Bullion, qui les fit transporter au château de Videville. Si nous mentionnons encore une statuette de saint Louis, trouvée dans les fouilles, et qui avait été probablement enfouie en 1792 ou 93 pour la dérober

(1) La belle collection de dessins de M. Destailleur, acquise récemment par la Bibliothèque nationale, contient plusieurs dessins représentant les aspects divers de ces démolitions.

aux profanations (1), nous aurons dit les rares incidents auxquels donna lieu la destruction des Cordeliers.

Lorsque, le terrain déblayé, on commença la construction de l'école pratique, on conserva, dans le nouveau plan la forme et les dimensions de l'ancien cloître. Ses arcades sont de même nombre et de même largeur, et, pour les construire, on se servit des anciennes pierres qu'on retailla. Jusqu'à la hauteur du premier étage, le cloître actuel de l'école pratique présente donc, à peu près, sur trois de ses faces du moins, l'aspect de l'ancien préau des Cordeliers. Les gros murs qui le séparent des laboratoires des professeurs sont ceux de l'ancienne église, conservés en raison de leur épaisseur et de leur solidité. De toutes les autres constructions conventuelles, le réfectoire excepté, il ne reste rien.

(1) Cette statuette a été déposé au musée Carnavalet.

LA CONCIERGERIE.

I

LA PRISON DU PALAIS EN 1793.

« Concierge, *subst. masc.* Celui qui garde un immeuble. » Ainsi parle le dictionnaire, et le dictionnaire a raison : concierge vient en effet du verbe latin *conservare*. Il y a un concierge, partant une conciergerie dans tous les palais, dans tous les ministères, dans tous les hôtels, dans toutes les maisons; pourtant, — admirez la puissance de l'histoire sur l'imagination populaire, — il n'y a en réalité au monde qu'une *Conciergerie*, et ce nom, absolument détourné de son sens primitif, n'évoque plus l'image aimable et rassurante d'un honnête factionnaire, veillant, du fond de sa loge, à la tenue et au bon ordre d'un immeuble, mais, au contraire, il éveille dans l'esprit l'idée d'une formidable prison, hérissée de mâchicoulis, percée d'étroites fenêtres à triples grilles, enflée d'énormes tours à créneaux, dédale d'escaliers tortueux, d'oubliettes, de couloirs sombres, de cachots infects et de *pourrissoirs* nauséabonds. Il y a, dans la façon dont le peuple de Paris prononce ce mot sinistre la *Conciergerie*, quelque chose qui vous indique que c'est là un lieu d'horreur et de désespérance : le cachot et le concierge associés pour torturer les humains... et cette pensée fait bouillonner la colère et la haine que lui ont inspirées de tout temps les bastilles et les portiers.

Il est vrai qu'elle a sévère mine, la vieille prison du Palais, avec ses murailles noircies, ses lucarnes pointues, ses hauts toits d'ardoise, et surtout avec sa porte ogivale, qui semble enfoncée sous terre, cachée par une double grille, écrasée par l'édifice qui la domine, porte si petite, si basse, si étroite qu'elle paraît être l'entrée d'un souterrain et qu'elle se confond presque dans l'ombre que projettent les deux grosses tours voisines, la *Tour de César* et la *Tour d'Argent*.

Je me souviens de la singulière surprise. — j'allais presque dire de la déception — qu'éprouvèrent les spectateurs du théâtre français à la répétition générale de *Thermidor*. On savait que le dernier acte du drame de M. Sardou se passait à la Conciergerie, et chacun s'attendait à voir le traditionnel décor des vieilles tours dressant leurs noires silhouettes au bord de la Seine, des sombres bâtiments à petites fenêtres grillées, solennels, maussades, jamais ensoleillés, qui donnent si sévère allure au quai de l'Horloge.

Le rideau se lève... Quel étonnement! La scène représente une petite cour carrée, d'architecture moderne, régulière, froide mais point sinistre; au fond se dressent les colonnades actuelles du Palais de justice; même l'on aperçoit, à travers une arcade, la grille d'honneur qui l'élève si noblement en bordure du boulevard du Palais. — Ça la Conciergerie? Et à l'époque révolutionnaire? Je sais des gens qui n'en sont point revenus.

Rien de plus exact cependant. La grande cour d'honneur du Palais de justice — la cour du Mai, comme on l'appelle depuis des siècles — n'est point à la vérité fort pittoresque: ses façades régulières, quoique de haut style, ont tout juste la banalité nécessaire à un monument officiel. Seul, l'immense perron, avec ses larges paliers et ses élégantes lanternes, est une conception imposante et vraiment belle.

Quand on a gravi les marches de ce perron, si l'on s'approche de la corniche basse qui borde le palier supérieur, l'œil plonge dans une petite cour située en contre-bas donnant sur la cour du Mai par une arcade fermée d'une grille. Dans cette petite cour, qui n'a point de nom, était, à l'époque de la Révolution, l'entrée de la Conciergerie; c'est elle qu'ont traversée toutes les victimes du tribunal de sang; c'est sur ces marches que se tenait le bourreau, comptant sa fournée; c'est contre cette grille que venaient s'accoter les charrettes... rien n'a changé (1) : ce sont les mêmes murs, les mêmes barreaux de fer, les mêmes rampes — neuves alors, rouillées aujourd'hui. — Nul endroit au monde n'a vu verser tant de larmes; nulles pierres n'ont assisté à de plus épouvantables drames. — D'ailleurs, la chose est oubliée aujourd'hui; notre époque est douée d'une certaine pudeur hypocrite qui la pousse à cacher ses plaies : la prison existe encore, à la vérité, dans l'enceinte même du Palais, mais si dissimulée, si perdue, si enfouie au cœur de l'immense construction, qu'on peut parcourir en tous sens les nombreuses galeries sans se douter que les dalles que l'on foule recouvrent des cachots.

Nous voudrions tenter de reconstituer dans le détail ce lieu fatidique, aujourd'hui transformé, tel qu'il était en 1793 et 1794. Travail ingrat et fastidieux peut-être, mais qui n'est point inutile, les vieux bâtiments de la Conciergerie étant condamnés à disparaître bientôt pour faire place à des constructions nouvelles. C'est un tableau qu'on a souvent tracé, et d'une façon magistrale, mais où l'art avait plus de place que la vérité; ici encore notre ambition serait de mettre en regard de ces grandes fresques brossées par les historiens ou les romanciers, un simple croquis dont tous les traits auraient le mérite de la sincérité et de l'exactitude.

(1) Depuis que ces lignes sont écrites, on a bouleversé l'ancienne entrée de la Conciergerie pour y établir la buvette des avocats.

Quand un suspect était arrêté à son domicile, c'est généralement en fiacre que les agents des comités le conduisaient à la maison d'arrêt du Palais de justice.

La voiture pénétrait dans la cour du Mai et venait s'arrêter à quelques pas de la grille qui fermait la petite cour basse de la Conciergerie. Le grand perron du Palais était presque continuellement, surtout dans l'après-midi, à l'heure où les charrettes venaient chercher la pâture quotidienne de la guillotine, garni d'une foule de femmes qui semblaient assises à un amphithéâtre, attendant un spectacle favori (1). Quand le prisonnier descendait du fiacre, l'amphithéâtre se levait tout entier et poussait un long cri de joie. Des battements de mains, des trépignements de pieds, des rires convulsifs exprimaient le féroce plaisir de ces furies à l'arrivée d'une proie nouvelle. Le court espace de chemin que le maheureux avait à traverser à pied était encore assez long pour qu'il reçût à la figure des ordures qui pleuvaient sur lui de toutes parts, et qui, projetées du haut du perron, le suivaient jusque dans l'étroite cour toujours encombrée de soldats, de geoliers, d'aides du bourreau, d'espions des comités, de suppliants, de solliciteurs ou de curieux privilégiés.

Le concierge Richard habitait avec sa femme et une amie de celle-ci qui servait de cuisinière, un appartement à l'entresol qui servait encore dans les dernières années de logement au concierge du Palais de Justice. La citoyenne Richard était pleine de prévenance et d'humanité pour les prisonniers. Elle mourut en juillet 1796, tuée d'un coup de couteau par un scélérat qui partait pour les galères, et cela au moment même où elle le consolait et lui donnait de l'argent. Comme elle se penchait vers lui pour l'embrasser, il lui plongea son couteau dans le cœur et l'étendit raide morte,

---

(1) Voir les mémoires du comte Beugnot. Cette foule fut fidèle à ce spectacle longtemps après le 9 Thermidor. L'abbé de Salamon, arrêté en 1797, fut accueilli par elle de la même façon que Beugnot en 1793.

sans qu'on ait jamais pu savoir la cause d'une si affreuse ingratitude.

Richard était le grand-père d'une belle jeune fille de vingt-deux ans, qui était « un ange de douceur et dont l'extérieur et les manières annonçaient une personne bien élevée ». Elle venait à la Conciergerie presque tous les matins et passait la journée au greffe avec son grand-père, adoucissant aux prisonniers les longues heures qui précédaient leur comparution au Tribunal ou qui suivaient la condamnation. On prétend que cette compatissante jeune fille sauva la vie au vieux président Augran. Toutes les fois qu'elle entendait dire qu'on allait le prendre pour le conduire devant les juges, elle le faisait mettre au lit et répondait aux commissaires de Fouquier-Tinville : « Que voulez-vous faire de ce vieillard? Il ne peut se lever et mourra peut-être dans la journée. » Et elle répéta ce manège jusqu'à la mort de Robespierre. De plus, tout le temps qu'il fut en prison, elle lui porta chaque matin une tasse d'excellent café à la crème. La terreur passée, le président Augran, qui avait alors quatre-vingt-six ans, ne manquait pas de venir, quand ses forces le lui permettaient, passer une heure dans la loge de Richard, et là, il racontait à tous venants, le dévouement de la jeune fille qui lui avait sauvé la vie.

La cuisinière du concierge avait, elle aussi, joué son rôle dans la Révolution. C'était un cordon-bleu, non sans mérite, et elle avait mis en œuvre toutes les ressources de son talent culinaire pour adoucir à la Reine le dur régime de la prison. C'est cette domestique qui, voyant Marie-Antoinette traverser la cour pour monter dans la charrette sans coiffe ni fichu, lui mit sur la tête un bonnet en fil encore tout neuf, puisqu'elle l'avait étrenné le matin même, et lui jeta sur les épaules un mouchoir de toile blanche (1).

(1) Cette brave femme devint, après la révolution, cuisinière chez la marquise de Créqui.

Il n'existait, nous l'avons dit, d'autre entrée à la prison que la pièce où se tenait le concierge Richard. Toutes les victimes de l'échafaud révolutionnaire ont passé par l'étroite porte qui y donnait accès; leurs pieds ont foulé les dalles qui la pavent encore aujourd'hui. Dès qu'on y avait pénétré, on trouvait à gauche une porte par laquelle on passait dans le greffe, prenant, comme la première pièce, jour sur la petite cour par une large porte fenêtre murée jusqu'à hauteur d'homme. C'était au greffe qu'étaient reçus et enregistrés les nouveaux venus : c'était là qu'on levait les écrous et que le bourreau venait donner décharge des condamnés qu'on lui livrait. Le fauteuil du greffier, son bureau, les casiers contenant les dossiers, en occupaient la majeure partie; la pièce, en effet, était d'autant plus petite qu'elle était alors divisée en deux parties par une cloison à jour garnie de barreaux de bois (1). Cet espace grillé s'appelait l'arrière-greffe, et était destiné à recevoir les condamnés durant ces heures éternelles qui séparent la condamnation de l'exécution. Un banc de bois qu'on voyait encore il y a quelques années, avait été disposé pour eux contre le mur. Les arrivants les voyaient, leur parlaient même s'ils en avaient le courage.

« Le jour de mon entrée, a raconté Beugnot, deux hommes attendaient l'arrivée du bourreau. Ils étaient dépouillés de leurs habits et avaient déjà les cheveux épars et le col préparé. Leurs traits n'étaient point altérés. Soit avec ou sans dessein, ils tenaient leurs mains dans la posture où ils allaient être attachés et s'essayaient à des attitudes fières et dédaigneuses. Des matelas étendus sur le plancher indiquaient qu'ils y avaient passé la nuit, qu'ils avaient déjà subi le long supplice de la nuit. On voyait à côté les restes du dernier repas qu'ils avaient pris; leurs habits étaient jetés çà et là, et deux chandelles qu'ils avaient négligé d'é-

---

(1) Cette cloison n'existe plus aujourd'hui, mais avant la construction de la buvette actuelle on en reconnaissait les traces sur les dalles.

LA PRISON DU PALAIS EN 1793.

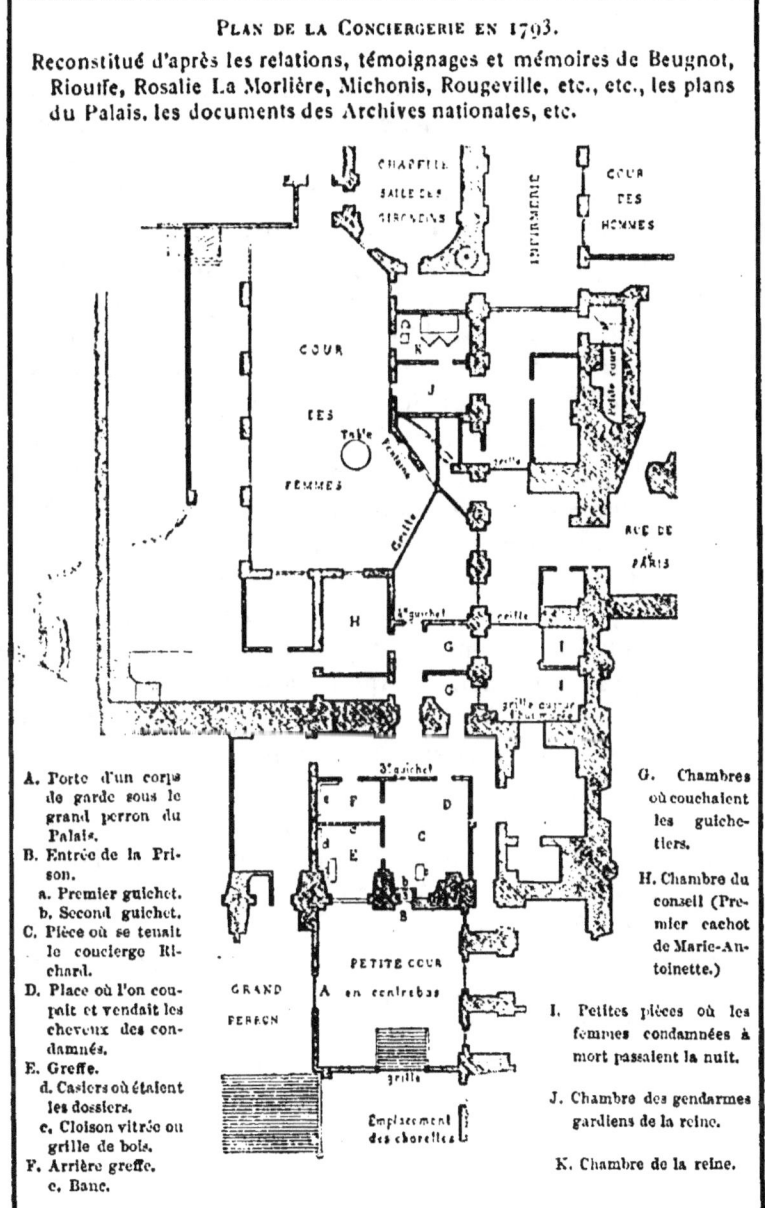

PLAN DE LA CONCIERGERIE EN 1793.

Reconstitué d'après les relations, témoignages et mémoires de Beugnot, Riouffe, Rosalie La Morlière, Michonis, Rougeville, etc., etc., les plans du Palais, les documents des Archives nationales, etc.

A. Porte d'un corps de garde sous le grand perron du Palais.
B. Entrée de la Prison.
  a. Premier guichet.
  b. Second guichet.
C. Pièce où se tenait le concierge Richard.
D. Place où l'on coupait et vendait les cheveux des condamnés.
E. Greffe.
  d. Casiers où étaient les dossiers.
  e. Cloison vitrée ou grille de bois.
F. Arrière greffe.
  e. Banc.

G. Chambres où couchaient les guichetiers.
H. Chambre du conseil (Premier cachot de Marie-Antoinette.)
I. Petites pièces où les femmes condamnées à mort passaient la nuit.
J. Chambre des gendarmes gardiens de la reine.
K. Chambre de la reine.

PARIS RÉVOLUTIONNAIRE.   24

teindre repoussaient le jour pour n'éclairer cette scène que d'une lueur funèbre. »

Du greffe, en enfonçant vers l'intérieur de la prison, on se heurtait à un second guichet, puis à un troisième, puis à un quatrième... On laissait à droite deux étroites pièces, enfouies au plus profond de l'énorme bâtisse, et d'où, sans cesse, s'exhalaient des gémissements, des sanglots, des cris de désespoir : c'est là que les geôliers enfermaient, en attendant l'heure de l'échafaud, les femmes condamnées. Des malheureuses ont agonisé là pendant près de vingt heures : l'une de ces salles existe encore : c'est celle aujourd'hui comprise entre deux fortes grilles, éclairée de la lueur d'un bec de gaz toujours allumé, tant l'endroit est sombre; là commence cette galerie basse qui traverse toute la prison. Tronquée à la hauteur de la chapelle, elle devenait, au delà, en 1793, l'infirmerie des prisonniers. Elle donnait accès, à gauche, à la cour des femmes ; à droite, à la *rue de Paris* par où l'on pénétrait dans le quartier des hommes.

Je sais un brave homme auquel je vais causer un réel chagrin : c'est le gardien-cicerone chargé de piloter, chaque jeudi, les bandes d'Anglais qui, le Bœdecker en mains, viennent visiter la Conciergerie. Le boniment qu'il leur débite est si bien fait pour satisfaire toutes les curiosités et éluder toutes les questions gênantes, il montre avec une telle certitude, et ramassés dans un court espace, les cachots de tous les détenus célèbres, André Chénier, le maréchal Ney, Robespierre, Mme Roland.... etc., qu'il faudrait avoir bien du sang-froid ou bien de la science pour s'apercevoir que son récit ne repose sur aucune donnée sérieuse. Cette science spéciale, peu de gens la possèdent; quant au sang-froid, personne n'en conserve au cours d'une visite à la Conciergerie, qui, telle qu'elle est, reste bien, de tous les spectacles qu'offre Paris, l'un des plus émouvants et des plus dramatiques. Et cet honnête gardien — très convaincu d'ailleurs, et très suggestif avec sa barbe blanche, sa large houp-

pelande sombre et son trousseau de clefs sonores — profite
de l'émotion inévitable de ses clients de passage pour
corser encore l'intérêt qu'inspire aux plus indifférents un
lieu si fameux par les tragédies vraies qui s'y sont passées.

Eh bien, j'aurai le courage de le dire : non, la Conciergerie d'aujourd'hui ne ressemble en rien à ce qu'elle était
au temps de la Terreur. D'abord on y pénètre actuellement
par la porte du quai de l'Horloge, et, quoi qu'en aient dit
tous les historiens — même les plus fameux — cette entrée ne
date que d'une quarantaine d'années : il y a un siècle les
bâtiments de la Conciergerie étaient, du côté du quai, enfouis sous des constructions parasites, excroissances poussées, au fur et à mesure des besoins, sur l'antique palais de
Saint-Louis. Ce changement a eu pour résultat de défigurer
absolument la vieille prison, en dégageant trois immenses
salles devenues à présent la partie principale de l'enceinte;
la *Salle des gardes*, la *Salle de Saint-Louis*, et la *rue de
Paris*. La modification, d'ailleurs, n'est point à regretter,
car ces trois salles sont parmi les plus beau morceaux d'architecture gothique que possède la France : la salle Saint-Louis
égale, si elle ne surpasse, la fameuse *Merveille* du Mont
Saint-Michel. Mais il faudrait, pour se représenter ce qu'é-
taient les lieux en 1793, couper ces nobles perspectives d'un
nombre infini de cloisons, de galeries en planches : une
ruche de cachots juxtaposés, entassés, empilés les uns sur
les autres, grouillant de prisonniers, de vermine et de
rats..... En outre, l'ancien *quartier des hommes* est tellement défiguré qu'on peut dire qu'il n'existe plus; et c'est si
vrai que le cicerone officiel qui *explique* la Conciergerie aux
visiteurs, néglige même de le mentionner. Jadis il se composait de sombres bâtiments, percés d'étroites fenêtres et
soutenus par un rang d'arcades en ogive, formant prome-
noir au rez-de-chaussée, tout autour d'une cour très longue
et assez étroite, d'où l'on n'apercevait que le ciel et le haut
des toits en poivrières des tours du palais. Aujourd'hui

le quartier des hommes est devenu l'enceinte cellulaire, avec cachots confortables, larges couloirs bien aérés, promenoirs perfectionnés, cellules dans le dernier genre : bref une prison modèle, tout à fait alléchante, mais peu pittoresque.

En somme il ne reste de l'ancienne prison qu'un bout de galerie qui va de la chapelle vers la cour du Mai, et qui se heurte, à mi-chemin, à un gros mur fermant le passage. La cour des femmes est aussi restée intacte, ou à peu près ; mais c'est là tout ce qui subsiste de l'authentique Conciergerie. Les traditions, qui ont la vie plus dure que les monuments, chassées de partout à mesure que les vieux murs tombaient, se sont toutes réfugiées dans ce petit espace, et voilà expliqué comment un cicerone peut y montrer, de bonne foi, tant de choses et y évoquer tant de souvenirs.

D'ailleurs, il faut le reconnaître, cette galerie était le centre de la prison : le voisinage de la cour où se tenaient les femmes, la facilité d'apercevoir les prisonnières à travers une grille, de leur parler même, amenait en cet endroit tous les détenus. En outre l'entrée de la prison, avec son continuel va et vient d'arrivants, la proximité du parloir, l'appel à certaines heures de ceux qui devaient comparaître le lendemain devant le Tribunal, attiraient sans cesse dans ce passage une foule bruyante et fiévreuse. Quel tableau on pourrait faire en groupant les divers renseignements épars dans les relations des témoins oculaires.

Derrière le greffe, entre deux grilles existant encore aujourd'hui, les prisonniers pouvaient communiquer avec les visiteurs du dehors : c'était le parloir. C'était presque toujours des femmes qui faisaient appeler les détenus : on s'asseyait sur des bancs rangés le long du mur, on causait gaiement, on riait de bon cœur, on s'apprenait les nouvelles : bien peu s'attendrissaient et versaient des larmes. Tout à côté, on entendait dans l'arrière-greffe,

Fontaine.   Grille séparant la cour   Chambre du conseil
des femmes du quartier   (au rez-de-chaussée).
des hommes.

LA COUR DES FEMMES A LA CONCIERGERIE.
Dessin inédit pris sur nature en 1864. Collection de M. Victorien Sardou.

aller et venir les hommes condamnés à mort, qui, pour la plupart du temps, pour s'exciter au courage, pour s'étourdir, chantaient en chœur à tue-tête. Par une étroite ouverture, on apercevait, étendue sur un grabat, quelque malheureuse femme, affreusement pâlie, les yeux démesurément grandis et fixes, attendant, gardée par un gendarme l'heure du supplice. Des gendarmes, des guichetiers, des huissiers du tribunal circulaient sans cesse, amenant des *nouveaux*, faisant des appels pour l'interrogatoire, donnant des ordres, interpelant, criant, jurant.

Un peu plus loin, vers l'intérieur de la prison, à l'endroit où un angle pris sur la cour des femmes forme une sorte de petit préau qui n'en est séparé que par une forte grille, le spectacle était bien plus étrange encore : « c'était, dit Beugnot, notre promenade favorite. Nous y descendions dès qu'on nous avait extraits de nos cachots. Les femmes sortaient à la même heure, mais pas aussitôt que nous. La toilette revendiquait ses imprescriptibles droits. On paraissait le matin dans un négligé coquet, et dont les parties étaient ajustées avec tant de fraîcheur et de grâce, que l'ensemble n'indiquait pas du tout qu'on eût passé la nuit sur un grabat et le plus souvent sur une paille fétide. En général les femmes élevées que l'on conduisait à la Conciergerie y conservaient jusqu'au bout le feu sacré du bon ton et du goût. Quand elles avaient paru le matin en négligé, elles remontaient dans leurs chambres et, sur le midi, on les voyait descendre habillées avec recherche, coiffées avec élégance. Les manières n'étaient plus celles du matin; elles avaient quelque chose de plus prononcé et une sorte de dignité; sur le soir on paraissait en déshabillé. J'ai remarqué que presque toutes les femmes qui le pouvaient étaient fidèles aux trois costumes de la journée. Les autres suppléaient à l'élégance par la propreté compatible avec le local. La cour des femmes possédait un trésor : une fontaine qui leur donnait de l'eau à volonté;

et je considérais chaque matin ces pauvres malheureuses qui n'avaient apporté avec elles, qui ne possédaient peut-être qu'un seul vêtement, occupées autour de cette fontaine (1) à laver, à blanchir, à sécher avec une circulation turbulente. La première heure du jour était consacrée par elles à ces soins dont rien ne les aurait distraites, pas même un acte d'accusation. Richardson a observé que le soin des hardes et la fureur de faire des paquets balançaient, s'ils ne dépassaient, dans l'esprit des femmes, les plus hauts intérêts. Je suis persuadé qu'à cette époque, aucune promenade de Paris n'offrait de réunion de femmes mises avec autant d'élégance que la cour de la Conciergerie. Elle ressemblait à un parterre émaillé de fleurs, mais encadré de fer. » — « On ne se fera jamais une idée d'une existence semblable, » disait plus tard un autre échappé de la Conciergerie ; et, de fait il régnait en ce lieu, dont l'aspect seul, à cent ans de distance, inspire la tristesse, une gaieté véritable et sans pose bien faite pour dérouter tous les psychologues. A quoi attribuer une telle anomalie ? à l'insouciance ? au mépris de la vie ? à la lassitude de souffrir ? Serait-il vrai qu'on s'habitue à tout même à la pensée de la mort la plus horrible ? Ou bien cette génération était-elle à ce point différente de la nôtre que nous ne puissions plus démêler les sentiments qui l'animèrent ?

« Si je vois avec quelque sang-froid, disait un troisième, le moment où je perdrai la vie, je le dois surtout au spectacle qui se renouvelle à chaque instant dans cette maison ; elle est l'antichambre de la mort. Nous vivons avec elle. On soupe, on rit avec des compagnons d'infortune ; l'arrêt fatal est dans leur poche. On les appelle le lendemain au tribunal ; quelques heures après nous apprenons leur condamnation ; ils nous font faire des compliments, en nous assurant de leur courage. Notre train de vie ne change

---

(1) Cette fontaine existe encore.

point pour cela ; c'est un mélange d'horreur sur ce que
nous voyons et d'une gaieté en quelque sorte féroce ; car
nous plaisantons souvent sur les objets les plus effrayants,
au point que nous démontrions l'autre jour à un nouvel
arrivé, de quelle manière *cela se fait,* par le moyen d'une
chaise à qui nous faisions faire la bascule. Tiens, dans ce
moment, en voici un qui chante :

> Quand ils m'auront guilloliné,
> Je n'aurai plus besoin de nez..... »

Ces prisonniers qui vivaient côte à côte avec tant de philosophie, étaient divisés, administrativement, en deux
classes : les *pailleux* et ceux de la *Pistole*. Les deux mots
portent en eux leur définition. Les détenus riches, assez du
moins pour payer les quatre ou cinq livres que coûtait par
jour la prison, obtenaient une de ces cellules qui, au rez-
de-chaussée et au premier étage, formaient sur deux faces,
le pourtour de la cour des hommes. Les autres étaient jetés pêle-mêle, sur de la paille rarement renouvelée, au rez-
de-chaussée d'un vieux bâtiment donnant sur la même
cour. C'était horrible, et le rapport d'un inspecteur des
prisons (1) nous a laissé de cette répugnante promiscuité
un inoubliable tableau.

«... Ce qui contribue à désespérer les prisonniers, dit-
il, c'est l'inhumanité avec laquelle on les entasse dans la
même chambre et les tourments incalculables qu'ils éprouvent pendant la nuit. Je les ai visités à l'ouverture et je
ne connais point d'expression assez forte pour peindre le
sentiment d'horreur que j'ai éprouvé en voyant dans une
seule pièce vingt-six hommes rassemblés, couchés sur vingt-
et-une paillasses, respirant l'air le plus infect et couverts de
lambeaux à moitié pourris ; dans une autre, quarante-cinq
hommes, entassés sur dix grabats ; dans une troisième,

(1) *Arch. Nat.*, M. 669 — cité par M. L. Legrand.

trente-huit moribonds pressés sur neuf couchettes; dans une quatrième, très petite, quatorze hommes ne pouvant trouver de place dans quatre cases; enfin dans une cinquième, sixième et septième pièce, quatre-vingt-cinq malheureux se froissant les uns les autres pour pouvoir s'étendre sur seize paillasses remplies de vermine, et ne pouvant tous trouver le moyen de poser leur tête. Un pareil spectacle m'a fait reculer d'épouvante et je frissonne encore en voulant en donner une idée. Les femmes sont traitées de la même manière, cinquante-quatre d'entre elles sont forcées de se coucher sur dix-neuf paillasses, ou de se relayer alternativement pour rester debout et ne pas étouffer en se mettant les unes sur les autres. »

La *souricière* (1) était plus effrayante encore : c'était une succession de pièces sombres et basses, où le jour ni l'air ne pénétraient jamais. On y couchait sur une litière devenue fumier, on y était dévoré par les rats qui, par les égoûts, venaient de la Seine, on n'y respirait qu'un air empesté. A l'aube, les geôliers, accompagnés de leurs chiens, ouvraient les portes de cette horrible enceinte, et tout aussitôt, les prisonniers se dirigeaient, à travers les couloirs sombres, qui vers la cour des hommes, qui vers le petit préau triangulaire séparé par une grille de la cour des femmes, pour y respirer un peu d'air, et se réconforter par la vue d'un coin de ciel, deviné plutôt qu'aperçu, du fond des étroites fosses où tant d'humains agonisaient.

*
* *

Je reviens à cette grille de la cour des femmes. C'est peut-être de toute l'ancienne Conciergerie l'objet le plus suggestif. Elle, du moins, n'a pas changé : elle est vieille,

---

(1) La *souricière*, à en juger par les descriptions des contemporains, devait être un dédale de cachots et de salles, établi dans ce qui est aujourd'hui la *salle des Gardes* et la *rue de Paris*.

elle est rouillée, elle est noire, elle grince comme autrefois, elle donne le frisson, elle fait peur... Toutes les femmes

Le préau des hommes à la conciergerie.
D'après une lithographie de 1830.

appelées au tribunal ont franchi cette porte à lourds barreaux, et Mme Élisabeth et les dames de Noailles, et Mme Roland, et Cécile Renault et tant d'autres... La robe de Lucile Desmoulins a touché ces barres de fer, la Dubarry s'y est cramponnée, la princesse de Monaco a, contre elles, attendu, impassible et résignée, l'appel de son nom.

La princesse de Monaco, qui est-ce? dira-t-on.

La postérité est parfois injuste ; comment le nom de cette femme n'est-il pas populaire, alors qu'elle a accompli des actes si beaux et si touchants qu'ils lui devraient assurer une légende immortelle.

Il n'y a pas à épiloguer, — bloc ou pas bloc, — l'exécution de Mme de Monaco fut un crime. Elle ne dut d'être suspecte qu'à sa naissance (1). Lorsqu'on la décréta, elle était réfugiée chez une amie : elle songea qu'elle pouvait la compromettre, elle gagna la campagne, puis revint à Paris où elle se laissa prendre. Quand on lui remit son acte d'accusation, elle refusa de le lire. Pas la plus légère émotion n'altéra ses traits. Elle distribua aux indigents qu'elle soulageait ordinairement tout l'argent qui lui restait, embrassa sa femme de chambre et se « sépara de nous, dit un témoin, comme après une longue route, on quitte des compagnons de voyage dont la société fut utile et douce. »

Elle fut condamnée à mort. L'arrêt rendu s'exécutait, on le sait, sans répit — sauf dans un cas : lorsque la condamnée pouvait établir qu'elle était enceinte. Alors on conduisait, sous bonne garde la malheureuse à *l'Hôpital du Tribunal révolutionnaire,* on lui faisait subir la visite des médecins; si elle était reconnue être en état de grossesse, on accordait un sursis jusqu'à l'accouchement. Puis on envoyait l'enfant à l'hospice et la mère à l'échafaud. De tels faits se sont passés, en plein Paris, à l'apogée de ce dix-huitième siècle si fier de sa sensibilité et de sa philosophie.

La princesse de Monaco se déclara enceinte, et fut envoyée à l'hôpital spécial du tribunal révolutionnaire qu'on avait installé à l'archevêché (2).

Les malades n'étaient reçus là que sur un ordre écrit de l'accusateur public, rendu d'après l'avis des médecins. Il en venait des différentes prisons de Paris, surtout de la Conciergerie; quand leur état ne leur permettait pas de supporter la fatigue du transport ordinaire, on avait recours à des brancards garnis de sangles et recouverts de treillis (3).

(1) Article de M. Georges Montorgueil. *L'Éclair* du 3 février 1892.
(2) Depuis le 17 brumaire, an II, le palais épiscopal était vide, Gobel ayant abdiqué sa dignité.
(3) Arch. nat. F15 259. Document cité par M. Léon Legrand, dans l'étude si complète et si documentée qu'il a publiée sur *l'Hospice national de l'archevêché.*

C'est dans cet équipage qu'on y avait amené le capucin défroqué Chabot, membre de la Convention, compromis dans l'affaire de la Compagnie des Indes et qui fut porté après une inutile tentative de suicide, à l'archevêché, d'où il partit pour l'échafaud.

Les bâtiments affectés aux malades se divisaient en un certain certain nombre de salles dont les noms sont en partie venus jusqu'à nous : c'est ainsi que l'on comptait les salles *d'en bas* et des *galeux*, la *troisième salle,* la *grande salle du second,* la *salle de la République*, la *salle sixième*, la *deuxième salle des femmes* et enfin la *salle de l'Égalité* et celle des *Montagnards*. Quelques-unes de ces désignations montrent, à défaut d'un plan et d'une description plus complète, que l'Hospice occupait plusieurs étages. La salle de bains avait été aménagée dans la petite église Saint-Denis-du-Pas.

Beugnot a laissé, dans ses mémoires, un inoubliable croquis de ce qu'était l'infirmerie d'une prison de Paris sous la Terreur. A l'*Hospice national* les malades n'étaient point sensiblement mieux traités. L'installation avait été faite à la hâte; on avait confisqué, pour la compléter tant bien que mal, « les objets et instruments de pharmacie qui se trouvaient dans la maison des ci-devant sœurs grises de Saint-Lazare et autres établissements nationaux ». Trois médecins, Naury, Bayard et Théry visitaient les malades deux fois par jour; le citoyen Quinquet y jouait le rôle d'apothicaire. Ray d'abord, puis Fay ensuite remplissaient les fonctions d'économes.

Les arrestations sans cesse renouvelées avaient augmenté à ce point la population de l'Hospice que l'encombrement y était devenu aussi grand qu'aux autres prisons de Paris. En outre, les détenus malades s'y trouvaient sous la main de Fouquier-Tinville, et, par conséquent, tout près de l'échafaud. L'existence y était plus pénible certainement qu'au Plessis ou à la Bourbe; la discipline y était sévère, si sévère même que les brutalités du geolier-concierge Tarcilly, y provoquèrent un commencement de révolte.

Le 6 germinal, à la nuit, il se mit à parcourir les salles, suivi d'un scribe et d'un porte-clefs, en demandant aux détenus leurs noms et prénoms, ceux de leurs femmes, de leurs enfants et leur domicile. Aux observations qu'ils lui faisaient, il ne repartit que par « des propos d'homme épris (*sic*) de vin, ce qui occasionna des réponses sur le même ton de la part de plusieurs qui réclamaient le repos qui est si nécessaires pour les malades (1) ». Les prisonniers s'écrièrent que le registre du concierge était « un livre rouge, un livre de proscription; » quelques-uns d'entre eux le lui arrachèrent des mains et rayèrent leurs noms et ceux de leurs femmes (2). Le concierge, effrayé, appela à son aide; un des officiers de santé, Bayard, accourut, et, « employant les moyens de douceur (3) », parvint à rétablir le calme.

Tel était l'endroit où la princesse de Monaco avait été transférée après sa déclaration de grossesse. On l'avait incarcérée dans la salle des femmes (4). Elle n'y resta qu'une nuit (5). Dès le lendemain elle écrivait à l'accusateur public :

« Je vous préviens, citoyen, que je ne suis pas grosse. Je voulais vous le dire; n'espérant plus que vous veniez, je vous le mande. Je n'ai point sali ma bouche de ce mensonge dans la crainte de la mort ni pour l'éviter, mais pour me donner un jour de plus afin de couper moi-même mes

---

(1) Arch. nat. F16 601. Lettre signée par l'économe, Ray, et les trois médecins, Naury, Bayard et Théry.
(2) Arch. nat. F16 601. Rapport de ce qui s'est passé le 6 germinal à l'hospice du ci-devant Évêché.
(3) Arch. nat. F16 601. Lettre de Bayard à Grandpré, 6 germinal, an II, dix heures du soir... « J'ai cru que dans une pareille circonstance il fallait employer les moyens de douceur et temporiser, en conséquence j'ai invité à suspendre l'opération. »
(4) L'*Humanité méconnue*, par Paris de l'Épinard.
(5) Quoi qu'en dise Paris de l'Épinard, il est de tradition qu'elle n'eut pas à subir la visite des médecins.

cheveux et de ne pas les donner coupés par la main du bourreau. C'est le seul legs que je puisse laisser à mes enfants ; au moins faut-il qu'il soit pur.

> Choiseul-Stainville-Josèphe Grimaldi Monaco.
> Princesse étrangère et mourant de l'injustice des juges français. »

La lettre portait cette suscription : « Au citoyen Fouquier-Tinville, *très pressé*. »

La princesse avait employé le répit que lui avait procuré son héroïque mensonge à arracher ses cheveux avec un morceau de verre. Elle en fit un paquet auquel elle joignit deux lettres, l'une pour la gouvernante de ses filles, l'autre pour ses filles qui sont devenues, l'une Mme de Louvois et l'autre Mme de La Tour du Pin.

Les lettres ne sont jamais parvenues à leur adresse. On les a retrouvées dans les papiers de Fouquier-Tinville ; elles y sont encore. Elle dit à la gouvernante, en lui adressant un anneau comme souvenir : « Que Louise sache la raison qui m'a fait différer ma mort, qu'elle ne me soupçonne pas de faiblesse. »

Et à ses enfants :

« Mes enfants, voilà mes cheveux, mais je voulais pouvoir couper moi-même cette triste dépouille pour vous la donner ; je ne voulais point qu'elle le fût par la main du bourreau et je n'avais que ce moyen ; j'ai passé un jour de plus dans cette agonie, mais je ne m'en plains pas ; je demande que ma chevelure soit sous un bocal, couvert d'un crêpe noir, serrée dans le courant de l'année et découverte seulement trois ou quatre fois dans votre chambre, afin que vous ayez devant les yeux, les restes de votre malheureuse mère, qui mourut en vous aimant. »

Ces derniers devoirs accomplis, elle était prête pour le sacrifice. Il ne se fit pas attendre. L'ordre d'exécution fut donné. Jusqu'au bout, superbe d'intrépidité, et voulant donner au peuple l'exemple d'une belle mort, elle redoutait cependant qu'une humaine faiblesse en chemin ne la trahît et elle se mit sur les joues du rouge qui en devait masquer la possible pâleur..!

Si les lettres furent retrouvées sur le bureau de Fouquier-Tinville, en revanche les cheveux n'y étaient plus. C'est qu'ils étaient parvenus à leur adresse. Comment? Les descendants de la princesse de Monaco l'ignorent toujours; mais ils se souviennent très bien les avoir vus.

M. le comte Fortuné de Chabrillan, petit-fils de la marquise de La Tour du Pin, a conservé ces cheveux, pieuse relique, que sa grand'mère, fidèle au vœu de la morte, montrait à ses enfants.

C'était une très belle natte, — nattée par la victime elle-même, — et qu'on avait gardée intacte, dans le papier dont on l'enveloppa pour l'apporter de la prison aux mains de la marquise de La Tour du Pin, alors toute petite fille (1).

Cette relique est encore aujourd'hui conservée dans la famille de Chabrillan.

(1) Georges Montorgueil.

II

LE CACHOT DE LA REINE.

C'est la grande attraction de la prison actuelle. A mesure qu'on s'enfonce dans le sombre dédale des couloirs de la Conciergerie, à mesure qu'on entend se refermer derrière soi les portes à triples verrous et retomber les grilles, on se sent de plus en plus écrasé par l'énorme bâtisse que l'on sait toute grouillante de gens, de geôliers qui vont et viennent, de prisonniers qu'on mène à l'instruction, et dans laquelle, pourtant, on n'entend aucun bruit.

A force de descendre des marches, de circuler dans des couloirs, de passer des grilles, on arrive tout au fond; dans une encoignure sombre une petite porte très basse, percée dans une plus haute, s'aperçoit à peine tant l'endroit est noir. Le gardien ouvre cette petite porte, fait ranger son monde, prend un air de circonstance, et, montrant du doigt les verrous — dont le plus petit est gros comme le bras — qu'il vient de pousser :

— « La porte du cachot de Marie-Antoinette, » dit-il.

L'effet est sûr : un murmure d'horreur parcourt la petite troupe; toutes les femmes frissonnent, tous les hommes se découvrent.

Puis, un par un, en se courbant pour passer par l'étroit guichet, on entre. La pièce où l'on pénètre est vraiment lugubre. Une fenêtre si profonde et si fermée de grilles que le jour s'y glisse à peine ; une voûte basse et humide, des murs nus, un carrelage de briques, un autel de marbre noir et blanc, deux tableaux dans l'ombre, voilà ce que le regard perçoit d'abord. Peu à peu on se groupe, et le cicerone commence : ici était le lit, là le paravent qui séparait la prisonnière de la chambre voisine — qu'on ne montre plus — et où se tenaient les gendarmes ; la cloison était ouverte jadis en une large baie ; elle est murée aujourd'hui. Voici le crucifix qu'une main inconnue passa à la reine à travers le grillage de la fenêtre... Et le gardien indique quelques mailles du grillage qui ont été coupées à cet effet. Les tableaux sont très émouvants : l'un d'eux montre Marie-Antoinette à genoux devant un autel où brûlent des cierges. Un prêtre en aube de dentelles et en chasuble brodée est tourné vers elle, tenant le calice, élevant l'hostie. Les deux gendarmes sont agenouillés également, les mains croisées sur le cœur, les yeux au ciel, s'apprêtant à recevoir la communion. Ceci est la représentation d'un fait qui s'est passé en ce lieu même.

Eh bien, rien de tout cela n'est authentique et il est facile de l'établir. Jamais un endroit consacré par de tragiques souvenirs n'a été plus niaisement profané que ne le fut le cachot de Marie-Antoinette, *arrangé* par les architectes de la Restauration. Ils ont recrépi les murs, muré la cloison qui était ouverte, ouvert celle qui était murée, et agrandi la fenêtre sous le prétexte, tout à fait illusoire, de *donner du jour;* ce qui, soit dit en passant, ne permet pas un seul instant de croire que le grillage existant aujourd'hui soit le même qu'en 1793. On a même orné cette fenêtre d'une sorte de vitrail à losanges d'un bleu terne et d'un jaune criard dont l'effet est désastreux.

Quant à la porte, cette fameuse porte qu'on avait faite si basse pour forcer la reine à courber le front devant ses geôliers, cette porte sinistre avec tous ses verrous et

Cachot 　　　　　Chapelle 　　　　　　　Fontaine.
Mᵐᵉ Roland.　　(salle des Girondins).

La Conciergerie; quartier des femmes. Dessin inédit; collection de M. Victorien Sardou.
La vue est prise de la chambre du conseil, premier cachot de Marie-Antoinette.

toutes ses ferrailles, elle n'est pas plus authentique que le reste. Puisque la prison de Marie-Antoinette se composait de deux pièces, celle où nous sommes et une autre, toute voisine, où se tenaient les gendarmes, il est bien évident que ceux-ci avaient, dans la partie qui leur était réservée, la porte commandant les deux chambres. La baie que ferme aujourd'hui cette dramatique menuiserie était alors murée, et si l'on veut absolument que cette porte soit celle qu'a frôlée la robe de la reine partant pour l'échafaud, il faut admettre qu'on l'a rapportée de la chambre voisine au cachot actuel à l'époque où l'on ferma la communication entre les deux pièces. Je n'y vois, pour ma part, qu'un de ces quatre guichets par lesquels on devait passer pour aller de la Cour du mai à l'intérieur de la Conciergerie, et qui aura été mis là lors des transformations du greffe et de l'arrière-greffe. En résumé, de ce cachot célèbre, rien ne subsiste si ce n'est peut-être le carrelage, fait de briques de champ d'un travail ancien.

Est-ce bien là, d'ailleurs, le cachot où fut enfermée Marie-Antoinette? On pourrait en douter, car la tradition seule répond affirmativement, et elle est infirmée par bien des documents. Le devis des aménagements fait pour le séjour de là reine, et cité par M. Campardon, indique que Marie-Antoinette, transférée du Temple à la Conciergerie le 2 août, ne prit possession de son cachot définitif que le 11 septembre. Jusqu'à cette date elle avait été enfermée dans une autre chambre, *la salle du Conseil* (1). Le nouveau cachot où elle devait passer ses trente-cinq

(1) Ceci établit bien nettement que ce n'est pas dans le cachot actuel qu'eut lieu *l'affaire de l'œillet*. Le fameux chevalier de Rougeville vit la reine le 30 septembre, dans la cellule où elle était détenue depuis son arrivée au Temple et qu'on appelait la *Salle du Conseil*. Où était située cette pièce? *Non loin du greffe évidemment*, puisque c'est pour éloigner la reine de l'entrée de la prison qu'on la changea de cachot après l'affaire de l'œillet. En outre la salle du Conseil avait, d'après la relation de Rosalie la Morlière, son

derniers jours, était la *pharmacie* de la prison (1). La pièce avait deux croisées, l'une donnant sur la cour des femmes, l'autre sur l'infirmerie; « la première fut bouchée au moyen d'une tôle d'une ligne d'épaisseur jusqu'au cinquième barreau de travers : le surplus fut grillé de fil de fer en mailles très serrées; la seconde croisée fut entièrement bouchée. Une autre petite croisée qui avait vue sur le corridor fut aussi entièrement bouchée » (2).

Ce document dont on ne peut contester la valeur, est, d'ailleurs, absolument conforme aux souvenirs d'un témoin oculaire, Beugnot, qui, après avoir séjourné quelque temps à l'Infirmerie, passa « dans une chambre qu'on appelait la petite *pharmacie*. Cette chambre, dit-il, était destinée à recevoir une femme fameuse. Aussi avait-elle, de plus que les autres, une double porte de cinq pouces d'épaisseur, revêtue de fer et chargée de trois énormes serrures. De deux fenêtres qui l'éclairaient auparavant, l'une était hermétiquement bouchée, l'autre presque entièrement; mais, en revanche, elle était tapissée d'un papier qui multipliait autour de nous les emblèmes et les mots de *Liberté, Égalité, Droits de l'homme, Constitution*... »

En notant, quelques lignes plus loin, que ses co-détenus et lui faisaient du corridor leur promenade favorite et qu'ils y *descendaient* sitôt qu'on les avait extraits de leur cachot, Beugnot semblerait indiquer en outre que la *petite*

---

entrée à *l'extrémité d'un couloir, et prenait jour par une fenêtre basse presqu'au niveau du sol de la cour des femmes*. Eh bien, il n'y a qu'une salle à la Conciergerie qui réunisse toutes ces conditions, c'est la cantine actuelle de la prison.

(1) Ce jourd'huy, 11 septembre 1793, nous, administrateur de police, en vertu de notre arrêté de ce jour, nous sommes transportés ès prison de la Conciergerie à l'effet d'y choisir un local pour la détention de la *veuve Capet* autre que celui où elle est maintenant détenue : y étant arrivés, et après avoir visité toutes les chambres qui en dépendent, nous sommes arrêtés à la chambre où est déposée la pharmacie du citoyen Guillaume-Jacques-Antoine Lacour, pharmacien de ladite prison... etc.
Archives nationales W 297.
(2) Archives nationales même dossier.

pharmacie n'était point située au rez-de-chaussée. Mais, passons.

Où donc se trouvait-elle? Contre l'infirmerie répond le devis que nous venons de citer, et l'une de ses deux croisées ouvrait sur cette infirmerie. Cherchons donc l'infirmerie. « C'était bien, dit encore Beugnot, l'hôpital le plus horripilant qui existât au monde. L'édifice est de vingt-cinq pieds de large sur cent pieds de long, fermé aux deux extrémités par des grilles de fer et recouvert d'une voûte surhaussée. Il est construit en pierres de taille, pavé de longues dalles, et, au reste, comme sa construction est ce qu'il y a de plus lourd en cet affreux genre, on croirait qu'il a été taillé dans un rocher. Les vapeurs du charbon et des lampes ont empaté la pierre d'une teinte sombre. La lumière ne parvient que par deux fenêtres en abat-jour, très étroites et ménagées dans les cintres de la voûte, en sorte que rien ne ressemble mieux à ces palais des enfers que l'on voit à l'Opéra... Quarante à cinquante grabats garnissaient les deux parois de ce boyau. »

Ce *boyau*, fermé d'une grille à ses deux extrémités, et joignant la petite pharmacie qui avait, elle, une fenêtre sur cet enfer et une autre sur la cour des femmes, me semble n'être autre chose qu'une partie du couloir lui-même; il est impossible d'assigner à l'infirmerie un autre emplacement. Il concorde parfaitement, d'ailleurs, avec la description de Beugnot, car il est voûté et pavé de dalles; il pouvait, par deux fenêtres en abat-jour ménagées dans les cintres de la voûte, prendre jour sur la cour des hommes. En outre, « un escalier, ajoute Beugnot, qui conduit à je ne sais quelle salle du Palais, est adossé au mur de l'infirmerie. » Et nous retrouvons cet escalier, à la place indiquée, sur les anciens plans du Palais. C'est probablement par là, nous le verrons, que la Reine monta pour se rendre au tribunal révolutionnaire (1).

(1) M. Dauban avait en vain cherché l'emplacement de cette infirmerie. Il

Cette froide discussion de témoignages et de textes semblera sans doute bien futile. Peut-être le serait-elle effectivement si elle ne se sauvait, tout au moins, par un résultat d'une importance appréciable. Mettre la topographie d'un lieu d'accord avec les différents récits des événements qui s'y sont passés, me paraît un travail plein d'intérêt et d'imprévu. On s'aperçoit, en le poursuivant dans les détails, que les narrations des témoins oculaires valent seules la peine d'être retenues, et que les belles histoires faites après coup pêchent toujours par quelque endroit. Un plan exact est, pour nous, le critérium indiscutable de la véracité d'un récit.

Pour nous résumer brièvement, le cachot de la reine Marie-Antoinette était, selon toutes probabilités, situé *à l'endroit même où on le montre aujourd'hui;* mais il ne ressemblait en rien à ce qu'il est actuellement. C'était une assez vaste pièce carrée, ayant deux fenêtres situées l'une en face de l'autre. L'une donnait sur la cour des femmes; la seconde, qu'on mura, était placée *à l'endroit où s'ouvre actuellement* la fameuse porte à verrous formidables. Si cette porte est authentique, elle fermait l'entrée de la salle de bains actuelle, laquelle formait la moitié du cachot de la reine; c'est dans cette partie que se tenaient les gendarmes gardant la porte. Un simple paravent les séparait de la prisonnière.

Quelle put être l'existence de la malheureuse femme, enfermée dans cette cave, jamais seule, toujours espionnée, depuis le 11 septembre jusqu'au 16 octobre 1793? Malgré

---

la plaçait dans la partie de la prison que les travaux de M. Duc ont entièrement transformée. C'est une erreur évidente puisqu'il faut, pour rester d'accord avec les documents, lui donner comme voisine une pièce, la pharmacie, prenant jour sur la cour des femmes. D'ailleurs, M. Dauban, bien qu'il trouve Beugnot *d'une fidélité parfaite, au moins dans la description des lieux*, ne semble avoir tenu aucun compte de ses souvenirs, qu'il assure cependant avoir contrôlés par tous les moyens en son pouvoir. Au surplus, il a commis la faute grave de donner une description du cachot de la reine, absolument en contradiction avec la gravure auquel il est joint.

le nombre considérable de récits qu'on a tracés de cette captivité, il est bien difficile de le dire. La pauvre reine n'avait plus d'amis en 1793. Elle inspira sans doute quelque pitié à ses gardiens, au concierge de la prison, à deux ou trois femmes chargées de son entretien;

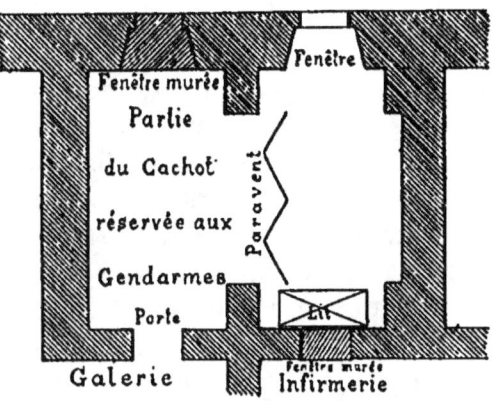

Plan du cachot de la reine, en 1793.
(Levé sur les lieux mêmes en 1795, par Montjoie.)

mais, à part ces fous sublimes de Rougeville et de Batz qui, de loin, tentaient l'impossible pour l'arracher à ses bourreaux, nul n'avait le courage de se compromettre dans le but problématique d'adoucir les derniers jours de l'infortunée. Et voilà que, dès 1814, vingt-et-un an après qu'elle fut morte, on découvrit tout à coup qu'elle avait été, jusqu'à la fin, entourée de serviteurs dévoués, prêts à donner leur vie pour elle. Le concierge Richard avoua qu'il avait perdu sa place en voulant la sauver; Bault, qui l'avait remplacé, raconta, seulement alors, les soins qu'il avait eus de sa prisonnière; la femme Bault avait été la providence de la

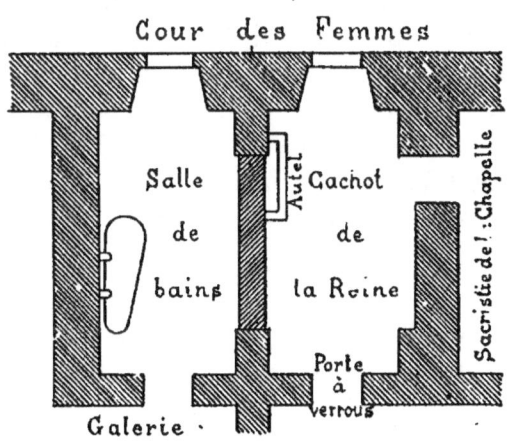

Plan du cachot de la reine. (État actuel.)

malheureuse Reine; la fille Bault son ange gardien. Il se trouva qu'on avait calomnié les gendarmes et qu'ils s'étaient montrés plein d'attention pour leur prisonnière; les geôliers pleuraient d'attendrissement au souvenir de leurs propres dévouements; l'un disait » : c'est moi qui remplissais son cachot de fleurs » ; l'autre : « j'allais à la halle chercher des fruits pour ses desserts; » « je lui ai procuré un miroir de toilette dont elle avait envie, » criait un troisième... bref, tant et de si touchantes choses furent soudain révélées qu'il était permis de se demander comment, entourée de serviteurs si dévoués et si fanatiques, la Reine avait pu être conduite à l'échafaud.

C'est que, en 1814, il pleuvait des pensions et des rubans rouges. Il s'agissait de prouver qu'on n'avait pas eu peur et qu'on était resté fidèle à la bonne cause. Tel qui, en pleine Terreur, crachait une injure à la figure d'une femme enchaînée, se vantait, la Restauration venue, d'avoir été le *chevalier du malheur* et la providence des opprimés.

Toujours est-il que ce déluge de relations attendries, passées peu à peu au rang d'histoires vraies, défigure complètement les choses. La vie de Marie-Antoinette à la Conciergerie ne fut probablement ni si douce qu'aurait dû la rendre tant de fidélité, ni si cruelle qu'on peut le penser généralement. Il est bien entendu qu'il n'est ici question que de l'existence matérielle. La reine se levait à six heures; elle avait pour femme de chambre, pour servante plutôt, une vieille femme de quatre-vingts ans, nommée la *mère Larivière,* dont le fils était *porte-clefs* à la Conciergerie. Au bout de quelques jours, la mère Larivière fut remplacée par une domestique plus valide, Mme Harel, dont le mari était employé aux bureaux secrets de la police.

On servait à Marie-Antoinette, pour son premier repas, du café ou du chocolat et un petit pain. Le dîner se composait d'une soupe, d'un plat de bouilli, d'un plat de légumes, d'une volaille et d'un dessert. Le rôti était le plus souvent un canard, mets préféré de la Reine; quelquefois on le remplaçait par un pâté. La dépense moyenne comptée pour ce repas était de 15^l par jour (1). D'ailleurs la nourriture était de bonne qualité et la cuisine soigneusement faite. — « Tout ce que vous me donnez à manger est excellent », disait souvent à Richard la prisonnière en le remerciant. Le souper du soir se composait vraisemblablement de la desserte du dîner. On sait que Marie-Antoinette ne but jamais que de l'eau, et l'on prétend qu'elle eut, jusqu'à la fin, de cette bonne eau de Ville-d'Avray qu'elle aimait tant.

La matinée se passait à quelques détails de toilette; la reine conserva jusqu'à ses derniers jours une certaine coquetterie. On trouva dans sa chambre, lorsqu'elle l'eut quittée « une boîte à poudre, une houpe de cygne et une petite boîte de pommade en fer blanc (2). »

Sa garde-robe n'était point aussi dégarnie que certains narrateurs ont eu intérêt à le faire croire. Elle se composait, entre autres objets, de « quinze chemises de toile fine garnies de riches dentelles, un mantelet de raz de Saint-Maur, deux déshabillés complets de pareille étoffe, un fourreau à collet et un jupon de bazin des Indes à grandes rayes, deux jupons de bazin à petites rayes, cinq corsets de toile fine, une robe à collet en toile de coton, vingt-huit mouchoirs de batiste, une paire de souliers neufs, deux paires de vieux (3)... » etc.

Pour occuper les longues heures du jour, la reine lisait : on lui avait prêté des livres entr'autres, les *Révolutions d'Angleterre* et le *Voyage du jeune Anacharsis* : ou bien, appuyée sur le dos d'une chaise, elle rêvait, suivant ma-

---

(1) Mémoire des dépenses de la veuve Capet. Archives nationales W 121, cité par M. Campardou.
(2) Archives nationales W 534. Document cité par M. Campardou.
(3) On voyait, avant 1870, au musée des Souverains, un soulier usé qui avait échappé au pied de la Reine au moment où on la poussa sur l'échafaud.

chinalement des yeux les interminables parties de piquet auxquels s'adonnaient les gendarmes. Ceux-ci ne quittaient jamais la prisonnière : ils s'appelaient Dufresnes et Gilbert.

C'était là le véritable supplice; cette surveillance continuelle, cet espionnage de toutes les minutes, la vie côte à côte, dans la même chambre, avec deux hommes, était, pour la Reine, une gêne insupportable. Ne la quittaient-ils donc jamais ? Il est impossible de le croire : sans doute, à certaines heures s'absentaient-ils tour à tour, car je n'ai point vu qu'ils mangeaient près de la prisonnière : ce qui est certain c'est que l'un d'eux tout au moins était toujours près d'elle : on leur adjoignit même, à la fin, un officier nommé de Bune qui, la chose est probable, venait occuper la place de celui des deux gendarmes obligé de sortir pour prendre l'air, pour manger ou pour tout autre motif. Marie-Antoinette, elle, ne quittait jamais son cachot; on y avait installé, dès le premier jour, un fauteuil indispensable, servant de *garde-robe*, afin qu'elle n'eût aucun prétexte pour demander à circuler dans les galeries de la prison (1).

Malgré cette incessante surveillance, plusieurs personnes parvinrent à pénétrer dans la cellule de la Reine. On a dit qu'un envoyé secret d'une puissance étrangère aurait eu avec elle une assez longue entrevue. Une anglaise, Mme Atkyns, ne se vantait-elle pas également d'avoir été mise, à la Conciergerie, en présence de la fille de Marie-Thérèse; en tous cas Rougeville sut, à force de ruse, se glisser dans la maison d'arrêt et échanger quelques mots avec la prisonnière; d'autres encore eurent ce courage... et nous revenons ici au sujet de l'un des tableaux qui ornent, de nos jours, le cachot : c'est-à-dire à la Communion de Marie-Antoinette.

Le fait a été bien des fois discuté, affirmé, démenti, sou-

---

(1) L'inventaire signale un autre meuble de toilette intime muni de ses accessoires.

tenu, nié de nouveau, et j'avoue qu'après avoir lu tout ce qui a été imprimé à ce sujet, il resterait un doute en mon esprit si l'on n'était obligé de considérer comme une preuve indiscutable la déclaration faite à plusieurs reprises par un vénérable prêtre, curé d'une des principales paroisses de Paris.

D'ailleurs, voici, brièvement résumées, les circonstances de cette mystérieuse aventure.

M. l'abbé Magnin, ancien professeur au petit séminaire d'Autun, vivait à Paris (1) depuis le commencement de la Révolution. En 1793, les prêtres, mis hors la loi, étaient obligés de se cacher : la maison de la veuve Fouché, revendeuse, rue Saint-Martin, auprès de l'église Saint-Merry, offrit à l'abbé Magnin un abri sûr. Cette veuve avait deux filles, pieuses comme elle : Thérèse-Victoire et Marie-Maguerite-Madeleine Fouché, qui secondaient de tout leur pouvoir le zèle de M. Magnin, lequel trouvait moyen d'administrer les sacrements, de visiter les malades, de donner des consolations, d'instruire l'enfance et de travailler à la perpétuité du sacerdoce.

Outre la chapelle des Dames anglaises, élevée sur une haute terrasse, rue des Fossés-Saint-Victor, où l'on célébra, sans interruption, les offices pendant tout le temps de la Terreur, l'abbé Magnin indiquait plus tard à l'un de ses amis une maison de la rue Neuve-des-Capucines où il disait souvent la messe dans une chambre située au-dessus du logement alors habité par le démagogue Babœuf.

Le danger semblait augmenter le zèle de l'abbé Magnin; pour exercer ses fonctions sacerdotales avec quelque sécurité, il parcourait les rues, déguisé en marchand d'habits, portant sous le bras un sac qui renfermait ses ornements et les objets liturgiques, et, sous le prétexte d'offrir ses chiffons aux locataires, il pénétrait dans diverses maisons

(1) Rue des Arcis, dit la relation du Comte de Robiano.

où l'attendaient des fidèles. Le nom sous lequel il se cachait était *Monsieur Charles*.

Comment Mlle Madeleine Fouché parvint-elle à forcer la porte de la Conciergerie et à introduire *Monsieur Charles*, chez la Reine? Elle a raconté qu'allant fréquemment visiter les prisonniers, elle avait fait la connaissance du concierge Richard; elle le supplia de lui ouvrir les portes du cachot de Marie-Antoinette et Richard y consentit : première invraisemblance. Richard qui n'était rien autre chose qu'un fonctionnaire, et qui, comme tel, tenait à sa place, devait éviter soigneusement toutes les occasions de se compromettre. Et puis, quelle confiance eût pu inspirer à la Reine une inconnue se présentant sans mandat, sans répondant, sans caution? La prisonnière, entourée d'embûches depuis si longtemps, devait, sans nul doute, voir partout des pièges et une semblable entrevue en de telles conditions, était bien faite pour éveiller sa méfiance. Mais passons.

Le prêtre, à son tour, amené par Mlle Fouché, pénétra dans la prison. Après quelques visites, dont l'une dura plus d'une heure et demie, l'abbé Magnin témoigna le désir de procurer à la Reine la consolation d'entendre la messe dans son cachot même. Mais Richard, sur les entrefaits, avait été destitué après l'affaire de l'œillet, et il fallait obtenir de Bault, le nouveau geolier, une complaisance semblable à celle de son prédécesseur. Mlle Fouché jouait de bonheur, car Bault n'opposa aucune résistance, ne fit aucune objection. Et c'est ici que l'invraisemblance prend des proportions vraiment inacceptables : Bault poussa la complaisance jusqu'à fournir les chandeliers qui devaient orner l'autel; l'abbé Magnin, au jour dit, apporta une chasuble de simple taffetas; — on donne même sa couleur qui était rouge et blanc, — quelques linges pour couvrir la table servant d'autel, un calice d'argent qui se démontait, la pierre sacrée, un petit missel, les burettes et deux bougies!

Et c'est alors que se serait passée la scène attendrissante

que représente l'un des tableaux actuellement placés dans le cachot de la reine : le prêtre en costume d'officiant, les deux gendarmes, à genoux, les yeux levés au ciel, communiant à la même table que la Reine et Mlle Fouché !

Une telle invention ne soutient pas la discussion ; mais encore faut-il, lorsqu'on n'a soi-même que des hypothèses à mettre à la place d'un récit mensonger, établir que ce récit ne mérite nulle confiance.

Eh bien ce qui me fait, dès l'abord, rejeter au rang des impostures historiques, c'est que le nom des deux gendarmes y est faussement indiqué. On appuie, en effet, d'ordinaire, la relation de cet étrange évènement d'une déposition signée en 1825 par Ledoux de Genet, ancien garde de la porte du Roi et *émigré*, où il est dit que ces hommes se nommaient Ferdinand de la Marche, de la commune de Brienne, et Prud'homme, de celle de Chavenger, département de l'Aube, et que tous deux furent condamnés à mort pour avoir laissé pénétrer un prêtre près de la prisonnière dont ils avaient la garde.

C'est une invention : outre que l'on sait, à n'en point douter, que les gendarmes de service auprès de Marie-Antoinette étaient toujours les mêmes, qu'ils s'appelaient Gilbert et Dufresnes, et que ni l'un ni l'autre n'ont péri sur l'échafaud révolutionnaire, les listes des personnes traduites au tribunal ne mentionnent ni la Marche, ni Prud'homme, et tout cet incident paraît inventé de toutes pièces.

J'ai le regret de confesser en toute franchise que le récit de Mlle Fouché me paraît avoir été écrit dans le seul but d'attirer l'attention de la famille royale : nulle part, sous son style apprêté et d'une sentimentalité affectée, on ne trouve ces détails précis, ces menus faits sincères qui donnent la vie et la valeur à une relation autobiographique. L'auteur s'y tient toujours dans un vague prudent ; en temps que document historique cet écrit est nul et ne mérite aucune attention. Disons cependant que, dès 1804, Mlle Fouché était parvenue à faire connaître son dévouement à Mme la duchesse d'Angoulême, alors exilée en Courlande, et la fille de Marie-Antoinette en avait *témoigné sa gratitude* d'une façon qui se devine. Quant à l'abbé Magnin, il s'était tenu à l'écart jusqu'à l'époque du concordat; c'est alors seulement qu'il s'attacha comme prêtre administrateur à la paroisse Saint-Roch. Il y resta quatorze années. A l'époque de la Restauration, Mme la duchesse d'Angoulême voulant avoir à la cure des Tuileries le prêtre qui avait porté les consolations suprêmes à sa mère, fit donner à l'abbé Magnin la paroisse Saint-Germain-l'Auxerrois dont dépendait le Château. Ceci est significatif : ce qui l'est davantage encore, c'est que, parvenu à une situation où les plus ambitieux se déclarent satisfaits, étant, d'ailleurs, d'âge à ne rien désirer, M. Magnin, apprenant que la communion de la Reine était démentie par quelques écrivains, monta en chaire, un jour de grande fête religieuse, et, devant une foule de fidèles, attesta solennellement la véracité du fait, sans toutefois en raconter les détails.

Et c'est là, évidemment, la stricte vérité : on ne saurait douter que des royalistes fidèles, cachés dans Paris entretinrent jusqu'au 16 octobre des communications, demeurées mystérieuses, avec l'auguste prisonnière. C'est par eux que l'abbé Magnin entra à la Conciergerie : il y vint déguisé *en garde national* très probablement; il apporta l'hostie sous ses vêtements, fit en quelques minutes la consécration et donna la communion à la Reine; quel rôle joua dans cette intrigue Mlle Fouché? Celui de simple intermédiaire peut-être. Quant à la messe, célébrée selon les rites, quant à la communion des gendarmes, c'est un conte. Le fait reste grand, d'ailleurs, dénué de cette mise en scène; on l'a gâté et rendu invraisemblable en l'ornant de mille détails qui ne reposent sur rien de sérieux et qui ont servi de thème à des pages attendries, tracées dans le seul but d'attirer à leurs auteurs, des marques de la reconnaissance royale.

III

CHEZ FOUQUIER-TINVILLE.

Le tribunal révolutionnaire siégea dans cette salle du Palais, qui avait été la *grand'chambre* du Parlement où Louis XIV, botté et fouet à la main, affirma son pouvoir personnel par cette célèbre parole : « l'État c'est moi. » C'est actuellement la première chambre civile ; seulement au lieu d'y entrer directement de la salle des Pas perdus, ainsi qu'on le fait aujourd'hui, on était, avant les transformations effectuées au cours de ce siècle, obligé, pour y parvenir, de traverser une antichambre ovale dont la porte s'ouvrait dans la salle des Pas perdus (1), appelée alors salle des Procureurs, juste en face du perron qui descend à la galerie Mercière. Dans ce vestibule qui prenait jour sur la cour actuelle d'entrée de la Conciergerie, on trouvait à gauche la haute porte donnant dans la grand'chambre.

Celle-ci avait été construite par saint Louis et réparée sous le règne de Louis XII. Les derniers embellissements dataient de 1722 et avaient été faits sur les dessins de Boffrand : le plafond était orné de compartiments plaqués de bois de chêne, se terminant en pendentifs peints et dorés.

---

(1) Un tableau de Boilly (*le Triomphe de Marat*), que possède le musée de Lille, représente cette porte, munie d'un tambour de planches et de vitres et portant l'inscription *Tribunal révolutionnaire*. C'est de ce tableau, évidemment très fidèle comme décor, que nous nous sommes servis pour reconstituer l'entrée du Tribunal révolutionnaire dans la gravure ci-jointe. On y trouvera bien des différences avec la célèbre gravure de Duplessis-Bertaux dont nous parlons plus loin.

C'est le modèle actuellement adopté pour la décoration de toutes les salles d'audience.

Chose singulière, les quelques rares gravures de l'époque révolutionnaire, représentant l'ancienne Grand'chambre transformée en salle d'audience du tribunal, nous montrent une pièce absolument nue, sans ornements, sans tentures, et couverte d'un plafond sans la moindre poutrelle, sans ombre de sculpture ; il est probable que là, comme aux Tuileries, on avait cru bon de faire disparaître tout vestige du passé. Pour un spectateur admis dans l'enceinte réservée au public, c'est-à-dire au fond de la salle, celle-ci se présentait sous l'aspect d'une vaste pièce, un peu plus longue que large, éclairée par quatre fenêtres s'ouvrant à droite sur une cour (1). Sur le mur nu derrière le prétoire, étaient placés les trois bustes de Brutus, de Marat et de Lepeletier, et, au dessous, entre deux quinquets, étaient figurées les tables de la Loi. Sous cet emblème, se tenaient, assis à une longue table sur une estrade élevée d'une marche au-dessus du parquet, le président assisté de quatre juges, et devant eux, leur tournant le dos, l'accusateur public ayant devant lui un bureau de style, à pieds de cuivre dorés représentant des griffons. A gauche étaient les grands gradins sur lesquels prenaient place les accusés. Une sorte de fauteuil de fer, qu'on appelait la *sellette* ou le *pot,* était réservé à celui des malheureux auquel on voulait faire les honneurs de la *fournée.* Au pied des gradins on avait placé les défenseurs, et juste en face, sous les fenêtres, les deux rangs de fauteuils et de tables réservés aux jurés. Une balustrade élevée séparait le prétoire de l'enceinte réservée au public.

Et voilà, en détail, le résultat de nos tentatives de reconstitution de la salle du tribunal révolutionnaire. Le reste

---

(1) Aujourd'hui la cour d'entrée de la Conciergerie. La disposition de la salle est restée la même. Seulement sa longueur est diminuée d'un quart.

est pour nous une énigme indéchiffrable. Croirait-on que, de cet endroit à jamais fameux, il ne nous ait été transmis nulle description satisfaisante, et que nous soyons réduit à nous contenter de ces simples indications fournies par des gravures du temps assez fantaisistes?

C'est là, dans cette salle, nommée par une sorte de dérision salle de la Liberté, que furent jugés Marie-Antoinette, les Girondins, Mme Roland; mais on n'ignore pas qu'à une certaine époque le tribunal fut dédoublé, et que, dans une autre salle dite de l'Égalité, Danton, Charlotte Corday, Hébert parurent devant les juges. Où était cette salle de l'Égalité? Ses fenêtres, dit-on, donnaient sur le quai de l'Horloge; on a même conservé cette tradition que le tonnerre de la voix de Danton se faisait entendre

La salle des Pas perdus au Palais de Justice et l'entrée du tribunal révolutionnaire en 1793. D'après le tableau de Boilly (*Le Triomphe de Marat*), au musée de Lille.

jusqu'au Pont-Neuf, de la foule entassée sur le quai (1).

(1) M. Dauban assure qu'on retrouve encore dans les murs de la première

Mais ce n'est là qu'un renseignement vague et qui ne concorde pas avec les anciens plans du palais de Justice.

Nous restons dans la même indécision touchant la façon dont les accusés étaient amenés au tribunal, et sur le parcours qu'ils avaient à faire depuis la prison jusqu'au prétoire. Il existe encore aujourd'hui un étroit et sombre escalier tournant qui prend naissance au rez-de-chaussée, dans la salle des Gardes de la Conciergerie, et qui monte jusqu'à la première chambre civile dans laquelle il débouche par une petite porte dissimulée dans la boiserie. On l'appelle l'*Escalier de la Reine,* et c'est par là, dit-on, que Marie-Antoinette fut amenée de son cachot et qu'elle y fut reconduite après sa condamnation. C'est possible, quoique peu vraisemblable, car, pour gagner le bas de cet escalier, il fallait, depuis le cachot de la reine, traverser la rue de Paris et la salle des Gardes, c'est-à-dire la *souricière* et le quartier des *pailleux,* dédale de cachot et de cellules, certainement peu pratiquables. Mais certainement tous les accusés ne suivaient pas le même chemin. L'estampe de Duplessis Bertaux représentant les vingt et un députés de la Gironde sortant du tribunal révolutionnaire est assez connue : elle nous montre les condamnés traversant la salle des Pas-perdus et se dirigeant vers la galerie Mercière. On les reconduisait donc à la Conciergerie, où ils devaient passer leur dernière nuit, par un autre escalier que celui de la Reine. Lequel? Toute cette partie du palais était et est encore un tel dédale de couloirs, de petites cours, d'escaliers en hélices, de passages secrets, qu'il est bien impossible de s'y reconnaître. Et puis est-il vraisemblable qu'on exposât ainsi chaque jour les condamnés aux hasards d'un assez long parcours à travers les galeries publiques du Palais toujours

---

cour de la Conciergerie actuelle la trace des arcades gothiques qui formaient les tribunes publiques de la salle de l'Egalité. C'est une erreur. Ces traces ne sont autres que les anciennes baies — aujourd'hui murées — qui donnaient accès de la salle des Pas perdus au vestibule de la salle de la Liberté.

remplies d'une foule houleuse et énervée? Une autre version nous est fournie par le journal de l'abbé de Salamon qui se souvient avoir été conduit au tribunal en *descendant* un escalier étroit et obscur, et en suivant un long couloir souterrain mettant en communication la prison et le palais proprement dit. Nous le répétons : on s'y perd... et je ne crois pas qu'on puisse trouver dans les relations de l'époque un seul mot assez précis pour mettre les curieux sur la trace d'une topographie exacte du tribunal révolutionnaire et de ses dépendances (1).

Celles-ci, du reste, étaient des plus restreintes. Quatre pièces, accotées de quelques cabinets, s'ouvrant sur la salle des Pas-perdus, et prenant jour sur la cour des hommes de la Conciergerie, formaient tous les bureaux de cette expéditive administration.

Un étroit couloir, qui, de nos jours encore, contourne la salle où siégeait le Tribunal, mettait en communication les bureaux avec un petit appartement installé dans les deux tours, la tour de César et la tour d'Argent.

C'est là qu'habitait Fouquier-Tinville; c'est de là que, chaque matin, avec une implacable exactitude, on le voyait sortir, vêtu de son costume d'accusateur public, en frac noir, en chapeau relevé à la Henri IV avec un panache de plumes noires au-dessus d'une large cocarde tricolore, et portant au cou, à un ruban de même couleur, une médaille emblématique. Le soir, il sortait de l'audience si fatigué de son hor-

(1) Dans *Paris à travers les âges*, ces lignes du chapitre consacré au Palais de Justice sont à noter :

« Comme la Reine, qui put monter au tribunal révolutionnaire par un escalier placé presque en face de sa porte, en n'ayant ensuite qu'à traverser la salle des Pas perdus, les Girondins n'eurent pas besoin, pour arriver devant leurs juges, de s'engager dans le labyrinthe souterrain de la Conciergerie. Une porte, masquée depuis par un confessionnal, ouvrait, au fond de la chapelle, leur prison, en face d'un autre escalier qui n'existe plus. »

Telle est peut-être la vérité ! les plans de l'ancien palais indiquent, en effet, près de la chapelle, un escalier qui monte à la galerie Marchande; un autre y est figuré presque en face du cachot de Marie-Antoinette. Mais alors l'*escalier de la Reine* actuel aurait été improprement nommé.

rible tâche, qu'il ne pouvait que se traîner jusqu'au lit qu'il s'était fait dresser dans son cabinet, au premier étage de l'une des deux tours.

Cet homme qui fut, pendant deux ans, l'hôte des bâtiments du Palais de Justice, ce Fouquier-Tinville nous appartient : sinistre et repoussante figure qu'on a trop chargée peut-être, qu'on n'a jamais dessinée qu'en la dramatisant, sans qu'il soit venu à personne l'idée que, traitée en simple croquis ressemblant et intime, elle n'en serait que plus effrayante.

Le physique d'abord. C'était un homme grand et robuste : il avait la tête ronde, les cheveux très noirs et, le visage plein et grêlé. Son regard, quand il le rendait fixe, faisait baisser tous les yeux. Au moment de parler il plissait le front et fronçait les sourcils qu'il avait néanmoins plus noirs que ne le veulent les mélodrames. Sa voix était forte et impérieuse. Il avait 47 ans en 1793, étant né à Hérouel, près de Saint-Quentin en 1746. Son père, cultivateur, était-il riche, comme on l'a dit? Non sans doute, car lorsque Fouquier, qui, suivant un usage assez répandu à la fin du dix-huitième siècle, s'était annobli et signait Fouquier *de Tinville*, vint s'établir à Paris pour y faire ses études, ses moyens d'existence étaient des plus précaires : « Je vous l'avoue, écrivait-il à sa mère, je désirerais de tout mon cœur avoir quelque ressource pour pourvoir à mes besoins..... Sans ces chemises (1), une robe de chambre et une rhodinguotte (sic), je ne peux passer l'hiver » (2).

Cependant, tant bien que mal, il termina ses études et le 26 janvier 1774 il achetait une charge de procureur au Chatelet, ce que nous appellerions aujourd'hui *avoué de première*

---

(1) Trois chemises qu'il avait déjà demandées.
(2) Les extraits de lettres que nous allons citer sont tirés d'une brochure publiée par M. Georges Lecocq. Après la mort de la veuve de Fouquier-Tinville, ses meubles et les papiers qu'elle conservait de son mari passèrent en vente publique. C'est à cette précieuse source qu'a puisé M. Georges Lecocq.

instance. Presque aussitôt il épousa une de ses cousines germaines, Geneviève-Dorothée Sauguier : les époux, dit l'acte de mariage, avaient obtenu une dispense et « s'étaient préparés au sacrement du dit mariage par la réception de ceux de pénitence et d'eucharistie. »

L'union, dit-on, ne fut pas des plus heureuses, mais elle fut féconde; en quatre ans Dorothée Sauguier donnait à son mari quatre enfants. Puis en 1782 elle mourut dans le modeste appartement qu'occupait le ménage rue Bourbon Villeneuve : elle avait 28 ans. Que devint Fouquier-Tinville quand il fut veuf? On l'ignore : dès 1782 il vendait sa charge de procureur pour une somme de 30,000 francs dont il vécut sans doute pendant les dix années qui suivirent, car il resta sans un emploi pouvant lui procurer des ressources : il changeait, d'ailleurs, presque chaque année de domicile : après la mort de sa femme il avait quitté la rue de Bourbon-Villeneuve, et on le retrouve en 1785 rue du faubourg Saint Antoine; en 1786 rue Vieille du Temple; en 1788 rue Sainte-Croix de la Bretonnerie ; en 1789 rue Bourtibourg; en 1791 rue de Chartres; en 1792 rue Saint-Honoré vis-à-vis de l'Assomption (1).

Au cours de ces incessantes pérégrinations, il s'était remarié : il avait épousé — on ne sait à quelle époque, ni par suite de quelles circonstances — Mlle Gérard d'Aucourt, fille d'un colon de Saint-Domingue. Un portrait qui a été conservé d'elle la représente « non point jolie, mais douce et bonne, l'œil assez fin, le front haut et intelligent. »

Fouquier fut-il aimé d'elle? Oui, sans doute, à en croire ces vers qu'elle lui adressa certaine année, au jour de la Saint-Antoine, sa fête. Quand on songe au rôle tragique que réservait l'avenir à celui auquel est dédiée cette berquinade, chantée sur l'air : *Que ne suis-je la fougère?* cette poésie produit un étrange contraste.

(1) Ch. Nauroy, *le Curieux*, 1885.

Si pour couronner ta tête
L'on venait me demander
Quel jour arrive ta fête,
Quel jour il faut la chômer,
Ma réponse est préparée :
Pour Antoine, mon amour
Est trop grand toute l'année
Pour l'être plus en ce jour.

Pour savoir quand c'est ta fête
Qu'est-il besoin d'almanach ?
Je n'ai pas martel en tête
Pour chercher ce beau jour-là.
Le calendrier n'amène
Ta fête qu'une fois l'an :
Pour moi sept fois la semaine
Mon cœur en marque l'instant.

Que veux-tu que je te donne,
Cher Antoine, en ce moment ?
Si j'avais une couronne,
Je t'en ferais le présent ;
Mon embarras est extrême,
Car je ne possède rien ;
Et t'offrir un cœur qui t'aime,
C'est te redonner ton bien.

Air : *Je suis Lindor.*

Flore en ce jour a couronné ta tête ;
Ton cœur toujours est orné de vertus ;
Antoine aurait un grand patron de plus
Si le Mérite était un nom de fête.

Enfin le 10 août survint ; comme tous les irréguliers, — on peut ainsi qualifier Fouquier-Tinville qui vivait à Paris sans fortune et sans emploi — l'ancien procureur se réjouit d'un bouleversement auquel il a tout à gagner et rien à perdre. Dès qu'il apprend que son compatriote et cousin, Camille Desmoulins, est pourvu d'une bonne situation au ministère de la Justice, il lui écrit pour solliciter une place. Il n'attendit pas longtemps — cinq jours

La Conciergerie et le Pont-au-Change à la fin du XVIIIe siècle.
D'après un dessin inédit de la coll. Destailleurs. (Cabinet des Estampes.)

après il était nommé Directeur du jury d'accusation près le tribunal établi par la loi du 17 août 1792. Le 1er septembre il prenait possession de son siège, et, tout de suite, on put juger de la rigueur qu'il apporterait à ses fonctions. Il tint ce que ses débuts promettaient... on le sait par la suite de sa carrière.

Ici nous rentrons dans notre sujet. Dès qu'il fut nommé accusateur public, Fouquier-Tinville s'installa au Palais dans un logement qui sert aujourd'hui de dépendance à la première chambre et qui est situé au-dessus de l'appartement occupé par le Directeur de la Conciergerie. Pendant plus de quatorze mois Fouquier-Tinville vécut là, tout entier à sa terrible mission, ne sortant du Palais, pour ainsi dire, que lorsqu'il avait à s'entendre, pour quelque affaire d'importance, avec ses maîtres du comité de Salut public, ou quand il lui fallait visiter les prisons et y faire provision de noms pour ses fournées. Parfois il allait dîner en ville, chez des amis sûrs; mais il rentrait au Palais, dans la nuit et reprenait sa besogne. Les passants attardés qui suivaient le quai de l'Horloge, apercevaient, au premier étage de la Tour d'Argent, une étroite fenêtre éclairée découpant dans la nuit son rectangle lumineux. Ils levaient les yeux et hâtaient le pas. Là haut Fouquier-Tinville travaillait préparant ses listes. Dans une pièce voisine un secrétaire faisait autant de copies des actes d'accusation qu'il y avait de jurés... la sinistre machine judiciaire fonctionnait ainsi jour et nuit pour ne point perdre un instant.

Fouquier « courbé sous sa tâche comme un bœuf sous le joug, » travaillait sans relâche à son œuvre terrible, couchait dans son cabinet au premier étage de la Tour César, toujours emporté, violent, menaçant, se faisant haïr des huissiers.

Robert Wolf, le commis-greffier du tribunal a raconté qu'après la loi de Prairial, Fouquier étant à déjeuner avec plusieurs jurés, comptait froidement, en se curant les dents, le nombre des victimes qui devaient *aller là-bas*. « Il faut que ça *aille,* disait-il, il en faut pour cette décade quatre cents, et quatre cent cinquante pour l'autre. » Il tablait à peu près sur une moyenne de cinquante à soixante têtes par jour.

Ce Wolf, bien placé pour tout voir, était un honnête homme et l'on peut le croire : non pas un honnête homme *d'après thermidor.* Il se montra toujours modéré, calme, remplissant froidement son office, d'opinion très avancée, d'ailleurs, mais sincère. J'ai eu la bonne fortune, au cours de mes recherches sur les choses et les hommes de la Révolution, de rencontrer le petit-neveu de ce greffier de Fouquier-Tinville. Il avait gardé, jusqu'à l'extrême vieillesse, et ses opinions et ses souvenirs... quels souvenirs! Cet homme, dont une miniature conservée par ses descendants nous montre la figure élégante, placide et froide, cet homme avait vu de près toute l'horreur du drame révolutionnaire. Il avait vécu côte à côte avec Fouquier, il avait assisté au départ quotidien des charrettes, sa voix, faisant l'appel ou lisant les sentences, avait glacé d'angoisse les misérables livrés au bourreau..... Devenu vieux, il songeait, mais ne racontait point. Il recevait parfois la visite de vieilles gens, des prisonniers de jadis, qu'il avait obligés, qu'il avait sauvés peut-être et qui, cinquante ans après le danger passé, lui gardaient de la reconnaissance.

La déposition de Wolf, lors du procès intenté à l'accusateur public, fut une des plus accablantes : il narra simplement, en honnête fonctionnaire indigné, les scandales dont il avait été témoin, et les accusés jugés en quelques minutes, envoyés à la mort sans débats, et le flegme, l'indifférence de Fouquier, faisant des plaisanteries, imposant silence aux prévenus, dessinant leurs charges en marge des actes d'accusation...

Mais quoi ? « *On l'avait mis là pour cela.* » Est-il étonnant que cet homme habitué à requérir la mort, se soit blasé sur son affreux métier ? N'est-ce point là le terrible, l'irrémédiable vice de la justice humaine ? Fouquier devait prononcer une condamnation capitale avec autant de sang-froid qu'un président de chambre correctionnelle en apporte aujourd'hui, à distribuer des mois de prison... au petit bonheur ! Son crime est d'avoir rempli fidèlement son office ; car, de l'homme chargé d'une telle besogne, il eût été ridicule d'exiger de l'attendrissement et de la sensiblerie. Quand, tout le jour, il avait bien peiné pour obtenir sa ration de têtes, quand il s'était assuré du départ des charrettes, quand les huissiers revenus de *là-bas* lui avaient certifié que tout s'était passé sans incident, quand les portes de la Conciergerie étaient fermées jusqu'au lendemain, Fouquier sortait du palais et s'en allait dîner chez des amis. On s'est indigné de cette tranquillité d'âme... Voulait-on qu'il s'enfermât, les soirs, pour pleurer ses victimes? Non, le régime de l'échafaud fut un crime odieux. Fouquier-Tinville était son docile instrument, mais rien d'autre qu'un instrument, au même titre que Sanson. Néanmoins je préfère le bourreau.

L'accusateur public, sa tâche journalière terminée, allait donc se délasser en dînant certains, jours, avec des amis; ce n'était point, sans doute les orgies que l'on a dites; deux fois par semaine il se rendait rue Serpente n° 6, chez un nommé Demey, se disant homme de loi, qui habitait au deuxième étage avec sa maîtresse, la fille Martin; d'autres fois il se dirigeait par le Pont-Rouge vers un cabaret où il soupait, sous une tonnelle, quand il faisait beau. Il laissait volontiers sa dignité au tribunal, et se montrait, dans ces réunions intimes, gai convive et aimable compagnon. J'imagine cependant que ses commensaux manquaient parfois d'entrain et d'abandon : trop de spectres planaient au-dessus de la table, trop de pensées lourdes devaient assombrir les fronts et glacer les causeries. L'un des habitués de ces dîners racontait que revenant vers le Palais, une nuit, avec Fouquier, celui-ci s'arrêta au milieu du Pont-Neuf, pris de vertige, et regardant la rivière se mit à dire à haute voix.

— « Elle est rouge! Comme elle est rouge!

On sait comment finit cet homme fatal : traîné à son tour vers cet échafaud auquel, pendant si longtemps, il avait servi la pâture, il reçut, en chemin, les sarcasmes et les injures d'une foule immense... de cette même foule qui, depuis trois ans huait tous les vaincus. Lui restait impénétrable et calme. Il eut à subir l'épouvantable supplice de voir rouler dans le panier les têtes de quinze de ses complices. Le dernier il monta sur la plate-forme, et, dès qu'il fut mort, le bourreau montra sa tête au peuple, comme c'était d'usage, pour les grands criminels.

⁂

Nous avons suivi, au delà du dénouement du drame révolutionnaire, ceux des personnages de second plan qui avaient vécu dans l'intimité de Marat, de Robespierre et de Danton; disons de même en quelques lignes ce qu'il advint de ceux auxquels Fouquier-Tinville laissait pour tout héritage un nom abhorré et maudit.

M. Georges Lecoq qui a écrit sur l'accusateur public une intéressante brochure ne parle que de la veuve et *d'une fille :* pourtant Fouquier avait eu, de ses deux mariages, six enfants, dont cinq vivaient encore en 1795. Tous disparurent. Où et comment? On l'ignore (1).

On ne retrouve trace de Mme Fouquier qu'en 1812. Elle habitait alors rue de Chabanais, n° 9. Sa fille Henriette avait trouvé à Bourges, un petit emploi dans un magasin. Elle y acheta un fond de commerce, se maria, ne fut pas heureuse. Elle mourut assez mystérieusement... suicidée peut-être.

Quelques années s'écoulent; comme terme à de si grands malheurs, à une vie si cruellement mouvementée, l'heure du repos va enfin sonner pour Mme Fouquier; mais avant, elle aura encore à subir de tristes épreuves : l'abandon, la misère, la faim. C'est à la fin de 1826. Elle jette un cri de détresse vers la famille de son mari. Ils sont plusieurs qui pourraient l'aider.

Un frère de son mari, Quentin Fouquier, qui a abandonné le titre de « Foreste, qualification oubliée », ne peut que peu de chose pour elle; il est vieux, âgé de soixante-douze ans, infirme depuis un accident au genou, et obligé pour vivre d'occuper les modestes fonctions de

---

(1) Un Fouquier-Tinville, courtier en vins, mourut à Vaugirard en 1849. C'était probablement un des fils de l'accusateur. Un autre est mort à Paris en 1874. La famille existe sans doute encore.

secrétaire de la mairie de Saint-Quentin. Mais il a bon cœur, et c'est lui qui servira d'intermédiaire entre Mme Fouquier (1) et ses parents qui étaient :

1° Mme veuve Fouquier-Vauvillée, son fils, fabricant de sucre à Dury; son gendre, Mauduit, juge de paix;

2° M. Fouquier d'Hérouel.

Ils envoyèrent en tout 200 francs; mais ces faibles ressources s'épuisèrent vite. Aussi, en juin et juillet 1827, Mme Fouquier écrit-elle lettres sur lettres à MM. Fouquier d'Hérouel et de Foreste.

Elle rappelle que son mari ne lui a pas laissé de quoi acheter une livre de pain. « J'ai, dit-elle, pour tout bien 400 francs de rente, qui ne me viennent pas de lui; je ne me suis soutenue qu'en travaillant. Ma santé ne me permet plus de travailler; je suis toujours malade, et je manque du nécessaire. Voilà au juste ma position. » La famille dit qu'elle en délibérerait, et n'envoya plus rien.

Rien ne vint que la mort.

Le 27 novembre 1827, Mme Henriette-Jeanne Gérard d'Aucourt, veuve d'Antoine Quentin-Fouquier de Tinville, mourait dans son modeste appartement de la rue Chabanais.

Aucun parent ne se présenta pour accepter la succession ou racheter quelque souvenir à la vente qui fut faite au profit du Trésor, si bien que le 28 mars 1828, au dépôt des Domaines, rue Saint-Germain-l'Auxerrois, 21, le commissaire-priseur adjugeait, au plus offrant et dernier enchérisseur, non seulement les quelques meubles qu'avait possédés Mme Fouquier-Tinville, mais son portrait, un reliquaire et une charmante image religieuse du dix-septième siècle, qui, — chose curieuse, — étaient restés, pendant la Terreur, accrochés au mur de la chambre de

---

(1) Il restait à cette pauvre femme 200 francs de rente provenant de sa fille Henriette, 200 francs que lui accordait la Chambre des avoués de Paris, et son travail quand sa santé lui permettait de travailler.

l'accusateur public, et enfin les mémoires écrits pour sa défense, les lettres, souvenirs intimes de tous les parents, et jusqu'aux mèches de cheveux que Fouquier, avant de monter à l'échafaud, adressait à sa femme!

La vente produisit 332 francs 20 centimes (1).

(1) M. Walferdin acheta à cette vente les autographes et les papiers présentant un intérêt historique.

TABLE DES GRAVURES

	Pages.
La Cour du quartier des femmes à la Conciergerie	Fr.
Maison de Robespierre, à Arras	9
Plan du rez-de-chaussée de la maison Duplay en 1793	17
Cour de la maison Duplay	37
Plan du premier étage de la maison Duplay en 1793	41
Plan du rez-de-chaussée du château des Tuileries en 1792	60
Plan du premier étage du château des Tuileries en 1792	61
Le couvent des Feuillants, vu du Manège	69
Plan du manège des Tuileries, des couvents des Feuillants et des Capucins, de novembre 1789 à mai 1793	72
Coupe du château des Tuileries pendant le séjour de la Convention	96-97
Plan de la salle de la Convention et des Anti-salles	101
La Salle de la Liberté en 1793	105
La Tribune de la Convention	109
Escalier du comité de Salut public	119
Plan de l'abbaye de Saint-Germain des Prés en 1792	133
Vue cavalière de l'abbaye de Saint-Germain des Prés	137
Plan du bâtiment où siégea le tribunal du 2 septembre à l'Abbaye de Saint-Germain des Prés	151
La chapelle de la prison de l'Abbaye	157
La prison de l'Abbaye en 1792	165
Fac-simile de la signature de Maillard sur le livre d'écrou de l'Abbaye	169
Le couvent des Carmes, rue de Vaugirard	173
Corridor où siégea le tribunal du 2 septembre au couvent des Carmes	175
Perron du massacre au couvent des Carmes	177
Le jardin du couvent des Carmes	181
Maison natale de Mme Roland sur le quai de l'Horloge	187
Hôtel de Calonne et de Lionne (ministère de l'Intérieur en 1792)	197
Le grand salon du ministère de l'Intérieur en 1792	201
Le cachot de Mme Roland à la Conciergerie	209
Hôtel de la Providence où logea Charlotte Corday en 1793	223
Porche et escalier de la maison de Marat	227
Plan de l'appartement de Marat	231
Palier de l'appartement de Marat	235

TABLE DES GRAVURES.

	Pages.
Portrait de Charlotte Corday, peint par Hauer à la Conciergerie	249
Baignoire de Marat	261
Le quai de l'École	273
Portrait de Mme Recordin, mère de Danton	277
Maison de Danton à Arcis, façade sur la place Danton	281
Maison de Danton à Arcis, façade sur le parc	283
Plan du rez-de-chaussée de la maison de Danton à Arcis	285
Plan du premier étage de la maison de Danton à Arcis	287
Portrait de Gabrielle Charpentier, première femme de Danton	289
Plan de la propriété de Danton à Arcis	297
Plan de la Cour du Commerce et des rues adjacentes avec le tracé actuel du boulevard Saint-Germain	301
Maison de Danton, rue des Cordeliers	303
Fronton de la porte de la maison de Danton, rue des Cordeliers	305
Plan de l'appartement de Danton	307
Plan du Couvent des Jacobins de la rue Saint-Honoré	317
Porte du couvent des Jacobins	321
L'église des Jacobins où le club tint ses séances	323
Plan du marché Saint-Honoré avec le tracé de l'ancien couvent des Jacobins	329
Vue cavalière des Cordeliers	335
Plan du couvent des Cordeliers	339
Le couvent des Cordeliers	343
Le cloître et le club des Cordeliers	345
Tombeau de Marat dans le jardin des Cordeliers	355
Plan de la Conciergerie en 1793	369
La cour des femmes à la Conciergerie	373
Le préau des hommes à la Conciergerie	379
Le quartier des femmes à la Conciergerie	387
Plan du cachot de la reine en 1793	393
Plan du cachot de la reine (état actuel)	id.
La salle des Pas-Perdus et l'entrée du Tribunal révolutionnaire en 1793	403
La Conciergerie et le Pont au Change à la fin du XVIIIe siècle	409

FIN DE LA TABLE DES GRAVURES.

TABLE DES CHAPITRES

	Pages.
Avant-propos..	xi

CHEZ ROBESPIERRE. — I. Arras et Versailles............... 1
    II. La maison Duplay.. 13
    III. Les coulisses d'une apothéose...................... 25
    IV. Le dénouement.. 40

LES TUILERIES. — I. La cour en octobre 1789............. 53
    II. Le manège... 64
    III. Le 10 août.. 80
    IV. La convention aux Tuileries......................... 93
    V. Le comité de salut public............................. 117

L'ABBAYE. — I. Le massacre des prêtres..................... 129
    II. Topographie... 146
    III. Maillard... 155
    IV. Les Carmes... 173

LE SALON DE Mme ROLAND............................. 186

TROIS JOURNÉES DE CHARLOTTE CORDAY. — I. L'hôtel de
    la Providence... 216
    II. La maison de l'Ami du peuple....................... 229
    III. La robe, les cheveux et le crâne de Charlotte Corday. 240
    IV. La baignoire de Marat................................. 257
    V. L'épilogue du Drame................................... 264

CHEZ DANTON. — Arcis et Paris............................. 270

TABLE DES CHAPITRES.

                                                                                                Pages.

LE CLUB DES JACOBINS..................................... 312

LES CORDELIERS... 332

LA CONCIERGERIE. — I. La prison du Palais en 1793....... 363
                II. Le cachot de la Reine..... 385
                III. Chez Fouquier-Tinville....................... 401

FIN DE LA TABLE DES CHAPITRES.

www.ingramcontent.com/pod-product-compliance
Lightning Source LLC
Chambersburg PA
CBHW071103230426
43666CB00009B/1804